Listen der Ohnmacht
Zur Sozialgeschichte weiblicher Widerstandsformen

Herausgegeben von Claudia Honegger
und Bettina Heintz

Mit Beiträgen von Michelle Perrot,
Joan W. Scott und Louise A. Tilly,
Olwen Hufton, Dorothy Thompson,
Carroll Smith-Rosenberg,
Daniel Scott Smith, Mary P. Ryan,
Nancy Schrom Dye

Europäische Verlagsanstalt

CIP-Kurztitelaufnahme der Deutschen Bibliothek

Listen der Ohnmacht : zur Sozialgeschichte weibl. Widerstandsformen / Claudia Honegger; Bettina Heintz (Hrsg.). – Frankfurt am Main : Europäische Verlagsanstalt, 1984.
(Taschenbücher Syndikat, EVA ; Bd. 38)
ISBN 3-434-46038-1
NE: Honegger, Claudia [Hrsg.]; GT

Taschenbücher
Syndikat / EVA Band 38
November 1984

Gekürzte und überarbeitete Taschenbuchausgabe

Motiv: Trix Wetter, Zürich
Gesamtherstellung: Ebner Ulm
Printed in Germany
ISBN 3-434-46038-1

Inhalt

II. Sanfte Subversion und Gegenwelten

Bettina Heintz und Claudia Honegger
Zum Strukturwandel weiblicher Widerstandsformen im 19. Jahrhundert

Vorbemerkung

Die Preisgabe des großen Strukturdurchblicks zugunsten kleiner Reisen ins Labyrinth von Alltag und Lebenswelt, die neuen sozialen Bewegungen und der unaufhaltsame Vormarsch der Frauen in die Schneehöhen der Wissenschaft haben auch in der Historiographie einen Perspektivenwechsel eingeleitet. Die Behandlung der Frauen als majorité négligeable, als von den Strudeln der Geschichte mitgeschwemmte ‚Gegenstände', ist einem akuten Interesse an ihrer historischen Präsenz gewichen. Über die schimärenhafte Gestalt eines bloßen Anhängsels schieben sich Bilder von produktiven Wesen und rebellischen Weibern, die ausgiebig gekeift und gekämpft, ihre Machtbereiche verteidigt und ihre Erdenschwere lange Zeit bewahrt haben, aber auch von sanften Rebellinnen, die sich mit stiller Schläue neue Handlungsräume zu erschleichen wußten. Kurz, die Frau taucht vermehrt als handelndes Subjekt, als arbeitsames, widerspenstiges, listiges Geschöpf auf.

Diese schöne Entdeckung sollte allerdings nicht dazu verleiten, aus der Frau vorschnell ein autonom handlungsfähiges Subjekt zu machen – ein idealisches Postulat, dem bekanntlich Männer seit knapp zwei Jahrhunderten nur mit mäßigem Erfolg hinterherhecheln. Um also zu vermeiden, daß kühles Desinteresse oder warmherzige Opfertheorien einfach abgelöst werden durch die Überhöhung einer zweifelhaften Handlungstheorie in einen einzigen wilden Kampfmythos, der wenig mit der Einsicht in die Zwänge der Historie, aber viel mit Sehnsüchten nach Identifikationsfiguren zu tun hat, soll mit diesem Band versucht werden, die vielfältigen Bedingungen weiblicher Macht näher zu bestimmen, den verschlungenen Beziehungen zwischen objektiven Strukturen, kulturellen Deutungen, sozial verbindlichen Normen und Werten einerseits, weiblichen Handlungspotentialen, Mustern der Selbstwahrnehmung, konformem wie abweichendem Verhalten andererseits nachzugehen.

Dabei wird deutlich, daß handlungs- wie modernisierungstheoretische Verallgemeinerungen männlicher Provenienz (in Sachen Erkenntnisinteresse wie ,Untersuchungsobjekt') sich einer Geschichte der Frauen nicht einfach überstülpen lassen, sondern selbst dringend der Ergänzung bedürfen. Zwar hat sich die von Natalie Zemon Davis 1976 geäußerte Hoffnung[1], daß die historische Frauenforschung mit dazu beitragen möge, daß in fünf Jahren niemand mehr vorbehaltlos von ,Renaissance- oder Besitzindividualismus' sprechen werde, kaum erfüllt – schon gar nicht in Deutschland –, aber die Vermutung, daß sozialwissenschaftliche Globalstatements auch aus geschlechtsnegierenden Gründen nicht so richtig greifen, hat sich zur theoretischen Malaise verdichtet: ,Neuzeitlicher Individuierungsschub', ,Trennung von Erwerbs- und Familienleben', ,Entlastung des Haushalts von produktiven Funktionen' haben einen neuen Beigeschmack von Schablonenhaftigkeit angenommen, dem sich Familienhistoriker oder Demographen nicht länger entziehen können.

Auch sozialhistorische Untersuchungen vorindustrieller Gesellschaften sind in neuartige Gefilde vorgestoßen und haben mit ihrem Interesse an einer umgedrehten Perspektive, oft ohne es zu wollen, quasi en passant, scharenweise Frauen zutage gefördert, ohne deren massive Beteiligung es die heutzutage so beliebten sozialen Protestaktionen, Bewegungen und Träume nicht gegeben hätte. Frauen scheinen in Europa an allen bedeutenden diskontinuierlichen Formen kollektiver Aktion teilgenommen zu haben, von Bauernunruhen, Steuerrevolten bis zu Maschinenstürmereien und Brotunruhen. Gerade die Food riots, die Ende des 17. Jahrhunderts die Steuerrevolten als häufigste Protestform der Unterschichten ablösten, sind oft hauptsächlich oder ausschließlich von Familienmüttern angeführt worden.[2] Man hat sich eine Weile darüber gewundert und beginnt erst seit kurzem, die Bedingungen solcher Aktionen zu ergründen, diese traditionalen weiblichen Widerstandsformen mit der Stellung der Frau in der Familienwirtschaft in Zusammenhang zu bringen.

Bisherige Versuche, den Wandel der Hauptformen kollektiver Aktion in Westeuropa seit der frühen Neuzeit zu erfassen[3], werfen ein eigentümliches Licht auf die weibliche Beteiligung: So waren Frauen qua Geschlecht oft die expliziten Trägerinnen der *konkurrierenden* Formen in den Charivaris[4], qua Stellung in der Familienwirtschaft die treibende Kraft der eher *reaktiven* Hunger- und Brotunruhen, während es um sie merkwürdig still zu werden scheint, sobald sozialer Protest im 19. Jahrhundert *proaktive* Züge zur Durchsetzung neuer Ansprüche annimmt. Zwar läßt sich, äußerst vereinfachend, auch die organisierte Frauenbewegung dieser letzten Stufe zurechnen, dauern Hunger- und Brotunruhen auch noch im 19. Jahrhundert an[5], aber der Eindruck einer vehementen Präsenz von Frauen in Volkserhebungen im Ancien Régime und ihrer zunehmenden Absenz in sozialen

Bewegungen und Protestaktionen des 19. Jahrhunderts läßt sich dadurch nicht verwischen.

Die in diesem Buch enthaltenen Aufsätze versuchen, diesen Eindruck zu nuancieren und zu erklären. Im ersten Teil werden Voraussetzungen und Ausdrucksweisen traditionaler weiblicher Widerstandsaktionen, deren Kontinuität, Umformung und Zerfall im Verlauf des 19. Jahrhunderts thematisiert. Zugleich wird an zwei Beispielen, der Französischen Revolution[6] und der frühen englischen Arbeiterbewegung[7], ein Mechanismus veranschaulicht, der auf neuartige Weise Frauen von sozialen Ereignissen und Bewegungen ausschloß. Zwar sind Frauen schon früher in Verkirchlichungs- resp. Formalisierungsphasen an den Rand von Bewegungen gedrängt worden, denen sie entscheidend zum Durchbruch verholfen hatten[8], aber die ‚moderne' Verschränkung von gesellschaftlicher Klassen- und geschlechtlicher Kastenbildung scheint diese Tendenz wesentlich verstärkt, Frauen aus gemischten Gruppen überhaupt ausgeschlossen und so zur Bildung homosozialer Gegenöffentlichkeiten gezwungen zu haben.

Während Protestformen von Frauen aus den Unterschichten von der Geschichtswissenschaft vermehrt zur Kenntnis genommen werden, gelten ihr Frauen aus dem Bürgertum noch immer als nichthandelndes Zubehör. Die Studien im zweiten Teil dieses Bandes belegen jedoch, daß diese sich nicht ganz so widerstandslos in ihr modernes Schicksal fügten, wie gemeinhin angenommen wird. Veränderte Strukturbedingungen und neue Definitionen der Weiblichkeit verwehrten ihnen zwar den Zugang zu älteren Formen offener Widerspenstigkeit und kollektiver Aktion, doch sie entwickelten verborgenere und individualistischere Strategien des Widerstandes, deren subversive Kraft nun nicht mehr einer Normverletzung, sondern eher einer Übererfüllung von Normen entstammt.

Nicht grundlos freilich fand die heimliche Rebellion bürgerlicher Frauen keine Beachtung. Solange sich die Widerstandsdiskussion vorwiegend am sozialen Protest orientiert und als Widerstandshandlungen nur kollektiv oder gar gewalttätig begangene Gesetzesbrüche gelten läßt[9], muß ihr die individuelle, normkonforme Auflehnung bürgerlicher Frauen verborgen bleiben. Ein doppelnder Polizeiblick (anscheinend nicht unvereinbar mit einer auch unter hiesigen Zephirforschern verbreiteten Heroisierung der Anderen Klassen, neuerdings auch Geschlechter) begrenzt zuweilen den Gesichtskreis und verleitet zu strukturblinden und geschlechtsspezifischen Verkürzungen.

Der historische Wandel weiblicher Widerstandsformen – von kollektivem Aufruhr zu getarnten, moralisierenden Strategien – läßt sich allerdings nur dann fassen, wenn der Widerstandsbegriff auf spontane, nicht unbedingt illegale Leistungsverweigerungen im Rahmen asymmetrischer Herrschaftsbeziehungen ausgedehnt wird.[10] Widerstand beginnt da, wo alltägliche Rollenerwartungen nicht mehr erfüllt werden; das Etikett ‚sozial' verdient er bereits dann, wenn sich individuelle Widerstandsakte zu einem massierten Phänomen verdichten. Widerstand reicht von individuellen Leistungsverweigerungen über nonkonformes und abweichendes Verhalten bis hin zu kollektiv artikuliertem Protest. Doch in welcher Form sich Widerstand äußert, ob offen rebellisch oder still verweigernd, ist nicht allein durch die zugrunde liegenden Spannungen bestimmt. In ihrem Aufsatz „Hidden Protest: The Channeling of Female Innovation and Resistance" unterscheiden Richard Cloward und Frances Fox Piven treffend vier Determinanten: die strukturellen Spannungen, die Handlungspotentiale, das kulturelle System und die subjektive Situationsdeutung.[11] Denn widerständiges Verhalten kann zwar asozial sein, es ist aber niemals un-sozial. Die Gestalt, die es annimmt, ist abhängig von den Handlungsressourcen, die Individuen oder Gruppen zur Verfügung stehen, und es ist ebenso wie konformes Verhalten in einem System kultureller Normen und Werte verankert, das seine jeweilige Ausdrucksform prägt.

Der soziale und kulturelle Kontext, in den angepaßtes wie widerständiges Verhalten von Frauen im 19. Jahrhundert eingebettet ist, soll in diesem einleitenden Aufsatz noch eingehender erläutert werden: von den Inszenierungen des Geschlechterverhältnisses unter den Bedingungen von Familienwirtschaft und fortschreitender Industrialisierung bis zu den Systematisierungen der Geschlechtsrollen im Bürgertum. Die daran anschließenden neun Aufsätze veranschaulichen anhand von Detailuntersuchungen den Wandel weiblicher Handlungspotentiale und Widerstandsformen im 19. Jahrhundert. Sie machen zugleich deutlich, auf welche Quellen und methodischen Zugänge sich die neuere Frauenforschung stützt: auf statistische Daten bis hin zu Romanen und Briefen, von der Demographie bis zur Religionsgeschichte.

Die Brüche zwischen den einzelnen Aufsätzen verweisen auf Forschungslücken oder unsere Ignoranz, aber auch der Zufall dürfte bei der Auswahl eine Rolle gespielt haben. Bei näherem Zusehen zeigt freilich gerade dieser Zufall systematische Züge: so konzentrieren sich die Studien über traditionale Aktionsformen in und über Frankreich, verschlingen sich Industrialisierung, Puritanismus und neue Handlungsstrategien im Bürgertum des 19. Jahrhunderts zu einem Knäuel, das aufzulösen wiederum vor allem von einer angelsächsischen Frauenforschung versucht wird, während Deutschland eigentümlich brach liegt.

Wir werden diese Fäden nicht alle entwirren können, möchten aber darauf hinweisen, daß wir die Protestantische Ethik häufiger gewittert haben, als vielleicht deutlich wird. Wir sind uns zudem der Verfälschungen und Verkürzungen bewußt, die Überlegungen über ‚die' Bäuerin, ‚die' Arbeitersfrau, ‚die' Bürgerin anhaften und die durch die Sprünge über Grenzen und Meere nicht eben gemildert werden.

1. *Traditionale Aktionsformen und deren Zerfall*

Meist heimlich, indirekt und über informelle Kanäle ausgetragene Rivalitäten und Machtkämpfe zwischen den voneinander wechselseitig abhängigen Geschlechtern, eine soziale Anerkennung der produktiven Tätigkeiten der Frau, zudem ein hohes Maß weiblicher Beteiligung an kollektiven Protestaktionen scheinen charakteristisch zu sein für traditionale ländliche Gemeinschaften. Agrarische und (proto)industrielle Revolution, der Niedergang der Familienwirtschaft, Verstädterung und Proletarisierung haben mit bedeutenden geographischen und zeitlichen Verschiebungen diese Verhaltensmuster modifiziert oder zerstört.
Im Gegensatz zu älteren Untersuchungen, die sich vor allem auf das Elend der Fabrikarbeiterinnen konzentrierten, im Gegensatz auch zu neueren sozialgeschichtlichen Ansätzen[12], welche die emanzipatorische Wirkung von industrieller Revolution und Urbanisierung auf die Frauen hervorgehoben haben, betonen Joan Scott und Louise A. Tilly in ihrer in diesen Sammelband aufgenommenen Studie über *Familienökonomie und Industrialisierung in Europa* eher die Kontinuität weiblicher und familialer Einstellungen im 19. Jahrhundert.[13] Im Anschluß an die Pionierarbeit von Ivy Pinchbeck[14] über die Auswirkungen der Industrialisierung auf die weiblichen Lebens- und Arbeitsbedingungen in England analysieren die Autorinnen in komparativer Absicht weibliche familienbezogene Anpassungsstrategien, wobei sich ihre Ausführungen zur Hauptsache auf die unverheirateten Frauen, die Töchter, beziehen. Solange es irgend möglich war, versuchten Familien, die neuen Gelegenheiten in Übereinstimmung mit der traditionellen Ansicht über die Selbstverständlichkeit kindlicher und weiblicher Beteiligung an der Familienwirtschaft zu nutzen. Dies war oft und in zunehmendem Maße nur durch hohe Anpassungsfähigkeit, Innovationsbereitschaft gegenüber technologischen Neuerungen, wachsende Mobilität und Selbstausbeutung möglich – Merkmale eines Arbeitsverhaltens, die schließlich mit zur Erschütterung des ökonomischen Familienverbandes beitrugen, den aufrechtzuerhalten die Hauptintention war. Eine solche Deutung der familienbezogenen

Strategien weiblichen Handelns, in der Strukturzwänge unter der Hand zu Wünschen der Töchter geraten, hat freilich die Tendenz, objektive Bedingungen in einem familiären Romantizismus zu eskamotieren. Auch ist es fraglich, ob sowohl ländliche wie städtisch-proletarische Schichten so gänzlich abgeschottet von der allmählichen Verbreitung bürgerlicher Familien- und Frauenbilder betrachtet werden können.[15] Durch die agrarische Revolution ist auch die Bauernschaft stark in sich differenziert worden, und zumindest die reicheren Bauersfrauen und -töchter haben Teile des bürgerlichen Verhaltenskodex assimiliert.[16] Pfarrer Bitzius etwa beklagt um die Jahrhundertmitte, daß schweizerische Bauerstöchter ‚vornehme Zicken' ausgebildet hätten, vom Welschlandaufenthalt geprägte Gelüste nach Müßiggang, schöner Lektüre und seidenen Spitzen.[17]
Gleichwohl gibt es, zumindest für die erste Hälfte des 19. Jahrhunderts, zahlreiche Hinweise auf die Resistenz traditionalen Verhaltens auch unter stark veränderten Umständen. So durchstreifen die *ménagères*, von denen Michelle Perrot[18] in ihrem Essay *Rebellische Weiber* berichtet, die Stadt Paris wie einst Feld und Wald und kämpfen unter zunehmend ungünstigeren Bedingungen um die Aufrechterhaltung alter Muster. Mit enormer Erfindungsgabe versuchen sie, ihrer angestammten ökonomischen Funktion als ‚Hausfrau' – ohne Haus, Garten oder sonstige primärwirtschaftliche Basis – gerecht zu werden, setzen wie früher in den bäuerlichen Widerstandsaktionen den rechtlosen und daher verantwortungsfreien Status ihres Geschlechts taktisch ein – nur bekämpfen und überlisten sie nun nicht länger Feudalherren, sondern preistreibende Händler, Mietwucherer oder deren Stellvertreter, die Polizei. Ihre Macht und Widerspenstigkeit beruhen noch immer auf der Kontrolle und Beschaffung familialer Ressourcen (von der Verwaltung des männlichen Lohns über billige Einkäufe bis zu einer wenn auch kärglichen Vorratshaltung) und auf informellen weiblichen Netzen der Solidarität und Meinungsbildung, die in verwandtschaftlichen, ethnischen oder nachbarschaftlichen Beziehungen und Traditionen gründen.
Freilich sollten auch hier Vorformen der Mythenbildung über ‚die' Frau aus ‚dem' Volk tunlichst vermieden oder als solche gekennzeichnet werden. Zu der Zeit, als Perrots kräftige Familienmütter die Pariser Faubourgs, Märkte und Hinterhöfe unsicher machen oder gegen die Sanierung der Waschkähne auf der Seine protestieren, leben und arbeiten viele Frauen unter weniger idyllischen Bedingungen als Dienstmädchen oder Näherinnen. Und einige dieser Lohnarbeiterinnen streben nicht nur nach dem Luxusleben ihrer Herrinnen, sondern träumen von einer politischen, geistigen und erotischen Befreiung der Frau, von jener *femme libre*[19], deren Konturen sich von

den verratenen Idealen der Französischen Revolution, nicht von den Residuen bäuerlicher Familienwirtschaft herleiten.
Olwen Huftons Aufsatz *Weiblicher Alltag. Die Schattenseite der Französischen Revolution*, zeigt, wie schmerzlich und widersprüchlich gerade die Erfahrung der Unterschichtsfrauen mit dieser Revolution gewesen sein muß. Durchaus dem alten Schema der weiblichen Rolle in traditionalen Widerstandsaktionen und in den Hungerunruhen des 18. Jahrhunderts folgend, haben sich Mütter, Töchter und Frauen der Sansculotten zunächst vehement und unter Einsetzung ihres Lebens an den revolutionären Ereignissen beteiligt. Während die *Clubs des femmes* ihrer bessersituierten Schwestern verboten wurden, dämpften nicht nur der Ausschluß von den sozialen Anlässen der Revolution, sondern auch Hunger und Elend, von denen sie und ihre kleinen Kinder am stärksten betroffen waren, ihre anfängliche Begeisterung. In ihre Leiber hatten sich bereits die Folgen von Krieg und Hungersnot, Amenorrhö und Totgeburten, eingeschrieben, als sich viele demoralisiert und reuevoll wieder den Predigten und Absolutionen zurückgekehrter Eidverweigerer zuwandten. Gerade die traditionelle Familienbezogenheit dieser Frauen, der sie ihre Stärke verdankten, dürfte dazu beigetragen haben, daß sie angesichts des physischen und ökonomischen Zerfalls ihrer Familien eine zuvor geschmähte und verhaßte katholische Kirche wiederbelebten, die zumindest in ritueller Beschwörung Würde und Fortbestand der Familie zu garantieren schien. Außer diesen Riten war ihnen wenig geblieben. Und auch der *Code civil* sollte mit der Restaurierung eines neuen Patriarchalismus auf keineswegs nur rituelle Weise in den Beschwörungschor einstimmen – und so auch ‚modernere' Frauen um ihre revolutionären Hoffnungen betrügen. Mirabeaus Diktum, daß es ohne Beteiligung und Einmischung der Frauen keine wahre Revolution gebe, verdient den einschränkenden Kommentar: „So denken die Männer, wenn Revolutionen beginnen; das bedeutet nicht, daß sie denen irgend etwas schuldig zu sein glauben, die ihnen geholfen haben."[20]
Auch an der frühen Arbeiterbewegung haben Frauen am Anfang relativ gleichberechtigt, jedenfalls aber tatkräftig und öffentlich mitgewirkt. *Spurensicherung*, eine Fallstudie von Dorothy Thompson über die Beteiligung der Frauen am englischen Chartismus[21], zeigt, wie die Frau als aktive Mitstreiterin, die auf der Straße und in den Pubs Seite an Seite mit den Männern kämpft, debattiert und trinkt, allmählich abgelöst wird vom Idealbild der guten Arbeitersgattin und Mutter, die zu Hause bleibt, vom Lohn des Mannes lebt, ihn umsorgt und aufrichtet, nicht nur gottgefällige, sondern zudem klassenbewußte Kinder heranzieht – ein Idealbild, das selbst in England erst viel später und nur von einer Arbeiteraristokratie erreicht werden konnte. Aber

es brachte mit sich, daß viele Frauen die Arbeiterbewegung bald nur noch von Bällen und Weihnachtsfeiern oder aber von den Streikauswirkungen auf den Kochtopf her kannten. In England (und Amerika) haben die sich organisierenden Arbeiter früher und protestantisch gründlicher als andere das bürgerliche Frauenbild übernommen: Jedenfalls stehen nach 1850 Frauen nur mehr am Rande der englischen Arbeiterbewegung, und insbesondere die Gewerkschaften vertreten nicht ohne Pathos das proletarische Pendant zur bürgerlichen Heimidylle. Konnte schon im unteren Bürgertum der Häuslichkeitskult oft nur durch allerlei Schliche – von verschwiegenen Einsparungen an Speisezettel und Personal über grotesk-fiktive Inszenierungen von Repräsentation bis zu heimlicher Frauenlohnarbeit – gepflegt werden, so mußte er für die meisten Arbeitersfrauen schlicht irreale Züge annehmen. Selbst im Bürgertum führte der Familienkult zu einer Kluft zwischen Idealität und Wirklichkeit, die Frauen häufig durch Fremd- und Selbsttäuschungsmanöver zu überbrücken suchten.
Um vorschnellen Verallgemeinerungen, simplen Linearitäten und verkürzten Interdependenzen vorzubeugen, werden im folgenden die wichtigsten Veränderungen im Handlungsspielraum von Frauen in Abhängigkeit von den kulturell dominanten Inszenierungen des Geschlechterverhältnisses und deren sozioökonomischen Determinanten skizziert.

2. *Inszenierungen des Geschlechterverhältnisses: Bedingungen und Folgen*

2.1 Familienwirtschaft

Frauen haben unter den Bedingungen bäuerlicher Familienwirtschaft mehr Macht und Einfluß, als die öffentliche Zurschaustellung männlicher Dominanz und Herrschaft erwarten ließe. Grundlage ihrer Macht ist die zentrale Funktion der Frau in der Familienökonomie, die Eigenverantwortung für Haus, Vorratshaltung, Garten, häufig auch für Kleinvieh und/oder Milchwirtschaft.[22] Daneben finden sich vielfältige Formen informeller Macht und Einflußchancen: vom latenten Druck einer (mehr oder weniger segregierten) weiblichen Gegenöffentlichkeit bis zu direkten Pressionen auf kollektive Meinungen und Entscheidungen. Weibliche Macht in agrarischen Zusammenhängen beruht also auf Produktion und direkter Kontrolle lebensnotwendiger Ressourcen sowie auf einer indirekten Steuerung sozial relevanter Entscheidungen. Dagegen gerät die gesellschaftlich allein sichtbare und faktisch approbierte Vormacht der Männer eigentümlich ‚symbolisch'. Das soziale Prestige der Männer scheint allerdings von den Frauen selten direkt in Frage gestellt zu werden. Susan Rogers hat die Form der kulturellen Inszenierungen des Geschlechterverhältnisses unter familienwirtschaftlichen Bedingungen als kollektives Ausagieren eines ‚Mythos' männlicher Vorherrschaft umschrieben:

„In agrarischen Gesellschaften wird ein nichthierarchisches Machtverhältnis zwischen den Kategorien des ‚Männlichen' und des ‚Weiblichen' durch das Ausagieren eines ‚Mythos' männlicher Vorherrschaft aufrecht erhalten. [...] Dieser ‚Mythos' [...] findet seinen Ausdruck in verschiedenen Formen der Ehrerbietung und Unterwerfung der Frauen gegenüber den Männern *in der Öffentlichkeit* sowie in der männlichen Monopolisierung der sozial angesehenen Positionen und Vollmachten."[23]

Die Dominanz der Männer ist formal zementiert und trägt dennoch ‚mythische' Züge. Solange nämlich die gegenseitige Abhängigkeit der Geschlechter im Alltag faktisch gleich stark ist, kann ein ‚Macht-Prestige-Spiel' funktionieren, das – als Modell entworfen – auf fünf Komponenten beruht: 1. der Assoziation der Frau mit Hauswirtschaft; 2. der ökonomischen und gesellschaftlichen Bedeutung der Hauswirtschaft; 3. der wichtigen Funktion informeller Beziehungen im Alltag (diese drei Komponenten sichern den Frauen eine bestimmte Form von Macht zu); 4. der juridischen und formalen Vorrangstellung der Männer; 5. dem sozialen Ansehen ihrer außerhäuslichen Aktivitäten (diese beiden Komponenten sind die Grundlage einer bestimmten Art männlicher Vorherrschaft). Zusammenfassend lassen sich männliche und weibliche Macht in folgenden Dualen beschreiben: formell/informell, de jure/de facto; direkt/indirekt; offen/verdeckt; und manchmal auch natürlich/übernatürlich.

Diese modellartige Erklärungsskizze geschlechtsspezifischer Machtverteilung in der bäuerlichen Familienwirtschaft erlaubt zudem (wie weiter unten ausgeführt wird) eine Dimensionierung des Einflusses sozialen Wandels nach Maßgabe der einzelnen Komponenten: So scheint eine Funktionsminderung vor allem der letzten Komponente unter heimindustriellen Bedingungen dazu geführt zu haben, daß das Ausagieren des ‚Mythos' nachließ und die Macht der Frauen offener zutage trat, während dagegen fortschreitende Industrialisierung und Verstädterung mit beträchtlichen räumlichen und zeitlichen Unterschieden zu Veränderungen der Komponenten und ihres Zusammenspiels führten und die damit realer werdende männliche Vorherrschaft in städtischen Mittel- und Unterschichten mit erklären helfen. Diese objektiven Strukturveränderungen wirkten zwar alle tendenziell in einer Richtung, die aus dem ‚Mythos' eine ‚Realität' werden ließ, aber der objektive und subjektive Druck dieser Herrschaftswirklichkeit war nicht nur schichtspezifisch, sondern auch regional und national sehr verschieden.

Unter familienwirtschaftlichen Bedingungen war die formale Position der Frau eine der absoluten Abhängigkeit; im Rahmen ihres Lebenszusammenhangs jedoch war jeder Bauer mindestens ebenso abhängig von seiner Frau wie diese von ihm: „Es ist an einer Frau grausam viel gelegen, man glaubt es kaum."[24] Wechselseitige Abhängigkeiten und eine relativ ausgewogene Verteilung struktureller Macht führten denn auch mit schöner Regelmäßigkeit zu Rivalitäten und Konflikten zwischen den Geschlechtern sowohl im Haus wie in der dörflichen Gemeinschaft. Neben dem manchmal recht handgreiflich ausgetragenen ‚Kampf um die Hosen' gab es zahllose Pfade und Schliche, welche Frauen nutzten, um als einzelne oder in Gruppen divergierende Interessen durchzusetzen. Dem sozialen Konsens über die männliche Vormachtstellung und Repräsentationsverpflichtung stand durchaus die implizite Anerkennung eines heimlichen „Weiberregiments" (Gotthelf) gegenüber. Obgleich Frauen von öffentlichen Angelegenheiten ausgeschlossen wurden, hatten sie doch meist eine sehr dezidierte Ansicht von den Dingen, die sie häufig zu einer kollektiven Meinung und Strategie zusammenzurren konnten. Und so dürfte es denn auf manch einer gewichtigen Zusammenkunft im Dorf nicht viel anders zugegangen sein als auf der, die Gotthelf in humoristischer Überzeichnung so geschildert hat:

„Es war jeder Mann eigentlich nichts als das Mundloch seiner Frau und hatte seine bestimmten Instruktionen, und kam etwas Neues, so durfte er es nicht anders als ad referendum nehmen und seinem Weibe vortragen."[25]

Gotthelfs Werke sind voller Anspielungen auf die Derbheit und Stärke der Frauen, ihre gemeinsamen Interessen, vor allem aber ihre heimliche, ‚gesetzlose' Macht. Kaum ein Bauer, der sich nicht vor der Despotin zu Hause fürchtete. In *Die Käserei in der Vehfreude* hat Gotthelf ein für die Agrargeschichte der Frauen zentrales Faktum beschrieben: durch Zentralisierung (und Industrialisierung) der Käsereien verloren sie mancherorts die Kontrolle über die Milchwirtschaft.[26] Freilich ist seine große humoristische Dichtung über den Kampf um die Käserei in der Vehfreude auch die sarkastische Beschwörung einer gefährdeten Idylle gegen die ‚Degenerationserscheinungen' der Achtundvierziger Revolution. Daher versucht er, seine gewitzten Bäuerinnen und deren Regiment von den bloß ‚äußerlichen' Emanzipationsbestrebungen der Städterinnen abzugrenzen:

„Des Weibes Bedeutung scheint gesetzlich nicht beträchtlich, und es ist recht so; das Weib ist nicht gesetzlicher Natur. [...] Des Weibes Macht und Herrschaft liegt im Gemüte, und dieses Gemüt ist unter kein Gesetz zu tun, es ist kein äußerliches, und seine Macht ist eben deswegen groß, weil kein Gesetz sie begrenzen kann. Sie streitet nicht mit den Waffen des Mannes, mit Wort und Schwert um Land und Gut; mit dem Säuseln, in welchem der Prophet Gott erkannt, gewinnt sie die Gemüter, über diese herrscht sie, diese kämpfen für sie. Man spricht viel und verächtlich von Weiberregiment, da weiß man nicht, was man spricht; wo rechte Weiber sind, ist dies Regiment überall. Das kennen freilich nicht alle, und wenn sie verächtlich von einem solchen Regimente sprechen, so werden sie bloß das meinen, welches äußerlich wird, die Stelle des Mannes einnimmt und sich in Dinge mischt, die nicht des Weibes Amt sind. Dieses Regiment ist allerdings bald lächerlich, bald verächtlich, wenn es nicht durch die Not oder des Mannes Untüchtigkeit geboten ist. Es ist dies das Regiment, welches die ausgearteten Weiber dieser Zeit in Berlin und Paris und sonst noch wo ansprechen und welches sie Emanzipation nennen und Zigarren dazu rauchen."[27]

Nicht als unschuldiger Kommentator des Weltlaufs, sondern als engagierter Beteiligter versucht Gotthelf also, die ‚gesunden' Machtkämpfe im Emmental gegen die abstrakten Gleichheitsanmaßungen der eben nicht mehr ganz so fernen Damen der Städte in Schutz zu nehmen. Dennoch wäre es verfehlt, ihn ob dieser unverhohlenen Programmatik als aufrechten Chronisten des bäuerlichen Alltags einfach zurückzuweisen. Trotz ihrer politisch-pädagogisch-seelsorgerischen Stoßrichtung klingen seine Schilderungen in so vielen anthropologischen und volkskundlichen Untersuchungen nach, daß ihnen ein gewisser Realitätsgehalt schwerlich abgesprochen werden kann. Seine Beobachtungen zeigen auch eine erstaunliche Nähe zu den Erzählungen einer heutigen Bäuerin aus dem Toggenburg, deren objektiver und subjektiver Lebenszusammenhang sie in manchem zum ‚zeitlosen' Typ ‚der' Bäuerin macht – wobei wir redlichst auf die Mythenpartikel hinweisen, die in einer solchen anachronistischen Stilisierung enthalten sind, die wir aber im Sinne unserer kleinen ‚Reise ins Land der bäuerlichen Utopie' einfach mal durchgehen lassen möchten.[28]
Erna B. berichtet, daß sie und ihr Mann Hans unterscheiden zwischen „Abteilung Landwirtschaft / Abteilung Wibersach". Zu letzterer gehören die Kinder, die Küche, der Haushalt, aber ebenso der Garten und die Hühner: „Das sind schon ganz meine Sachen, die er nicht macht." Sie beschreibt die familiäre Arbeitsteilung und Kooperation und versichert:

„Ich gehe voll auf in der Arbeit. Ich fühle mich auch nie diskriminiert, absolut nicht. Ich fühle mich mindestens soviel wie er. Einfach miteinander."[29]

Entscheidungen werden gemeinsam getroffen, die Arbeiten von Mann und Frau gelten als gleichwertig, das hindert nicht, daß die selbstbewußte Erna – noch heute den alten ‚Mythos' ausagierend – in der Öffentlichkeit ihrem zehn Jahre älteren Mann gehorcht und den ihm zukommenden Respekt erweist:

„Wenn wir zum Beispiel an einer Unterhaltung sind und ich fange an, blöd zu tun, dann geht er einfach mit mir heim. Dann nimmt er mich mit, und dann wird heimgegangen."

Auf die Frage der Interviewerin, ob sie sich darüber nicht ärgere, antwortet sie lachend:

„Ja, das nützt mir nicht viel, er nimmt mich mit, und ich muß dann folgen."

Sie weiß, was sich schickt, und nennt als Beispiel einen lange gehegten Plan, einmal ganz allein im offenen Jeep durch die Schweiz zu fahren:

„Das hätte ich auch gern einmal. Aber ich weiß ganz genau, daß es das nie gibt. Das erlaubt er einfach nicht. Es gibt schon Grenzen, wo ich weiß, daß es nicht geht."

Und, ganz im Sinne Gotthelfs, bringt Erna die Dinge auf den Begriff:

„Ich habe überhaupt keine Ahnung von einer Emanzipation. Wir sind doch alle ‚eifach e chli glich'. Das gibt es doch einfach: einmal behaupte ich meinen Standpunkt bis zuletzt und gebe nicht nach, das andere Mal ‚bhäuptelet' er und gibt nicht nach. Das gibt's doch einfach. Aber das hat doch noch nichts mit Emanzipation zu tun."[30]

Diese recht impressionistischen Tupfer zur Konstanz einer grundlegenden Verteilung von Einflußsphären aus einer ‚intakten' bäuerlichen Gemeinschaft mögen an dieser Stelle genügen. Es muß allerdings daran erinnert werden, daß der Status von Bäuerinnen in ökonomischer, rechtlicher und konfessioneller Hinsicht sehr verschieden war, und keine Idealtypisierungen sollten verschleiern, daß Welten etwa zwischen einer Tschajanowschen Russin, einer Pommerschen Häuslersfrau oder einer Schweizer Bäuerin lagen.

2.2 Industrialisierung

Die Verbreitung der Heimindustrie, die allmählich die Landwirtschaft als Subsistenzbasis ersetzte, ist einer der wichtigsten Einschnitte in der neueren Geschichte weiblicher Arbeits- und Lebensbedingungen.[31] Die protoindustrielle Familienwirtschaft auf dem Land gehört – so Medicks knappe Formulierung – zur Nachgeschichte der bäuerlichen Gesellschaft und zur Vorgeschichte des industriellen Kapitalismus.[32] Der Versuch, die traditionelle Familienwirtschaft an die neuen frühkapitalistischen Produktionsbedingungen des Heimgewerbes anzupassen, erforderte die Zusammenarbeit der ganzen Familie und konnte – je nach Branche und konjunktureller Lage – zu einer Auflösung, manchmal sogar zu einer Umkehrung der traditionellen Rollenverteilung zwischen den Geschlechtern führen. So berichtete ein Beobachter Mitte des 19. Jahrhunderts:

„Wenn man in die Wohnungen der Landbewohner tritt, [...] welche sich eben durch Spinnen ihre dürftige Subsistenz erwerben, so findet man oft die ganze Familie am Spinnrade. Nicht selten sieht man Großmutter, Mutter und Enkelin mit Spinnen beschäftigt, während der Vater und der erwachsene Sohn auf dem Felde arbeiten oder andere häusliche Arbeit verrichten, die Mahlzeit vorbereiten, Rüben putzen oder Kartoffeln schälen, wenn und solange sie deren haben."[33]

Die Verbreitung des ländlichen Gewerbes brachte mit sich, daß die häusliche Sphäre an Bedeutung gewann und der Mann auf Kosten seiner früheren außerhäuslichen Tätigkeiten in eine eher weiblich geprägte Arbeitssituation einrückte. Mit dieser ‚Verhäuslichung' des Mannes scheinen sich strukturell bedingte Regiefehler in die traditionelle Inszenierung des Geschlechterverhältnisses eingeschlichen zu haben. Zeitgenössische Schilderungen lassen erahnen, daß die faktische Macht der Frauen nicht mehr durch ein kollektives Ausagieren des ‚Mythos' männlicher Vorherrschaft verdeckt, sondern offener gezeigt wurde, ausgedrückt in einer Entdifferenzierung geschlechtsspezifischer Öffentlichkeiten, Normen und Verhaltensweisen.[34] Insbesondere in Sachen Statuskonsum und Erotik sollen zumindest die Mädchen traditionale Schranken hinter sich gelassen haben, wie mittelständische Beobachter bisweilen feststellten:

„Unter dieser Classe von Menschen ist das männliche Geschlecht das spröde, und das weibliche geht auf die Freyte. [...] das gemeine Mädchen versteht die Kunst zu kokettieren in seiner Art vollkommen so gut als die Dame, entblößt ebenso unverschämt den Busen, und gewisse andere Reize so halb und halb, weil es mehr hilft als ganz. Bleibt der Jüngling noch spröde, so hilft es seinen Sinnen durch Branntwein nach, und erscheint der Jüngling nicht auf seine Einladung in seinem Bette, so besucht es ihn in dem seinigen. Dies ist gewöhnlich der ganze Roman von hinten gespielt."[35]

Durch die frühindustrielle Arbeitsorganisation erlitten die Männer (am stärksten freilich als Väter) einen Machtverlust, während Frauenarbeit und häusliche Sphäre eher aufgewertet wurden. Dies spielte sich allerdings in Abhängigkeit vom Markt, zudem unter oft miserablen Bedingungen in gottverlassenen kargen Bergtälern und im Rahmen bäuerlicher Verhältnisse ab, so daß weiterreichende Auswirkungen der strukturellen Angleichung wahrscheinlich meist abgefangen werden konnten. Dennoch läßt sich die Hypothese vertreten, daß das Ausagieren des ‚Mythos' männlicher Vorherrschaft an Bedeutung verlor und die Frauen den Männern auch in der Öffentlichkeit weniger devot gegenübertraten.
Die fortschreitende Industrialisierung hatte andere Folgen für die Beziehung zwischen den Geschlechtern, indem die finanzielle Bedeutung der außerhäuslichen Tätigkeiten wuchs, die zunehmend zu einer

männlichen Domäne wurden, während mit der ökonomischen auch eine soziale Abwertung der häuslich-weiblichen Arbeiten einherging. Entgegen einer aus dem 19. Jahrhundert stammenden und noch heute verbreiteten Ansicht waren Frauen an der Industrialisierung – mit Ausnahme textilindustrieller Ballungszentren – nur in geringem Umfang in Form von Fabrikarbeit beteiligt. Etwas überspitzt formuliert, sind eher zunehmend schlechtere heimindustrielle resp. (für die Dienstmädchen im bürgerlichen Haushalt) ‚refeudalisierte' Bedingungen für die Lage erwerbstätiger Frauen im 19. Jahrhundert charakteristisch. Der folgende knappe Exkurs soll einen kursorischen Überblick geben über die wichtigsten Daten und Hypothesen zum Wandel der Frauenarbeit, insofern sie für eine vergleichende Betrachtung weiblicher Handlungspotentiale relevant erscheinen.

Exkurs: Zum historischen Wandel der Frauenarbeit

Zu heuristischen Zwecken lassen sich vorläufig zwei globale Modelle der historischen Entwicklung weiblicher Arbeit unterscheiden.[36] Modell 1 folgt dem angelsächsichen Muster: frühe Industrialisierung, schnelle Urbanisierung und früher Niedergang der Landwirtschaft; diese Entwicklungen zwingen in England ab 1850 Frauen in neue Arbeitsrollen.[37] (Deutschland[38] folgt im großen und ganzen, wenn auch verspätet, diesem Modell, wobei hier einerseits die Landwirtschaft länger lebensfähig bleibt, andererseits die Textilindustrie früher zurückgeht; im späten 19. Jahrhundert entstehen auch hier neue weibliche Berufe.)[39] Modell 2 folgt dem ‚kontinentalen' Muster der französischen Entwicklung: langsame Urbanisierung, Industrialisierung im ländlichen Rahmen; hier bleibt die Landwirtschaft länger die Haupterwerbsquelle für Frauen.[40]
Während in Modell 1 industrielle Technologien sich früher verbreiten, die weiblichen Arbeitskräfte jung und meist ledig sind und der Prozentsatz verheirateter formal erwerbstätiger Frauen gering ist (er schwankt um 10 %)[41], bleiben in Modell 2 traditionell-agrarische Arbeitsmuster länger erhalten, sind die von der Statistik erfaßten arbeitenden Frauen älter und häufiger verheiratet; allgemein ist der Gesamtanteil der Frauen an der arbeitenden Bevölkerung größer.
Für beide Modelle gilt mit unterschiedlicher Gewichtung: die Fabrik ist von geringer *allgemeiner* Bedeutung für die Geschichte der Frauenarbeit im 19. Jahrhundert.[42] Fabrikarbeiterinnen sind zudem meist jung und ledig; verheiratete Frauen leisten selten Fabrikarbeit. Während in Modell 1 der Rückgang der Heimindustrien und (insbesondere für England) auch der Niedergang der Landwirtschaft im späten 19. Jahr-

hundert zu einem Absinken des Prozentsatzes arbeitender Frauen insgesamt führt, treten diese Strukturveränderungen in Modell 2 später und mit geringerer Kraft ein und haben weniger einschneidende Folgen: Weibliche Heimarbeit und landwirtschaftliche Tätigkeit bleiben bis ins 20. Jahrhundert von zentraler Bedeutung.
In beiden Modellen ist die wichtigste Neuerung seit Mitte des Jahrhunderts die Verweiblichung des städtischen Dienstbotenwesens – und zwar als zeitweilige Beschäftigung für junge unverheiratete Frauen, die meist vom Land kommen.[43] An der Wende zum 20. Jahrhundert gibt es in beiden Modellen eine neuerliche Verschiebung: den wachsenden Trend, den Abhängigkeiten der Dienstbotentätigkeit und den Exzessen des Schwitzsystems (vor allem in der Kleiderherstellung) zu entrinnen und Arbeit vermehrt in Fabriken zu suchen oder aber die sich seit 1870 verbreitenden Möglichkeiten von White-Collar-Jobs (für Frauen wäre es angemessener, von White-Blouse zu sprechen) wahrzunehmen.[44]

Dieser kurze Überblick legt nahe, daß die Industrialisierung und der Niedergang der Familienwirtschaft die Struktur weiblicher Arbeitsmuster und weiblicher Machtressourcen nicht überall gleichzeitig und gleichförmig tangierten.[45] Allgemein läßt sich vermuten, daß in halbagrarischen Regionen, wo alte Reservate (wie eigener Garten oder Kleinviehhaltung) Bestand hatten und Frauen weiterhin ‚sicht- und eßbar', direkt zum Familieneinkommen beisteuerten, die ökonomische Bedeutung und damit das gesellschaftliche Ansehen selbst einer reduzierten Hauswirtschaft länger erhalten blieben. Die oben im Abschnitt zur Familienwirtschaft als dritte Komponente weiblicher Macht angesprochene Bedeutung informeller Beziehungen und Kontrollfunktionen im Alltag dürfte von der fortschreitenden Industrialisierung ebenfalls sehr unterschiedlich betroffen worden sein. Informelle Netze blieben in ländlichen Gegenden weiterhin wirksam und konnten sich auch in relativ wenig fluktuierenden Arbeiterschichten (etwa in Bergwerksdörfern) sowie unter Minderheiten (die oft im Familienverband oder in größeren Gruppen in Industriezentren abwanderten) in Form von Verwandtschafts- und Nachbarschaftsbeziehungen neu stabilisieren.[46]
Jedenfalls war der ‚exklusive' Wandel von der Hauswirtschaft zum Haushalt gerade in den unteren Schichten ein langwieriger Prozeß. Obgleich verheiratete Frauen außer in der Landwirtschaft selten einer formalen Beschäftigung nachgingen, waren sie doch noch lange Zeit gezwungen, andere – der Statistik meist verborgene – Pfade zu suchen und Beschäftigungsnischen zu nutzen, um ihre zunehmende Abkoppelung vom Bargeld-Nexus zu hintertreiben und damit oft ihre

Familien vor dem nackten Elend zu bewahren. Neben der Heimarbeit waren viele im Einzelhandel tätig, eröffneten Schenken, betrieben kleine Nebengeschäfte, nahmen Kostgänger auf oder bevölkerten jene Grauzone der Gelegenheitsprostitution[47], von der anonyme Viktorianer profitierten.[48]

Dennoch scheint ihre Betriebsamkeit – vor allem unter moderneren industriellen und protestantisch-ethischen Verhältnissen – eine der wachsenden Verzweiflung gewesen zu sein, der wenig finanzielle Gratifikation und kein soziales Ansehen mehr beschieden war.[49] Zugleich verfestigte sich die formale Vormachtstellung der Männer, deren außerhäusliche Tätigkeiten wirtschaftlich und kulturell immer mehr Bedeutung gewannen.[50] So mußte der ‚Mythos' männlicher Vorherrschaft gerade in relativ fortgeschrittenen, puritanische Arbeitsmoral wie Häuslichkeit assimilierenden proletarischen Schichten zu einer Realität werden, die von der versittlichenden Komponente des bürgerlichen Frauenbildes zugleich gemildert[51] und besiegelt wurde. Männer wie Frauen internalisierten allmählich die bürgerlichen Geschlechtsrollenmuster, und wo das geschlechtsspezifische Herrschaftsverhältnis in Form von Gewalt oder unglücklichem Bewußtsein auftauchte, wurde es gerade von der organisierten Arbeiterbewegung einem ökonomisch-politischen Automatismus überantwortet: höhere Löhne würden das oftmals prekäre häusliche Glück herbeiführen, und der Sieg des Proletariats als Klasse allein würde auch die Befreiung der Frauen aus Unmündigkeit und Knechtschaft bringen.[52]

Die theoretische Dominanz der Klassenzugehörigkeit und die tagtägliche Realität männlicher Vorherrschaft führten dazu, daß weder die Probleme und Erfahrungen der Lohnarbeiterinnen[53] noch die der nicht-erwerbstätigen Arbeitersfrauen, weder die der Dienstmädchen noch die der Prostituierten in die Identitätsfindung der Arbeiterklasse eingingen. Vielmehr wirkte gerade die organisierte Arbeiterbewegung – unterstützt von bürgerlichen Frauenvereinen – kräftig mit an der Glorifizierung und Durchsetzung proletarischer Häuslichkeit.[54]

So waren viele Arbeitersfrauen, zum billigen Geschlecht geworden, in ihrer Jugend als Dienst- oder Fabrikmädchen tätig, um nach einer meist frühen Heirat zwischen Wünschen, Ansprüchen und einem Alltag voll sozial mißachteter Arbeitsüberlastungen oft bis zur völligen physischen und psychischen Erschöpfung aufgerieben zu werden.[55] Sie waren alleingelassen mit einer unerfüllbaren Rollenvorgabe, bedrängt von Leuten in überfüllten Wohnungen und Straßen – und dennoch isoliert, abgeschnitten von den Aktivitäten und Geselligkeiten ihrer Männer wie von den ‚Brutstätten des modernen Bewußtseins', den Vereinen des 19. Jahrhunderts. Sie verfügten nicht länger über familienwirtschaftlich geprägte Machtressourcen und noch nicht über jenes soziale Ansehen, das bürgerliche Frauen zur Erschließung neuer Handlungsräume nutzen konnten.[56]

3. Die Erschließung neuer Handlungsräume

Die männliche Vorherrschaft, die unter familienökonomischen Bedingungen noch recht ‚symbolische' Züge trug, sich im städtischen Proletariat zur psycho-physischen Realität verdichtete, war auch im Bürgertum strukturell fundiert, hier allerdings von häufigen ‚Legitimationskrisen' bedroht. In den bürgerlichen Familien des 19. Jahrhunderts schien sich das traditionelle ‚Macht-Prestige-Spiel' in sein Gegenteil zu verkehren: der strukturellen Macht des Mannes stand nun das soziale Ansehen der Frau als Mutter und Tugendwächterin gegenüber, verstärkt durch die neue Doktrin der Gleichwertigkeit der Geschlechter. Die bürgerlichen Frauen[57] wußten ihr Prestige auch zu nutzen und entwickelten eine eigene Sprache des Widerstands, die in ihrer moralisierenden Rhetorik kaum noch an das grelle Gezeter und Geschimpfe der ‚rebellischen Weiber' erinnert.

Die Matrone, die säuerlich und moralisierend für eine sexuelle Selbstkontrolle focht, die Gattin, die kühl und spröde ihren Körper rechnerisch verwaltete, sind gleichsam die pragmatischen Nachfahrinnen jener Frauen, deren Sehnsüchte noch nicht erstickt, deren Blicke noch nicht getrübt waren – jener Frauen der „Zwischenzeit", die dem buchhalterischen Geist der Zeit ihr „Alles" entgegensetzten.[58] „Gezähmte Haustiere" waren sie nun, verstrickt in die verstümmelnden Deutungen des Mannes, gebunden an die Familie, zu der es kaum Alternativen gab, gefangen in einem Alltag, der sich wohl allmählich verändern, nicht aber plötzlich aufbrechen ließ.

Die neuen Definitionen der Weiblichkeit, aber auch der Verlust einstiger Machtressourcen vermauerten den bürgerlichen Frauen die älteren Formen offener Aufsässigkeit und Widerspenstigkeit. Anstatt sich lautstark oder handgreiflich zur Wehr zu setzen, suchten sie nun mit stiller Schläue, sanfter Verweigerung und heimlicher Überlistung ihren Alltag nach ihren Wünschen umzuformen. Männliche Theoretiker der Weiblichkeit vermerkten denn auch in klarsichtiger Einhelligkeit, daß die Frauen „von der Natur her nicht auf die Kraft, sondern auf die List angewiesen sind", und konstatierten eine „instinktartige Verschlagenheit" beim Weibe, seinen „unvertilgbaren Hang zum Lügen"[59] und seine Vorliebe für Surrogate"[60], wohl wissend, daß

„das Weib, unvermögend, seine Absichten autokratisch durchzusetzen, sie und seine Neigungen in der Brust verschließen und mit angeborener Sagacität die günstige Gelegenheit erspähen muß, wo es die langverhehlten Wünsche ausdrücken und auf deren Befriedigung hoffen kann".[61]

Die im zweiten Teil dieses Bandes enthaltenen Aufsätze veranschaulichen die facettenreiche Auflehnung der bürgerlichen Frauen – ihre Ausbruchsversuche, Verweigerungen und subversiven Umdeutungen jener Zuschreibungen, die sie für immer auf Heim und Mutterschaft verpflichten wollten: Frauen bremsten die „unsichtbar wirkende Maschinerie"[62] und verschafften sich Pausen, indem sie den starren Ablauf des Alltags unterbrachen. Anstatt „aus aufopferndem und selbstverleugnendem Sinn ein Tagewerk zu vollbringen, dessen Lohn andere genießen"[63], griffen manche Frauenhände lieber zu Criminalromanen, die Ehebruch verteidigten und Gattenmord als heroischen Befreiungsakt feierten.[64] Zeitgenossen klagten über die „stete Geistesabwesenheit" der „verlesenen" Frau, die sich auf die „häuslichen Pflichten oft so störend und nachtheilig" auswirke, und verurteilten die in ihrer Seele entstehenden „Bilder und Ideale, die sie so weit von der Wirklichkeit abführen, daß dieselbe verkannt und verachtet werden muß".[65] Die Trivialliteratur des 19. Jahrhunderts läßt sich nicht nur als eine Zementierung der Geschlechtsrollen-Klischees deuten, sondern als heimliche Anleitung zum Aufruhr, den die Leserinnen zumindest in ihrer Phantasie erprobten. Sie träumten, was sie nicht leben konnten: von häuslicher Revolte und verwegenem Ehebruch, von leidenschaftlichen Geliebten und berauschenden Frauen, die „vor sexueller Energie strotzen", „barbarisch, gefährlich und aufregend" waren und wenig Ähnlichkeit mit ihnen selbst, den tugendhaften und phlegmatischen Frauen des 19. Jahrhunderts, erkennen ließen.[67]
Manchmal verschwanden Frauen auch für Monate in verdunkelten Krankenzimmern. Sie verinnerlichten die medizinische Pathologisierung des weiblichen Körpers, doch sie machten sich die These von der „Krankheit Frau"[68] auch zunutze und verwandelten das misogyne Stereotyp in ein Instrument der Verweigerung. Am Beispiel der klassischen Frauenkrankheit des 19. Jahrhunderts schildert Carroll Smith-Rosenberg in ihrem Aufsatz *Weibliche Hysterie* die kulturelle Präformierung des weiblichen Widerstandes, aber auch die ambivalenten Verstrickungen des behandelnden Arztes ins eheliche Beziehungsnetz.[69] Unter der Obhut des Arztes und geschützt durch seine Diagnose vermochte sich die hysterische Frau familiären Anforderungen und ehelichen Pflichten zu entziehen und lebte in der Krankheit das aus, was ihr sonst verwehrt war. Sie entwickelte sich, wie Kraepelin bitter konstatierte, zu einem „wahren Virtuosen des Egoismus" und ver-

stand es zuweilen meisterlich, „ihre Umgebung zu völligen Sclaven ihres Willens“ zu machen.[70]

Frauen unterbrachen nicht nur den starren Ablauf ihres Alltags, sie suchten ihn auch aktiv zu steuern. Mit der Sanftmut stiller Macht begannen sie ihre familiären Arbeits- und Lebensbedingungen umzuformen. Sie pflegten und kultivierten die männlichen Bilder, die Frauen als sittsam und sexlos verklärten, doch sie nahmen sie beim Wort und verlangten, um ihre Geburten zu verringern, von ihren Männern sexuelle Zurückhaltung. Offensichtlich zeitigten ihre Forderungen, wie Daniel Scott Smith in seinem Aufsatz *Geburtenbeschränkung, Sexualkontrolle und häuslicher Feminismus* darlegt, die beabsichtigte Wirkung. Ihren Sieg über die männliche ‚Zügellosigkeit‘ verdankten sie jedoch nicht zuletzt den Sittlichkeitskampagnen der Moralreformerinnen. Am Beispiel der *Female Moral Reform Society* in Utica beschreibt Mary P. Ryan *(Mief und Stärke. Ein frühes Lehrstück über die Ambivalenzen weiblicher Moralisierungskampagnen)* den erfolgreichen Kampf der Frauen für sexuelle Selbstkontrolle, aber auch die für Frauenbewegungen nicht untypische Verschränkung von Prüderie und Militanz.

Die kulturelle Einflußnahme bürgerlicher Frauen beschränkte sich nicht auf die Sexualmoral, sondern reichte bis hin zur Religion.[71] Frauen ‚feminisierten‘ die Religion und verbündeten sich mit den Geistlichen gegen die männliche „Welt der Banknoten“, in der die religiösen Werte keinen Platz mehr hatten.[72] Der verderbten männlichen Zivilisation setzten sie eine weibliche, sittlichere Kultur entgegen, in der die christliche Losung „Wir sind Brüder in Gott“ übernommen und dieses Mal zumindest für das weibliche Geschlecht erfüllt werden sollte. Die Religion mit ihrer Betonung der Brüderlichkeit förderte bei den Frauen ein Gefühl der Schwesterlichkeit – ein Gefühl, das sie in ihren Freundschaftsbeziehungen praktisch verwirklichten. In den weiblichen Beziehungsnetzen scheinen sich die Freundschaftskulte des 18. Jahrhunderts bewahrt und bis zur Jahrhundertwende gehalten zu haben.[73] Frauen waren untereinander oft durch langlebige und zärtliche Freundschaften verbunden, die auf der Ähnlichkeit weiblicher Erfahrung und der emotionalen Nähe in einem strikt nach Geschlecht geschiedenen Sozialgefüge beruhten. Während Ehemänner an den zärtlichen Freundschaften ihrer Gattinnen keinen Anstoß zu nehmen schienen, begannen männliche Wissenschaftler gegen Ende des Jahrhunderts, hinter „sentimentalen Briefen, Eifersuchtsscenen und brünstigen Küssen“ eine „conträre Sexualempfindung“ zu wittern[74] – eine Deutung, die sich bis heute gehalten hat. Carroll Smith-Rosenberg wendet sich in ihrem zweiten Beitrag gegen diese, im 20. Jahrhundert noch verstärkte Tendenz, zärtliche gleichgeschlechtliche Freundschaftsbeziehungen als Ergebnis einer verqueren psychosexuellen Entwicklung abzuhandeln, und geht in ihrem Aufsatz *„Meine innig geliebte Freundin!" Beziehungen zwischen Frauen im 19. Jahrhundert* den sozialen und kulturellen Bedingungen nach, die enge und zuweilen auch sinnliche Frauenbeziehungen zu einer sozial anerkannten, aber auch notwendigen Verhaltensform machten. In den weiblichen Freundschaftskulten des 19. Jahrhunderts entfaltete und behauptete sich ein Gefühl schwesterlicher Solidarität, das später, wie Nancy Schrom Dye *(Gleichheit, Freiheit, Schwesterlichkeit?)* am Beispiel einer New Yorker Frauengewerkschaft zeigt, in der Erprobung eines klassenübergreifenden Bündnisses zwischen Arbeiterinnen und Bürgerinnen politisch-soziale Formen annehmen sollte.

Diese knappe Bündelung der vielfältigen Ausdrucksweisen weiblicher Selbstbehauptung vermittelt freilich ein allzu rosiges Bild von Handlungsraum und Lebenswirklichkeit bürgerlicher Frauen. Um nicht die einäugige Deutung des 19. Jahrhunderts als eine für Frauen düstere und verhängnisvolle Epoche der Domestikation und Unterwerfung durch ein nicht minder einseitiges Bild ständiger weiblicher Rebellion zu ersetzen, sollen anschließend die folgenreichen Systematisierungen der weiblichen Rolle dargestellt werden – vom bürgerlichen Häuslichkeitskult über die neuen Theorien der Weiblichkeit bis zur Umwandlung der weiblichen Berufung in eine banale Profession.

4. *Systematisierungen der Geschlechtsrollen: Rhetorik und Realität*

4.1 Die Un-Heimlichkeit der bürgerlichen Familie

Der ‚Häuslichkeitssinn' entstand im städtischen Bürgertum des 18. Jahrhunderts und breitete sich dann in konzentrischen Kreisen weiter aus, um Ende des 19. Jahrhunderts – aktiv unterstützt von bürgerlichen Frauenvereinen und Sozialphilanthropen – auch das Familienleben der Arbeiter zu erreichen.[75]

Die Welt des Bürgertums legt sich in zwei gegensätzliche Zonen auseinander – in die sachbezogene Berufswelt des Mannes und in das sanfte Reich der Frau, in dem nicht der Mammon, sondern menschliche Bedürfnisse das Handeln zu bestimmen scheinen. Heim und Welt trennt eine unüberbrückbare Kluft; der Weg des Mannes von der Stube ins Kontor ist die einzige Brücke, die beide noch verbindet. In dieser „dürren Zeit der Zahl" (Novalis) etabliert sich die Familie als Ort der Liebe und Humanität, als Schutzwall gegen Versachlichung

und Entfremdung in der Welt der Ökonomie. Sie versteht sich als ein freiwilliger Zusammenschluß einander liebender Privatpersonen; einzig die intime Binnenwelt der Familie scheint noch Raum für die wahre, nicht zweckorientierte Entfaltung des Menschen zu bieten. Sie wird als eine „Oase in der Wüste" gepriesen, als „Zufluchtsstätte", in der sich „Mitgefühl, Ehre und Tugend versammeln" und „uneigennützige Liebe stets bereit ist, auf dem Altar der Zuneigung Opfer zu bringen".[76] Sie ist das irdische Reich des „Engels des Hauses" – der Mutter, die sanft die Kinder in vorgeformte Bahnen leitet, der Gattin, die das beschädigte Innere des Gatten zu flicken versteht. „Ohne Weib wäre für jede feinfühlende Seele das heutige Leben nicht zu ertragen"[77], klagte ein Betroffener, doch „Sonnenschein und Friede" erwarteten ihn zu Hause, wenn er draußen gegen „düstere Wolken und Stürme"[78] zu kämpfen hatte.
Die rhetorischen Deutungen der Familie als einer geschützten Insel inmitten einer unsicheren und anonymen Umwelt brechen sich allerdings an ihrer Wirklichkeit. Obwohl die Familie als von allem Zwang losgelöst erscheint, werden ihr gesellschaftliche Aufgaben zugewiesen, über deren Erfüllung der Staat nun wacht.[79] Kinder werden in den städtischen Mittelschichten nicht länger nur für den ‚eigenen Gebrauch' produziert, sondern auch für den der Gesellschaft. Zunehmende gesellschaftliche Differenzierung und Interdependenz, die Anforderungen eines versachlichten und rationalisierten Wirtschaftsprozesses und der Zusammenbruch externer Kontrollinstanzen machten einen tiefgreifenden Erziehungsprozeß notwendig, der sich allmählich in die Familie verlagerte und dessen Ziel es war, äußere Verhaltenskontrollen durch verinnerlichte moralische Prinzipien zu ersetzen oder – wie es Catharine Sedgwick in ihrem Roman *Home* formulierte[80] – in den Kindern eine „selbstregulierende Maschine" einzubauen.[81] Die Unterdrückung und Kontrolle frühkindlicher Affektäußerungen war einer der Mechanismen, die rationale Dosierung von Liebe und Liebesentzug eines der pädagogischen Mittel, mit deren Hilfe der Charakter des Kindes geformt, Selbstdisziplin und Selbstverleugnung in seine Psyche eingegossen wurden.[82]
Die bürgerliche Familie war nicht nur Geburtsstätte des zivilisierten Menschen und, eingebettet in ein komplexes System fachmännischer Beratung, Zentrum seiner psychotherapeutischen Versorgung, sie wandelte sich gleichzeitig zu einem subtilen Kontrollinstrument, das zumal die Frauen zu bedienen lernten. Indem man den Mann zum alleinigen Ernährer der Familie erklärte, wurde die Frau zu seiner Überwacherin gemacht. Es lag nun in ihrem Interesse, daß sich der Ehemann nicht in den Fallstricken der Politik oder des Alkohols verfing, sondern sich pflichtbewußt in den Arbeitsprozeß einfügte. Während

Justiz und Psychiatrie Zwangstechniken zur Bewältigung sozialer Probleme anboten, bedienten sich die Frauen, gleichsam prophylaktisch, der effizienteren Methode einer sanften und indirekten Kontrolle, deren Kernstück die „unsichtbare Macht der Liebe" war.[83] Eine liebende Frau würde ihren Gatten an den „Eitelkeiten weltlichen Strebens" vorbei geleiten und ihn lehren, daß die „wahre Weisheit darin besteht, sich mit dem von der göttlichen Vorsehung zugewiesenen Platz zu begnügen".[84] Indem die Frau in der Intimität des Familienkreises für eine soziale Zügelung ihrer Kinder und ihres Ehemannes sorgte, kam ihr eine zentrale gesellschaftliche Disziplinierungs- und Integrationsfunktion zu. Die bürgerliche Frau, gepriesen als Hüterin traditioneller Werte und Produktionsweisen, war in Wirklichkeit eine Hauptfigur des Modernisierungsprozesses. Während sich die Frau des Volkes in widerborstiger Renitenz gegen die aufkommende bürgerlich-industrielle Welt stemmte[85], machte sich die Frau des Bürgertums zu deren Missionarin.

Schließlich kollidierte auch die romantische Idee der Liebesheirat mit der tatsächlichen Tauschfunktion der Ehe. Die Auslagerung der Produktion aus der Familie erforderte eine Neukonzeption der Ehe, die sich in Deutschland – vereinfacht ausgedrückt – in drei Stufen vollzog. Die romantische Deutung der Ehe als eine sich ausschließlich auf Liebe gründende Seelengemeinschaft knüpfte an die Übertragung vertragsrechtlicher Prinzipien auf die Familie an.[86] Diese ‚Privatisierung' der Familie[87] stellte jedoch die prinzipielle Unauflösbarkeit der Ehe und das Herrschaftsmonopol der Männer in Frage, die nun beide einer anderen Rechtfertigung bedurften und in der Bestimmung der Ehe als einem natürlich-sittlichen Verhältnis sowie in der aufkommenden polaren Geschlechterphilosophie eine neue legitimatorische Grundlage fanden.[88] In seiner Rechtsphilosophie nahm Hegel vorweg, was später rechtlich verankert werden sollte. Die Ehe ist „wesentlich ein sittliches Verhältnis", das weder „roh" zu einem „gegenseitigen vertragsmäßigen Gebrauch herabgewürdigt" werden soll[89], noch allein „in die Liebe" setzen darf, sondern sie bestimmt sich als „rechtlich sittliche Liebe", aus der das „Vergängliche, Launenhafte und bloß Subjektive derselben" verschwunden ist.[90]

Die romantische Liebe – das „Vergängliche, Launenhafte und bloß Subjektive derselben" – blieb aber zumal für Frauen ein wichtiges Konstrukt, das ihnen den Übergang von der homosozialen Welt ihrer Kindheit und Jugend in eine heterosoziale Ehe erleichterte und den ehelichen Tauschhandel zu verschleiern half. Denn kaum anders als früher wurden Ehen aufgrund ökonomischer Kalküle geschlossen, nun jedoch verbrämt durch die Rhetorik der romantischen Liebe. Ausgeschlossen vom Arbeitsmarkt, feilschten Frauen auf dem Heiratsmarkt.

Jungfernschaft wurde – wie Michels 1911 sarkastisch anmerkte – zu einem „Kapitalwert", den zu verlieren „einem finanziellen Verlust gleich[kommt], einer Entwertung der Ware Weib".[91] Es sei das Ergebnis der Erziehung, wenn „Frauen alles daransetzen, den Anblick ihrer Geschlechtsteile meistbietend zu verkaufen, und den Mann dazu verführen, ihnen dafür einen hohen Preis zu zahlen: den Ehering", stellte einer, der es wissen mußte, fest, nachdem er, sexuelle Begierde und szientifische Neugier koppelnd, Scharen von Frauen verführt und befragt hatte: „Frauen, von der Hure bis zur Prinzessin, können auf dem Markt gekauft werden. Einzig der Preis variiert."[92]
Obwohl die romantische Liebe die Funktion hatte, den Nexus zwischen Geld und Sexus zu verschleiern und die Kluft zwischen den Geschlechtern zu überbrücken, bedeutete die Heirat für Frauen einen zwar als freiwillig deklarierten, aber oft rein ökonomisch motivierten Schritt in Unterordnung und neue Abhängigkeit – ein Schritt, der für manche einem Begräbnis gleichkam:

„Gestern wurden unsere Namen ausgeschrieben und die übernächste Woche wird die Verbindung geschlossen werden, die einzig der Tod auflösen kann. Ich habe dieses Ereignis mit derselben düsteren Feierlichkeit betrachtet wie jenes, das meine gegenwärtige Existenz auslöschen wird."[93]

Emotionaler Rückzug in die zärtliche und stützende Welt der Frauenfreundschaften war ein anscheinend nicht unübliches Mittel, um diesem Widerspruch zwischen verschwiegener Wirklichkeit und romantisch verklärtem Ideal zu begegnen. In den weiblichen Freundschaftskreisen fanden Frauen das, was sie von ihren Männern offenbar weder erhielten noch erwarteten – Zärtlichkeit, Verständnis und Anerkennung; hier suchten sie im Spiegelbild der anderen nach einer neuen Identität, hier stützten und begleiteten sie einander, oftmals ein ganzes Leben lang.

„Es könnte kommen, daß ich der Anhänglichkeit an Dich mehr wie jemals bedürfte, um zu leben", schrieb Lisette Nee kurz nach ihrer Heirat der Karoline von Günderrode, „darum laß uns immer innig verschlungen bleiben, was uns jemals verbunden, muß ewig sein, laß mich immer mit Dir fortleben, und lebe auch Du ein doppeltes Leben in mir."[94]

Ihre Freundschaftsbeziehungen beruhten auf der Ähnlichkeit weiblicher Erfahrungen in einer geschlechtssegregierten Gesellschaft und wurden strukturiert in den Frauenritualen, die die biologischen Gezeiten im Leben einer Frau begleiteten. In dieser weiblichen Welt der Zärtlichkeit und der Rituale gelangten Frauen zu einem neuen Verständnis ihrer selbst, entfaltete sich ein frauenspezifisches Milieu, das später in die organisierte Frauenbewegung münden sollte.
Um die Jahrhundertwende zerbröckelten dann die innigen Frauen-

freundschaften, schrumpfte die Welt der verheirateten Frau und verengte sich auf die bürgerliche Kleinfamilie. Mit der Zunahme der vorehelichen Berufstätigkeit, die immer mehr Frauen eine familienunabhängige Existenz ermöglichte[95], wandelte sich die Ehe von einem ökonomischen Imperativ zu einer Option und kam es zu einer Berührung zwischen männlicher und weiblicher Sphäre. Als die Ehe nun endlich auf einem freiwilligen Entschluß einander Liebender anstatt auf kühler Berechnung miteinander Feilschender zu gründen schien und die einst so fremde Welt des Mannes vertrauter wurde, begannen Frauen die Zärtlichkeit und Liebe, die sie einst bei ihren Freundinnen gefunden hatten, bei ihrem Gatten zu suchen. Erst als die weibliche Welt der Freundschaftskreise auseinanderbrach, war die so oft beschworene partnerzentrierte Gattenfamilie wirklich entstanden.

4.2 Theoretische Weiblichkeit

Die Aufteilung der Welt in ein Reich der Liebe und in eine Arena des Wettbewerbs findet ihre Entsprechung in jener strikten Scheidung der Geschlechter, die die Frau auf das Heim reduziert und dem Mann die Öffentlichkeit übergibt. Die bürgerliche Familie, die sich als ‚arbeitsfreie' Sphäre reiner Menschlichkeit etabliert, bedarf einer Kultfigur, die sowohl ihre Produzentin wie auch ihr Symbol ist. Zu Beginn des 19. Jahrhunderts breitet sich eine neue Deutung des Weiblichen aus, die – in sekundärpatriarchalischer Offensive durchaus auch gegen den Ruf einiger Frauen nach Unabhängigkeit und Gleichberechtigung gerichtet[96] – für lange Zeit Hoffnungen, „ein Ganzes zu werden", verschütten wird. Die Frau, einst begehrlich und lebendig, wird nun, versittlicht und entsinnlicht, zur ‚guten Mutter' verformt. Ausgesperrt von Handlungsfeldern, die ihrem Gatten offenstehen, findet sie sich, zurechtgeschnitten auf die Hälfte ihrer Person, im privaten Binnenraum der Kleinfamilie wieder.[97]
Die einstigen partikularen Standesdefinitionen, die Pflichten und Tugenden von Mann und Frau vor allem aus ihrer sozialen Position ableiteten, werden durch universale Charakterdefinitionen ersetzt, die dem gesamten männlichen bzw. weiblichen Geschlecht unterschiedliche, komplementär konzipierte Wesensmerkmale zuordnen.[98] Der Mann steht für Vernunft, Eigenständigkeit und Pflicht, er „ist stark im Handeln, Mittheilen und Befruchten", die Frau verkörpert Gefühl, Abhängigkeit und Sittlichkeit, ihre Stärke liegt im „Dulden, Empfangen und Gebären".[99] Über diese geschlechtspolare Zuschreibung, die in der Frau das universelle Gattungswesen, im Mann das individualisierte Gesellschaftswesen sieht, wird der Frau die häusliche

Binnenwelt, dem Mann die feindliche Außenwelt zugewiesen.[100]

„Gemäß der Universalität ist beim Weibe die Sympathie, die Liebe vorherrschend, beim Mann hingegen, wegen vorwaltender Individualität, der Antagonismus, der Haß, – und so ist denn jenes mitleidiger, mildthätiger, es ist sittlicher und religiöser, als der mehr rauhe, oft hartherzige, Alles vorzugsweise nach seinem Ich zu bemessen geneigte Mann. [...] Hiernach wäre denn auch die *allgemeine* Bestimmung der Geschlechter für das äußere Leben überhaupt zu beurtheilen [...]. Fortpflanzung ist nur durch Kooperation beider möglich, jedoch hat an dieser Operation das weibliche Geschlecht unverkennbar mehr Antheil, als das männliche. [...] Während so das Weib hauptsächlich das innere Familienverhältniß begründet, der Mann mehr das äußere, ist er zugleich Verbindungsglied zwischen Familie und Familie, er hauptsächlich begründet den Staat."[101]

Auch bei Hegel kristallisiert sich diese Entwicklung in einem idealen Dual. Das Weib gilt – im Gegensatz zum Mann als dem Gestalter der menschlichen Gesetze – als „Bewahrerin des göttlichen Gesetzes" und als Daseinsform des „bewußtlosen Geistes".[102] Die Ende des 18. Jahrhunderts einsetzende Universalisierung des Weiblichen ist historisch nicht länger hinterfragbar:

„Im Hause der Sittlichkeit ist es nicht *dieser* Mann, nicht *dieses* Kind, sondern *ein Mann, Kinder überhaupt* – nicht die Empfindung, sondern das Allgemeine, worauf sich dieses Verhältnis des Weibes gründet."[103]

Die Frau/jede Frau ist universell durch den Fortpflanzungszweck definiert; der Mann hingegen bewahrt sich durch die Partizipation am Allgemeinen (bürgerlicher Staat) das Recht auf Individuierung. Diese ‚Biologisierung' der Frau prägt nachhaltig die Gestalt ihres Widerstandes, denn eine Auflehnung gegen das neue Ideal der Weiblichkeit wird nun nicht nur als Verstoß gegen gesellschaftliche Normen, sondern auch als Handlung wider die Natur geahndet.[104]
Die polare Geschlechterphilosophie, die sich in wenigen Jahren durchsetzt und auch von den Frauen selber verinnerlicht wird, spaltet das aufklärerische Ideal einer (geschlechtsneutralen) vernünftigen Persönlichkeit[105]: Mann und Frau sind von Natur her verschieden, doch auf wechselseitige Ergänzung angelegt. Der neue Mythos der Komplementarität ersetzt den alten der männlichen Vorherrschaft und verschleiert die faktische Bestimmung der Frau als abhängiges Supplement des Mannes. Das Männliche wird einerseits zum Objektiven und Allgemeinmenschlichen verabsolutiert, an dessen Kriterien nun Leistungen, Vorstellungen und Verhaltensweisen der Frauen gemessen werden, andererseits bedarf der Mann zu seiner Vervollständigung einer Frau, die – ökonomisch und sozial von ihm abhängig – ihm zu dienen und zu gefallen, ihn zu stützen und zu reproduzieren hat:

„Tritt hiermit den Frauen [...] der absolute Maßstab entgegen (den die für die Männer gültigen Kriterien bilden), so setzt sich dem zugleich ein relativer zur Seite oder gegenüber, der nicht weniger aus der Prärogative der Männer stammt und oft die genau gegenteiligen Forderungen stellt. Denn der Mann fordert von der Frau doch auch, was ihm, nun gleichsam als einseitiger Partei, in seiner polaren Beziehung zu ihr wünschenswert ist, das im traditionellen Sinne Weibliche, das aber nicht eine selbstgenügsame, in sich zentrierende Eigenart bedeutet, sondern das auf den Mann Orientierte, das ihm gefallen, ihm dienen, ihn ergänzen soll."[106]

Mit dem Wandel der weiblichen Arbeit ändert sich auch ihre Bewertung. Zur natürlichen Berufung erklärt und unbezahlt, wird sie zugleich abgewertet und verklärt. Was früher schlicht Arbeit war, soll nun ein Akt der Liebe sein, und Liebe – so das *Schweizer Frauenheim* Ende des Jahrhunderts – „kann opfern, sich selbst vergessen, um zu beglücken, will nur geben, Freude säen, will nicht Lohn, nicht Dank".[107] Selbstverleugnung, beim Mann ein selten-heroischer Willensakt, ist ein der Frau eigner Wesenszug. Liegen sittlicher Imperativ und Trieb beim „überdualistischen" Mann in immerwährendem Widerstreit, so soll bei der „vordualistischen" Frau als Neigung sich äußern, was ihr die Pflicht befiehlt, denn für die „schöne Seele" ist es „das Charakteristische, daß ihr sittliches Handeln nicht erst der Überwindung entgegengesetzter Triebfedern bedarf, sondern aus der Selbstverständlichkeit des konfliktlosen Triebes quillt".[108] Weibliche Identität konstituiert sich als ein Mangel: Erst in der Aufgabe ihres Selbst findet die Frau zu sich.

Während sich Theologen, Juristen und Philosophen um die Seele der Frau bemühten, bemächtigten sich die Mediziner ihres Körpers. Sie beobachteten, analysierten und überwachten ihn und entwickelten zu Händen ihres eigenen Geschlechts ein nun wissenschaftlich-rational aufgezäumtes Kontrollinstrument. Diese ‚Medikalisierung' der Frau – die auf ihren Körper zentrierten medizinischen Theorien und Maßnahmen – ist jedoch in den weiteren Rahmen eines gesellschaftlichen Disziplinierungsprozesses zu stellen, der, getragen von offizieller Medizin und privater Philanthropie, gegen Ende des 18. Jahrhunderts den Gesellschafts- und Individualkörper zu kolonialisieren begann.[109] So setzt auch der Versuch der Ärzte, den Körper der Frauen theoretisch und praktisch in den Griff zu bekommen, bereits zu dieser Zeit ein, lösen medizinische Theorien allmählich die philosophisch-theologischen Spekulationen über die Natur des Weibes ab, doch dauert es noch eine Weile, bis sie sich als neue Verwalter der männlichen Imagination in Sachen Weiblichkeit voll etablieren können.

In den medizinischen Abhandlungen über die Frau verquickten sich männliche Eroberungsgelüste und männliche Ängste: Im Verlauf des 19. Jahrhunderts schufen Ärzte und Psychiater ein grandioses, in sich zerrissenes Lehr- und Wahngebäude, das die Rolle und das Wesen der Frau aus ihrer spezifischen Anatomie zu deduzieren suchte. Damit änderten sich weniger die Inhalte, wohl aber Form, Begründungszusammenhang und vor allem die Auswirkungen der Argumentation. Zwar wurde die Frau seit Hippokrates auf ihren Unterleib festgelegt, aber ein kreatürlicher Umgang mit den geschlechtlichen Gegebenheiten im Alltag und die Einbindung der Frau in die Familienökonomie verhinderten jene folgenreichen Fixierungen, die sich in einem ‚entzauberten' Zeitalter durch die wissenschaftlich-rationale Beweisführung ergeben sollten. Ungeachtet der explosiven Entwicklung medizinischen Wissens, die den Ärzten die konstitutionelle Ähnlichkeit der Geschlechter hätte enthüllen können, hielten sie, verstrickt in alten Vorurteilen und verwickelt in neue Ansprüche, an der grundlegenden Andersartigkeit der Frau fest.[110] „Die Frau ist, was sie ist, [...] wegen ihrer Gebärmutter allein"[111], verkündete noch Ende des 19. Jahrhunderts ein amerikanischer Arzt mit wissenschaftlichem Pathos. Doch was die Frau zur Frau erst machte, war zugleich Ursprung ihrer Invalidität:

„Oft zerschlägt sich das junge Leben an den Brandungen der Pubertät und ist auf immer verkrüppelt. Wenn es diese unversehrt durchquert hat und nicht am Felsen der Geburt in Stücke zerschmettert wurde, kann es immer noch an den immer wiederkehrenden Untiefen der Menstruation und zuletzt auf der Sandbank der Menopause stranden, bis es endlich, geschützt vor sexuellen Stürmen, in den stillen Gewässern des Hafens Zuflucht findet."[112]

Vergleiche mit der zur Norm erhobenen männlichen Anatomie und Physiologie ließen die weibliche ‚Regelmäßigkeit' als Unordnung erscheinen[113] und mündeten in die Gleichsetzung von Frausein und Krankheit.[114] Die mit der Gebärfunktion zusammenhängenden Prozesse galten nun als störungsanfällig und ständiger Wartung bedürftig. Beim weiblichen Geschlecht verwischte sich auf rätselhafte Weise die Grenze zwischen Gesundheit und Krankheit. „Die Menstruation [ist] eine gesundheitsgemäße Krankheit"[115], schrieb 1814 Henke, der den Naturzweck der Frau mit ihrer Invalidität zu verbinden trachtete. Die Anatomie der Frau war ihr Schicksal, das sie zur Mutterschaft bestimmte und zur Krankheit verfluchte.
Ende des Jahrhunderts, als immer mehr Frauen aus der Familie auszubrechen suchten[116], die Geburtenraten rapide zu fallen begannen und Rassenhygieniker und Populationisten zum Kreuzzug gegen ‚Entartung' und Niedergang der weißen Rasse aufriefen[117], wurden auch die Stimmen vieler Ärzte schriller. Im Zusammenhang mit der Etablierung der Neurologie als anerkannte Spezialdisziplin verlagerte sich das Interesse der Ärzte vom Unterleib auf das Nervensystem. Die Annah-

me der biologischen Andersartigkeit der Frau wurde durch die These ihrer nervlichen Minderwertigkeit ergänzt[118], zur Pathogenität des weiblichen Unterleibs gesellte sich nun die Inferiorität der weiblichen Nerven. Das Ende dieser Entwicklung markiert dann Möbius' Diktum: „Der weibliche Schwachsinn [ist] ein physiologisches Postulat."[119]
Von Anfang an galt dem aufkommenden Ärztestand die Weiblichkeit als „schwarzer Kontinent" (Freud)[120], dessen Eroberung noch ausstand. Die Frauen erschienen den Medizinern als die Kehrseite der vernünftigen Menschheit, als Andere Natur, die es zu beherrschen und zu zivilisieren galt. Bewaffnet mit Spekulum und Uterussonde drangen sie in das Innere der Frau ein, um endlich das verborgene Geheimnis des weiblichen Geschlechts zu ‚erblicken'.[121] Sie verglichen sich mit einem „Entdecker", der ein „neues und wichtiges Territorium sieht", mit „Pionieren", die auf „noch nie begangenen Wegen" wandern und dabei Dinge erblicken, die „noch kein Mann je gesehen hätte".[122]
Die Eroberung des weiblichen Körpers durch die Ärzte war die letzte Phase innerhalb einer Jahrhunderte währenden Kampagne zur Bändigung einer bedrohlich erscheinenden weiblichen Sexualität und Naturhaftigkeit.[123] Galten Frauen einst als gefährliche, sexuell unersättliche Wesen, deren Triebstärke sie für höhere Werte untauglich machte, so verkehrte sich diese Relation allmählich in ihr Gegenteil. Die qua Sexus theologisch-moralisch minderwertigen Geschöpfe wurden zu tugendhaften und sexlosen Hüterinnen häuslicher wie öffentlicher Moral umgepolt, deren natürliche Sittlichkeit sich ihrer angeborenen Triebschwäche verdankte.[124] Im 19. Jahrhundert schließlich sind Frauen ganz Geschlecht – doch ohne Geschlechtstriebe. „Ich möchte sagen, daß die Mehrzahl der Frauen (zu ihrem Glück) von sexuellen Gefühlen nicht sonderlich geplagt werden", schrieb Dr. Acton, nachdem er „keine Mühe gescheut" hatte, seine Annahme einer verbreiteten sexuellen Lustlosigkeit bei Frauen auch empirisch zu überprüfen.

„In der Regel wünscht eine sittsame Frau keine sexuellen Freuden für sich selbst. Sie gibt sich ihrem Mann hin, doch nur, um ihm gefällig zu sein. Und sie würde, wäre da nicht die Mutterschaft, wohl mit Erleichterung auf seine Aufmerksamkeiten verzichten. Kein nervöser oder schwächlicher junger Mann sollte daher wegen irgendwelcher übertriebener Vorstellungen von den ihn erwartenden Pflichten vor der Ehe zurückschrecken."[125]

Der Umwandlung des geilen Weibes in die als rein und unschuldig imaginierte Frau des 19. Jahrhunderts entsprach auf der Männerseite seit der Entstehung des Masturbationstraumas im 18. Jahrhundert eine immer stärker werdende Angst vor sexueller Verausgabung, die nicht nur als gesundheitsschädigend, sondern auch als lebensgefährlich erachtet wurde. In dieser beängstigenden Welt einer ‚spermatischen

Ökonomie' bedurfte der Mann auch zu seinem eigenen Schutz einer Frau, die, prüde und frei von sexuellen Gelüsten, seine Sexualität nicht über die Maßen strapazierte. Während die offizielle Sexualmoral den Frauen sexuelle Leidenschaft absprach, galt ihr der Mann als Opfer seiner Triebe.[126] Inhaltlich und sprachlich der ökonomischen Sphäre nachgebildet, beschrieb sie die Sexualität des Mannes als eine Ökonomie der Knappheit, ausschweifende Sexualität war eine Metapher für Tod, sexuelle Enthaltsamkeit für den Mann die einzige Überlebensstrategie.[127] Aus den Samen wurden gleichsam ‚Kapital-Embryonen', deren planlose Verschleuderung zum sicheren Bankrott des Körpers führen würde; in ihnen konzentrierte sich die Lebenskraft des Mannes, sie waren die Quelle seiner Energie, die zum Zwecke der Fortpflanzung sparsam zu investieren (max. 4 1/2 g pro Koitus[128]) und im Dienste des beruflichen Erfolgs in Leistung zu transformieren war.[129]

Die Propagandisten der offiziellen Sexualmoral plädierten jedoch keineswegs für Keuschheit, sondern für eine Mäßigung der männlichen Sexualität und deren zweckorientierte Verwendung. Damit wurde selbst die Sexualität zum Gegenstand rationaler Überlegungen gemacht und unter dem Aspekt ihrer Nützlichkeit moralisch gewertet.[130] Beischlaf um der Fortpflanzung willen oder Geschlechtsverkehr gesundheitshalber war die prosaische Alternative, vor die sich das bürgerliche Paar gestellt sah, wenn es im Dunkeln des Schlafzimmers zueinander fand.

4.3 Professionalisierung der Berufung

Im Verlauf des 19. Jahrhunderts wurden nicht nur die männliche Berufsarbeit und das nächtliche Verhalten im Schlafzimmer, sondern auch die täglichen Tätigkeiten der Frau einer Rationalisierungskampagne unterworfen, die zunächst die Haushaltsführung und Kindererziehung systematisierte und schließlich in der Taylorisierung der Hausarbeit ihren bizarren Höhepunkt fand.[131] Der Rationalisierungsprozeß vollzieht sich in drei Stufen und geht einher mit einer Professionalisierung der weiblichen Arbeit. In einer ersten Phase werden die einzelnen Tätigkeiten klassifiziert und in einen geordneten Ablauf gebracht; in einer zweiten wird die weibliche Arbeit zum Zwecke ihrer Qualitätssteigerung nach wissenschaftlichen Prinzipien reorganisiert und in ein planvolles System eingebunden, um in einer dritten Phase schließlich nach zeitökonomischen Gesichtspunkten durchrationalisiert zu werden.[132] Damit löst sich die weibliche Arbeitswirklichkeit zunehmend von ihrer sentimentalisierenden Deutung ab: Zum natur-

gemäßen Beruf erklärt, wird die weibliche Arbeit zum einen negiert, zum anderen von Fachmännern – Pädagogen, Medizinern und Betriebstechnikern – in Regie genommen und den gesellschaftlichen Anforderungen dienstbar gemacht. In ihrer Arbeit muß die Frau nun verbinden, was letztlich unvereinbar ist: die Schaffung einer Gegenwelt, die sich der spröden Ökonomisierung des Lebens widersetzt, mit der Umformung der Familie in einen effizienten Betrieb, der den Geboten der Rationalität und Produktivität gehorcht.[133]
Bereits im frühen 19. Jahrhundert beginnen Frauen Haushaltsbücher zu führen, in denen sie rechnerisch Einnahmen und Ausgaben, empfangene und absolvierte Besuche, erhaltene und gemachte Geschenke vermerken; sie legen Haushaltspläne an, in denen jede Stunde und jeder Tag seine spezifische Funktion zugewiesen bekommt.[134] Obgleich ihre Zeit kein Geld ist, übernehmen sie die Zeitökonomie der Geschäftswelt:

„Verloren, gestern, irgendwann zwischen Sonnenaufgang und Sonnenuntergang: Zwei goldene Stunden, jede besetzt mit sechzig diamantenen Minuten; sie bringen keinen Ertrag mehr, denn sie sind für immer vorbei."[135]

Kontor und Fabrik, wohl räumlich abgetrennt vom Haushalt, verlängern sich gleichsam in die Familie hinein. Ordnung, Sauberkeit und Effizienz etablieren sich als die drei heiligen Gebote der Haushaltsführung und werden gleichzeitig zu moralischen Kategorien erhoben, mit denen sich das respektable Bürgerpaar von der verschwenderischen Dekadenz der Aristokratie wie von dem gefährlichen Schmutz der Armen abzugrenzen sucht.[136] Die Frauen, zuständig für Sitte und Ordnung im Innern, entdecken im Verlauf des Jahrhunderts, daß auch die Gesellschaft einer Säuberung bedarf. „Die Welt sauber zu halten, das ist eine der großen Aufgaben der Frau"[137], schrieb Helen Campbell in ihrem Buch *Home Economics* und meinte damit vor allem den moralischen Kreuzzug der Frauen gegen den sittlichen Zerfall der Nation.
Auch die Mütterlichkeit, von den Ärzten als natürliches Derivat der weiblichen Anatomie diagnostiziert, von den Geistlichen als gottgewollte Berufung gepriesen, wandelte sich im Verlauf des 19. Jahrhunderts endgültig zu einem Beruf.[138] Bereits zu Beginn des Jahrhunderts entstand eine reiche pädagogische Literatur, die die einzelnen Erziehungsmaximen bündelte und zu einem rationalen System zusammenfügte, das jeder Entwicklungsphase des Kindes ein auf sie abgestimmtes erzieherisches Verhalten von seiten der Mutter zuordnete und diese lehrte, mütterliche Liebe nicht planlos zu vergeuden, sondern zweckgebunden als pädagogisches Mittel einzusetzen.[139] Die gesellschaftliche und moralische Aufwertung der Mutterschaft und ihre

Umwandlung in eine Tätigkeit, die den gleichen Anforderungen zu genügen hatte wie die Berufsarbeit des Mannes, bedeutete jedoch für die Frauen eine zunächst kaum zu bewältigende Bewährungspflicht im ‚Beruf' der Mutter:

„Manchmal habe ich das Gefühl, als ob die Bürde der Verantwortung für diese kleinen unsterblichen Wesen zu viel für mich wäre", schrieb eine dieser gewissenhaften Mütter im ersten Drittel des Jahrhunderts. „Handle ich richtig? Tue ich genug? Doch meine größte Sorge ist, daß ich zuviel tue. Sehr oft bin ich entmutigt, wenn ich sehe, daß das Ergebnis schlecht ausfällt. Mr. A. hilft mir bei den allgemeinen Prinzipien, doch niemand kann mir bei den Details helfen."[140]

Bald brauchte sich Mr. A., der Gatte, weder um die Prinzipien noch um die Details mehr zu kümmern, denn die Wissenschaft nahm sich nun der weiblichen Arbeit an und betrat in Gestalt von Pädagogen, Medizinern und Hauswirtschaftsexperten das Heim, nachdem ihnen eine verunsicherte Frau die Tür geöffnet hatte. Hausarbeit verwandelte sich in „Häusliche Wissenschaft", Mütterlichkeit in „Wissenschaftliche Mutterschaft", und die Hausfrau wurde schließlich zu ihrer eigenen Betriebsleiterin gemacht, die, mit der Stoppuhr in der Rechten, der Betriebsanleitung in der Linken, sich selbst über die Schulter guckt.[141] Frau und Wissenschaft gingen dabei ein für beide Seiten vorteilhaftes Bündnis ein: dem Mann des Wissens gelang es mit Hilfe der bürgerlichen Frau, die er zu seiner Assistentin befördert hatte, zählebige Traditionen auszulöschen und die Familie zum Kristallisationspunkt hygienischer und pädagogischer Reformmaßnahmen zu machen; als Gegenleistung verschaffte er ihrer Arbeit gesellschaftliche Anerkennung und inthronisierte die Frau als Mutter und Putzfrau der Nation.[142] Wissenschaftliche Mutterschaft galt als Allheilmittel für sämtliche sozialen Probleme. Sie versprach die „Besserung der Säufer", die „Zähmung von Kriminellen", die „Ausmerzung von Selbstsucht" und die „Geburt brüderlicher Liebe".[143] Die gesellschaftliche Bedeutung der Mutterschaft war denn auch das wichtigste Machtpotential der bürgerlichen Frauen [144] – eine Macht, die sie mit der Zeit in soziale und politische Forderungen umzusetzen verstanden.
Die Verwissenschaftlichung von Mutterschaft und Hausarbeit hatte eine doppelseitige Funktion: mit Hilfe der Wissenschaft sollte die weibliche Tätigkeit als „Kopf- und Seelenarbeit"[145] qualitativ verbessert und, entschlackt von irrationalen und bloß instinkthaften Momenten, gesellschaftlich effizienter gemacht werden. In einer Zeit, in der immer mehr Frauen der Familie zu entfliehen suchten, das Heim als Zufluchtsstätte und Zuchtanstalt aber an Bedeutung gewann, läßt sich die Beförderung der Frau zur wissenschaftlichen Mutter und Haushaltsexpertin zudem als eine breit angelegte Werbekampagne für Heim und Hausarbeit lesen:

„Wenn ihr durch wissenschaftliches Studium die große Bedeutung und die verborgene Macht des ihr von Gott zugewiesenen Wirkungsbereiches bewußt wird, dann wird sie nicht klagen, weil ihr die Natur spezielle Pflichten zugewiesen hat, die der Mann zwar ihrem Instinkt anvertraute, in Wirklichkeit aber für ihre Erfüllung das höchste wissenschaftliche Wissen verlangen."[146]

Die Berufskonzeption von Mutterschaft und Hausarbeit barg jedoch insgeheim eine subversive Kraft in sich: indem die weibliche Arbeit nun als erlernbar galt und gar wissenschaftliche Fähigkeiten zu erfordern schien, wurde – zumindest theoretisch – deren geschlechtsspezifische Zuschreibung unterhöhlt. Die Professionalisierung von Hausarbeit und Mütterlichkeit führte letztlich dazu, daß die Trennung von biologischer und sozialer Mutterschaft, von Haushaltsführung und weiblichem Geschlecht denkbar wurde.[147]
Rationalisierung und Professionalisierung der weiblichen Arbeit sprengten den kommunikativen Lack und machten den instrumentellen Kern der Familie sichtbar. Den Riß zwischen Genrebild und familialer Wirklichkeit zu übertünchen, entwickelte sich zu *der* zentralen Aufgabe der Frau – eine Aufgabe, die von ihr verlangte, Zeit für andere zu haben und sie gleichzeitig zu sparen, sich emotional zu geben, aber rational zu denken, expressiv zu scheinen, jedoch instrumentell zu handeln, Schwäche zu mimen und Stärke zu verbergen.
Nicht nur konzipierte Weiblichkeit und weibliche Wirklichkeit klafften auseinander, bereits das Konzept selbst zeichnete sich durch Widersprüche aus. Die Frau war sexlos, aber Gefangene ihres Unterleibs, sittlicher als der Mann und zugleich willensschwächer, vergeistigter als er, doch intellektuell ihm unterlegen.[148] Dennoch verhärteten sich die einzelnen Komponenten zu unverrückbaren normativen Grenzsteinen, die im 19. Jahrhundert Normalität von Abweichung, Anpassung von Auflehnung schieden.
Die Unterlassungen und Überlistungen der bürgerlichen Frauen, die anschließend an zwei Beispielen veranschaulicht werden, sind ein Produkt und zugleich eine Antwort auf Lebensbedingungen, die kulturell durch die neue Theorie der Weiblichkeit geprägt und strukturell durch die Familie begrenzt waren, eine Familie, die sich wohl heimelig gab, aber nicht zuletzt in der Umwandlung der weiblichen ‚Berufung' in eine professionelle, von außen gesteuerte und überwachte Tätigkeit ihre Unheimlichkeit offenbarte.

Die Widerstandsstrategien der bürgerlichen Frauen sind nicht die dunkle Kehrseite des kulturellen Deutungsmusters, das Frauen als fragil, tugendhaft und sexlos begriff, sondern dessen getreues Spiegelbild. Denn das bürgerliche Weiblichkeitsideal blieb ihnen nicht äußerlich, sondern verlagerte sich in ihr Inneres und verdichtete sich dort zu einem Kernstück weiblicher Identität.[149] Frausein wurde auch für die meisten Frauen selbst gleichbedeutend mit Zerbrechlichkeit und Passivität, mit Sanftmut und Sittsamkeit. Eine offene Rebellion gegen diese neuen weiblichen Tugenden wäre einem Kampf an zwei Fronten gleichgekommen – einem Kampf gegen äußere Rollenerwartungen auf der einen und gegen verinnerlichte Normen auf der anderen Seite.[150] Bürgerliche Frauen akzeptierten das männliche Weiblichkeitsstereotyp jedoch nicht passiv, sondern benutzten es als ein Instrument ihres Widerstandes. Sie hielten sich an die Regeln, doch indem sie diese bis ins Extrem befolgten oder sich ihrer als Rechtfertigung bedienten, gelang es ihnen, ungestraft häusliche Pflichten zu verweigern und sich neue Handlungsräume zu erschließen. Die bürgerlichen Frauen waren in einem subversiven Sinn passiv und auf subversive Weise gefügig: Um die Sprache ihrer Auflehnung zu entziffern, müssen wir bereits individuelle Leistungsverweigerungen als Widerstandsakte lesen, aber auch Handlungen, deren subversive Kraft einer Übererfüllung von Normen (und nicht einer Normverletzung) entstammt. Will man partout den Widerstand bürgerlicher Frauen mit den Kampfformen der Arbeiter(innen) vergleichen, so läßt sich zwischen häuslicher Leistungsverweigerung und Absentismus eine Verbindung ziehen. Die Taktik hingegen, Normen nicht zu verletzen, sondern sie bei ihrem Nennwert zu nehmen, legt eher eine Parallele zum ‚Dienst nach Vorschrift' nahe.
Obwohl sich der Widerstand bürgerlicher Frauen unter Anpassung und Gefügigkeit verbarg, blitzt in ihm der Wunsch nach mehr Freiraum, Macht und Kontrolle auf, läßt er sich als ein ausgesprochen frauenspezifischer, im weitesten Sinn ‚feministischer' Protest deuten.[151] Was hier als Feminismus bezeichnet wird, war allerdings keine lineare, einheitliche Bewegung. In ihr liefen unterschiedliche, teilweise gegensätzliche Strömungen zusammen, die vom ‚häuslichen' über den ‚sozialen' bis hin zum politischen Feminismus reichten. Versuchten die häuslichen Feministinnen, privat und unorganisiert die familiären Arbeits- und Lebensbedingungen umzugestalten; so trugen die sozialen Feministinnen den Mythos der Mütterlichkeit hinaus in die Gesellschaft und kämpften dort in dessen Namen für eine Ausweitung ihres angestammten Wirkungsfeldes.[152] In ihren Wünschen, Worten und Ge-

bärden blieben sie allerdings der bürgerlichen Welt und dem männlichen Bildergewebe verhaftet, zu dessen Ornamentik sie selbst nicht wenig beitrugen. Sie waren die eifrigsten Verfechterinnen des ‚wahren Frauentums', das Frauen als sittsam und selbstlos konzipierte und sie auf Aufzucht und Ausgleich fixierte; und mit ihrem unermüdlichen Kampf für sexuelle Selbstkontrolle verhalfen sie letztlich dem disziplinierten „inner-directed man" mit zum Durchbruch.[153] Ihre zivilisierenden Bemühungen beschränkten sich nicht auf die eigenen Kinder und Gatten. Sie trugen ihre Vorstellungen von Häuslichkeit und Mütterlichkeit auch in die Haushalte der Arbeiter, und Ratschläge anstatt Almosen verteilend suchten sie während ihrer philanthropischen Visiten in „diesen Leuten den Wunsch nach anständiger Lebensführung zu wecken".[154]
Die bürgerliche Frau war Opfer und Mittäterin, Rebellin und Komplizin zugleich. Wenn wir sie nicht mehr zum wehrlosen Opfer männlicher Imaginationen entmündigen und sie statt dessen als handelndes Subjekt begreifen, das manchmal verzweifelt, oft aber listig sich neue Freiräume zu erschleichen wußte, dann müssen wir auch die Auswirkungen weiblicher Machtausübung zur Kenntnis nehmen. An zwei Beispielen – der Umwandlung der medizinischen Pathologisierung des weiblichen Körpers in schützende Krankheit und der Verkehrung von Sittlichkeit und Triebschwäche in eine empfängnisverhütende Methode – sollen im folgenden die Widerstands- und Verweigerungsstrategien bürgerlicher Frauen, aber auch die widersprüchlichen, oft paradoxen Folgen ihres Handelns nachgezeichnet werden. Mit einem Ausblick auf die Instrumentalisierung eines regressiv konzipierten Deutungssystems, dem die Frau als das nicht-differenzierte Gattungswesen galt, für den Aufbau einer weiblichen Gegenwelt, wollen wir unsere Ausführungen beschließen.

5.1 Krankheit

Die Ärzte, die das weibliche Geschlecht als schlechthin krank erklärten, scheinen angesichts der weiblichen Gebresten, die im Verlauf des 19. Jahrhunderts beinahe epidemische Ausmaße annahmen, so unrecht nicht gehabt zu haben.[155] Catherine Beecher, die ihren Eindruck einer „delikaten" weiblichen Konstitution auch empirisch bestätigt wissen wollte, gelangte zu einem alarmierenden Ergebnis:

„Milwaukee, Wsc. Mrs. A. oft Migräne. Mrs. B. sehr schwach. Mrs. S. gut, abgesehen von Erkältung. Mrs. L. immer bei schlechter Gesundheit. Mrs. D. oft Migräne. Mrs. B. bei sehr schlechter Gesundheit. Mrs. C. Schwindsucht. Mrs. A. Gebärmuttersenkung und allgemeine Schwäche. Mrs. H. Unterleibsprobleme und Husten. Mrs. B. immer krank. Kenne keine gesunde Frau am Ort."[156]

Die weiblichen Körper scheinen auf die medizinische Pathologisierung der weiblichen Physiologie in der Art einer „self-fulfilling prophecy" reagiert zu haben – im Verlauf des 19. Jahrhunderts wurden sie tatsächlich immer träger und fragiler, immer anfälliger und frigider. Krankheit, von den Medizinern als natürlicher Zustand des weiblichen Geschlechts diagnostiziert, stellte aber auch eine der wenigen sozial akzeptierten Fluchtmöglichkeiten dar, verband Gefügigkeit mit heimlicher Verweigerung. Jene Krankheiten, die vorzugsweise Frauen befielen und sie zwangen, unpäßlich familiären Freuden und Pflichten zu entsagen, zeichneten sich denn auch durch diffuse Symptome aus[157]:

„Die Frau wird bleich und dünn [...]. Alles ermüdet sie – Nähen, Schreiben, Lesen, Spazieren – und nach und nach ist das Sofa oder das Bett ihr einziger Trost. Jede Anstrengung wird teuer bezahlt, und, ihren eigenen Aussagen zufolge, fühlt sie sich weh und wund, leidet unter Schlaflosigkeit und benötigt unablässig Stimulanzien und Stärkungsmittel."[158]

Am Beispiel einer klassischen Frauenkrankheit – der Hysterie – läßt sich nicht nur die Verkehrung von Krankheitsstereotyp in Widerstand, sondern auch dessen kulturelle Formung nachzeichnen. Die Hysterika zerriß nicht das kulturelle Gewebe, das um Frauen gesponnen worden war, sondern hielt der Gesellschaft ein fratzenhaftes Spiegelbild der Weiblichkeit vor Augen; die hysterische Frau war ein Produkt ihrer Kultur und zugleich deren Anklage.[159]
Die Hysterie galt als ein rätselhaftes und weitverbreitetes Leiden, das vorzugsweise den weiblichen Körper heimsuchte.[160] Scharen von Medizinern machten sich daran, das in ihr und der Frau verborgene Geheimnis zu ergründen. Mit „ämsigstem Sammlerfleiß" trugen sie eine Fülle von Material über die hysterische Frau zusammen, um schließlich resigniert feststellen zu müssen, daß „keiner von uns das weibliche Herz bis in seine Tiefen erschaut", denn „das Weib ist stark im Scheinen".[161]. Sie beobachteten und diagnostizierten, ordneten, klassifizierten und analysierten und schufen schließlich eine Krankenrolle, der sie Symptome zuordneten, die von „Schimpfparoxysmen" über Gefühllosigkeit, Kopfschmerzen und Übelkeit bis hin zum „Arc de cercle" reichten. Wollte man noch zu Beginn des Jahrhunderts die Hysterie an körperlichen Symptomen festmachen, so begann sich später eine hysterische Charakterstruktur abzuzeichnen. Die Hysterika wurde als labil, narzißtisch, egoistisch und tyrannisch beschrieben – so auch von Krafft-Ebing, dem die Kranken als „launenhaft" erschienen,

„wechselnd in ihren Zu- und Abneigungen gegen Personen und Objekte. Die Begehrungen können sehr heftig sein (Gelüste) gleichwie Verabscheuungen. [...]

Sie werden damit Egoisten, unempfindlich gegen das Leiden Anderer. Besorgt um das eigene Wohl und Wehe, werden sie stumpf in ihren socialen und ethischen Gefühlen, gleichgiltig gegen ihre Pflichten, gegen das Wohl der Angehörigen."[162]

Doch so sehr sich die Ärzte auch bemühten, ein festumrissenes Krankheitsbild nachzuweisen, die Hysterie und die von ihr befallene Frau entglitten ihnen immer wieder. Klagte die Patientin an einem Tag über Lähmungen am Arm, so waren es am nächsten Kopf- und Gliederschmerzen, die sie zwangen, das Bett zu hüten. Ebenso erfolglos waren die Mediziner bei ihrer Suche nach organischen Krankheitsursachen. Die alte Uterustheorie, die den Ursprung der Krankheit in der Gebärmutter angesiedelt hatte, wurde im Verlauf des 19. Jahrhunderts durch die These einer notorischen Schwäche des weiblichen Nervensystems ersetzt. Die Hysterie, die vorzugsweise die Nerven des weiblichen Geschlechts befiel, galt nun als Beweis für dessen „nervliche Minderwertigkeit".[163] Klare Befunde fanden sich freilich keine; und manche Ärzte konnten sich des Verdachts nicht erwehren, daß es sich bei der Hysterie oft um „ordinäre Simulation" handele. Sie entdeckten bei ihren Patientinnen eine „versteckte Hinterhältigkeit" und beschuldigten diese, hinterlistig ihre „Pflichten in allen Lebensbereichen zu vernachlässigen".[164] Häufig hatten sie mit „Eigensinn, passivem Widerstand und der vielleicht selbst nicht eingestandenen Lust am Kranksein zu kämpfen".[165] Kraepelin konstatierte zwar hochgradige „moralische Verblödung", aber:

„Die Intelligenz und das Gedächtnis pflegen durch die Hysterie, selbst bei sehr langem Bestehen, nicht wesentlich zu leiden; vielmehr lassen beide in einzelnen Fällen sogar eine frappirende Schärfe erkennen."[166]

Trotz ihres Unmuts waren die Ärzte die heimlichen Fluchthelfer der hysterischen Frau. In Schriften und Vorträgen beschrieben sie wirklichkeitsnah und imitierbar die Symptome, derer sich die Hysterikerin im geeigneten Moment zu bedienen wußte, und indem sie ihr Verhalten als krankhaft diagnostizierten, räumten sie ihr das Recht ein, Pflichten zu vernachlässigen und unverhüllt bislang gedrosselte Wünsche auszuleben – Aufmerksamkeit zu verlangen, anstatt sie zu geben, zu dominieren, anstatt zu gehorchen. Mit der Diagnose Hysterie wurde Auflehnung in Krankheit, „Badness in Sickness" verwandelt.[167] Denn was für manche Frauen ein Schutz sein konnte, barg gleichzeitig die Tendenz der Medikalisierung und Psychiatrisierung weiblicher Widerspenstigkeit in sich. Die Familie als eine Institution, die von sich selbst behauptet, keine zu sein, die sich als Ort der Freiheit und Gleichheit definiert, erlaubt keine Kritik, die Aussicht hat, als berechtigte aufzutreten.[168] Kritik an der Familie kann nur als Symptom gelesen werden, Ausbruchsversuche müssen Zeichen von Irrsinn sein.[169]

In der schillernden Krankheit Hysterie liefen weibliches Leiden und weibliche Auflehnung, medizinische Kontrolle und männliche Misogynie unentwirrbar zusammen. Heute läßt sich kaum sicherer als damals entscheiden, ob die Bedeutung, die die Hysterie im öffentlichen Bewußtsein des 19. Jahrhunderts erlangte, auf einer zunehmenden Psychiatrisierung weiblicher Aufsässigkeit oder auf einem tatsächlichen Anstieg der Krankheit beruhte, oder ob nicht drittens immer mehr Frauen Krankheit vortäuschten, um familiären und sexuellen Anforderungen zu entfliehen. Doch ob Leiden oder List – unter dem Schutz der ärztlichen Diagnose entwanden sich nicht wenige Frauen den Fesseln ihrer Familie und artikulierten in der Sprache der Hysterie ihre Unzufriedenheit, Überforderung und Aggression.[170] Unter der „Eisrinde" der Selbstaufgabe brodelte – wie Ideler 1840 mit bemerkenswerter Einfühlungsgabe feststellte – ein „Vulkan", dessen „gepreßte Flamme um so wilder auflodert", je mehr „das Weib, unvermögend seine Absichten autokratisch durchzusetzen, sie und seine Neigungen in der Brust verschließen" muß.[171]

5.2 Moralisierung

Die medizinischen Theorien, denen weibliche Physiologie und Anatomie als schlechthin pathogen galten, schienen nicht nur das Körperbild der Frau, sondern auch – durchaus unbeabsichtigt – ihr Reproduktionsverhalten zu beeinflussen: In der zweiten Hälfte des Jahrhunderts stellten Zeitgenossen einen alarmierenden Rückgang der Geburtenziffern fest, den nicht wenige mit der Verschlechterung des weiblichen Gesundheitszustandes in Verbindung brachten. In Mitteleuropa begann sich die Geburtenrate im letzten Drittel des Jahrhunderts rapide zu verringern, und in den USA, wo der Geburtenrückgang bereits zu Beginn des Jahrhunderts eingesetzt hatte, nahm die durchschnittliche Kinderzahl einer weißen Frau im Verlauf des Jahrhunderts rund um die Hälfte ab.[172] Die folgenden Ausführungen beziehen sich vorwiegend auf den angelsächsischen Raum und klammern insbesondere Frankreich aus, wo sich eine neue demographische Struktur bereits Ende des 18. Jahrhunderts durchsetzte und die frühe Verbreitung malthusianischen Verhaltens allem Anschein nach von einer geringeren ‚Enterotisierung' des Ehelebens begleitet war als in protestantisch-puritanischen Ländern.[173]

Bereits zeitgenössische Demographen stellten fest, daß der Geburtenrückgang vor allem auf einer Verringerung der ehelichen Fruchtbarkeit beruhte und gerade in „wohlhabenderen und kulturell höher

stehenden Kreisen"[174] ein erschreckendes Ausmaß angenommen habe. Über die Ursachen des Geburtenrückgangs herrschte allerdings Uneinigkeit. Während Mombert eine negative Korrelation zwischen „Höhe der Spartätigkeit und Höhe der Fruchtbarkeit" feststellte und diese damit erklärte, daß mit steigendem Wohlstand auch „Besonnenheit und Selbstbeherrschung" wachsen[175], bestritten andere die These einer bewußten Geburtenplanung und nahmen vielmehr einen Zusammenhang zwischen „Kapitalansammlung" und „Schwäche im Zeugungsgeschäft"[176] an. Die dritten schließlich machten die Emanzipationsgelüste der Frauen für den Geburtenrückgang verantwortlich und schienen damit so unrecht nicht gehabt zu haben.[177] Scott Smith zufolge verdankt sich der Geburtenrückgang zu einem großen Teil dem Wunsch der Frauen nach Autonomie sowie ihrer Macht, den Gatten zu sexueller Zurückhaltung zu zwingen oder zu überreden.[178] Denn obwohl Verhütungsmittel – wie die Inserate, die „Französische Arzneien und Utensilien" anpriesen, nahelegen – bekannt waren, scheinen bis Ende des Jahrhunderts (periodische) Enthaltsamkeit und Koitus interruptus die beiden gängigsten Praktiken gewesen zu sein[179] – Praktiken, die sich bekanntlich nicht gegen den Willen des Mannes durchsetzen lassen.[180]
Die bürgerlichen Frauenorganisationen lehnten sogar den Koitus interruptus ab und propagierten eine ‚natürliche' Geburtenkontrolle, deren Wirksamkeit letztlich auf einer Entsexualisierung der ehelichen Beziehung beruhte. Die Mittel, die sie empfahlen, reichten von periodischer Enthaltsamkeit über Keuschheit bis hin zu dem, was Acton den „Geist des Ungehorsams" genannt hat, und selbst Frigidität konnte in einer Zeit, in der Mediziner in Analogie zur männlichen Sexualität eine ursächliche Beziehung zwischen Lust und Konzeption postulierten, als empfängnisverhütende Methode gelten.[181]
Im Namen der offiziellen Sexualmoral, der die Frau als sexlose Hüterin von Tugend und Moral galt, wiesen bürgerliche Frauen die nächtlichen Annäherungsversuche des Gatten zurück und verbreiteten im ehelichen Schlafgemach mit protestantischer Gründlichkeit puritanischen Mief. Die offensichtlich erfolgreiche Bändigung der (ehe)männlichen Sexualität beruhte jedoch nicht allein, wie Scott Smith mit seiner These eines „häuslichen Feminismus" behauptet, auf dem wachsenden weiblichen Einfluß innerhalb der häuslichen Sphäre, sondern verdankt sich nicht minder den sexuellen Ängsten des Mannes. Die Prüderie der Gattin dürfte der ökonomischen Spermienkalkulation des Gatten entgegengekommen sein, dem bei zu „großer Verausgabung des Samenergusses" der finanzielle, physische und psychische Bankrott drohte. Die Taktik, den Ehemann hinterlistig an die Gefahren zu erinnern, die ihm aus einer ungezügelten Sexualität erwuchsen, erwies

sich denn auch als eine wirksame psychologische Waffe. Die sexuellen Exzesse würden nicht nur die Frauen zu einem Lustobjekt degradieren, gab Sarah Grimké den Männern zu bedenken, sondern hätten auch eine debilisierende Wirkung auf die männliche Vernunft, denn

„die große Wahrheit, daß die konzentrierteste Flüssigkeit des Körpers sowohl bei der Produktion von großen Gedanken und Ideen wie auch bei der Reproduktion der Gattung eine Aufgabe zu erfüllen hat, ist zu wenig bekannt und wird als zu wenig wichtig eingeschätzt. Deren verschwenderische Vergeudung durch legalisierte Unzucht hat den Intellekt des Mannes verkümmern lassen."[182]

Die bürgerlichen Frauen entdeckten jedoch bald, daß der nächtliche Kampf im puritanischen Schlafgemach zu seiner Unterstützung einer öffentlichen Kampagne bedurfte, die – obwohl sie sich dabei der traditionellen Methode einer äußeren Verhaltenskontrolle bedienten – über eine Veränderung der Virilitätsvorstellungen des Mannes auf eine tiefgreifende Umformung seines Sexualverhaltens zielte. Bereits in den dreißiger Jahren schlossen sich amerikanische Frauen in Sittlichkeitsvereinen zusammen, um, ebenso männer- wie sexualfeindlich, alle „unkeuschen Gefühle und liederlichen Sitten" auszurotten.[183] Öffentlich denunzierten sie jene „wollüstigen Männer", die „dreist" und „vorsätzlich" ein „knospendes" und „unschuldiges" Mädchen geschändet hatten.[184] Sie kämpften gegen Prostitution und voreheliehen Geschlechtsverkehr, stürmten zwielichtige Spelunken und jene Bordelle, in die sich ihre Gatten lust- oder ‚gesundheitshalber' offenbar nicht selten zu retten schienen.[185] Unterstützt von Geistlichen und Medizinern attackierten sie das traditionelle Bild des sexuell aggressiven, potenten Mannes und propagierten an dessen Stelle ein neues, dem Modell der theoretischen Weiblichkeit nachgezeichnetes Männlichkeitsideal, das Virilität nun mit sexueller Enthaltsamkeit verknüpfte. Selbstbeherrschung gebe

„einem Mann jenes Bewußtsein seiner Würde, seiner Aufgabe als Oberhaupt und Herrscher und seiner Bedeutung [...], welches für das Gedeihen der Familie und durch sie der Gesellschaft selbst absolut unerläßlich ist. Sie ist eine Macht, ein Privileg, auf welches der Mann stolz ist und stolz sein kann."[186]

In ihren Moralisierungskampagnen instrumentalisierten die Puritanerinnen das herrschende Weiblichkeitsideal, kompensierten sie gesellschaftliche Ohnmacht durch moralische Macht. Sie übernahmen die männliche Deutung ihrer Sexualität und schienen sich selbst als asexuell und leidenschaftslos zu begreifen, doch sie erhoben das weibliche Sexualverhalten zur verbindlichen Norm und verurteilten im Namen ihrer sittlichen Überlegenheit die „animalischen Leidenschaften" des Mannes als widernatürlich und moralisch verwerflich.[187] In

ihrem militanten Kreuzzug gegen die gesellschaftliche Doppelmoral, die bei Männern billigte, was Frauen verboten war, forderten sie nicht mehr Rechte für die Frau, sondern gleiche Pflichten für den Mann und gehörten damit zu den eifrigsten Verfechterinnen einer Sexualideologie, die Selbstkontrolle zum obersten moralischen Gebot erklärte und beiden Geschlechtern eine harte sexuelle Repression abverlangte.
Die Moralisierungskampagnen der Puritanerinnen standen jedoch nicht nur im Dienste der natürlichen Geburtenkontrolle, sondern lassen sich gleichzeitig als eine auf ‚marktwirtschaftlichen' Kalkülen beruhende häusliche Machtpolitik interpretieren: Die intrafamiliäre Machtposition der Frau bestimmt sich in tauschtheoretischer Sicht nach dem Verhältnis zwischen weiblichen (Reproduktion) und männlichen Leistungen (Geld) und steht in umgekehrtem Verhältnis zur Substituierbarkeit des weiblichen Ressourcenbeitrages.[188] Da im bürgerlichen Haushalt des 19. Jahrhunderts die häusliche Handarbeit zu einem großen Teil von Dienstboten verrichtet wurde, war neben der Kindererziehung die Sexualität (und Reproduktionsfähigkeit) der Frau die wichtigste weibliche Ressource, deren Machtpotential jedoch eng an eine restriktive Sexualmoral gebunden war – an eine Sexualmoral, die eine Substitution der ehelichen Sexualität durch Prostitution verbot und der Ehefrau das Recht zugestand, über die Häufigkeit des ehelichen Geschlechtsverkehrs zu entscheiden.[189] Die weiblichen Moralisierungskampagnen lassen sich somit auch als eine Monopolisierungsstrategie lesen, als eine Politik der künstlichen Verknappung der ‚Ware' Sexualität: Während der Kampf gegen Prostitution und außerehelichen Geschlechtsverkehr auf eine Ausschaltung der Konkurrenz zielte, diente die sexuelle Zurückhaltung und Prüderie der Ehefrau einer Verknappung des sexuellen Angebotes innerhalb der Ehe.[190]
Freilich waren die Folgen der puritanischen Moralisierungskampagnen, in denen sich weibliche Militanz und prüde Bigotterie aufs innigste verschränkten, äußerst zwiespältig. Die bürgerlichen Frauen, die öffentlich als Moralreformerinnen und privat als Mütter für die gesellschaftliche Durchsetzung einer sexuellen Selbstkontrolle gekämpft hatten, trugen damit maßgeblich zur Verbreitung jener asketischen „Ethik der Entsagung" bei, die Sparsamkeit zu einem Selbstzweck erhob und deren Funktion eher darin bestand, wie Freud mit neidischem Seitenblick auf die „dicke Haut" und den „leichten Sinn" der Anderen Klasse schrieb, „Leid von uns abzuhalten, als uns Genuß zu verschaffen".[191] Im Gegensatz zur ‚Strukturpolitik' der politischen Feministinnen, die über grundlegende strukturelle Veränderungen die gesellschaftliche Situation der Frau zu verbessern suchten, lassen sich die meisten Aktivitäten der Moralreformerinnen als eine ‚Kulturpolitik' charakterisieren, indem sie über eine Umwandlung gesell-

schaftlicher Werte – über eine Feminisierung der Moral – die familiären Arbeits- und Lebensbedingungen zu verändern suchten.[192] Ihre Forderungen blieben letztlich familienbezogen und galten vor allem im letzten Drittel des Jahrhunderts einer Verteidigung der Familie und der traditionellen Rolle der Frau.[193] Obwohl sie öffentlich zum Kulturkampf gegen die männliche Welt aufriefen, stellten sie die Zweiteilung der Gesellschaft in eine weiblich-häusliche und eine männlich-gesellschaftliche Sphäre nicht in Frage, sondern trugen im Gegenteil zu deren Verfestigung bei.[194] Der bürgerliche Komplementaritätsmythos, in dessen Namen sie die familiären Rechte der Frau einklagten, formte ihre Gedanken und begrenzte ihre Wünsche.

6. Grenzen der Gegenwelt

Die Bürgerinnen des 19. Jahrhunderts übernahmen die Losung der Französischen Revolution, ersetzten Brüderlichkeit durch Schwesterlisterlichkeit und strichen – wie einst die Männer – das Postulat einer Gleichheit der Geschlechter. Schwesterlichkeit, das Leitmotiv sämtlicher Frauenorganisationen vom „Mütterverein" über die „Freundinnen junger Mädchen" bis hin zur Wahlrechtsbewegung, war ein vielschichtiger Begriff, der praktizierte Solidarität mit der ‚Gefallenen' ebenso umfaßte wie den Traum einer weiblichen Kulturrevolution und auf dem unerschütterlichen Glauben an eine weibliche Sonderart, eine allen Frauen gemeinsame Wesensart beruhte.
Freilich haben sich Frauen immer schon auf ihr Geschlecht und auf einander bezogen, doch im 19. Jahrhundert nahm das weibliche Selbstverständnis eine qualitativ neue Gestalt an. Während Frauen sich früher in der vertrauten Weiberwelt des Dorfes verorteten oder standesbewußte Gruppen bildeten, ihr frauenspezifisches Bewußtsein also konkret und partikularistisch war, fühlten sich bürgerliche Frauen des 19. Jahrhunderts einer Klassen und Zeiten transzendierenden weiblichen Welt zugehörig, entwickelten sie zum ersten Mal in der Geschichte die an abstrakten Idealen orientierte Idee einer universellen Schwesterlichkeit.
Dieser Prozeß, der in Anlehnung an E. P. Thompsons berühmte Wendung „The Making of the Women's Caste" genannt werden könnte, hat recht unterschiedliche Erklärungen gefunden. Während ältere Ansätze sich auf das Bewegungselement konzentrierten und bürgerliche wie proletarische Frauenbewegung entweder mit dem allgemeinen ‚Fortschritt' der Gattung assoziierten oder aber der ‚Logik des Kapitals' subsumierten, neigt die neuere Frauenforschung dazu, die Ursachen für die Universalisierung eines weiblichen Selbstverständnisses

ausschließlich auf der Frauenseite zu suchen. Hierbei lassen sich drei Erklärungsstränge unterscheiden: 1. ein struktureller Ansatz, der die Entstehung eines frauenspezifischen, im weitesten Sinne feministischen Bewußtseins auf die Ähnlichkeit weiblicher Erfahrungen in einer geschlechtssegregierten Welt zurückführt; 2. ein Erklärungsversuch, der die interaktive Ebene in den Vordergrund stellt und die Kommunikationsmöglichkeiten in weiblichen Beziehungen und Vereinen, die zu einer Verallgemeinerung individueller Erfahrungen führten, als wesentlichsten Faktor bezeichnet; 3. schließlich ein kulturtheoretischer Ansatz, dem die Entwicklung eines feministischen Bewußtseins als konsequente Folgeerscheinung der zu Beginn des Jahrhunderts aufkommenden Theorie der biologisch fundierten universellen Geschlechtscharaktere gilt.[195]
Gewiß haben Verinnerlichung und Stilisierung der männlich-szientifischen Theorie eines allgemeinen Geschlechtscharakters ebenso zur Vorstellung einer weiblichen Sonderart beigetragen wie die – freilich überschätzte – strukturelle Angleichung weiblicher Lebenszusammenhänge und der kollektive Lernprozeß innerhalb von homosozialen Gegenwelten, Freundschaften und Vereinen. Ohne gegenseitige Vermittlung und Erweiterung greifen die verschiedenen Erklärungspartikel allerdings zu kurz; sie müßten miteinander verschränkt und in ein allgemeines (aber diesmal auch für Frauen zutreffendes) modernisierungstheoretisches Gerüst eingebaut werden. Denn wesentliche Charakteristika – Universalismus, Szientismus, Fortschrittsgläubigkeit und Zukunftsorientierung – teilt die entstehende feministische Theorie mit den anderen großen „Zukunftsreligionen" des 19. Jahrhunderts.[196] Gleichwohl gibt es einen bedeutsamen Unterschied: Während die Verschärfung der Klassengegensätze auf der Männerseite den Begriff der Brüderlichkeit verblassen ließ und statt dessen in der Arbeiterbewegung das Gleichheitspostulat, bei den Bürgern eine verkümmerte Freiheitsrhetorik in den Vordergrund rückte, führte eine klassenspezifisch nicht differenzierende kulturelle Rollenvorgabe auf der Frauenseite unter anderem dazu, daß die weibliche Losung nicht Gleichheit oder Freiheit, sondern Schwesterlichkeit hieß. Diese war zunächst die einzig mögliche ‚moderne' Option, da Auswege in Richtung Freiheit und Gleichheit in zunehmendem Maße ideologisch und faktisch verbaut wurden und bekanntlich erst freigeräumt werden mußten. Die Propagierung dieser auf einer fiktiven Homogenität beruhenden Schwesterlichkeit mußte zu realitätsblinden Negationen führen, die ihre eigenen paradoxen Folgen zeitigten.
Der erste große Zusammenprall von schwesterlichen Idealen und alltäglicher Wirklichkeit war die Dienstbotenfrage, aber auch in den Frauenorganisationen selbst mußte eine biologistische Verschleierung

sozialer Unterschiede zu Konflikten führen, wie Nancy Schrom Dye am Beispiel einer New Yorker Frauengewerkschaft zeigt. Daß die Aufgabe, ein klassenübergreifendes Bündnis zwischen Frauen der Arbeiterschaft und des Bürgertums zu schaffen, überhaupt in Angriff genommen wurde, erklärt sich aus der kulturellen und teilweise auch strukturellen Dominanz der Geschlechtszugehörigkeit für Frauen. Dennoch waren es zwei moderne ‚Mythen', die hier aufeinanderstießen und – neben den evidenteren sozialen Fallstricken – das Bündnis untergraben mußten: der ‚Klassenmythos' der Arbeiterbewegung, die das Geschlecht dem Klassenstatus unterordnete und die Lösung der Frauenfrage einer erträumten Zukunft proletarischer Machtergreifung überantwortete, und der ‚Geschlechtermythos' der bürgerlichen Frauenbewegung, die umgekehrt die Klassenzugehörigkeit als unwesentlich erachtete und für die Lösung der sozialen Probleme auf eine weibliche Kulturrevolution vertraute.
Die Unterordnung der Klassenproblematik unter geschlechtsspezifische Solidaritäten in bürgerlicheren Kreisen wie die Definition der Frauenfrage als Teil der sozialen Frage in der Arbeiterbewegung hatten freilich beide eine Verschleierung der ‚Männerfrage' zur Folge. Während sich alle möglichen Sorten Männer um die rechtlichen, sittlichen, ökonomischen, politischen, psychischen, physischen, demographischen Bedingungen, Folgen und Seitenaspekte der Frauenfrage kümmerten und kümmern, haben sich Frauen immer wieder in den Fangarmen ihres eigenen Geschlechtermythos verstrickt, haben intrapunitiv die Folgen des modernen Widerspruchs zwischen Individuationsprinzip und Biologisierung der Weiblichkeit allein auf sich geladen, haben sich angesichts des Auseinanderklaffens von Personen- und Mütterlichkeitskult auf das einzige genuin weibliche moderne Postulat, die Schwesterlichkeit, besonnen und sind über deren Scheitern ins Lamentieren geraten.
Vom Drehbuch der „Dialektik der Aufklärung" viel widersprüchlicher in Regie genommen als die Männer, haben sie sich noch in ihren Listen oft einer fernen Dramaturgie gefügt, die nicht länger umgangen oder hintertrieben werden kann, sondern begriffen und abgebaut werden muß.[197] Es ist an der Zeit, die Vervielfältigung der strukturellen Möglichkeiten zu nutzen, sich nicht länger mit einem einzigen Glücksprinzip zu begnügen – sei es die metropolitane Selbststilisierung, die vorindustrielle Erdennähe oder die kleinstädtische Mütterlichkeitsidylle –, sondern Kombinationen zu ersinnen und das Repertoire zu erweitern. Und es ist an der Zeit, sich um die Männerfrage zu kümmern, historisch, politisch, sittlich und so weiter – vom stehenden Heer über Maschinerie & Männlichkeit bis zum Vaterschaftskult.

Anmerkungen

Wir danken Emmi Tänzer, Ada Kaufmann, Aglaia Hartig und Rudolf Lüscher, ohne deren Vorbild, Zuspruch oder Hilfe dieses Buch nicht zustande gekommen wäre.

1 N. Z. Davis, „Women's History in Transition. The European Case", in: *Feminist Studies*, 3, 1976, 83-103.

2 Vgl. Y.-M. Bercé, *Croquants et nu-pieds. Les soulèvements paysans en France du XVIe au XIXe siècle*, Paris 1974; ders., *Fête et révolte. Des mentalités populaires du XVIe au XVIIIe siècle*, Paris 1976; Louise A. Tilly, „The Food Riots as a Form of Political Conflict in France", in: *Journal of Interdisciplinary History*, 2, 1971, 23-57; *Crimes et criminalités en France sous l'Ancien régime, XVIIe-XVIIIe siècles*-(Cahiers des Annales 33), Paris 1971; Olwen Hufton, *Europe: Privilege and Protest 1730-1789*, Brighton 1980; P. Pilheam, „Popular Violence in Provincial France after the 1830-Revolution", in: *The English Historical Review*, 359, 1976, S. 283 ff.; J. Stevenson, „Food Riots in England, 1792-1818", in: J. Stevenson und R. Quinault, *Popular Protest and Public Order*, London 1974; Alan Booth, „Food Riots in the North-West of England 1790-1801", in: *Past and Present*, 77, 1977, 84-107; E. P. Thompson, „Die ‚sittliche Ökonomie' der englischen Unterschichten im 18. Jahrhundert", in: D. Puls (Hrsg.), *Wahrnehmungsformen und Protestverhalten. Studien zur Lage der Unterschichten im 18. und 19. Jahrhundert*, Frankfurt 1979, 13-80; Carol. Z. Wiener, „Sex Roles and Crime in Late Elizabethan Hertfordshire", in: *Journal of Social History*, 9, 1975, 38-60.

3 C. Tilly, „Hauptformen kollektiver Aktion in Westeuropa, 1500-1975", in: *Geschichte und Gesellschaft*, 3, 1977, 153-163.

4 Vgl. exemplarisch den Aufsatz von N. Z. Davis, „Women on Top", in: dies., *Society and Culture in Early Modern France*, Stanford 1975.

5 Hungerunruhen verschwanden in England rapide nach 1820, in Frankreich und Deutschland nach 1850 und dauerten nur in Teilen Spaniens und Italiens bis ins 20. Jahrhundert an. Vgl. C. Tilly, „Hauptformen", a.a.O.; zur Entwicklung in Frankreich auch M. Perrot, „Rebellische Weiber", in diesem Band. S. 71 ff.

6 Vgl. O. Hufton, „Die Schattenseite der Französischen Revolution", in diesem Bd. S. 138 ff. und die dort angegebene Literatur; zudem Albert Soboul, „Femmes militantes des sections parisiennes en l'an II", in: ders., *Comprendre la Révolution française*, Paris 1981, 203-214; M. Albistur und D. Armogathe, *Histoire du féminisme français*, Paris 1977, 223-238; P.-M. Duhet, *Les femmes et la Révolution*, Paris 1971.

7 D. Thompson, „Spurensicherung", in diesem Bd., S. 160 ff.

8 Beispielsweise aus der sozialreligiösen Sektenbewegung des späten Mittelalters. Vgl. G. Koch, *Frauenfrage und Ketzertum im Mittelalter: Die Frauenbewegung des Katharismus und des Waldensertums und ihre sozialen Wurzeln*, Berlin 1962; E. Werner, „Die Stellung der Katharer zur Frau", in: *Studi medievali*, 3, 1961, 295-311.

9 Vgl. die Protestdefinition von H. Volkmann („Kategorien des sozialen Protests im Vormärz", in: *Geschichte und Gesellschaft*, 3, 1977, 164-189), der sozialen Protest mittels der Dimensionen der Ereignishaftigkeit, der Kollektivität, der Illegalität und der Direktheit definiert, aber im Unter-

schied zu den Tillys Gewalt nicht in seinen Kriterienkatalog einbezieht (C., L. und R. Tilly, *The Rebellious Century, 1830-1930*, Cambridge 1975).
Solche Definitionen setzen jedoch eine klare Abgrenzung von individuellem Widerstand und kollektiver Aktion sowie von Legalität und Illegalität voraus, die nicht unproblematisch erscheint. Eine Analyse sozialen Widerstandes, die bei ihrer Bestimmung von legalem und illegalem Verhalten auf die geltenden Gesetze des Staates abstellt, klammert die sozial überlieferte Grenzziehung aus, die sich insbesondere in einer Zeit sozialen Wandels nicht unbedingt mit der staatlichen Norm decken muß. Vgl. u. a. E. P. Thompson, *Whigs and Hunters. The Origin of the Black Act*, London 1975. D. Blasius (*Kriminalität und Alltag*, Göttingen 1978) deutet die oft von einzelnen begangenen Holzdiebstähle als Ausdruck sozialen Protests.

10 Wie neuerdings P. Hüttenberger vorgeschlagen hat: „Vorüberlegungen zum Widerstandsbegriff", in: *Geschichte und Gesellschaft*, Sonderheft 3: *Theorien in der Praxis des Historikers*, 113-139.

11 R. Cloward und F. Fox Piven, „Hidden Protest: The Channeling of Female Innovation and Resistance", in: *Signs*, 4, 1979, 651-669 (dt.: „Die unsichtbare Auflehnung: Steuerung der Innovationskraft und des Widerstandspotentials von Frauen", in: I. Kickbusch und B. Riedmüller (Hrsg.), *Die armen Frauen*, Frankfurt 1984, 135-162). Vgl. auch dies., *Aufstand der Armen*, Frankfurt 1981.

12 Insbesondere E. Shorter, „Women's Work: What Difference Did Capitalism Make?", in: *Theory and Society*, 3, 1976, 513-527; ders., „Illegitimacy, Sexual Revolution, and Social Change in Europe, 1750-1900", in: *Journal of Interdisciplinary History*, 2, 1971, 231-272; ders., „Female Emancipation, Birth-Control, and Fertility in European History", in: *American Historical Review*, 78, 1973, 605-640.

13 Vgl. auch L. Tilly und J. W. Scott, *Women, Work & Family*, New York 1978; L. Tilly, „The Family and Change", in: *Theory and Society*, 5, 1978, 421-434.

14 Ivy Pinchbeck, *Women Workers and the Industrial Revolution, 1750-1850*, London 1930, [2]1969.

15 Der Einwand, objektive Zwänge und deren familiensprengende Wirkungen zu unterschätzen und die Diffusion des bürgerlichen Familienbildes in den unteren Schichten zu vernachlässigen, ist öfters gegen Scott/Tilly erhoben worden. Siehe u. a. M. L. Shanley, „The History of the Family in Modern England", in: *Signs*, 4, 1979, 740-750.

16 Vgl. Pinchbeck, *Women Workers*, a.a.O., S. 27 ff.

17 Vgl. Jeremias Gotthelf, *Wie Uli der Knecht glücklich wird*, Basel 1948., ders., *Uli der Pächter*, Basel 1978. Vgl. auch I. Boesch und C. von Waldkirch, *„Arme Weiber sind wir, aber schlauer als ihr denkt!" Die Bäuerin im Emmental*, Ms., Zürich 1979.

18 Vgl. auch M. Perrot, *Les ouvriers en grève*, 2 Bde., Paris 1974.

19 Vgl. H. Grubitzsch und L. Lacpacan, *„Freiheit für die Frauen – Freiheit für das Volk!" Sozialistische Frauen in Frankreich 1830-1848*, Frankfurt 1980; Albistur/Armogathe, *Histoire du féminisme français*, a.a.O., S. 279 ff.

20 Paule-Marie Duhet, *Les femmes et la Révolution*, a.a.O., S. 11.

21 Vgl. auch D. Thompson, *The Early Chartists*, London 1972.

22 Zur Stellung der Frauen in der Familienwirtschaft vgl. Pinchbeck, *Women Workers*, a.a.O., S. 7-110; Alice Clark, *Working Life of Women in the Seventeenth-Century*, London 1968; Olwen Hufton, „Women and the

Family Economy in 18th-Century France", in: *French Historical Studies*, 9, 1975; Tilly/Scott, *Women, Work & Family*, a.a.O., S. 1-60. Zur Segregation und Machtverteilung siehe: L. Lamphere, „Strategies, Cooperation, and Conflict Among Women in Domestic Groups", in: M. Z. Rosaldo und L. Lamphere (Hrsg.), *Woman, Culture, and Society*, Stanford 1974, 97-112; R. Reiter, „Men and Women in the South of France: Public and Private Domains", in: R. Reiter (Hrsg.), *Toward an Anthropology of Women*, New York 1975, 252-282; L. Roubin, „Espace masculin, espace féminin en communautés provençales", in: *Annales E.S.C.*, 25, 1970, 537-560; M. Segalen (Hrsg.), *Mari et femme dans la France rurale traditionelle*, Paris 1973.

23 Susan Carol Rogers, „Female Forms of Power and the Myth of Male Dominance: A Model of Female/Male Interaction in Peasant Society", in: *American Ethnologist*, 2, 1975, 727-757, S. 730 (Hervorhebung von uns, H./H.). Wir verweisen für genauere Angaben auf ihren Artikel und die darin zitierte ethnologische und anthropologische Literatur.

24 Jeremias Gotthelf, *Die Käserei in der Vehfreude* [1850], Basel 1978 (herausgegeben und eingeleitet von Adolf Muschg), S. 44.

25 Ebd., S. 39.

26 Die Milchwirtschaft war meistens, aber nicht immer weibliche Domäne; zu den englischen *Dairywomen* vgl. Pinchbeck, *Women Workers*, a.a.O., S. 10 ff.

27 J. Gotthelf, *Die Käserei in der Vehfreude*, a.a.O., S. 461.

28 Vgl. dagegen die schöne große Beschreibung Tschajanows, *Reise meines Bruders Alexej ins Land der bäuerlichen Utopie*, Frankfurt 1980.

29 Dieses und die folgenden Zitate aus: B. Heintz, *Erstes Gespräch mit Erna*, Ms., Zürich 1979, S. 6 ff.

30 B. Heintz, *Off-Interview mit Erna Brunner* (zum Film „Ich fühle mich mindestens soviel wie er", Fernsehen DRS, 1980), S. 17.

31 Vgl. Rudolf Braun, *Industrialisierung und Volksleben. Die Veränderung der Lebensform in einem ländlichen Industriegebiet vor 1800*, Erlenbach und Stuttgart 1960; P. Kriedte u. a., *Industrialisierung vor der Industrialisierung: Gewerbliche Warenproduktion auf dem Land in der Formationsperiode des Kapitalismus*, Göttingen 1977.

32 Hans Medick, „Zur strukturellen Funktion von Haushalt und Familie im Übergang von der traditionellen Agrargesellschaft zum industriellen Kapitalismus: die proto-industrielle Familienwirtschaft", in: W. Conze (Hrsg.), *Sozialgeschichte der Familie in der Neuzeit Europas*, Stuttgart 1976, 254-282.

33 Zit. nach Medick, S. 279. Zur geschlechtsspezifischen Arbeitsteilung nach Branchen: Pinchbeck, *Women Workers*, a.a.O., S. 111 ff. Vgl. auch Tilly/Scott, *Women, Work & Family*, a.a.O., S. 61-146.

34 Zum Wandel der geschlechtsspezifischen Normen und Verhaltensweisen siehe Braun, *Industrialisierung*, a.a.O., S. 65 ff.

35 Zit. nach Medick, a.a.O., S. 282.

36 Dieser Modell-Entwurf nach Patricia Branca, „A New Perspective on Women's Work: A Comparative Typology", in: *Journal of Social History*, 9, 1975, 129-153; vgl. auch Tilly/Scott, *Women, Work & Family*, a.a.O., passim; Bengt Ankarloo, „Agriculture and Women's Work: Directions of Change in the West, 1700-1900", in: *Journal of Family History*, 4, 1979, 111-120; Steven Dubnoff, „Gender, the Family, and the Problem of Work Motivation in a Transition to Industrial Capitalism", in: ebd., 121-136; Mary Lynn McDougall, „Working-Class Women During the Industrial

Revolution, 1780-1914", in: Renate Bridenthal und C. Koonz (Hrsg.), *Becoming Visible. Women in European History*, Boston 1977, 255-279; Theresa M. McBride, „The Long Road Home: Women's Work and Industrialization", in: ebd., 280-295; Ester Boserup, *Women's Role in Economic Development*, London 1970.

37 Für England siehe Pinchbeck, *Women Workers*, a.a.O., passim; Margaret Hewitt, *Wives and Mothers in Victorian Industry*, London 1958; Wanda F. Neff, *Victorian Working Women*, London 1929; Eric Richards, „Women in the British Economy Since About 1700: An Interpretation", in: *History*, 59, 1974, 337-357; Sally Alexander, „Women's Work in 19th-Century London. A Study of the Years 1820-1850", in: J. Mitchell und A. Oakley (Hrsg.), *The Rights and Wrongs of Women*, Harmondsworth 1976, 59-111.

38 Für Deutschland siehe Julius Pierstorff, *Frauenarbeit und Frauenfrage* (Separatdruck aus dem „Handwörterbuch der Staatswissenschaften"), Jena 1900; Robert Wilbrandt, *Die Frauenarbeit. Ein Problem des Kapitalismus*, Leipzig 1906; Lily Braun, *Frauenarbeit und Hauswirtschaft*, Berlin 1901; Karin Hausen, „Technischer Fortschritt und Frauenarbeit im 19. Jahrhundert. Sozialgeschichte der Nähmaschine", in: *Geschichte und Gesellschaft*, 2, 1978, 148-170.

39 Auch Amerika gehört eher zu Modell 1, allerdings ist hier die ökonomische Bedeutung der Landwirtschaft größer als in England, die Bedeutung der Textilindustrie größer als in Deutschland. Zur Frauenarbeit in Amerika siehe: Susan Estabrook Kennedy, *If all we did was to weep at home: A History of White Working-Class Women in America*, Bloomington und London 1979; Leslie Woodcock Tentler, *Wage-Earning Women. Industrial Work and Family Life in the United States, 1900-1930*, New York 1979; Thomas Dublin, *Women at Work. The Transformation of Work and Community in Lowell, Massachusetts, 1836-1860*, New York 1979; Barbara M. Wertheimer, *We were there: The Story of Working Women in America*, New York 1977; Rosalyn Baxandall u. a. (Hrsg.), *America's Working-Women: A Documentary History, 1600 – Present*, New York 1976.

40 Es ist allerdings zu beachten, daß für Frankreich noch die spezifische Variable der frühen und irreversiblen Verbreitung malthusianischen Verhaltens, also eine schwache demographische Entwicklung, hinzukommt (siehe Anm. 173). Zur Frauenarbeit in Frankreich vgl. Tilly/Scott, *Women Work & Family*, a.a.O.; Paul Leroy-Beaulieu, *Le travail des femmes au XIXe siècle*, Paris 1873; Laura Strumingher, *Women and the Making of the Working-Class, Lyon 1830-1870*, Vermont 1979.

41 Wobei freilich gerade für verheiratete Frauen die hohe Dunkelziffer zu berücksichtigen ist.

42 Das heißt nicht, daß das Schicksal der in Fabriken arbeitenden Frauen nicht ein elendes gewesen sei, sondern nur, daß es relativ wenige (statistisch gesehen) betraf und daß diese zudem selten verheiratet waren.

43 Zur Dienstbotenfrage: Theresa McBride, *The Domestic Revolution. The Modernization of Household Services in England and France, 1820-1920*, London 1979; Pamela Horn, *The Rise and the Fall of the Victorian Servant*, New York 1975; Frank E. Huggett, *Life Below Stairs. Domestic Servants in England from Victorian Times*, London 1977; John R. Gillis, „Servants, Sexual Relations, and the Risks of Illegitimacy in London, 1801-1900", in: *Feminist Studies*, 5, 1979, 142-173; Paul Chabot, *Jean et Yvonne. Domestiques en 1900*, Paris 1977; Marcel Cusenier, *Les Domestiques en France*, Paris 1912; Uta Ottmüller, *Die Dienstbotenfrage*, Münster 1978.

44 Branca betont die Langlebigkeit der beiden unterschiedlichen Muster bis in die Zwischenkriegszeit; so scheinen etwa die Prozentsätze erwerbstätiger Frauen in den verschiedenen Ländern von 1850 bis in die dreißiger Jahre erstaunlich konstant geblieben zu sein (Branca, a.a.O., S. 144 ff.).

45 Diese Hypothese ließe sich mittels einer genaueren Analyse der Verbreitung und Resistenz des ‚budgetären Matriarchats' überprüfen. Le Play zufolge hatte dieser Brauch in Frankreich viel länger Bestand als in England, wo er allerdings in Bergbaugebieten ebenfalls noch lange nachweisbar bleibt; siehe etwa Gareth Stedman Jones, „Kultur und Politik der Arbeiterklasse in London 1870 bis 1900", in: D. Puls (Hrsg.), *Wahrnehmungsformen*, a.a.O., 317-368, S. 345 ff.

46 Vgl. u. a. Daniel J. Walkowitz, „Working Class Women in the Guilded Age: Factory, Community and Family Life among Cohoes, New York, Cotton Workers", in: Stearns/Walkowitz (Hrsg.), *Workers in the Industrial Revolution*, New Jersey 1974, 255-277.

47 Zur Frage der Prostitution im 19. Jahrhundert: Judith R. Walkowitz und Daniel J. Walkowitz, „‚We are not beasts of the Field': Prostitution and the Poor in Plymouth and Southhampton under the Contagious Diseases Act", in: M. Hartman und L. Banner (Hrsg.), *Clio's Consciousness Raised*, New York 1974, 192-225; Judith Walkowitz, „The Making of an Outcast Group: Prostitutes and Working Women in 19th-Century Plymouth and Southhampton", in: M. Vicinus (Hrsg.), *A Widening Sphere. Changing Roles of Victorian Women*, Bloomington und London 1977, 72-93; dies., *Prostitution and Victorian Society. Women, Class, and the State*, Cambridge 1980; Alain Corbin, *Les filles de noce. Misère sexuelle et prostitution aux XIXe et XXe siècles*, Paris 1978; Regina Schulte, *Sperrbezirke. Tugendhaftigkeit und Prostitution in der bürgerlichen Welt*, Frankfurt 1979.

48 Vgl. Steven Marcus, *Umkehrung der Moral. Sexualität und Pornographie im viktorianischen England*, Frankfurt 1979.

49 Vgl. in diesem Zusammenhang den in dieser Taschenbuchausgabe weggelassenen Aufsatz von Peter N. Stearns, „Abstumpfung und Apathie. Arbeiterfrauen in England, 1890-1914", in: *Listen der Ohnmacht* [1981], 188-217. Vgl. auch Peter N. Stearns, *Arbeiterleben. Industriearbeit und Alltag in Europa, 1890-1914*, Frankfurt und New York 1980; ders. und D. J. Walkowitz (Hrsg.), *Workers in the Industrial Revolution*, a.a.O.

50 Vgl. auch Laura Oren, „The Welfare of Women in Laboring Families: England, 1860-1950", in: *Feminist Studies*, 1, 1973, 107-125.

51 So scheint die Gewalttätigkeit von Ehemännern gegenüber ihren Frauen ab der Jahrhundertmitte zurückgegangen zu sein. Vgl. Nancy Tomes, „A ‚Torrent of 'Abuse': Crimes of Violence between Working-Class Men and Women in London, 1840-1874", in: *Journal of Social History*, 12, 1978.

52 Vgl. den Aufsatz von Elizabeth Jameson, „Klassenbewußtsein und bürgerliche Familienideologie. Grenzen der Gewerkschaftspolitik am Beispiel einer amerikanischen Bergbaustadt", in: *Listen der Ohnmacht* [1981], 217-255.

53 Die Geschichte der weiblichen Beteiligung an den Streiks des 19. Jahrhunderts (ob direkt als Lohnarbeiterinnen oder indirekt als Ehefrauen und Töchter) bleibt noch zu schreiben. Wir haben Frauenstreiks in unseren ‚Listen' nicht einfach vergessen, aber der Streik scheint kein Mittel gewesen zu sein, das für Frauen sehr zugänglich war. Vgl. die Hinweise in: Nancy Schrom Dye, *As Equals and as Sisters. Feminism, the Labor Movement and*

the Women's Trade Union League of New York, Columbia 1980; und in: Albistur/Armogathe, *Histoire du féminisme français*, a.a.O., 364-368.

54 Vgl. den Aufsatz von Jameson, „Klassenbewußtsein und bürgerliche Familienideologie", in: *Listen der Ohnmacht* [1981], 217 ff.

55 Bedrückende Schilderungen des Alltags von Arbeiterfrauen etwa bei: Margaret Llewelyn Davies (Hrsg.), *Maternity. Letters from Working Women* [1915], London 1978; Maud Pember Reeves, *Round About a Pound a Week* [1913], London 1979; in Romanform bei Tillie Olsen, *Yonnondio*, Darmstadt und Neuwied 1979.

56 Ob Arbeiterehefrauen freilich trotz ihres strukturellen Defizits stets und überall gar so unglücklich, hilf- und listenlos waren, wie die Stearnsschen Ergebnisse nahelegen, wird nur eingehendere Forschung auch in anderen Arbeiterkreisen zeigen können; es läßt sich bis auf weiteres durchaus bezweifeln.

57 Freilich lassen sich nicht alle Frauen des Bürgertums über einen Leisten schlagen, wären insbesondere nationale und schichtspezifische Unterschiede zu berücksichtigen. Da jedoch interkulturell vergleichende Untersuchungen bislang noch ausstehen und sich nur in den wenigsten Arbeiten über die bürgerliche Frau präzise Hinweise auf deren soziale Stellung finden, ist es uns unmöglich, systematische Vergleiche anzustellen. Wenn wir von ‚der' bürgerlichen Frau sprechen, so meinen wir – uns der groben Vereinfachung bewußt – die verheirateten, nichtberufstätigen Frauen, denen mindestens ein Dienstmädchen zur Verfügung stand. Die folgenden Ausführungen stützen sich vorwiegend auf Literatur über und aus dem angelsächsischen Bereich, wo sich Forschungen über die Systematisierungen der weiblichen Rolle sowie über die Widerstandsstrategien der bürgerlichen Frauen konzentrieren, und geraten deshalb stärker als der erste Teil ins aseptische Umfeld der „protestantischen Ethik".

58 Vgl. den brillanten Essay von Christa Wolf über die Frauen der Frühromantik: „Der Schatten eines Traumes. Karoline von Günderode – ein Entwurf", Einleitung zu: Karoline von Günderode, *Der Schatten eines Traumes*, Darmstadt und Neuwied 1981.

59 Arthur Schopenhauer, *Die Welt als Wille und Vorstellung*, 2. Bd., Leipzig 1862, S. 650.

60 Hermann Lotze [1869], zit. in: Joachim S. Hohmann (Hrsg.), *Schon auf den ersten Blick. Lesebuch zur Geschichte unserer Feindbilder*, Darmstadt und Neuwied 1981, S. 135.

61 Karl Wilhelm Ideler, Vorwort zu E. Fr. Dubois, *Über das Wesen und die gründliche Heilung der Hypochondrie und Hysterie*, Berlin 1840, S. XLVIII.

62 *Schweizer Frauenheim*, Jg. 3, S. 605 (zit. in Ursina Jakob und Edith Zumbühl, „Selbstbeherrschung ist die junge Schwester der Selbstverleugnung", Ms., Zürich 1979, S. 32).

63 *Schweizer Frauenheim*, Jg. 1, 18, S. 649 (zit. in ebd.).

64 *Victorian Murderesses* (New York 1977) von Mary Hartman ist eine subtile Studie über die tatsächlich von Frauen begangenen Morde.

65 C. Becker [1885], zit. in Gottfried Koessler, *Mädchenkindheiten im 19. Jahrhundert*, Gießen 1979, S. 59/60.

66 So z. B. Ann Anders, *Das Frauenbild in der Populärliteratur des Spätviktorianismus in England 1850-1890*, Darmstadt 1979. Für die ‚gehobenere' englische Literatur vgl. Françoise Basch, *Relative Creatures. Victorian Women in Society and the Novel, 1837-1867*, London 1974; Jenni Calder, *Women and Marriage in Victorian Fiction*, London 1976.

67 Vgl. Elaine Showalter, „Ausbruchsphantasien. Ehebruch, Mord und Bigamie in der englischen Trivialliteratur", in: *Listen der Ohnmacht* [1981], 259-275.

68 So der Titel einer medizinhistorischen Aufsatzsammlung von Esther Fischer-Homberger, Bern 1979.

69 Vgl. auch Regina Schaps, *Hysterie und Weiblichkeit. Wissenschaftsmythen über die Frau,* Frankfurt/New York 1982.

70 Emil Kraepelin, *Psychiatrie. Ein kurzes Lehrbuch für Studirende und Ärzte,* Leipzig ^{3}1889, S. 429/430.

71 Vgl. Barbara Welter, „,Frauenwille ist Gottes Wille'. Die Feminisierung der Religion in Amerika, 1800-1860", in: *Listen der Ohnmacht* [1981], 326-356.

72 Zur Allianz zwischen Frauen und protestantischen Geistlichen in den Vereinigten Staaten und deren ‚Sentimentalisierung' der Kultur vgl. Ann Douglas, *The Feminization of American Culture,* New York 1977.

73 Zu den Freundschaftskulten der Männer im 18. Jahrhundert vgl. Albert Salomon, „Der Freundschaftskult des 18. Jahrhunderts in Deutschland. Versuch zur Soziologie einer Lebensform", in: *Zeitschrift für Soziologie,* 8, 1979, S. 279-308, und S. Placzek, *Freundschaft und Sexualität,* Bonn 1916.

74 Kraepelin, *Psychiatrie,* a.a.O., S. 574.

75 Zur Entstehung der bürgerlichen Familie vgl. u. a. Lawrence Stone, *The Family, Sex, and Marriage in England 1500-1800,* London 1977; Randolph Trumbach, *The Rise of the Egalitarian Family. Aristocratic Kinship and Domestic Relations in Eighteenth-Century England,* London 1978; Philippe Ariès, *Geschichte der Kindheit,* München 1975; Edward Shorter, *Die Geburt der modernen Familie,* Hamburg 1977, dessen unreflektierter modernisierungstheoretischer Ansatz allerdings problematisch ist.

76 Zit. in Nancy F. Cott, *The Bonds of Womanhood: Women's Sphere in New England, 1780-1835,* New Haven 1977, S. 64.

77 G. G. Gervinus [1853], zit. in Karin Hausen, „Die Polarisierung der ‚Geschlechtscharaktere' – Eine Spiegelung der Dissoziation von Erwerbs- und Familienleben", in: Conze, a.a.O., S. 363-393, 378.

78 Zit. in Cott, *The Bonds of Womanhood,* a.a.O., S. 69.

79 Die zunehmende Kontrolle der Familie durch den Staat läßt sich exemplarisch an der Entstehung des ‚Vormundschaftskomplexes' aufzeigen, vgl. dazu z. B. Jacques Donzelot, *Die Ordnung der Familie,* Frankfurt 1980, und P. Meyer, *Das Kind und die Staatsraison,* Reinbek bei Hamburg 1981.

80 Zit. in Carl N. Degler, *At Odds. Women and the Family in America from Revolution to the Present,* New York 1980, S. 98.

81 Vgl. dazu u. a. Max Weber, *Die protestantische Ethik,* München und Hamburg 1965, insb. S. 49-66 und 165-188; Norbert Elias, *Der Prozeß der Zivilisation,* Frankfurt 1977; David Riesmann, *Die einsame Masse,* Reinbek bei Hamburg 1958, insbes. S. 20-30.

82 Den Willen und Eigensinn des Kindes zu brechen, war auch im 19. Jahrhundert noch oberstes Gebot, doch wandelten sich die Methoden. Obwohl bereits im 17. Jahrhundert die Idee aufkam, Liebe als Disziplinierungsmittel einzusetzen (vgl. Stone, *The Family,* a.a.O., S. 407), scheinen sich psychologische Erziehungsmethoden erst im 19. Jahrhundert – und vermutlich auch im Zusammenhang mit der ‚Feminisierung' der Sozialisation – durchgesetzt

zu haben, vgl. dazu z. B. Degler, *At Odds*, a.a.O., Kap. 4 und 5, und als Quellensammlungen: Karin Rutschky (Hrsg.), *Schwarze Pädagogik*, Berlin 1977; Marie-Louise Könnecker (Hrsg.), *Kinderschaukel*, 2 Bde., Darmstadt und Neuwied 1976. Zum Masturbationstrauma vgl. z. B. J.-P. Aron und R. Kempf, *Le pénis et la démoralisation de l'Occident*, Paris 1979, dt. und die Quellen in Hohmann, *Auf den ersten Blick*, a.a.O.

83 Vgl. z. B. Cott, *The Bonds of Womanhood*, a.a.O., S. 69&70, 94-98.

84 Zit. in Mary P. Ryan, *Womanhood in America. From Colonial Times to the Present*, New York 1975, S. 156.

85 Vgl. dazu den Aufsatz von Michelle Perrot in diesem Band, S. 71 ff.

86 Vgl. Hausen, „Die Polarisierung der ‚Geschlechtscharaktere'", a.a.O., S. 372. Zur Vertragskonzeption der Ehe im *Allgemeinen Preußischen Landrecht (ALR)* vgl. Ute Gerhard, *Verhältnisse und Verhinderungen*, Frankfurt 1977, S. 157-162.

87 Die ‚Privatisierung' der Familie äußert sich im ALR in zweifacher Hinsicht: zum einen faßt es die „häusliche Gesellschaft" nicht mehr als Basis des ständischen Staates auf, zum andern konzipiert es die Ehe als einen privatrechtlichen Vertrag, vgl. Gerhard, *Verhältnisse*, a.a.O., S. 85/86.

88 Zur polaren Geschlechterphilosophie siehe unten. Zur Konzeption der Ehe als einer Institution, die von „individueller Willkür und Meinung unabhängig ist" (C. F. von Savigny), ebd., S. 167-175. Die rechtliche Verankerung der Institutionenlehre führte zu der widersprüchlichen Bestimmung der Ehe als privatrechtlicher Vertrag einerseits und als Institution andererseits.

89 Hegel wendet sich hier gegen die Kantsche Vertragskonzeption der Ehe, durch die der Kampf der Geschlechter seine bürgerliche Normierung erfahren soll: „Geschlechtergemeinschaft [...] ist der wechselseitige Gebrauch, den ein Mensch von eines anderen Geschlechtsorganen und Vermögen macht." *Metaphysik der Sitten, Schriften zur Ethik und Religionsphilosophie*, S. 289, in: Immanuel Kant, Werke Bd. III, Frankfurt 1964. Zu Kants Ehekonzeption vgl. auch Barbara Duden, „Das schöne Eigentum. Zur Herausbildung des bürgerlichen Frauenbildes an der Wende vom 18. zum 19. Jahrhundert", in: *Kursbuch*, 47, S. 125-140.

90 G. W. F. Hegel, *Grundlinien der Philosophie des Rechts*, Werke Bd. 7, Frankfurt 1970, S. 310.

91 Robert Michels, *Die Grenzen der Geschlechtsmoral*, München und Leipzig 1911, S. 28.

92 Zit. in Steven Marcus, *Die Umkehrung der Moral*, a.a.O., S. 156. Mit seiner Befragung wollte der Autor von *My Secret Life* erfahren, was ihn die Praxis nicht gelehrt hatte – endlich wissen, „was Frauen über ihren Körper geheimhielten [...]" (zit. in Marcus, a.a.O., S. 160). Seine Autobiographie ist das wohl eindrücklichste Beispiel für die neuzeitliche Verbindung von sexueller Neugier und deren Befriedigung durch Wissenschaft oder Pornographie. Vgl. Michel Foucault, *Sexualität und Wahrheit*, Frankfurt 1977, und Claudia Honegger, „Überlegungen zu Michel Foucaults Entwurf einer Geschichte der Sexualität", Ms., Paris 1980.

93 Zit. in Cott, *The Bonds of Womanhood*, a.a.O., S. 79.

94 Zit. in Wolf, „Der Schatten eines Traumes", a.a.O., S. 28.

95 Zur Zunahme der weiblichen Erwerbstätigkeit gegen Ende des 19. Jahrhunderts vgl. für Amerika: Daniel Scott Smith, „Geburtenbeschränkung, Sexualkontrolle und häuslicher Feminismus", in diesem Bd., S. 216 ff.; für Frankreich: Evelyne Sullerot, *Histoire et sociologie du travail féminin*,

Paris 1968; für Deutschland: Wilbrandt, *Die Frauenarbeit*, a.a.O., Pierstorff, *Frauenarbeit und Frauenfrage*, a.a.O.

96 Obwohl sich in dieser Zeit die Forderung nach Unabhängigkeit und gleichberechtigter Integration in die bürgerliche Gesellschaft noch auf einige wenige Frauen des gehobenen Bürgertums und des Adels beschränkte, war die in dieser Zeit einsetzende Neudefinition der weiblichen Rolle durchaus auch gegen die drohenden Ansprüche der Frauen gerichtet (vgl. dazu Gerhard, *Verhältnisse*, a.a.O.). Zu den ersten Frauen, die die Menschenrechte auch für Frauen einklagten, gehörten Mary Wollstonecraft, „A Vindication of the Rights of Women" [1792] (deutsch von Berta Rahm, *Verteidigung der Rechte der Frau*, Zürich 1975, neu aufgelegt), und Olympe de Gouges, „Les droits de la femme" [1791] (von Neda Bei und Ingeborg Schwarz 1981 neu übersetzt, in: Autorinnengruppe Uni Wien, *Das ewige Klischee*, Wien 1981). Vgl. auch G. Th. von Hippel, *Über die bürgerliche Verbesserung der Weiber* [1792], Neuauflage Frankfurt 1977.

97 Zum bürgerlichen Weiblichkeitsideal vgl. u. a. für die USA: Barbara Welter, „The Cult of True Womanhood, 1820-1860", in: *American Quarterly*, 18, 1966, S. 151-174; Ruth H. Bloch, „American Feminine Ideals in Transition: The Rise of the Moral Mother, 1785-1815", in: *Feminist Studies*, 4, 1978, S. 101-126. Für England: Margaret George, „From ‚Goodwife' to ‚Mistress': The Transformation of the Female in Bourgeois Culture", in: *Science and Society*, 37, 1973, S. 152-177; Leonore Davidoff, *The Best Circles*, London 1973; L. Davidoff u. a., „Landscape with Figures: Home and Community in English Society", in: Mitchell/Oakley, *The Rights and Wrongs of Women*, a.a.O., S. 139-175. Für Frankreich: Anne Martin-Fugier, „La maîtresse de maison", in J. P. Aron (Hrsg.), *Misérable et glorieuse. La femme du XIXe siècle*, Paris 1980. Für Deutschland: Duden, „Das schöne Eigentum", a.a.O.; Hausen, „Die Polarisierung der ‚Geschlechtscharaktere'", a.a.O.; Gerhard, *Verhältnisse*, a.a.O.

98 Vgl. Hausen, „Die Polarisierung der ‚Geschlechtscharaktere'", a.a.O., S. 370.

99 So das Fazit in *Allgemeine deutsche Real-Encyklopädie für die gebildeten Stände*, zit. in: Gerhard, a.a.O., S. 139.

100 Die These der weiblichen Universalität und der männlichen Individualität wurde später im Vulgärdarwinismus wieder aufgenommen. Der (weiße) Mann als „das Agens der Evolution" und „von Natur aus zu Expertentum und Spezialisierung neigend", belegte die oberen Sprossen der Evolutionsleiter, während die Frau, die „typischer und repräsentativer für die Rasse ist", sich zusammen mit Kindern, Schwarzen und „senilen Weißen" mit den unteren Rängen benügen mußte. Vgl. Barbara Ehrenreich und Deirdre English, *For Her Own Good. 150 Years of the Experts' Advice to Women*, London 1978, S. 104-108.

101 Zit. in Hausen, „Die Polarisierung der ‚Geschlechtscharaktere'", a.a.O., S. 367.

102 G. W. F. Hegel, *Phänomenologie des Geistes*, Werke Bd. 3, Frankfurt 1970, S. 341.

103 Ebd., S. 337.

104 Die ‚Biologisierung' der Frau ist auch eine der Ursachen dafür, daß bei der Erklärung weiblichen Verhaltens, und insbesondere bei abweichendem Verhalten, immer noch auf biopsychologische Erklärungsmuster zurückgegriffen wird, vgl. dazu: Cloward/Piven, „Hidden Protest", a.a.O.; und zur exkulpierenden Funktion der Menstruation vgl. Esther Fischer-Homber-

ger, „Krankheit Frau – aus der Geschichte der Menstruation in ihrem Aspekt als Zeichen eines Fehlers", in: Fischer-Homberger, *Krankheit Frau*, Bern 1979, 49-84.

105 Vgl. Hausen, „Die Polarisierung der ‚Geschlechtscharaktere'", a.a.O., S. 373.

106 Georg Simmel, „Zur Philosophie der Geschlechter", in: ders., *Philosophische Kultur*, Leipzig [2]1919, S. 61. Vgl. auch Silvia Bovenschen, *Die imaginierte Weiblichkeit*, Frankfurt 1979, insb. S. 22 ff.

107 *Schweizer Frauenheim*, Jg. 3, S. 517 (zit. in Jakob/Zumbühl, a.a.O., S. 46). Vgl. auch Gisela Bock und Barbara Duden, „Arbeit aus Liebe – Liebe als Arbeit", in: *Frauen und Wissenschaft*, Berlin 1977, S. 118 ff.

108 Simmel, „Zur Philosophie der Geschlechter", a.a.O., S. 82.

109 Vgl. dazu u. a. Foucault, *Geschichte der Sexualität*, a.a.O.; Jacques Léonard, *La France médicale au XIXe siècle*, Paris 1978; „La médicalisation en France du XVIIIe au début du XXe siècle", *Annales de Bretagne et des Pays de l'Ouest*, 86, 1979, S. 3.

110 Vgl. u. a. Jean-Pierre Peter, „Les médicins et les femmes", in: Aron, a.a.O., S. 79-96, und ders., „Entre femmes et médecins. Violence et singularités dans les discours du corps et sur le corps d'après les manuscrits médicaux de la fin du XVIIIe siècle", in: *Ethnologie française*, 6, 1976, S. 341-348.

111 Zit. in Ben Barker-Benfield, „The Spermatic Economy: A Nineteenth-Century View of Sexuality", in: *Feminist Studies*, 1, 1972, S. 45-74, 54.

112 Zit. in: Carroll Smith-Rosenberg und Charles Rosenberg, „The Female Animal: Medical and Biological Views of Woman and Her Role in Nineteenth-Century America", in: *Journal of American History*, 60, 1973, 332-356, S. 336/337.

113 Vgl. dazu auch Esther Fischer-Homberger, „Krankheit Frau – aus der Geschichte der Menstruation in ihrem Aspekt als Zeichen eines Fehlers", in: dies., *Krankheit Frau*, a.a.O., S. 49-84. Vgl. auch E. und E. Showalter, „Victorian Women and Menstruation", in: Vicinus (Hrsg.), *Suffer and Be Still*, a.a.O., S. 38-44; C. Smith-Rosenberg, „Puberty to Menopause", in: *Feminist Studies*, 1, 1973, S. 59-72.

114 Krankheit selbst wurde – da sie dem Prinzip männlicher Lebenstüchtigkeit widersprach – als weibisch aufgefaßt. Dies läßt sich u. a. auch an der großen Krankheit des 19. Jahrhunderts, der Tuberkulose, zeigen. Frauen und effiminierte Männer (‚Künstler') galten als besonders anfällig, und umgekehrt wurde die tuberkulöse Erscheinung zum weiblichen Schönheitsideal. Vgl. dazu auch Susan Sontag, *Krankheit als Metapher*, München 1978.

115 Zit. in Fischer-Homberger, „Krankheit Frau", a.a.O., S. 66.

116 Dies zeigte sich zum Beispiel in den USA am steigenden Anteil unverheiratet bleibender Frauen und an der Zunahme der Scheidungen (die mehrheitlich von Frauen eingereicht wurden) im letzten Drittel des 19. Jahrhunderts. Zum prozentualen Anstieg lediger Frauen in den USA vgl. den Aufsatz von Daniel Scott-Smith in diesem Bd., S. 301 ff.; zur Zunahme der Scheidungshäufigkeit vgl. Degler, *At Odds*, a.a.O., S. 165-177.

117 Zum Geburtenrückgang vgl. S. 44 f.

118 Zum „Intelligenzdefekt" der Frau vgl. Esther Fischer-Homberger, „Hysterie und Misogynie – ein Aspekt der Hysteriegeschichte", in: dies., *Krankheit Frau*, a.a.O., S. 42.

119 P. J. Möbius, *Über den physiologischen Schwachsinn des Weibes*, Halle 1905, S. 41.

120 So die Formulierung Freuds, der in einer seiner letzten Arbeiten über

Frauen, „Die Weiblichkeit", in: *Neue Folge der Vorlesungen zur Einführung in die Psychoanalyse,* Ges. Werke, Bd. XV, S. 145, resigniert den Dichtern das Feld räumt: „Wollen Sie mehr über die Weiblichkeit wissen, so befragen Sie Ihre eigenen Lebenserfahrungen, oder Sie wenden sich an die Dichter, oder Sie warten, bis die Wissenschaft Ihnen tiefere und besser zusammenhängende Auskünfte geben kann." Vgl. auch Renate Schlesier, *Konstruktionen der Weiblichkeit bei Sigmund Freud,* Frankfurt 1981.

121 Zur Geschichte der Gynäkologie vgl. Esther Fischer-Homberger, „Geschichte der Gynäkologie und Geburtshilfe – Überblick", in: dies., *Krankheit Frau,* a.a.O., S. 11-31.

122 Zit. in Barker-Benfield, „The Spermatic Economy", a.a.O., S. 63.

123 Vgl. dazu Claudia Honegger, „Die Hexen der Neuzeit", in: dies. (Hrsg.), *Die Hexen der Neuzeit,* Frankfurt 1978, S. 21-151.

124 Vgl. dazu Nancy Cott, „Passionlessness: An Interpretation of Victorian Sexual Ideology, 1790-1850, in: *Signs,* 4, 1978, S. 219-236.

125 Zit. in Marcus, *Die Umkehrung der Moral,* a.a.O., S. 48. Degler *(At Odds,* a.a.O., insb. Kap. 11) stellt sowohl den Wahrheitsgehalt von Actons Recherchen wie auch die in der Frauengeschichtsforschung verbreitete Annahme einer enormen Sexualfeindlichkeit in Frage. Degler zufolge waren die bürgerlichen Frauen des 19. Jahrhunderts nicht so frigide, wie sie von Acton dargestellt werden, wurde die weibliche Sexualität nicht negiert, sondern nur als schwächer und anders als die des Mannes angesehen und richtete sich der sexualfeindliche Ton der ehelichen Ratgeber vor allem gegen eine exzessive Sexualität des Mannes. Vgl. dazu auch Carl N. Degler, „What ought to be and what was: Women's Sexuality in the Nineteenth Century", in: *The American Historical Review,* 79, 1974, S. 1467-1490.

126 Zur männlichen Sexualität im 19. Jahrhundert vgl. u. a. Marcus, *Die Umkehrung der Moral,* a.a.O.; Frazer Harrison, *The Dark Angel. Aspects of Victorian Sexuality,* London 1977; Peter T. Cominos, „Innocent Femina Sensualis in Unconscious Conflict", in: Martha Vicinus (Hrsg.), *Suffer and Be Still,* Bloomington und London 1974, S. 155-172; Carol Christ, „Victorian Masculinity and the Angel in the House", in: Martha Vicinus (Hrsg.), *Widening Sphere,* a.a.O., S. 146-162; Aron/Kempf, *Le pénis et la démoralisation de l'Occident,* a.a.O.; Barker-Benfield, „The Spermatic Economy", a.a.O.; ders., *The Horrors of the Half-Known Life: Male Attitudes toward Women and Sexuality in 19th-Century America,* New York 1976; Charles E. Rosenberg, „Sexuality, Class and Role in 19th-Century America", in: *American Quarterly,* 25, 1973, S. 131-153.

127 Die Pornographie, die im 19. Jahrhundert einen enormen Aufschwung erfuhr, war das notwendige Gegenstück dieser Ökonomie der Knappheit. In der pornographischen Literatur wurde eine üppige Welt der Verschwendung, des Überflusses und der Unerschöpflichkeit sexueller Energien gezeichnet. Die ‚Pornotopia' war für den bürgerlichen Mann das, was die ‚Criminalromane' für seine Gattin waren.

128 So die Empfehlung des bekannten amerikanischen Arztes Sims, vgl. Barker-Benfield, „The Spermatic Economy", a.a.O.

129 In diesem Sinn nimmt die Sexualmoral des 19. Jahrhunderts Freuds Konzept der Sublimation bereits vorweg.

130 Zur Rationalisierung der Sexualität sowohl beim puritanischen Moralisten wie auch beim aufgeschlossenen Sexualhygieniker vgl. Weber, *Die Protestantische Ethik,* a.a.O., S. 250-252 (Anm. 216).

131 Zielpublikum der Rationalisierungskampagne war vor allem die städtische

Mittelschicht, d. h. Frauen, die über nicht mehr als ein Dienstmädchen verfügten. Zu den Einkommensverhältnissen der englischen Mittelschicht vgl. Patricia Branca, *Silent Sisterhood. Middle-Class Women in the Victorian Home*, London 1975, insb. Kap. 3. Branca zufolge gehörten die Frauen der städtischen Mittelschicht – im Gegensatz zur großbürgerlichen und proletarischen Frau, die länger an traditionalen Verhaltensweisen festhielten –, zu den ersten, die die neuen Werte der Planbarkeit, Organisation und Effizienz verinnerlichten, sich von der Wissenschaft Hilfe erhofften und sich technischen Neuerungen gegenüber aufgeschlossen zeigten.

132 Beispielhaft für die zweite Phase, die Verwissenschaftlichung der weiblichen Arbeit, ist das Aufkommen einer „Haushaltswissenschaft" (Domestic Science) in der zweiten Hälfte des Jahrhunderts und die Bewegung der „Scientific Motherhood" in den USA, vgl. dazu Ehrenreich/English, *For Her Own Good*, a.a.O., S. 127-190. Die Taylorisierung der Hausarbeit hingegen ist exemplarisch für die dritte Phase. Zum System der „Wissenschaftlichen Betriebsführung" vgl. Frederick Winslow Taylor, *Scientific Management*, New York 1947; zu ihrer Übertragung auf den Haushalt vgl. Christine Frederick, *Die rationelle Haushaltsführung*, Berlin 1921, und Gustav Winter, *Der Taylorismus*, Leipzig 1920, S. 174-182.

133 Zur Formverwandlung der Hausarbeit und des bürgerlichen Haushalts vgl. u. a. Margarete Freudenthal, *Gestaltwandel der städtischen, bürgerlichen und proletarischen Hauswirtschaft*, Würzburg 1934; Bock/Duden, „Arbeit aus Liebe", a.a.O.; Henriette Fürth, *Die Hausfrau*, München 1914; Lily Braun, *Frauenarbeit und Hauswirtschaft*, Berlin 1901; Erich Egner, *Entwicklungsphasen der Hauswirtschaft*, Göttingen 1964; Theresa McBride, *The Domestic Revolution*, a.a.O.; Ann Oakley, *Housewife*, London 1974.

134 Vgl. Leonore Davidoff, „The Rationalization of Housework", in: Diana Leonard Barker und Sheila Allen (Hrsg.), *Dependance and Exploitation in Work and Marriage*, London 1976, S. 121-151.

135 Zit. in ebd., S. 136.

136 Zur Bazillenphobie und der (sozialen) Ansteckungsangst des Bürgertums vgl. z. B. Louis Chevalier, *Classes laborieuses et classes dangereuses à Paris pendant la première moitié du XIXe siècle*, Paris 1958; Alain Faure, „Classe malpropre, classe dangereuse? Quelques remarques à propos des chiffonniers parisiens au XIXe siècle et des mœurs cités", in: *Recherches*, 29, S. 79-102; Alain Corbin, „Les périls vénériens au début du siècle. Prophylaxie sanitaire et prophylaxie morale", in: *Recherches*, 29, S. 245-283; Johan Goudsblom, „Zivilisation, Ansteckungsangst und Hygiene", in: Peter Gleichmann, Johan Goudsblom und Hermann Korte (Hrsg.), *Materialien zu Norbert Elias' Zivilisationstheorie*, Frankfurt 1979, der sich vor allem mit der allmählichen ‚Hygienisierung' der Umwelt befaßt.

137 Zit. in Ehrenreich/English, *For Her Own Good*, a.a.O., S. 143.

138 Die Ausstattung der Mutterschaft mit einem Berufsethos und die Einbindung der Erziehung in ein zweckorientiertes pädagogisches System setzte sich vermutlich zuerst in den protestantischen Ländern durch. Max Weber vertrat die Ansicht, daß die Rationalisierung und planerische Gestaltung der gesamten Lebensführung zunächst religiös fundiert war, sich später dann verselbständigte, als die Heilsorientierung einer utilitaristischen Diesseitigkeit Platz machte. Doch während die protestantische Berufsethik bei den Männern rastlose Berufsarbeit und innerweltlichen Erfolg prämierte, verschwanden die Frauen im Dunkeln der Familie. Was aber hieß inner-

weltlicher Berufserfolg für die Frauen? Mutterschaft als Beruf – so die These – war das ‚funktionale Äquivalent' für innerweltliches Handeln auf der Frauenseite: so wurde die Mutterschaft zuerst im Protestantismus zum einzig legitimen Beruf der Frau erklärt. (Vgl. Honegger, „Die Hexen der Neuzeit", a.a.O., S. 116-126.) Doch erst mit der Zentralisierung der Produktion, die die Familie auf ihre reproduktiven Funktionen beschnitt, und mit der ‚Feminisierung' der Erziehung waren die strukturellen Voraussetzungen für die praktische Verwirklichung der Berufskonzeption der Mutterschaft gegeben.

139 Zur Systematisierung und Rationalisierung der Erziehung vgl. z. B. Riesmann, *Die einsame Masse*, a.a.O., S. 55-59; Degler, *At Odds*, a.a.O., insb. Kap. 4.

140 Zit. in Cott, *The Bonds of Womanhood*, a.a.O., S. 88.

141 Die Reorganisation der Hausarbeit nach betriebswissenschaftlichen Prinzipien in der dritten Phase des Rationalisierungs- und Professionalisierungsprozesses, d. h. die Taylorisierung der Hausarbeit, bezweckte eine Zeit- und Arbeitsersparnis im Haushalt, während die Verwissenschaftlichung von Hausarbeit und Mutterschaft in der zweiten Phase primär auf eine Qualitätssteigerung der weiblichen Arbeit zielte. Heute scheinen sich die Prinzipien der rationalen Haushaltsführung gleichsam verselbständigt zu haben: Viele Hausfrauen strukturieren ihre Arbeit nach einem rigiden Plan, ohne jedoch damit Zeit zu sparen – im Gegenteil (vgl. die Untersuchung von Bettina Heintz, *Grenzen der Familie – Begrenztheit der Wahrnehmung*, Zürich 1981). Oakley interpretiert die verbreitete Tendenz, die Hausarbeit streng zu normieren, unter anderem als eine Strategie der Hausfrauen, sich selbst beschäftigt zu halten (Ann Oakley, *The Sociology of Housework*, London 1974, insb. S. 100-112). Darauf weisen zudem detaillierte Zeit-Budget-Studien hin, aus denen hervorgeht, daß sich der Zeitaufwand im Haushalt – und zwar auch für Arbeiten, die in dieser Zeit enorm technisiert wurden, wie z. B. das Waschen – in den letzten fünfzig Jahren kaum verändert hat. Vgl. Joann Vanek, „Time Spent in Housework", in: Alice H. Amsden (Hrsg.), *The Economics of Women and Work*, New York 1980, S. 82-90.

142 Zum Bündnis zwischen Frau und Arzt vgl. Donzelot, *Die Ordnung der Familie*, a.a.O., insb. Kap. 2; Peter, „Les médicins et les femmes", a.a.O.; ders., „Entre femmes et médicins", a.a.O. Zur Rolle der Frau in der Hygienebewegung vgl. z. B. Regina Morantz, „Making Women Modern: Middle Class Women and Health Reform in 19th-Century America", in: *Journal of Social History*, 10, 1976, 490-507, und Branca, *Silent Sisterhood*, a.a.O., insb. S. 62-73.

143 Zit. in Ehrenreich/English, *For Her Own Good*, a.a.O., S. 180.

144 Vgl. ebd., insb. Kap. 6; Cott, *The Bonds of Womanhood*, a.a.O., S. 85 ff.; Ryan, *Womanhood in America*, a.a.O., S. 165 ff.

145 Zit. in Ehrenreich/English, *For Her Own Good*, a.a.O., S. 176.

146 Zit. in ebd., S. 141.

147 Für eine Professionalisierung der Hausarbeit setzten sich vor allem Frauen ein – angefangen bei Catherine Beecher und Mrs. Beeton, die bereits in den vierziger Jahren eine professionelle Ausbildung für Mütter und Hausfrauen forderten, über Ellen Richards, die vierzig Jahre später mit ihrer Lehre des „Right living" der Professionalisierung der Hausarbeit endgültig zum Durchbruch verhalf, bis hin zu Christine Frederick, die mit der Übertragung der tayloristischen Prinzipien auf den Haushalt die Hausarbeit nun

vollends durchrationalisieren wollte. Zu Catherine Beecher vgl. die ausgezeichnete Sozialbiographie von Kathryn Kish Sklar, *Catherine Beecher. A Study in Amerian Domesticity*, New Haven und London 1973; zu Ellen Richards vgl. Ehrenreich/English, *For Her Own Good*, a.a.O., S. 136-141. Die meisten von ihnen versuchten jedoch, die These der „natürlichen Bestimmung des Weibes" mit der Berufskonzeption der Hausarbeit in Einklang zu bringen. Irene Witte war eine der wenigen, die, wenn auch vorsichtig formuliert, zwischen Hausarbeit und weiblichem Geschlecht zu unterscheiden begann: „Auf allen Betätigungsgebieten gelangen wir immer mehr zu der Erkenntnis, daß es keine traditionelle Berufswahl geben darf. Warum denken wir diesen Gedanken nicht konsequent durch? Wir müßten dann zu der Behauptung kommen, daß nicht jede Frau eine ‚geborene Hausfrau' ist oder einfach sein muß!", Irene Witte, Vorwort zu: Frederick, *Die rationelle Haushaltsführung*, a.a.O., S. XII.

148 Vgl. auch Smith-Rosenberg/Rosenberg, „The Female Animal", a.a.O., S. 338.

149 Darauf weisen die Briefe und Tagebücher der Frauen hin, die sich gleichsam als weibliches Echo der männlichen Imaginationen lesen. Daß die bürgerlichen Frauen das neue Weiblichkeitsideal verinnerlichten und die neue Form der geschlechtsspezifischen Arbeitsteilung akzeptierten, hat viele Gründe: die damit einhergehende Entlastung von harter physischer Arbeit, die gesellschaftliche Anerkennung, die sie als Mütter erfuhren, der Mangel an Alternativen, der die ‚Familienkarriere' zur einzigen Option machte, und nicht zuletzt auch die Möglichkeit, das Weiblichkeitsstereotyp für die eigenen Zwecke zu instrumentalisieren.

150 Vgl. dazu Duden, „Das schöne Eigentum", a.a.O.

151 ‚Feministisch' ist hier sehr weit gefaßt und meint nicht eine spezifische Ideologie, sondern eine Sichtweise, in der das Geschlecht als das wichtigste gesellschaftliche Differenzierungskriterium betrachtet wird und Frauen sich primär über ihre Geschlechtszugehörigkeit definieren.

152 Zum sozialen Feminismus und seiner Abgrenzung vom politischen Feminismus vgl. William O'Neill, *Everyone was Brave: The Rise and Fall of Feminism*, Chicago 1969.

153 Zum Konzept der Innenlenkung vgl. Riesmann, *Die einsame Masse*, a.a.O.

154 Zit. in Ehrenreich/English, *For Her Own Good*, a.a.O., S. 157. Zur Entstehung und Struktur des neuen Fürsorgedispositivs, das die einstige Barmherzigkeit durch den Ratschlag ersetzte und Hilfe als Investition anstatt als Geschenk verstand, vgl. Donzelot, *Die Ordnung der Familie*, a.a.O.; zu den philanthropischen Visiten der bürgerlichen Frauenvereine vgl. Ehrenreich/English, *For Her Own Good*, a.a.O., S. 153 ff.; Barbara Corrodo Pope, „Angels in the Devil's Workshop: Leisured and Charitable Women in Nineteenth-Century England and France", in: Bridenthal/Koonz (Hrsg.), *Becoming Visible*, a.a.O., S. 296-324.

155 Unseres Wissens gibt es keine zuverlässigen statistischen Angaben über die weibliche Krankheitsrate im 19. Jahrhundert, doch weisen Briefe und Tagebücher von Frauen sowie Kommentare und Berichte von Zeitgenossen und Medizinern darauf hin, daß insbesondere seit Mitte des 19. Jahrhunderts die „Krankheit Frau" zu einer Realität geworden war.

156 Zit. in Ann Douglas Wood, „‚The Fashionable Diseases': Women's Complaints and their Treatment in Nineteenth-Century America", in: Hartmann/Banner (Hrsg.), *Clio's Consciousness Raised*, a.a.O., 1-22, S. 2. Milwaukee war nur ein Befragungsort in Catherine Beechers Untersuchung,

in der mit einer Art Schneeballverfahren der Gesundheitszustand von über tausend Frauen in 79 Gemeinden ermittelt wurde.

157 Zu diesen Krankheiten, die wir heute als psychosomatische bezeichnen würden, gehörten neben Menstruationsbeschwerden vor allem Migräne, allgemeine und nervöse Schwäche und nicht zuletzt auch die Hysterie.

158 S. Weir Mitchell, zit. in Ehrenreich/English, *For Her Own Good,* a.a.O., S. 93.

159 Vgl. dazu den Aufsatz von Carroll Smith-Rosenberg über weibliche Hysterie (in diesem Band S. 191 ff.).

160 Zur Geschichte der Hysterie vgl. Esther Fischer-Homberger, „Hysterie und Misogynie – ein Aspekt der Hysteriegeschichte", in: dies., *Krankheit Frau,* a.a.O., S. 32-48; Ilza Veith, *Hysteria. The History of a Disease,* Chicago 1965. Vgl. auch S. Placzek, *Das Geschlechtsleben der Hysterischen. Eine medizinische, soziologische und forensische Studie,* Bonn 1919.

161 Ideler, Vorwort zu: Dubois, *Über das Wesen,* a.a.O., S. LIV/LV.

162 R. von Krafft-Ebing, *Lehrbuch der Psychiatrie,* Band II, Stuttgart [2]1883, S. 212.

163 Fischer-Homberger, „Hysterie und Misogynie", a.a.O., S. 42.

164 Zit. in Douglas Wood, „‚The Fashionable Diseases' ", a.a.O., S. 7.

165 Kraepelin, *Psychiatrie,* a.a.O., S. 439.

166 Ebd., S. 429.

167 So der Titel des Buches von P. Conrad und J. W. Schneider, *Deviance and Medicalization. From Badness to Sickness,* St. Louis 1980. Folgende Arbeiten behandeln das Arzt/Patientinnen-Verhältnis aus eher sozialpsychologischer Sicht: Douglas Wood, „‚The Fashionable Diseases' ", a.a.O.; Barker Benfield, „The Spermatic Economy", a.a.O., und teilweise auch Smith-Rosenberg, „Weibliche Hysterie" (in diesem Band). Fischer-Homberger („Hysterie und Misogynie", a.a.O.) und Smith Rosenberg/Rosenberg („The Female Animal", a.a.O.) stellen hingegen die Beziehung zwischen Frau und Arzt in den weiteren Rahmen einer allgemeinen Biologisierung und Medikalisierung der Frau. Ehrenreich/English (*For Her Own Good,* a.a.O.) heben eher den ökonomischen Aspekt hervor, d. h. den Aufstieg der Ärzte mit Hilfe ihrer weiblichen Patientinnen in eine hoch bezahlte und gesellschaftlich anerkannte Berufsgruppe. Zum Bündnis zwischen Arzt und Patientin vgl. S. 43 und die Literaturhinweise in Anmerkung 142. Als informative Literaturübersicht vgl. M. H. Verbruggen, „Women and Medicine in Nineteenth-Century America", in: *Signs,* 1, 1976, S. 957-972.

168 Vgl. Rudolf Lüscher, „Widerstand, Entzug, Versinken", Ms., Zürich 1978, der in dieser Hinsicht die bürgerliche Familie mit der Gelehrtenrepublik vergleicht.

169 In diesen Zusammenhang sind auch die bisweilen drakonischen Therapiemaßnahmen zu stellen, die von psychischen und körperlichen Sanktionen über Mastkuren bis zur Ovariektomie reichten. So verteidigte 1883 ein Arzt dieses „schneidige Vorgehen" (Kraepelin) nicht aus medizinischen Gründen, sondern hob dessen Disziplinierungserfolg hervor: „Die Patientinnen machen Fortschritte, einige von ihnen sind geheilt [...]. Das sittliche Gefühl der Patientin hebt sich [...]. Sie wird lenkbar, ordentlich, fleißig und sauber." Zit. in Ehrenreich/English, *For Her Own Good,* a.a.O., S. 112.

170 Damit soll nicht gesagt werden, daß die Hysterie eine ausschließlich weib-

liche und eine ausschließlich bürgerliche Krankheit gewesen sei. Wenn die Ärzte die Hysterie als Frauenkrankheit betrachteten und zwischen „Weib und Hysterie eine nahe Wahlverwandtschaft" konstatierten, spielten vermutlich zwei Faktoren zusammen: einmal scheint die Hysterie tatsächlich häufiger bei Frauen als bei Männern aufgetreten zu sein, zum andern könnte auch die Misogynie der Ärzte ihren diagnostischen Blick getrübt haben, wenn ihre Geschlechtsgenossen Symptome dieser „weibischen Krankheit" erkennen ließen. In ihren Fallgeschichten berichten die Ärzte zwar auch über Hysterie bei Arbeiterinnen, Dienstmädchen und Bäuerinnen, doch sie diagnostizierten dieses Leiden am häufigsten bei Frauen der städtischen Mittel- und oberen Mittelschicht, vgl. Smith-Rosenberg, „Weibliche Hysterie", S. 195 f.

171 Ideler, a.a.O., S. XLVIII/XLIX.

172 Zum Geburtenrückgang in den USA vgl. den Aufsatz von Daniel Scott Smith in diesem Band, „Geburtenbeschränkung, Sexualkontrolle und häuslicher Feminismus", und die darin angegebene Literatur. Für England vgl. N. Tranter, *Population since the Industrial Revolution – The Case of England and Wales,* London 1973; für Deutschland vgl. John Knodel, *The Decline of Fertility in Germany, 1871-1939,* Princeton 1974.

173 Zur frühen Verbreitung malthusianischen Verhaltens in Frankreich vgl. u. a. André Armengaud, *Les français et Malthus,* Paris 1975; J.-L. Flandrin, *Familles. Parenté, maison, sexualité dans l'ancienne société,* Paris 1976; J. Dupaquier und M. Lachiver, „Sur les débuts de la contraception en France ou les deux malthusianismes", in: *Annales E.S.C.,* 24, 1969, S. 1391-1406; M. Lachiver, „Eheliche Fruchtbarkeit und Geburtenbeschränkung in der Pariser Region", in: A. E. Imhof (Hrsg.), *Biologie des Menschen in der Geschichte,* Stuttgart-Bad Cannstatt 1978, S. 199-218.

174 Paul Mombert, *Studien zur Bevölkerungsbewegung in Deutschland,* Karlsruhe 1907, S. 129, der sich vor allem mit den schichtspezifischen Fertilitätsunterschieden befaßt. Vgl. dazu auch John W. Innes, *Class Fertility in England and Wales 1876-1934,* Princeton 1938.

175 Mombert, *Studien,* a.a.O., S. 169.

176 Mombert, a.a.O., der sich dabei auf Grassl, *Blut und Brot. Der Zusammenhang zwischen Biologie und Volkswirtschaft bei der bayerischen Bevölkerung im 19. Jahrhundert,* München 1905, bezieht.

177 Vgl. dazu Marie-Louise Janssen-Jurreit, „Sexualreform und Geburtenrückgang – Über die Zusammenhänge zwischen Bevölkerungspolitik und Frauenbewegung um die Jahrhundertwende", in: A. Kuhn und G. Schneider (Hrsg.), *Frauen in der Geschichte,* Düsseldorf 1979, S. 56-81; Linda Gordon, *Woman's Body, Woman's Right. A Social History of Birth Control in America,* New York 1976, S. 149-158.

178 Mit der These, daß der Widerstand der Frauen gegen die körperlichen Belastungen von Schwangerschaft und Geburt und ihr Wunsch nach einem größeren persönlichen Freiraum ein wichtiger Grund für den Geburtenrückgang im 19. Jahrhundert waren, soll die Relevanz männlicher Motive nicht bestritten, sondern die traditionelle ökonomische Interpretation, wie sie z. B. von J. A. und O. Banks in ihrer bekannten Arbeit *Feminism and Family Planning in Victorian England,* Liverpool 1965, vertreten wird, ergänzt werden. Sowohl was Motivation wie auch Methode anbelangt, verschränkten sich männliche und weibliche Erwägungen und trugen gemeinsam zum Geburtenrückgang im 19. Jahrhundert bei.

179 Zur Geburtenkontrolle im 19. Jahrhundert vgl. Scott Smith in diesem

179 Zur Geburtenkontrolle im 19. Jahrhundert vgl. Scott Smith in diesem Band; Gordon, *Woman's Body* a.a.O.; Angus McLaren, *Birth Control in Nineteenth-Century England,* London 1978, und Branca, *Silent Sisterhood,* a.a.O., Kap. 7. Zur Geschichte der Empfängnisverhütung vgl. Norman Himes, *Medical History of Contraception,* New York 1963.

180 Die in der Frauenforschung beliebte ‚Gebärstreik'-These, die den Geburtenrückgang im späten 19. Jahrhundert schlicht auf eine massenweise sexuelle Verweigerung der Frauen reduziert, greift denn auch insofern zu kurz, als sie den Kampf der Frauen für eine sexuelle Selbstkontrolle des Mannes, der im Mittelpunkt der weiblichen Geburtenkontrolle stand, nur als eine Marginalie behandelt und auf der Frauenseite allein zu finden glaubt, was viele traditionelle Demographen nicht minder einäugig nur auf der Männerseite suchten.

181 Vgl. Degler, *At Odds,* a.a.O., S. 258. Die Methode der periodischen Enthaltsamkeit kann jedoch kaum sehr effektiv gewesen sein, da die Mediziner, die Menstruation und Eisprung als gleichzeitige Ereignisse betrachteten, das Konzeptionsoptimum falsch ansetzten, vgl. dazu Fischer-Homberger, „Krankheit Frau", in dies., *Krankheit Frau,* a.a.O., S. 68. Ein effektiveres, wenn auch nicht ungefährliches Mittel war die Abtreibung. In der zweiten Hälfte des 19. Jahrhunderts kam nach den Berechnungen von James C. Mohr, *Abortion in America: The Origins and Evolution of National Policy 1800-1900,* New York 1978, eine Abtreibung auf fünf Geburten. Die Vorstellung, daß das Kind erst zu leben beginnt, wenn sich der Foetus zum ersten Mal bewegt, hielt sich bis Ende des 19. Jahrhunderts und trug, indem sie Frauen zumindest von moralischen Skrupeln entlastete, vermutlich zur hohen Abtreibungsquote mit bei.

182 Sarah M. Grimké, „Marriage", in Auszügen abgedrückt in: Gerda Lerner (Hrsg.), *The Female Experience: An American Documentary,* Indianapolis 1977.

183 Zu den frühen Moralisierungskampagnen in den USA vgl. den Aufsatz von Ryan in diesem Band, aus dem auch dieses Zitat stammt. Vgl. auch David J. Pivar, *Purity Crusade: Sexual Morality and Social Control, 1868-1900,* Westport 1973, und Edward S. Bristow, *Vice and Vigilance. Purity Movements in Britain since 1700,* New York 1977.

184 Zit. in Carroll Smith-Rosenberg, „Beauty, the Beast and the Militant Woman: A Case Study in Sex Roles and Social Stress in Jacksonian America", in: *American Quarterly,* 23, 1971, S. 562-584.

185 Zur Prostitution im 19. Jahrhundert vgl. die Literaturhinweise in Anmerkung 47.

186 Acton, zit. in Marcus, *Umkehrung der Moral,* a.a.O., S. 43.

187 Inwieweit bürgerlich-protestantische Frauen die Doktrin weiblicher Trieblosigkeit verinnerlicht hatten und sich tatsächlich lustlos dem ehelichen Beischlaf unterzogen, ist schwierig zu beurteilen. Degler, *At Odds,* a.a.O., Kap. 11, gehört zu den wenigen, die die verbreitete Annahme einer weiblichen Sexualitätsfeindlichkeit anzweifeln, doch auch seine empirischen Belege sind relativ mager. Er stützt sich in seiner Argumentation auf eine 1892 begonnene Untersuchung der amerikanischen Ärztin Clelia Mosher, die 45 Frauen hinsichtlich ihres Sexuallebens befragte und dabei entdeckte, daß die Frauen so frigide nicht waren, wie sie im 19. Jahrhundert beschrieben wurden. Sicher ist jedoch, daß die Frauen selber, sobald sie sich öffentlich äußerten, die (offensichtlich größeren) sexuellen Bedürfnisse des Mannes als widernatürlich anprangerten und damit – wenn auch

vielleicht nur aus taktischen Gründen – ein weitgehendes sexuelles Desinteresse der Frau unterstellten.

188 Dies eine grobe Vereinfachung der soziologischen Tausch- bzw. Ressourcentheorie. Zu einer kritischen Übersicht der verschiedenen ressourcentheoretischen Konzeptionen vgl. Thomas Held, *Soziologie der ehelichen Machtverhältnisse,* Darmstadt und Neuwied 1978.

189 Zur Bewegung für „Freiwillige Mutterschaft", die es zum „heiligen Recht" der Frau erklärte, ihren „Gatten zurückzuweisen, wann immer es sein muß", vgl. Gordon, *Woman's Body,* a.a.O., und dies., „Voluntary Motherhood: The Beginnings of Feminist Birth Control Ideas in the United States", in: Hartman/Banner (Hrsg.), *Clio's Consciousness Raised,* a.a.O., S. 54-71.

190 In gewisser Hinsicht schlossen sich die beiden Zielsetzungen der Moralisierungskampagnen jedoch gegenseitig aus: Der Kampf für eine sexuelle Selbstkontrolle des Mannes, der im Dienste der ‚natürlichen' Geburtenbeschränkung stand, führte, sofern er erfolgreich war, zu einer Verringerung der sexuellen Nachfrage und unterhöhlte damit die zweite Zielsetzung der Moralisierungskampagnen – die Vergrößerung des intrafamiliären Machtbereichs der Frau mittels einer häuslichen Vermarktung von Sexualität.

191 Sigmund Freud, *Brautbriefe. Briefe an Martha Bernays aus den Jahren 1882-1886,* Frankfurt/M. 1968, S. 37 ff.

192 Obwohl die sozialen Feministinnen, zu denen auch die Moralreformerinnen gezählt werden müssen, zusammen mit den politischen Feministinnen Bildungs- und Arbeitsmöglichkeiten für Frauen verlangten, zielten ihre Forderungen weniger auf eine gesellschaftliche Integration der Frau als vielmehr auf eine Verbesserung ihrer intrafamiliären Tauschposition. Zu den inhaltlichen und personellen Überschneidungen und Unterschieden zwischen politischen und sozialen Feministinnen vgl. Degler, *At Odds,* a.a.O., S. 347-349.

193 Dies zeigt sich besonders deutlich an ihrer ablehnenden Haltung gegenüber der Forderung nach einem Frauenwahlrecht, von dem viele eine Zerstörung der Familie und damit des weiblichen Machtbereiches befürchteten. Erst als die politischen Feministinnen von dem Gleichheitsprinzip abrückten und die Wahlrechtsforderung mit dem kulturellen Auftrag der Frau als Mutter und Gattin legitimierten, änderte sich ihre Haltung.

194 Die Kulturkritik der sozialen Feministinnen beschränkte sich nicht auf die Sexualmoral, sondern trug unterschwellig antikapitalistische und antitechnologische Züge. Sie verstanden die Familie als letztes Bollwerk gegen Entfremdung und Versachlichung und betrachteten die Mütterlichkeit der Frau, die sie als biologisches Faktum begriffen, als Grundlage für eine neue, menschlichere Lebensform. Der männlichen Zivilisation stellten sie eine weibliche „Kultur der Mütterlichkeit" entgegen, dem Gleichheitspostulat die These einer weiblichen Sonderart. Ähnlich dachte auch der gemäßigte Flügel der bürgerlichen Frauenbewegung in Deutschland, der die Hauptaufgabe der Frau ebenfalls kulturell und defensiv definierte. Die Frau sei heute die, schrieb Helene Lange, „die den letzten, den nach unserer Überzeugung unveräußerlichen Kern der Institution der Familie gegen die seelenlosen Gewalten der technischen Entwicklung mit Leib und Leben zu schützen hat". Zit. in Barbara Brick und Christine Woesler, *Maschinerie und Mütterlichkeit,* Ms., Frankfurt 1980.

195 Vgl. Cott, *The Bonds of Womanhood,* a.a.O., S. 119 ff.; zur Bedeutung der Vereine: B. Berg, *The Remembered Gate. Origins of American Feminism,* New York 1978, insbes. S. 143 ff.

196 Vgl. Albert Salomon, *Fortschritt als Schicksal und Verhängnis. Betrachtungen zum Ursprung der Soziologie*, Stuttgart 1957.

197 D. h. *Einmischung* – Titel und Programm eines der wenigen wirklich gescheiten ‚Frauenbücher': Rossana Rossanda, *Einmischung. Gespräche mit Frauen über ihr Verhältnis zu Politik, Freiheit, Gleichheit, Brüderlichkeit, Demokratie, Faschismus, Widerstand, Staat, Partei, Revolution, Feminismus*, Frankfurt 1980.

I. Widerspenstigkeit und Ausschluß

Le départ: Aufbruch der Pariser Marktfrauen nach Versailles. Bibliothèque Nationale, Paris.

Michelle Perrot
Rebellische Weiber. Die Frau in der französischen Stadt des 19. Jahrhunderts

Aus der Geschichte ist die Frau mehrfach ausgeschlossen. Sie ist es zunächst auf der Ebene der Geschichtsschreibung, die sich – nachdem die romantischen Ergüsse ausgetrocknet waren – zur theatralischen Inszenierung des politischen Ereignisses wandelte. Der Positivismus hat die rigide Verdrängung der Frau und, im weiteren Sinne, des Alltags aus der Historiographie betrieben. Der gestrenge Seignobos*, Altmeister der akademischen Geschichtswissenschaft, setzte Eva vor die Tür, während die Wände der Sorbonne sich mit Fresken bedeckten, über die hauchzarte weibliche Allegorien schweben. „Die Heilige Genoveva wacht über Paris", „Der Archäologe ist in den Anblick Griechenlands versunken" – er bis oben zugeknöpft in seinem Gehrock, sie duftig in ihren Schleiern ... Der „Beruf des Historikers"** ist das Metier von Männern, die die Geschichte auf maskulin schreiben. Ihre Gegenstände sind die der männlichen Tat und der männlichen Macht, auch dann noch, wenn sie sich neue Forschungsgebiete erobern. Die Wirtschaftsgeschichte übergeht die unproduktive Frau. Die Sozialgeschichte bevorzugt die Klassen und vernachlässigt die Geschlechter. Die Kulturgeschichte oder die Geschichte der Mentalitäten spricht von ‚dem' Menschen im allgemeinen, der ebenso geschlechtslos ist wie ‚die' Menschheit. Werden Frauen berühmt – durch Frömmigkeit oder Skandale –, so füttern sie die Chroniken der ‚kleinen' Geschichte und taugen gerade noch für Anekdoten und Histörchen.[1]

Hinzu kommt – und so wird der Schlüssel ein zweites Mal im Schloß gedreht –, daß Männer die Quellen der Historiker fabrizieren: die diplomatischen oder administrativen Archive, die parlamentarischen

---

* Charles Seignobos, französischer Historiker. Seine zusammen mit C. V. Langlois verfaßte *Introduction aux études historiques* (1898) war bis weit ins 20. Jahrhundert hinein das Standardlehrbuch der vom deutschen Historismus beeinflußten Geschichtswissenschaft in Frankreich (Anm. d. Hrsg.).

** Anspielung auf Marc Bloch, *Apologie pour l'histoire ou métier d'historien*, Paris 1949 (dt. *Apologie der Geschichte oder der Beruf des Historikers*, Stuttgart 1974) (Anm. d. Hrsg.).

Dokumente, die Biographien und die Periodika; Männer, die über das Monopol der Schrift gebieten wie über das der öffentlichen Angelegenheiten. Man hat oft festgestellt, wie schwierig die Geschichte der unteren Klassen anhand von Archiven zu schreiben sei, die der Blick der Herren organisiert: der Präfekten, Richter, Priester, Polizisten. Doch die Frauen werden noch gründlicher ausgeschlossen. Schriftstücke der Frauen sind ohnehin nicht zahlreich und zudem thematisch eingeengt: Kochbücher, Erziehungsleitfäden, erbauliche oder erheiternde Geschichten machen den Hauptanteil aus. Arbeitsam oder müßig, krank oder rebellisch, stets wird die Frau vom Manne beobachtet und definiert. Ist sie politisch aktiv, so hat sie Mühe, sich bei ihren männlichen Genossen Gehör zu verschaffen, die es als normal ansehen, für sie das Wort zu führen. Der Mangel an unmittelbaren Quellen, den diese unablässige und zudringliche Vermittlung verschuldet hat, bildet einen bedrohlichen Wall. Eingemauerte Frauen, wie kommen wir zu euch?

Im übrigen spiegelt dieser Ausschluß nur einen anderen wider: den Ausschluß der Frauen aus dem öffentlichen Leben Westeuropas im 19. Jahrhundert. Die Politik – die Führung und Verwaltung der Staatsgeschäfte – konstituiert sich von Beginn an als rechtmäßiges Erbe der Männer. Die Bourgeoisie, phallokratisch von Geburt, setzt ihre Rollenvorstellungen durch, jene scharfe Trennung der Geschlechter, die in eine unüberbrückbare Kluft mündet, in der *Einöde der Liebe*, die Mauriac beschrieben hat: „Ja, dies allein, das Geschlecht, trennt uns mehr als zwei Planeten.“[2] So kommt die Grabesstille über der Geschichte der Frauen auch aus ihrer faktisch erzwungenen Stummheit im politischen Bereich, der lange Zeit als die zentrale Domäne der Macht galt.

Das 19. Jahrhundert hat die Aufgabenteilung und die Verteilung der Geschlechter auf verschiedene Räume bis zum äußersten vorangetrieben. Sein Rationalismus versuchte, jedem genau seinen Platz zuzuweisen. Mutterschaft und Haushalt bestimmen den Platz der Frauen. Die Frauen beteiligen sich nur zeitweilig an der Lohnarbeit, und sie müssen sich dabei dem Rhythmus der familiären Bedürfnisse unterordnen. Ihre Arbeit wird mit einem bloßen Zuschußlohn bezahlt; sie bleibt auf nichtqualifizierte, sekundäre und geschlechtsspezifische Tätigkeiten beschränkt. „Dem Mann das Holz und die Metalle, der Frau die Familie und die Stoffe“ – heißt es in einem Arbeitertext von 1867. Die ‚Frauenarbeiten‘ sind gesetzlich festgelegt und eng begrenzt. Ikonographie und Malerei reproduzieren bis zum Überdruß jenes beruhigende Bild der Frau, die am Fenster oder unter der Lampe sitzt, die ewige Penelope, nähend ohne Unterlaß. Die stickende und die flickende Frau – das sind die weiblichen Archetypen.

Frauen sind an die Welt der Wiederholung, der Winzigkeiten gefesselt – können sie da eine Geschichte haben? Sind sie nicht viel eher ein Fall für die Ethnologie, die sich vorzüglich auf die Beschreibung der Geschehnisse und Gebärden des täglichen Lebens versteht? Fraglos leistet das ethnologische Verfahren einen unverzichtbaren Beitrag; aber es droht, die Frauen noch einmal in jene Unbeweglichkeit der Sitten und Gebräuche einzuschließen, die den Alltag unterm schicksalhaften Zwang von starrer Rollenzuweisung und räumlicher Beständigkeit organisieren. Als beruhigende Vision einer ländlichen Welt ohne Konflikte ist die Volkskunde in gewisser Hinsicht die Negation der Geschichte: ein bestimmtes Verfahren, Spannungen und Kämpfe in ruhige Riten zu verwandeln. Aber es gilt, die handelnden Frauen wiederzufinden, die erfinderischen, die lebendigen Frauen, die Frauen, die selber die Bewegung der Geschichte erschaffen.

Schablonen der Weiblichkeit

Das ist eine schwierige Aufgabe, denn die Mythen und Bilder überziehen die Geschichte wie ein dickes Leichentuch, welches die Wünsche und Ängste der Männer gewoben haben.[3] Im 19. Jahrhundert steht die Frau im Zentrum eines monotonen, zwanghaften, redundanten und weitgehend phantasmatischen Diskurses, dessen Dimensionen den Elementen entliehen sind. Er beschwört die *Feuerfrau,* die unheilvolle Zerstörerin der familiären Routine und der bourgeoisen Ordnung, die die männlichen Energien gierig in sich aufsaugt. Sie ist die Frau des Fiebers und der romantischen Leidenschaften; die Psychoanalyse, Hüterin des häuslichen Friedens, wird sie als Neurotikerin einstufen. Sie ist auch die Tochter des Teufels, die verrückte Frau, die hysterische Erbin und Nachfolgerin der Hexen. Sie ist die rothaarige Heldin der Unterhaltungsromane, die Frau, deren innere Glut Haare und Haut zum Leuchten bringt und von der das Unheil kommt, die volkstümliche Verkörperung jener Frau der Flammen, die nur Asche und Qualm zurückläßt. Das Gegenbild dazu ist die *Wasserfrau,* die Quelle der Erfrischung für den Krieger, der Inspiration für den Dichter. Sie ist das schattige und frieliche Ufer, das zum Bade lädt, die träge Welle, die das Frühstück im Grünen umspült; doch stets ist sie stilles, schlafendes Wasser, glatt wie der Spiegel, ruhend wie ein schöner, gefügiger See. Sie ist das süße Weibchen, passiv, verliebt, ruhig, instinkthaft und geduldig, geheimnisvoll und ein klein wenig Verräterin; sie ist der Traum der Impressionisten. Und schließlich ist da die *Erdfrau,* die Amme, nährend und fruchtbar, bereitwillig hingestreckt, um sich zurechtformen, peitschen, penetrieren und befruchten zu lassen. Bei ihr lagern die großen Nomaden, Jäger und Räuber und schlagen Wurzeln. Sie sorgt für Stabilität, sie führt die Zivilisation herauf, sie stützt die Ordnungsmächte, sie trägt die Moral. Sie ist die Frau des Schoßes, deren ungewöhnliche Langlebigkeit sie gleichzeitig zur Totengräberin macht, zur Frau der Agonie, der Sterberiten, zur Hüterin der Gräber und der großen Friedhöfe im Mondlicht, zur Schwarzen Frau der Totenfeste.

Diese Bilder schwirren durch unsere Träume, beflügeln unsere Phantasien, durchziehen Literatur und Poesie. Man kann in ihre Schönheit durchaus verliebt sein, aber ihr Anspruch, die Geschichte der Frauen wahrhaft zu erzählen, muß zurückgewiesen werden. Diese Geschichte bleibt verborgen hinter den Inszenierungen einer gleichbleibenden, ewigen Dramaturgie: Irgendwo steht immer der Chor der Frauen, eine im Spiel der Rollen und Allegorien erstarrte Symbolik. Wir müssen uns von diesen Bildern freimachen, weil sie die Geschichte in einer dichotomischen Vision des Männlichen und des Weiblichen erstarren lassen: der schaffende, kreative Mann / die bewahrende, konservative Frau; der aufständische Mann / die gehorsame Frau usw. So scheint mir etwa die Deutung der Frauen als Vermittlungsinstanz der Macht, als Gendarmerie der Gesellschaft, die im 19. Jahrhundert entscheidend zur Schaffung einer „Familienpolizey" (Jacques Donzelot)[4] beigetragen habe, äußerst anfechtbar. Zumindest läßt sich das Argument umkehren: Wenn die Frauen für die Herrschenden eine so wichtige Rolle spielten, dann liegt das einerseits an ihrer wichtigen Stellung in der Familie und damit auch in der Gesellschaft; andererseits aber auch an ihrer trägen Resistenz gegenüber der herrschenden Kultur und an dem Widerstand, den sie den Strategien zur Domestizierung des Volkes entgegensetzten. Mehr als die Männer, die mitgerissen wurden von den Rhythmen der Fabrik und den Imperativen der Produktion, die sich umschlingen ließen von den Fangnetzen der Moderne, die zu Produkten der disziplinierenden Institutionen wie Schule und Armee wurden und fasziniert waren vom ‚Fortschritt', von Schrift und Demokratie, von den Wundern der Technik und der Naturwissenschaften, von der Virilität des Sports und des Kriegs – mehr als die Männer haben die Frauen, das Bindemittel des Volkes, das Blut der Städte, gegen die aufkommende industrielle Ordnung rebelliert.

Neben die ländliche Bäuerin *(fermière)* und die bürgerliche Hausherrin *(maîtresse de maison)* tritt in den Städten des 19. Jahrhunderts eine wichtige und vergleichsweise neue Erscheinung: die Hausfrau *(ménagère)*. Ihre Rolle ist an die fundamentale Bedeutung der Familie geknüpft, die von alters her die vielfältigsten Aufgaben erfüllen und die Befriedigung der alltäglichen Bedürfnisse sichern muß.

Das Neue an der Rolle der Hausfrau besteht in der fast ausschließlichen Begrenzung ihrer Arbeit auf den Haushalt. In traditionalen Gesellschaften war die Familie ein gemeinsames Unternehmen, und alle Mitglieder trugen nach ihren Möglichkeiten und Fähigkeiten zum Gedeihen des Familienunternehmens bei. Obwohl es schon eine ausgeklügelte Aufgaben- und Rollenverteilung gab, blieb doch eine gewisse Flexibilität. Die Hausarbeit war nicht ausschließlich den Frauen überlassen, die Männer trugen durchaus ihren Teil dazu bei. So war zum Beispiel die Zubereitung gewisser Lebensmittel Aufgabe der Männer. Die Heimtextilarbeit soll diese Flexibilität noch verstärkt haben: Überlieferungen und Bilder zeugen von Rollentausch; der Mann kochte oder kehrte aus, während die Frau ihre Stückarbeit beendete. Daß beides am selben Ort stattfand, die Einheit von Produktion und Konsumtion, begünstigte den im übrigen begrenzten Rollentausch. Denn der Vorstand der Haushaltung war der Mann. Der ‚Hausvater' (der Begriff *ménager* taucht im 16. Jahrhundert auf) bezeichnet den Chef des Unternehmens Haushalt.

Die Hausfrau der unteren Schichten erbt einige dieser Funktionen. Die Neuheit ihrer Situation im 19. Jahrhundert besteht in der fortschreitenden Arbeitsteilung und der Dissoziation von Erwerbs- und Familienleben. Der Mann arbeitet in der Fabrik, während die Frau zu Hause den Haushalt besorgt. Das ist das grobe Schema, das sich freilich in den Details verwirrender und komplexer darstellt. Der Wortschatz gibt eindeutige Hinweise: die *ménagère* läuft dem *ménager* den Rang ab, der bald in Vergessenheit gerät. Parmentier wendet sich 1789 an die „guten Hausfrauen" *(bonnes ménagères)* mit seinen Ratschlägen, wie das Brot am besten zu backen sei. Zugleich gerät sie an den Rand der Lohnarbeit. Ihre Arbeit wird nicht bezahlt (sie gilt mit der Entlohnung des Familienvaters für abgegolten). Zu eigenem Geld kommt sie nur durch Zusatzarbeit, die sie in den Pausen verrichten muß, die die Familie ihr läßt. Sie verkauft nach bäuerlicher Art an Ständen oder aus dem Henkelkorb, eine Praxis, die sich trotz aller Reglementierungen, die Gewerbeschein und Genehmigungen verlangen, erhält.

Aber häufiger noch besorgt sie anderen den Haushalt, wäscht, verrichtet Näh- und Flickarbeiten, hütet Kinder, macht Botengänge. Die Brotträgerin, diese vertraute Figur, ist fast immer eine verheiratete Frau. Die Frauen entfalten enormen Einfallsreichtum, um im städtischen Handel die verborgenen, geheimen Pfade zu entdecken, um zusätzliche Ressourcen zu erschließen, die Familie mit neuen Gerichten zu überraschen oder um Vorräte anzulegen für die kargen Wintertage. In Krisen- oder Kriegszeiten werden diese marginalen Kanäle lebenswichtig, und die Frauen werden auf jede nur erdenkliche Weise aktiv. Niemals arbeiten sie soviel wie zu den Zeiten, da der Mann arbeitslos ist. Jedes Geschlecht erlebt Krisen und Kriege auf seine eigene Weise, jedes folgt seinem eigenen ökonomischen Zeitrhythmus.

Trotz allem ist die Hausfrau vom Lohn des Mannes abhängig. Sie leidet darunter und beklagt sich, selbst auf die Gefahr hin, geschlagen zu werden. Die Frauen, die sich im 18. Jahrhundert bei der Polizei beklagen (Arlette Farge hat ihre Aussagen in den Registern des Châtelet wiedergefunden*), beschweren sich, daß die Ehemänner ihnen nicht das nötige Geld geben, um die Kinder zu ernähren. Und als im Jahre 1831 die Pariser Stadtverwaltung auf dem Höhepunkt der Krise den Frauen und Kindern die Nationalwerkstätten** verschließt, um sie für die Männer zu reservieren, ziehen die Mütter mit ihren Knirpsen durch die Stadt und skandieren: Wovon werden wir leben? Sie fordern die Aushändigung und Verwaltung des Lohns, was sie allem Anschein nach auch erreicht haben. Im 19. Jahrhundert übergeben die meisten Arbeiter ihren Frauen den Lohn. In seinen Familienmonographien betont Le Play die Verbreitung dieser Sitte in Frankreich und stellt sie dem herrschenden Brauch in Großbritannien gegenüber.[5] Die Frau, die von den Bergleuten in Montceau vor 1914 *la patronne*, die ‚Chefin', genannt wird, gibt ihrem Mann ein kleines Taschengeld zum Versaufen. Das geht nicht ohne Konflikte ab, deren laute Auswirkungen periodisch in den Vorstädten zu hören sind, wenn der Ehemann länger als nötig im Wirtshaus herumlungert. In Saint-Quentin um 1860 haben die Gastwirte vor ihren Kneipen kleine Schuppen gebaut für die Frauen, die am Zahltag weinend auf ihre Männer warten.[6] In Paris

„lauern die Hausfrauen stets am Fenster, gehen bis vor die Haustür, und manchmal sieht man sie sogar, wie sie ungeduldig und voller Angst ihren Männern

---

* Vgl. A. Farge, *Le vol d'aliments à Paris au XVIIIe siècle*, Paris 1974; A. Farge, und A. Zysberg, „Les théâtres de la violence à Paris au XVIIIe siècle", in: *Annales E.S.C.*, 34, 1979, S. 984-1015; A. Farge, „L histoire ébruitée. Des femmes dans la société pré-révolutionnaire parisienne", in: C. Dufrancatel u. a., *L'histoire sans qualités*, Paris 1979, S. 13-40 (Anm. d. Hrsg.).

** *Chantiers de secours:* Nationale Arbeitsstätten, die den Armen die Möglichkeit eines geringen Verdienstes geben sollten (Anm. d. Übers.).

entgegeneilen. Sie kennen nur zu gut die Freigebigkeit ihrer Männer, sobald diese einige Sous in der Tasche klimpern haben. [...] Und auf der Straße kann man ihre schimpfenden Stimmen hören, in den Häusern fliegen schmutzige und zornige Beleidigungen hin und her, werden Hände drohend gegeneinander erhoben."[7]

Der Zahltag ist immer ein wichtiges Ereignis, ein Tag der Freude, an dem die Hausfrau ihre Schulden bezahlt und ihre Lieben gut bewirtet; ein Tag des Zorns gegen die ungerechten Herren und deren willkürliche Lohnabzüge, ein Tag, an dem häufig Streiks beschlossen werden – gerade ausbezahlt, kann man durchhalten –, und es ist gleichzeitig ein Tag des Krachs zwischen Mann und Frau, ein Tag, an dem die Hausfrau gegen ihre mühsame Aufgabe rebelliert: ohne Zutaten den Topf zum Kochen zu bringen.
Die Verwaltung des Lohns ist ohne Zweifel ein schwieriger Sieg der Frauen gewesen, das Resultat eines Kampfes, der mit List geführt wurde. Manchmal freilich boten auch die Arbeitgeber den Frauen eine hilfreiche Hand, weil sie am ‚sinnvollen' Gebrauch des Lohnes interessiert waren, wie jene Firma in der Gegend von Soissons, die Le Play 1850 beschrieb: „Seit zwei Jahren zahlt sie aus wohlwollender Protektion den Lohn, den die Ehemänner verdient haben, direkt an die Ehefrauen aus."[8] Das sind die Tücken des Familienlohns: die Frau ist stets in die Enge getrieben. Dennoch hat sich die Frau aus dem Volk kämpferischer und geschickter erwiesen als die bürgerliche Ehefrau, die von ihrem Gatten eine bestimmte Summe für den Haushalt bekommt, wobei sich der Mann in aller Regel die Kontrolle des Budgets vorbehält. In den unteren Schichten hingegen hat die Hausfrau das „Recht auf den Lohn" erlangt. Noch heute halten die Arbeiterfrauen an dieser Tradition fest, die man „budgetäres Matriarchat"[9] genannt hat. Es bürdet ihnen Sorgen und Pflichten, ja sogar Entbehrungen auf: es ist eine altbekannte Tatsache, daß die Familienmutter, um zurechtzukommen, zuerst ihren eigenen Anteil beschneidet. Sie reserviert dem Vater – dem ‚körperlich Arbeitenden' – den Wein, ein beinahe ausschließlich männliches Getränk, und die besten Fleischstücke, während die Kinder den Zucker und die Milch bekommen. Ob ledig oder verheiratet, die Frau ist im 19. Jahrhundert chronisch unterernährt. Zudem sind im Durchschnitt ihre Ausgaben für Kleidung geringer als die ihres Mannes – und gleichwohl hat man sie frivol genannt! Den Mangel zu verwalten, heißt zuerst sich selbst zu opfern. Trotz alledem, auf der Kassenführung beruht auch die Macht der Hausfrauen, deren oft spektakuläre Auftritte in der Stadt darin gründen.

> „Wenn kein Brot im Haus ist, die Frau kümmert sich darum. Direkter betroffen, ist sie auch gewalttätiger, haßerfüllter, leidenschaftlicher in ihren Zornesausbrüchen als ihr Mann: ‚Ja, wenn ich ein Mann wäre, würde ich abwarten. Die Frauen sind wie Dynamit!' "
>
> (Henry Leyret, *En plein faubourg,* Paris 1895)

Die Hausfrauen stellen nicht ein Budget im eigentlichen Sinn auf. Wozu auch rechnen, wenn man sich in einem dauernden Defizit befindet? Der Rhythmus der Lohnzahlung – wöchentlich – alle vierzehn Tage – bestimmt ihren Horizont. Aber sie überwachen die Preise, sind aufmerksam gegenüber der kleinsten Änderung und akzeptieren – als Verhängnis der Natur – nur die saisonbedingten Preisanstiege. Bei übertriebener Teuerung jedoch rebellieren sie. Brotunruhen, noch im 19. Jahrhundert eine weit verbreitete Form von Volkserhebungen, werden fast immer von den Frauen ausgelöst und angeführt. Die Unzulänglichkeit der Verkehrsmittel, die jede Region ausschließlich von ihren eigenen Ressourcen abhängig macht, erzeugt Versorgungsengpässe, Verknappung und damit Preisanstiege. Eine Klimakatastrophe – ob Regen, Dürre, Frühfrost oder Spätfrost – tritt ein, und schon ist die Verknappung da. Sie wird sogleich ausgenutzt von den Händlern, den reichen Bauern, den Müllern, ja sogar von den Bäckern, von allen, die stark genug sind, um ihr Korn oder ihr Brot, seltener Kartoffeln, zu horten, als wären es Börsenaktien. Und dann greifen die Frauen ein.

Sie wachen über die Märkte, den großen Ort der Frauen. Dort achten sie ständig auf Qualität und Quantität, auf die Regelmäßigkeit der Versorgung und das Preisniveau. Sobald sich irgendwo eine Verknappung andeutet – zu schnell verkaufte Waren oder geringste Anzeichen für Schlangestehen –, schon sind sie alarmiert. Wenn ein Preisanstieg sich abzeichnet, beginnen sie zu murren. Das Murren schwillt an in den Straßen, den Hinterhöfen, den Stadtvierteln, zwischen den Nachbarinnen. Am folgenden Markttag schnellen die Preise in die Höhe. Dann fordern die Frauen die Getreidehändler auf, ihnen das Korn zum alten Preis zu verkaufen; und wenn diese sich weigern, bemächtigen sie sich der Waren, legen die Preise fest und verkaufen sie selbst. Wenn ein Händler seine Säcke versteckt, ziehen sie diesen Hamsterer zur Rechenschaft, kippen die Stände um, verfolgen ihn mit ihren Schreien, ja mit ihren Schlägen bis in die Hinterstuben der Bäcker, seiner Komplizen. Am frühen Morgen versammeln sie sich vor den Toren der Stadt, um die Wagen abzufangen, die das

Korn bringen. Sie bemächtigen sich der Säcke und verteilen das Korn am Brunnen. Wenn der Markt sich leert, beobachten sie aus dem Hintergrund, wo die Ware hingebracht wird; wenn das Gerücht laut wird, daß ein Transport irgendwohin geht, machen sie sich sofort auf den Weg. Wie schnell sind sie bereit zu protestieren, sich das Stichwort zu geben, das alle Frauen zusammentrommelt! Sie nehmen oft ihre Kinder mit und weisen ihnen eine Aufgabe zu: Ausschau halten, Botschaften überbringen oder Sturm läuten. Diese aufrührerischen Horden werden vor allem von Familienmüttern, von kinderreichen Hausfrauen, die häufig noch stillen oder gar schwanger sind, angeführt. Doch trifft man auch auf alte Weiber, Wächterinnen des Marktes, auf junge, ledige Frauen, die betagte Eltern unterstützen, oder auf alleinstehende Tagelöhnerinnen, Flickerinnen, Wäscherinnen mit magerem Lohn, für die ein höherer Brotpreis das nackte Elend bedeutet. Nach den schweren Unruhen von 1817 wurden Dutzende von Frauen trotz der ängstlichen Nachsicht der Gerichte gegenüber Familienmüttern zu Gefängnisstrafen, Zwangsarbeit, ja sogar zum Tode verurteilt.[10]

In diesen Auseinandersetzungen handeln die Frauen im Kollektiv. Sie sind nie bewaffnet, sie kämpfen nur mit ihren Körpern; mit ungedecktem Gesicht und nach vorne gereckten Armen versuchen sie, die Kleider ihres Gegners zu zerreißen – in den Augen dieser Näherinnen die höchste Schmach, die sie ihm antun können. Sie eignen sich die Insignien der Macht an, etwa den Knüppel der Gendarmen, und legen mehr Wert auf Verhöhnung als auf Verletzung. Aber vor allem gebrauchen sie ihre Stimmen; ihr ‚Gezeter' steigt aus den hungernden Massen auf. Falls sie Wurfgeschosse gebrauchen, sind es die Produkte des Marktes oder, im äußersten Fall, Steine, die sie in ihre aufgehaltenen Schürzen füllen. Gewöhnlich zerstören sie nicht und plündern nicht, sie verlangen nur den Verkauf zu Festpreisen. Sie wehren sich gegen den Vorwurf des Stehlens und fordern nur den „gerechten Preis", den sie selber angesichts des Versagens der Regierung festsetzen.[11] Gegen die Kornwucherer und die untätigen Behörden vertreten sie das Recht des Volkes auf das tägliche Brot.

Das ist das klassische Szenario der Brotunruhen – mit Variationen und Verschiebungen, deren Analyse sicher viel über die Entwicklung der Rolle der Frau im Volk ans Licht bringen würde. Die abklingende Brandung der Brotunruhen durchzieht das 19. Jahrhundert: 1816-1817, 1828, 1831, 1839-1840 (besonders in Westfrankreich), 1847-1848, 1868 und 1897: die letzten Auseinandersetzungen, in denen der hohe Brotpreis im Zentrum des Volksprotestes steht. Produktionswachstum, die Entwicklung der Verkehrsmittel, insbesondere der Eisenbahn, und Importmöglichkeiten haben den alten Knappheitskrisen ein Ende gesetzt. Mit ihnen verschwindet ein wichtiges Aktionsfeld der Frauen: der Kampf um das Brot. Der große Konflikt der Moderne ist der Streik, männlich, nicht weiblich bestimmt, weil er an die Lohnarbeit geknüpft ist, in der die Frauen zunächst nur eine sekundäre Rolle spielen.

Gegen Mietwucher

Die Frauen sorgen auch für das Dach überm Kopf. Die übervölkerten Städte des 19. Jahrhunderts waren in keiner Weise vorbereitet auf die Wellen von Zuwanderern, die in die Städte strömten. Das Wohnproblem ist niemals gelöst worden. Ledige Neuankömmlinge drängeln sich in Arbeiterherbergen oder in möblierten Zimmern, die manchmal nur für eine Nacht vermietet werden. Verheiratete sind in ein bis zwei Zimmern zusammengepfercht, zunächst in alten Häusern, dann, unter Fluchen und Schimpfen, in den verabscheuten Siedlungen. Die Unterkunft ist keine Wohnung, sondern ein Ort der täglichen Umschichtung der Familie, ein ständig wechselndes Obdach, denn Auszüge sind häufig. Die unteren Schichten kämpfen noch nicht um die Wohnung, sondern um den Mietzins, der immer zu hoch ist für diese vom Lande kommenden Leute, die nicht gewohnt sind, für Herd und Unterkunft zu bezahlen. Und der Tag, an dem die Miete fällig wird, ist stets ein Moment des Konfliktes mit den Hauseigentümern, ihren Vertretern, den Hauswarten, und mit der Polizei.
In diesen Konfrontationen mit Hauswarten und habgierigen Vermietern stehen die Hausfrauen im Vordergrund und spielen ihre Rolle mit List und Tücke. Wenn die Familie nicht bezahlen kann, organisieren sie einen klammheimlichen Umzug, genannt der Umzug „à la cloche de bois“ – Holzglocken machen kaum Geräusch (in Lille sagte man „à la Saint-Pierre“), und machen sich still und leise aus dem Staube. Die Umzüge mit dem Handkarren, auf dem die gesamte Habe aufgetürmt ist, kennzeichnen das Straßenbild der Großstädte.
Das Eingreifen der Frauen kann aber, in revolutionären Momenten, auch schärfere Formen annehmen. So fordert im Jahr 1848 das Volk von Paris Mietnachlässe. Die Umzüge finden weniger oft und weniger verstohlen statt, und zahlreiche Zwischenfälle werden aus den Armenvierteln von Villette bis Charonne und aus der Rue Mouffetard gemeldet. Sie nehmen in aller Regel die Form von Charivaris an, bei denen die Frauen, mit Randgruppen wie den Lumpensammlerinnen verbündet, die Spitze bilden. Unter Schreien wie „Quittung oder Tod“

formieren sie sich unter den Fenstern der Hauseigentümer und fordern unter dem ohrenbetäubenden Lärm geschlagener Topfdeckel die Quittung ohne Bezahlung. Die Männer scheinen vor solcher Illegalität zurückzuschrecken; die Frauen beschimpfen sie als „Angsthasen" – eine schlimmere Beleidigung gab es kaum. Die Frauen werfen sich mit ganzer Seele in den Kampf, beleidigen und bedrohen den Wucherer und seinen Hauswart, der noch mehr verabscheut wird, weil er tagtäglich ertragen werden muß.

„Wenn Ihr Euch weigert, dann brennen wir Euer Haus nieder, plündern und zerstören es. Und Euch geben wir Stroh zu fressen und knüpfen Euch am nächsten Baum auf."

„Die Hausbesitzer sind alle Kanaillen und Dreckskerle. Die Portiers sind auch Mistkerle. Man muß sie umbringen und den Herren Dampf machen."

Für solche Zwischenfälle gingen manche Hausfrauen ins Gefängnis. Gegen Ende des 19. Jahrhunderts wird es zu einer Spezialität der Anarchistischen Gesellen, solche Aktionen zu unterstützen. Wenn die Frauen in Schwierigkeiten sind und um Hilfe bitten, organisieren die „Chevaliers de la Cloche" – „Pieds Nickelés" oder „Pieds Plats" – den heimlichen Wohnungswechsel. Das sind schüchterne Ansätze zu jenen urbanen Kämpfen, deren Schauplatz das Wohnviertel, deren Bereich der Konsum ist. Die Stadt gehört den Frauen und der noch stattlichen Anzahl jener, die nicht zwölf Stunden am Tag in Werkstatt oder Fabrik eingeschlossen sind und die Straße nur noch flüchtig kennen.

Frauen gegen Maschinen

Auch im Kampf gegen die Einführung von Maschinen, die traditionelle Arbeitsweisen zerstören und neue Disziplinierungen mit sich bringen, haben die Frauen ihre ganze Energie eingesetzt.[12] Bald stehen sie an der Spitze jener rachsüchtigen Massen, die in der ersten Hälfte des Jahrhunderts die „englischen Maschinen" stürmen, und zwar mit um so mehr Leidenschaft, als sich in Krisenzeiten bisweilen die Brotunruhen mit dem Luddismus (englischer Ausdruck für Maschinenstürmerei) vermischen. Als in Vienne 1819 die Große Schermaschine ankam, die das Tuchscheren von Hand ersetzen sollte, gaben die Hausfrauen das Zeichen zum Angriff: „Nieder mit der Maschine!" Die Tochter des Schlachtermeisters Claude Tonnegnieux warf Steine auf die Dragoner und feuerte die Arbeiter mit ihren Rufen an: „Wir hauen sie in Stücke! Wir brechen sie entzwei! Los!" Marguerite

Dupont, Spinnerin aus Saint-Freny, hat den Oberstleutnant einen „Spitzbuben“ geschimpft. Die Frau von Garanda rief: „Die Wollmaschine muß zerstört werden!“ Ein Dragoner sagte zu den Leuten auf der Straße: „Also, Freunde, wir sind doch alle Franzosen, zieht euch zurück!“ und zu den Frauen sagte er: „Meine Damen, Sie gehören hier nicht hin. Euer Platz ist bei euren Kindern.“ Die Frauen aber haben ihm geantwortet: „Und ob wir hierhin gehören!“ – und sind dann widerwillig abgezogen. In Saint-Etienne haben die Frauen 1831 den Arbeitern aus der Waffenmanufaktur geholfen, eine neue Maschine zu zerstören, die Gewehrläufe automatisch bohren konnte. Der Staatsanwalt klagte:

„Und äußerst schmerzlich ist die Feststellung, daß die Frauen besonders verbissen gegen die Nationalgarde gekämpft haben. Sie hatten die Schürzen voller Steine, und bald warfen sie selbst, bald haben sie die Steine zum Werfen weitergereicht.“

Nicht zufrieden damit, nur Hilfsdienste zu leisten, lehnen sie sich selbständig gegen die Einschränkungen der Heimindustrie auf, von denen sie besonders betroffen sind. Lange bevor sie gegen die Maschinen angingen, noch zu Zeiten Colberts, haben sich die Frauen von Alençon, Bourges und Issoudun gegen das Monopol der königlichen Manufakturen erhoben und gegen eine für sie unerträgliche Einsperrung. Diese Frauen, die mit ihrem Haushalt beschäftigt waren, lehnten es ab, in der Manufaktur zu bleiben, nachdem die Ausbildungszeit vorbei war. Sie wollten zu Hause die wertvolle Spitze herstellen, die eine notwendige Erwerbsquelle für das Zahlen von Steuern war. Die heftigsten Auseinandersetzungen ereigneten sich in Alençon 1665, als einer namens Leprevost beschloß, sie zu zwingen.

„Er ging mit der ganzen Arroganz eines Parvenüs vor, erklärte, daß er sehr wohl über die Widerstände zu triumphieren wüßte und daß die Mädchen der Gegend noch sehr glücklich sein würden, zwei Sous am Tag in der Fabrik zu verdienen. Mehr als tausend Frauen meuterten, sie verfolgten ihn und hätten ihn getötet, wenn er sich nicht noch schnell ins Haus des Intendanten geflüchtet hätte.“[13]

Man mußte mit diesen „guten Frauen“ verhandeln und Kompromisse schließen.

Im November 1788 haben die Enkelinnen dieser Frauen in Rouen die Maschine von Barneville, die im Kloster von Saint-Maclou aufgestellt war, boykottiert. Diese Maschine stand unter der Patronage des Geistlichen und seiner Nonnen, die, so sagten die Frauen, mit der Versorgung der Familie unvereinbare Arbeitstage verlangten. 1791, als man die Jennyspinnmaschinen in Troyes einführen wollte, „haben sich die Spinnerinnen zusammengerottet; deshalb hat man sie dann auf dem Lande eingesetzt“. Während der Revolution haben die Frauen in Paris so vehement dafür gekämpft, zu Hause arbeiten zu können, daß man ihnen mitunter nachgab.

„Es gibt besonders unter den Frauen schreckliche Kreaturen, und Sie wissen, ebenso wie ich, daß wir mehrere Beispiele von Aufständen haben, die von Frauen angezettelt wurden.“[14]

Dies schrieb ein Verwaltungsbeamter, traumatisiert von der Erinnerung an den 5. und 6. Oktober 1789, als Hausfrauen und Marktfrauen der Pariser Hallen nach Versailles zogen, um „den Bäcker, die Bäckerin und den kleinen Bäckerjungen“* zu holen. Und ein anderer:

„Es ist besser, die Frauen zu Hause zu beschäftigen und sie dadurch zu isolieren, als ihnen die Gelegenheit zu geben, sich in einem Haufen zu versammeln. Denn die Personen dieses Standes sind wie bestimmte Pflanzen, die anfangen zu gären, sobald sie zusammengepfercht sind.“[15]

Schwere Aufstände ereignen sich im Mai 1846 in Elbeuf (das Werk und das Haus des Fabrikanten verbrannten dabei), als ein Fabrikant eine englische Wollsortiermaschine einführen will. Diese hätte die Frauen ersetzt, welche die Sortierarbeit bislang zu Hause gemacht hatten und dies auch weiterhin zu tun gedachten. 1848 fordern die Frauen die Abschaffung der zu ihrer Heimarbeit in Konkurrenz stehenden Arbeit in den religiösen Gemeinschaften. In der Gegend von Lyon war der Aufstand besonders heftig. Hier entstanden immer mehr seidenverarbeitende Internate für Bauernmädchen, die unter der Leitung von religiösen Orden standen. In Lyon und vor allem in Saint-Etienne bilden die Frauen die Spitze der aufrührerischen Demonstrationszüge, die Werkstätten und Klöster stürmen. Unter Rufen wie „Nieder mit den Klöstern! Nieder mit den Priestern!“ verbrennen sie Zettelmaschinen und mechanische Webstühle.
Die Frauen ahnen in den Maschinen nicht nur eine Gefahr für die Arbeitsplätze ihrer Männer, sondern sie fürchten auch für ihre eigene Handarbeit, die durch die Maschinen direkt bedroht wird. Bislang waren die Frauen in der Lage, durch Heimarbeit ihr schmales Haushaltsbudget ein wenig aufzubessern und dennoch eine gewisse Kontrolle über ihre Zeiteinteilung zu bewahren. Sie sehen in den Maschinen die Vorboten ihrer Einsperrung. Die Frauen aus dem Volk können die Fabrik nicht ausstehen, deren Zwänge sie erkennen. Und die Tätigkeit der Fabrikarbeiterin wird Anfang des 20. Jahrhunderts nur als Antwort auf die Mißbräuche des „sweating system“ (Heimarbeit, die als Produktionsgang in die Konfektionsindustrie eingegliedert ist) aufgewertet. Diese Mißbräuche aber waren größtenteils

* Bezieht sich auf Ludwig XVI., Marie Antoinette und den Dauphin (Anm. d. Hrsg.).

auf den Rhythmus zurückzuführen, den die Nähmaschine den Frauen auferlegte. Aber das ist eine andere Geschichte, die Geschichte eines pervertierten Traumes. Zunächst wünschten sich viele Frauen eine Nähmaschine – die Singer ließ so manches Herz höher schlagen –, in der sie ein Mittel sahen, Arbeit und Haushalt zu vereinbaren und vielleicht ein wenig Zeit zu gewinnen. Doch aus dem begehrten Objekt ist ein Instrument der Knechtung geworden: die Fabrik zu Hause. Da ist die andere vorzuziehen.

Als Anstifterinnen sind die Frauen an den meisten Volkserhebungen der ersten Hälfte des Jahrhunderts beteiligt: an den Waldunruhen, in denen die Frauen das Recht auf das freie Sammeln von Holz verteidigen, das für die Armen ebenso wichtig ist wie das Brot; an den Steuerunruhen; an allen städtischen Auseinandersetzungen von kleineren Zusammenstößen mit Gendarmerie oder Polizei bis hin zu den großen Revolten des Jahrhunderts. Doch verändert sich ihre Teilnahme: aus Anstifterinnen werden Hilfskräfte. Indem sie sich militarisiert, wird die Revolution männlich und verbannt die Frauen an Scharpie oder Kochtopf. Während der Pariser Kommune beispielsweise werden sie lediglich als Krankenpflegerinnen oder Kantinenwirtinnen geduldet. Sie müssen sich als Männer verkleiden, wenn sie Waffen tragen wollen. An der Spitze von Demonstrationen oder feierlichen Umzügen erstarren sie zu Symbolen. Und wenn die Republik sich in der Marianne verkörpert, wird damit die Frau endgültig zum Objekt gemacht.[16]

Die Art der weiblichen Beteiligung bildet ihre reale Stellung in der Gesellschaft ab. Überall, wo es noch das ‚Volk' gibt, sind die Frauen dabei. Michelet hat das sehr genau gespürt. Innerhalb der Klassen hingegen haben sie mehr Schwierigkeiten, ihren Platz zu finden, denn die strukturierenden Elemente der Klassenbildung sind ihnen fremd: Produktion, Lohnarbeit und Fabrik. In den städtischen Wohnvierteln dagegen sind sie in erstaunlichem Maße präsent.

Alltag in den Städten

Die städtischen Unterkünfte sind so klein, daß eine Frau in ihnen wenig tun kann. Hausarbeit heißt nicht Putzen, sondern Einkaufen, Mahlzeiten bereiten (Kochen ist ein Mittel, um billige Lebensmittel oder zähes Fleisch zu verwerten), die Wäsche besorgen und sich um die Kinder zu kümmern. Das strukturiert Raum und Zeit der Frauen – eine zerstückelte Zeit, aber auch eine abwechslungsreiche und weitgehend selbstbestimmte Zeit, in diametralem Gegensatz zur Zeit der

Industrie. Der Raum der Frauen ist noch nicht das ‚Interieur', die eigenen vier Wände, sondern das Draußen. Wenn die Männer zur Arbeit gegangen sind, gehört die Straße den Frauen. Sie hallt von ihren Schritten und Gesprächen wider.

Erstaunlich ist zunächst die enorme Bewegungsfreiheit der Frauen in den damaligen Städten, die noch sehr offen sind. Die von Balzac – dem faszinierten und nostalgischen Beobachter der Kontrollnetze, welche die bürgerlichen Konventionen über die Stadt legen – beschriebene ‚anständige' Frau ist steif in ihrer Haltung, geht nicht von ihrem Weg ab.[17] Sie bedeckt ihren Körper nach einem strengen Verhaltenskodex, der sie in ein Korsett zwängt, verschleiert, von Kopf bis Fuß einschnürt. Es gibt immer mehr Orte, an denen eine ‚ehrbare' Frau nicht gesehen werden darf, ohne sich zu kompromittieren. Der Verdacht verfolgt sie bei all ihren Bewegungen; die Nachbarn, die Spione ihres guten Rufs, ja, sogar ihre Hausangestellten belauern sie ständig. Sie ist eine Sklavin selbst in der eigenen Wohnung, wo ihr der Salon zugewiesen wird. Sie versucht, ihre Freiheit im verborgenen zurückzuerobern, und erfindet einen raffinierten Code geheimer Zeichen, die man die weiblichen Listen genannt hat: umgebogene Briefecken, heimlich überbrachte Botschaften, fallengelassene Taschentücher, angezündete Lampen. Diese Frauen sind wirklich Gefangene.

Die Frau aus dem Volk hingegen ist unabhängiger in ihren Gesten. Ihr Körper bleibt ungeschnürt und ohne Korsett. Ihre weiten Röcke eignen sich hervorragend zum Schmuggeln: früher täuschten die Frauen eine Schwangerschaft vor, um an den Wächtern vorbei Salz zu schmuggeln, ebenso machten sie es später an den Akzisen. Günther Grass beschreibt auf den ersten Seiten seiner *Blechtrommel* den Archetyp der Frau als Versteck: die Großmutter, die unter ihren vielen Röcken einen von der Polizei gesuchten Flüchtigen verbirgt. Die Frau aus dem Volk geht unbedeckt (die Marktfrauen in den Pariser Hallen sagen zu arroganten Kundinnen: „Der nützt Dir gar nichts, der Hut!" – Symbol der Bourgeoisie) und kümmert sich nicht um die Mode und deren Diktate, von denen sich die Frauen der „leisure class"[18] tyrannisieren lassen. Sie achtet wenig auf Sauberkeit, die ohnehin durch die mangelhafte Wasserversorgung erschwert wird. Sie ist lebhaft, schlagfertig und nie um eine Antwort verlegen, ein Hitzkopf, deren Reaktionen von den Behörden gefürchtet werden.

Für diese ewige Ährenleserin* ist die Stadt wie ein großer Wald, in dem sie unermüdlich tätig ist, immer auf der Suche nach Lebens-

---

* Anspielung auf Feudalrechte: Recht auf Holzsammeln; Recht auf Nachlese nach der Ernte (Anm. d. Hrsg.).

mitteln oder Brennmaterial (auch die Kinder verbringen viel Zeit mit dem Aufsammeln von Pferdemist). Sie schnüffelt überall herum, schindet hier einen kleinen Vorteil heraus, verkauft da mit kleinem Gewinn weiter, sie ist die Königin der kleinen Gewerbe und des Pariser Einzelhandels, der im übrigen im Verlauf des Jahrhunderts immer männlicher wird. Am Rande des Marktgeschehens der Hallen gibt es die Händlerinnen, die aus dem Henkelkorb ihre Ware feilbieten, als Kräutersammlerinnen oder Blumenbinderinnen durch die Stadt ziehen, an jeder Straßenecke und auf den Trottoirs ihr Gemüse ausbreiten, ihr Obst, ihre Blumen. In Krisenzeiten verschaffen sich die Frauen zusätzliche Einnahmequellen, indem sie sogar ihre persönliche Habe verkaufen, und sie verteidigen hartnäckig das Recht auf den freien Straßenhandel gegen die immer drakonischer werdenden Vorschriften der Polizeipräfekten, die über diese unkontrollierten Ansammlungen beunruhigt sind. Die Frauen schleichen überall herum, schmeicheln sich ein, hören sich um, vor allem in der Nähe der Märkte und Brunnen, mit einer gewissen Vorliebe für die bevölkerten und volkstümlichen Flußufer, der zufälligen und noch wenig festgelegten Route ihrer Verrichtungen folgend. Ihnen ist nichts heilig; so schrecken sie auch nicht davor zurück, in morgendlicher Kleidung mit ihren Körben durch die Kirchen zu ziehen. Das führt dazu, daß um 1835 das Reglement des Kirchensprengels von Saint-Eustache, mitten im Pariser Hallenviertel, den Kirchendienern einschärft, diejenigen, welche

„in der Kirche Tumulte verursachen, zurückzudrängen; zu verhindern, daß Leute mit Taschen und Körben eintreten; Personen mit Lockenwicklern auf dem Kopf nicht zu dulden, die *ruhig und freundlich* aufgefordert werden sollen, die Kirche für einige Minuten zu verlassen, um dann in anständiger Aufmachung wiedereinzutreten".[19]

Ruhig und freundlich – so sehr fürchtet man ihr lautes Geschrei.
Sie laufen, die Frauen, wie sie laufen! Aber sie warten auch, und zwar bereits an obligaten Stellen, deren Zahl im Laufe des Jahrhunderts in dem Maße zunimmt, wie die Versorgung in den Städten komplizierter wird. Nun verlangt die Erfüllung der Mutterpflichten, daß sie mehrmals am Tag vor der Schule warten, weil es anstößig und gefährlich geworden ist, die Kinder allein gehen zu lassen. Nach und nach verlieren die Gänge der Hausfrauen ihren umherschweifenden Charakter und werden zu streng festgelegten Routen, die den Läden und den städtischen Einrichtungen folgen, sich nach dem Stundenplan von Schule und Fabrik richten – abgestimmt mit der ‚richtigen' Zeit, jener der Bahnhofsuhr. Gegen all diese Reglementierungen werden die Frauen lange Zeit rebellieren.

Dieses Zentrum weiblicher Geselligkeit, das im Leben der damaligen Stadtviertel eine so große Rolle spielte, verdient besondere Aufmerksamkeit. Der öffentliche Waschplatz ist ein ambivalenter Ort, an dem sich zwischen den Frauen viel ereignet, an dem auch der Gewalttätigkeit freier Lauf gelassen wird, zum Entsetzen jener, die im Namen der Wohlanständigkeit den Frauen das Recht auf Zornausbrüche, Schreie und Prügeleien absprechen. Es ist auch ein Ort des Konflikts zwischen den Frauen und der Staatsmacht, die an solchen Ausbrüchen und mehr noch an der Zeitvergeudung der Frauen Anstoß nimmt. Als unter dem Zweiten Kaiserreich in einzelne Kammern aufgeteilte Waschhäuser eingerichtet werden, um Zank und Tratsch zu verhindern, protestieren die Hausfrauen und boykottieren diese Waschhäuser. Man mußte darauf verzichten.

Das Waschhaus ist für sie viel mehr als nur ein funktioneller Ort, an dem Wäsche gewaschen wird; es ist ein Treffpunkt. Hier kursieren die neuesten Gerüchte des Viertels, werden gute Adressen, Rezepte, Heilmittel, Tips aller Art ausgetauscht. Das Waschhaus, Zentrum der Volkserfahrung, konstituiert gleichzeitig eine offene Gemeinschaft gegenseitiger Hilfeleistung. Steckt eine Frau in der Klemme, so wird ihr geholfen, für sie gesammelt. Eine von ihrem Mann verlassene Frau kann an diesem Ort mit besonderer Sympathie rechnen, hier gibt es keine Männer, allenfalls kleine Jungen, die ausgiebig gefoppt werden. Ein verlassenes Kind findet hier sicher wieder eine Mutter, wie es der berühmte Volksroman von Cardoze, *La Reine du Lavoir* (1893), beschreibt. Die Waschhäuser sind Stätten des praktizierten Feminismus. Die Frauen kommen mehrmals in der Woche hierher, in der Regel zwei- bis dreimal, oft auch mehrmals täglich auf dem Weg von der und zur Schule. Jedes Jahr ist an Mittfasten, dem Fest der Wäscherinnen, das ganze Viertel auf den Beinen, um bei der Wahl der Königin dabeizusein. Triumphiert hier die Wäscherin über das Fischweib *(poissarde)*, die Hauptfigur des Karnevals? Jedenfalls laufen Mitte des Jahrhunderts die Mittfasten an Beliebtheit dem Faschingsdienstag den Rang ab.[20]

Schließlich zeichnen sich im Waschhaus originale Organisationsformen ab. Die berufsmäßigen Wäscherinnen gehören zu den aufmüpfigsten unter den Lohnarbeiterinnen. Verwickelt in die städtischen Aufstände, sind sie sowohl in Paris wie in der Provinz schnell zu Koalitionen und zu Streiks bereit. 1848 haben Pariser Wäscherinnen einen Verein gegründet, Kooperativen gebildet und, vor allem in Bondy, Frauen – oft Prostituierte – in ihre Reihen aufgenommen, die gerade aus dem Gefängnis Saint-Lazare entlassen worden waren, ebenso wie

Soldaten, die aus dem Militärgefängnis in Saint-Germain-en-Laye geflohen waren und versuchten, dank der Revolution ein anderes Leben zu leben. Ein spannendes und kurzes Unterfangen, das die Gehässigkeit der Machtträger auf sich zog.

Wußte Napoleon III., der einst im Wagen einer Wäscherin aus dem Gefängnis geflohen war, wie gefährlich diese Orte waren? In seiner Regierungszeit beginnt die große Zerstörung der Waschkähne, die den Flußverkehr beeinträchtigen, und die Einrichtung von Waschhäusern auf festem Boden. Ebenso wie ihre volkstümliche Kundschaft durch die Haussmannsche Sanierung an den Rand der Hauptstadt verdrängt wird, werden auch die Waschplätze immer weiter vom Zentrum entfernt gebaut.

Immer zahlreicher und immer reglementierter, werden die Waschhäuser zum Ansatzpunkt einer richtigen Hygienekampagne.

„Die Sauberkeit ist nicht nur eine Voraussetzung für die Gesundheit, sie verhilft auch zu menschlicher Würde und Sittlichkeit, sie verbessert, sie verschönt noch die ärmste Kammer, die elendeste Mansarde, und sie erzeugt selbst in den notleidendsten Familien ein Gefühl für Ordnung und Regelmäßigkeit der Gewohnheiten, sie bedingt den energischen Kampf gegen die zersetzende Wirkung des Elends."[21]

Der Irrenarzt Trélat, der berühmte Autor von *La Folie lucide* (1861), ist einer der Referenten.

Waschen, sich waschen, immer häufiger, immer gründlicher. Doch es gilt auch, Zeit zu sparen, jene Zeit, mit der die Hausfrauen so verschwenderisch umgehen, die sie aber „anderswo nützlicher verbringen könnten" – wie Barberet schreibt, der die unproduktiv verflossenen Stunden zusammengezählt und ihren Geldwert ausgerechnet hat: in Paris 30–35 Millionen Francs pro Jahr. Das Waschhaus ist nicht nur der Ausgangspunkt von Überlegungen über Zeit und Wert der Hausarbeit, sondern es wird auch zur Triebkraft von Mechanisierung und Rationalisierung der Hausarbeit. Nach 1880 wird eine reguläre Wäschereiindustrie aufgebaut mit modernen, großen Waschküchen, in denen die Arbeit konzentriert, geteilt, geordnet und hierarchisiert wird, das Personal reduziert und die Arbeit zunehmend von Männern übernommen wird. Das heißt, die Männer kontrollieren die Maschinen, die Frauen führen weiterhin die untergeordneten manuellen Tätigkeiten aus. Zweifellos ist die mühevolle körperliche Arbeit verringert worden, aber, wie so oft, mit einem Zuwachs an Kontrolle bezahlt worden. Das Waschhaus wird unzugänglicher, verliert seinen femininen Charakter, wird weniger frei und weniger lustig. Man bombardiert die Frauen mit Vorschriften, man kritisiert ihre Art, die Wäsche zu waschen: Sie sollen Bürste und Bleuel an den Nagel hängen und ‚wissenschaftlich' waschen. Was manchmal vergnüglich war, ein Vorwand zum Schwätzen, wird nun zur verdammten Pflicht, zur geregelten Notwendigkeit. Wahrlich, das Waschhaus ist nicht mehr das, was es einmal war ...

Formen der Überlieferung

Die Hausfrau ist die Seele des Stadtviertels und damit auch der Knotenpunkt einer authentischen Volkskultur, die sich dem vereinheitlichenden Modernismus widersetzt. Man hat aus den Frauen häufig die modellierbaren Trägerinnen neuer Moden gemacht. Heutzutage überfällt die Werbung die Frauen und sucht ihnen zu gefallen, um sie besser lenken zu können. Früher hatten die Verführungskünste der Hausierer oder Krämer nicht die suggestive Kraft der Medien. Ganz im Gegenteil, die Frau aus den städtischen Unterschichten erscheint als die Hüterin der Traditionen der Zuwanderer. Und in dem Maße, wie kulturelle Autonomie einen Zuwachs an Unabhängigkeit bedeutet, ist sie ein Ferment von Gegenmacht.

Im Paris des 19. Jahrhunderts gruppieren sich die Neuankömmlinge in Vierteln, deren Einheit das Haus mit Hinterhof ist, ein Relikt des dörflichen Bauernhauses. Die Frauen regieren über die übervölkerten Hinterhöfe, in denen sich an Feiertagen die Düfte der regionalen Speisenkarten verbreiten. Die Familienessen bieten die Gelegenheit, *de parler pays.* Die wandernden Handwerksgesellen erheben diese Frauen in die Würde von Müttern, denn sie beherbergen ‚Passanten', informieren sie über die Möglichkeiten, eine Anstellung zu finden, dienen ihnen als Sekretärinnen, als Kassiererinnen.

Als einzige Frauen werden sie zum jährlichen Zunftbankett geladen. Während sich allmählich eine bürgerliche ‚Grande Cuisine' entwickelt, männlich, süß und fett, darauf bedacht, durch ihre Reichhaltigkeit den Bruch mit dem Rustikalen anzuzeigen, kochen die Frauen weiterhin nach den Rezepten ihrer Heimat. Die ‚Chefs' mokieren sich über den Konservativismus der Köchinnen. Der Konflikt zwischen den verschiedenen Küchen ist sowohl kulturell als auch geschlechtsspezifisch.

Die Frauen herrschen nicht nur über die Kochtöpfe, sondern auch über das gesprochene Wort. Gerüchte und Neuigkeiten werden in den Treppenhäusern und Hinterhöfen, am Brunnen, im Waschhaus und an all jenen Verkaufsplätzen am Rande der Straßen ausgetauscht, die erst allmählich den geschlossenen Einkaufsläden weichen müssen.

Um 1840 stellen sich die Milchfrauen jeden Morgen in den Toreinfahrten auf.

„Während der Weinhändler bei sich männliche Kunden ein- und ausgehen sieht, angelockt von einem Gläschen Weißwein, einem kleinen Schnaps oder einer Zeitung, drängt sich die weibliche Bevölkerung um die Milchfrau. Hier ist der Umschlagplatz für Tagesneuigkeiten und Quartiersklatsch: Die kleine Frau aus der ersten Etage ist von ihrem Mann verprügelt worden; der Limonadenhändler hat Pleite gemacht; der Tochter der Mieter aus dem fünften Stock macht ein Student den Hof; die Katze der Pförtnerin ist an Magenkrämpfen eingegangen; der Bäcker ist überführt worden, falsch gewogen zu haben; der Schlosser ist besoffen nach Hause gekommen ..."[22]

La Bédollière entwirft hier das Bild gegensätzlicher Räume: Einerseits, in der Kneipe, die Männer, der Wein, die Politik (die Zeitung); andererseits, auf der Straße, die Frauen, die Milch, die Faits divers. In ihrer scheinbaren Bedeutungslosigkeit bilden diese Gespräche ein horizontales Kommunikationsnetz, das gegen die Herrschenden abgedichtet ist. Während die Männer, als erste alphabetisiert, sich in den Netzen einer zunächst ‚von oben' kommenden Schrift verfangen, von der sie nach und nach geformt und normalisiert werden, erhalten die Frauen durch ihr Gemurmel die Unabhängigkeit des Volkes aufrecht.

Die Sprache der Frauen bewahrt eine freiere Ausdrucksweise, widersetzt sich den Höflichkeitsfloskeln und Prüderien der Juli-Monarchie. Sie hat keine Angst vor Sexualität und Schmutz. Die Philantropen sind entsetzt über die Waschhaus-Geschichten. Diese unverblümte Redeweise, derb und ausdrucksstark, die in den Vorstädten und auf den Märkten vernehmbar ist, gipfelt im Karneval, dem Fest der Anzüglichkeiten und offenen Beleidigungen.[23] Als Alhoy und Lurine 1846 den Frauensaal des Pariser Polizeigefängnisses beschreiben, stellen sie erstaunt fest:

„Alle diese Zigeunerinnen [sie drücken sich metaphorisch aus] singen mit rauhen Stimmen, fluchen mit charmanten Stimmen, tanzen mit Holzschuhen, sprechen unter Schmähungen und Gotteslästerungen von der Liebe, übertragen Poesie in Gassenjargon, verhöhnen die Justiz, lästern über die Strafordnung, spielen fröhlich Verhör, Pranger oder Guillotine zur Melodie eines neuen Küchenliedes. Verglichen mit dem Frauensaal, verdient der Männersaal eine Auszeichnung für Sitte und Anstand."[24]

Ihre Respektlosigkeit, ihre Ironie und Spontaneität verleiht der Sprache der Frauen eine subversive Kraft. Sie schafft jenes Selbstgefühl, jene Distanz, die es den einfachen Leuten ermöglicht, ihre Identität und ihre Erinnerungen zu bewahren. Denn es sind ebenfalls die Frauen – in den Dämmerstunden –, die die lange Kette der Familien- oder Dorfgeschichte an die nachfolgende Generation, oft von der

Mutter an die Tochter, weitergeben. Während die Schule, die modernen Organisationsformen und selbst die Gewerkschaften offizielle Geschichte konstruieren, gereinigt und zweckorientiert, bewahren die Frauen die Spuren des Verdrängten. Um die Volksgeschichte der Französischen Revolution zu schreiben, befragte Michelet die Frauen. Besonders die Frauen haben die Erinnerung an die hugenottischen Kamisarden in den Cevennen lebendig erhalten. Die Erinnerung an die Sklaverei, die erst 1885 abgeschafft wurde, wird im brasilianischen Volk durch die Urgroßmütter wachgehalten. Und die Forscher der Oral History wissen aus Erfahrung, welch unterschiedliches Verhältnis Frauen und Männer zu ihrer Vergangenheit haben: die Männer sind stumm, sie haben fast alles vergessen, was nicht in unmittelbarem Bezug zum Arbeitsleben steht; die Frauen sind beredt, sie brauchen nur die Fülle der Erinnerungen in sich aufsteigen zu lassen. Doch müssen sie allein befragt werden. Zu übermächtig ist die Gewohnheit des Mannes, der Frau Schweigen aufzuerlegen, ihre Äußerungen als Geschwätz abzutun, als daß sie sich in Anwesenheit von Männern zu reden getraute.

Der Widerstand des Imaginären

Man versucht, die Frauen zum Schweigen zu bringen, sie zu zivilisieren, ihnen das Lesen beizubringen. Aber das weibliche Imaginäre entzieht sich, verweigert die Kolonialisierung durch Wissenschaft und Vernunft. Die Frauen lesen Trivialliteratur und verhelfen Eugène Sue* und den anderen Autoren jener Dreigroschenromane zum Erfolg, deren Libertinage und Disziplinlosigkeit Alfred Nettement und Charles Nisard beklagten.[25] Es wird zu einem Programm des Zweiten Kaiserreichs, den Frauen ‚gute' Lektüre zu verschaffen. Die Gründung des *Petit Journal* im Jahre 1863, die Vergünstigungen, die dieser Zeitung gewährt wurden (sie ist von der Vorzensur ausgenommen) und die – unterstützt von der Eisenbahn und dem Auslieferungsdienst der Messageries Hachette – dazu führten, daß dieses Journal stets vor allen anderen zum Verkauf kam, sind ein erfolgreicher Versuch, das Imaginäre des Volkes zu kolonialisieren. Es geht darum, den regelmäßigen – und anständigen – Feuilleton-Roman an die Stelle jener Broschüren zu setzen, deren Verkauf durch Hausierer von

* Der bekannteste Roman von Eugène Sue (1804-1857), *Les Mystères de Paris,* erschien 1842/43 als einer der ersten Feuilleton-Romane im *Journal des Débats* (Anm. d. Hrsg.).

den Zufälligkeiten der Reise zu Fuß abhängig war. Der überwältigende Erfolg des *Petit Journal* (eine Million Auflage um 1900) beruht größtenteil auf der Faszination, die solche Fortsetzungsromane auf die „treuen Leserinnen" ausübten. Bei genauerem Hinsehen wird freilich deutlich, daß dies nur durch eine Anpassung an deren Geschmack möglich war. Denn tatsächlich ist der Feuilleton-Roman nur in seinem Schluß moralisch: Mesalliancen sind verpönt, Usurpatoren müssen sterben, Kinder werden ihren legitimen Eltern zurückgegeben, Betrüger werden entlarvt. Aber ansonsten ist die Erzählung erfüllt von Leidenschaften und Greueltaten, spiegelt sich in ihr eine einzigartige Lust an der Gewalt.[26]

Auch von der Pflege des Körpers sollte gesprochen werden. Bevor sie zu unterwürfigen, ängstlichen und von Schuldgefühlen geplagten Hilfskräften der Ärzte wurden, sind die Frauen aus dem Volk die stärksten Rivalinnen der Mediziner gewesen. Sie haben das heilkundige Wissen des Volkes tradiert, dessen Vorzüge heute wieder aufgewertet werden. Sie verwenden die Mittel einer jahrhundertealten Arzneikunde, sie kennen tausend Arten, jene kleinen Beschwerden des Alltags zu lindern, denen gegenüber die Schulmedizin so oft machtlos ist. Eine genaue Untersuchung dieser ‚Altweibermittelchen' würde zweifellos ein genuines Wissen über die Leiden des Volkes aufdecken. Die Leute aus dem Volk wollen nicht nur Ausgaben vermeiden, sie suchen ihre körperliche Autonomie zu bewahren und sich dem ärztlichen Blick zu entziehen, jenem Blick, der abhorcht, abschätzt, klassifiziert, eliminiert, um einen schließlich in das verhaßte Krankenhaus zu schicken.[27]

Die Frauen zum Schweigen bringen!

Diese Volkskultur ist ein zugleich isolierender und schützender Schild. Sie steht im Widerspruch zum Fortschrittsdenken und stellt so nicht nur deshalb eine Gefahr dar, weil sie den Widerstand nähren könnte, sondern, vor allem, weil sie ein Volk von ‚Wilden' abspaltet, das sich den Zugriffen der Macht entzieht. Das erklärt die zunehmende Beunruhigung über die ‚Zurückgebliebenheit' der Hausfrauen und den Willen, diese zu erziehen.

Die Trennung der Geschlechter in der Stadt, das Verschwinden der für beide Geschlechter zugänglichen Orte sind die Einschnitte, durch die jene Ordnung zum Durchbruch gelangt, die überall dubiose Vermischungen und Verbindungen wittert. Dorothy Thompson hat beschrieben, wie am Ende des 18. Jahrhunderts die englischen Frauen gemeinsam mit den Männern, ihren Genossen und Kameraden, in den Kneipen, den Inns und Alehouses tagen, mit ihnen singen und trinken und Anteil nehmen an den politischen Diskussionen. Die Stimme der Frauen ist in der Bewegung der englischen Radikalen Anfang des 19. Jahrhunderts noch deutlich vernehmbar. Und dann plötzlich ,bemerkt' man sie, beobachtet sie, läßt sie Platz nehmen, man *ermächtigt* sie zu sprechen – wie in den ersten Versammlungen der Chartisten. Gegen 1850 schließlich sind die Pubs reine Männersache geworden, Orte, zu denen die Frauen keinen Zugang haben, von denen sie ebenso ausgeschlossen sind wie von den Trade-unions, die dort ihre Versammlungen abhalten.[28]

Mit unterschiedlichen Ausprägungen hat sich derselbe Rückdrängungsprozeß auch in Frankreich abgespielt. Die lustige Freiheit der *goguettes** und der wilden Tänze auf den Bällen vor den Toren von Paris** – „dort, wo sich unablässig Männer und Frauen ohne Schuhe im Kreise drehen und innerhalb einer Stunde so viel Staub aufwirbeln, daß man sie nicht mehr sehen kann", wie Sébastien Mercier über den Ball von Vaugirard schreibt[29] –, diese Freiheit macht steiferen Figuren Platz, in die sich die Geschichte des Tanzes einschreibt. Die rigorose Geschlechtertrennung der bürgerlichen Vereine drängt sich den Zusammenkünften des Volkes als Vorbild auf. So werden etwa in der Basse Provence die Frauen allmählich aus den „Chambrées", einer plebejischen Versammlungsform alter Tradition, ausgeschlossen, da sie nicht wahlberechtigt sind. Das allgemeine Wahlrecht hat die Tendenz zur Geschlechtertrennung insofern verstärkt, als die politische Erziehung des Volkes durch das Wahlrecht sich lange Zeit ausschließlich an den Mann richtet.[30] Aber auch das Gewerkschaftswesen funktioniert nach dem parlamentarischen Modell. 1880 legen die Statuten der Gewerkschaftskammern von Roubaix und Lille fest, daß jede Frau, die das Wort ergreifen will, vorher durch Vermittlung eines Verwandten einen schriftlichen Antrag einreichen muß. Selbst in jenen Gewerkschaften, die relativ viele weibliche Mitglieder zählen – wie etwa die Tabakarbeitergewerkschaft, der glänzende Rednerinnen angehören –, ist äußerst selten eine Frau auf der Rednertribüne zu sehen.

Ein weiteres Beispiel aus den *Mémoires de Léonard* von Martin Nadaud[31] zeigt, wie die Frauen von der männlichen und städtischen Modernität bis in die Dörfer hinein zum Schweigen gebracht werden. Als bei Anbruch des Winters die Maurer aus der Creuse wieder

---

* *Goguettes:* volkstümliche Tanzlokale (Anm. d. Übers.).

** *Bals de barrières:* Bälle vor den Zollstationen am Eingang von Paris. Draußen war der Schnaps/Wein billiger (Anm. d. Hrsg.).

nach Hause zurückkehren, umgeben von der Gloriole der Hauptstadt, läßt der Anblick ihrer mit Bargeld gefüllten Taschen die Mütter in Tränen ausbrechen, ihre Geschenke erfreuen die jungen Mädchen, ihre Erzählungen faszinieren die Daheimgebliebenen: sie wollen immer mehr und noch mehr wissen. Ihre junge und männliche Rede, die von der Hauptstadt Paris handelt, bringt die alten Frauen, die Hüterinnen der Überlieferung, zum Schweigen – wie jene Fouéssoune, die Hebamme und Heilkundige des Dorfes, deren Geschichten einstmals die Abendstunden erfüllten. Sie ziehen sich nach und nach traurig und stumm ins Dunkel zurück.

Weibliche Aktionsformen und Gewerkschaftsbewegung

Die Arbeiterbewegung, voll des Lobs für die Hausfrauen, sieht sie dennoch am liebsten am Herd und fürchtet ihren ungestümen öffentlichen Auftritt. Das zeigt sich deutlich im Verlauf der Teuerungsunruhen 1911. Als im Sommer die Preise für Milchprodukte und einige Kolonialwaren zu steigen beginnen, setzen sich die nordfranzösischen Hausfrauen in Bewegung, wie sie es früher für das Brot getan haben. Die Auseinandersetzungen beginnen auf den Märkten in der Region von Maubeuge, breiten sich in den Bergbau- und Textilgebieten des Nordens aus, treten überall zwischen Saint-Quentin und Le Creusot auf und enden in den Industriehäfen Westfrankreichs. Allgemein gesehen ist die Landkarte dieser Unruhen nach den Industriezentren ausgerichtet. Die Arbeiterfrauen sind der Motor der Bewegung. Sie demonstrieren, indem sie die „Internationale der Butter zu fünfzehn Sous" singen, sie organisieren sich in „Hausfrauenligen" und verlangen von den Gemeinden die Preisbindung für Lebensmittel. Ihre Aktionen haben zur Folge, daß fast überall Streiks ausbrechen: die Arbeiter – ihre Ehemänner – schließen sich an. Es kommt zu heftigen Zusammenstößen und zu Todesfällen. Dennoch spaltet sich angesichts dieser weiblichen Aktionsformen die Gewerkschaftsbewegung.

Manche sehen in den massenhaften und ‚spontanen' Aktionen der Frauen eine „großartige Bewegung", gar ein Beispiel für eine konkrete, demokratische und direkte Volksaktion, die geeignet sei, die ‚schlappen' und den Preissteigerungen gegenüber fatalistischen Arbeiter aufzurütteln. Die Mehrheit jedoch fürchtet die Gewalttätigkeit dieser „kuriosen Bewegung", die Flüchtigkeit solcher Wutausbrüche, den vergänglichen Charakter der Hausfrauenligen und träumt davon, aus ihnen eine ‚mannhafte' Bewegung zu machen, bewußt und organisiert:

„Die Gewerkschaftsbewegung muß das Volk so weit emporheben, daß es zu einer wahrhaft männlichen Revolte fähig wird."

An verschiedenen Orten versuchen Gewerkschaftler, die Ligen in Hausfrauengewerkschaften umzuwandeln, den Frauen die Vorteile der permanenten Organisation einzureden, die Bewegung unter Kontrolle zu bekommen, zu erziehen und zu kanalisieren. Auf dem Kongreß der CGT in Le Havre im folgenden Jahr empfiehlt man die „Erziehung der *Ménagère* zur bestmöglichen Nutzung ihres Haushaltsbudgets und zur Erlangung von Grundkenntnissen der Ernährungshygiene"[32].

Diese Episode veranschaulicht eines der zahlreichen Mißverständnisse, die zu Beginn des Jahrhunderts die Gewerkschaftsbewegung und die Bewegung der Frauen trennen. Die Gewerkschaften lehnen die Ausdrucksformen der Frauen als wild, verantwortungslos und der Würde des Arbeiters wenig angemessen ab. In Montceau-les-Mines, zur Zeit des großen Streiks von 1899, ziehen die Frauen nach Châlons, um dort den Unterpräfekten um eine Audienz zu bitten. Als dieser, wenig geneigt, sie zu empfangen, schließlich auf dem Balkon erscheint, drehen sich alle Frauen in heimlichem Einverständnis gleichzeitig um und zeigen ihm ihre Hintern. Umkehrung, Verhöhnung – das sind klassische Waffen der Frauen. Dieser Vorfall, der sich schnell herumspricht, hat die respektablen Gewerkschaften schockiert, die ihn denn auch aus ihrer Geschichtsschreibung getilgt haben.

Noch ein anderes Beispiel: Während des langen Streiks der Seidenweberinnen in Vizille (hundert Tage im Jahr 1905) veranstalten die Frauen nächtliche Charivaris; mit Kochtöpfen und anderem Küchengerät bewaffnet, verhöhnen sie mehrere Nächte hintereinander die Fabrikbesitzer, den Bürgermeister und seinen Assistenten – so wie sie es früher in Begleitung der jungen Leute aus dem Dorf taten, wenn ein alter Knacker ein junges Mädchen zur Frau nahm. Das tun sie bis zu dem Tag, an dem die Sozialisten der Stadt, die Lächerlichkeit ebenso fürchtend wie mögliche Konfrontationen mit den Ordnungskräften, die Frauen auffordern, den Unsinn zu lassen und sich anderer, soliderer Aktionsformen zu bedienen. Ein Streik ist schließlich kein Fest ...

Ein Ideal aus Männlichkeit und Respektabilität hat die bäuerliche Direktheit, die Deftigkeiten des Volkes ebenso verdrängt wie die weiblichen Ausdrucksweisen, in denen jene oft fortlebten. Die Gewerkschaftsbewegung und die Frauen trennt nicht nur das Problem der Unorganisiertheit: hinter dem Konflikt über die Interventions- und

Ausdrucksformen verbirgt sich eine kulturelle und existentielle Differenz. Zu diesem historischen Zeitpunkt sind die Männer ‚politischer', die Frauen ‚folkloristischer' in der tiefen Bedeutung dieses Wortes, und aus diesem Grunde werden sie von der Modernität verdrängt und zurückgewiesen.

Die Frauen sind weder passiv noch gefügig. Elend, Unterdrückung und Herrschaft, so real sie auch sind, reichen nicht aus, die Geschichte der Frauen zu erzählen. Sie sind auf unterschiedliche Weise gegenwärtig – in anderen Worten, anderen Gesten. In der Stadt, selbst in der Fabrik ist ihre alltägliche Handlungsweise eine andere, entwickeln sie konkrete Formen des Widerstandes gegen Hierarchie, gegen Disziplin: Widerstandsformen, die das rationale Kalkül der Ordnungsmacht durchkreuzen und an ihren eigenen Umgang mit Raum und Zeit anknüpfen. In diesen weiblichen Aktionsformen wird in Umrissen eine andere Geschichte erkennbar – eine Geschichte, die anders ist und die es wiederzufinden gilt.

Aus dem Französischen übersetzt von Claudia Honegger und Beate Waldow.

Anmerkungen

1 Vielleicht ist es ein Zeichen des Umschwungs, daß die erste Nummer einer neuen populärwissenschaftlichen Zeitschrift, *L'Histoire* (Seuil), mit einem Artikel von Georges Duby über die Frau im Mittelalter beginnt.
2 François Mauriac, *Die Einöde der Liebe*, Leipzig 1927, S. 50.
3 Vgl. auch *Mythes et Représentations de la Femme au XIXe siècle, Romantisme*, Paris 1976, sowie die Überlegungen von C. Clément und H. Cixous in: *La jeune née*, Paris 1975, S. 10-18.
4 Jacques Donzelot, *La police des familles*, Paris 1977 (dt. *Die Ordnung der Familie*, Frankfurt a. M. 1980).
5 Le Play, *Les Ouvriers Européens*, zweite Folge, Bd. 1, 1879, S. 270 ff.: „Les travaux des femmes". Die Familienmonographien in *Les Ouvriers Européens* und in *Les Ouvriers des Deux-Mondes* sind trotz ihrer konservativen Ideologie eine der wenigen anschaulichen Quellen über die Hausarbeit und über die Rechte und Pflichten der Hausfrau im Frankreich des 19. Jahrhunderts.
6 Jules Simon, *L'ouvrière*, Paris 1861.
7 Henry Leyret, *En plein faubourg (Mœurs ouvrières)*, Paris 1895, S. 50.
8 Le Play, *Les Ouvriers Européens*, Bd. VI, „Bordier du Laonnais", S. 110.
9 Andrée Michel, *Activité professionnelle de la femme et vie conjugale*, Paris, C.N.R.S., 1974, S. 84.
10 Eine systematische Untersuchung über die Rolle der Frau in den Brot-

unruhen liegt nicht vor. Ich stütze mich hier auf eine kursorische Durchsicht der Archivakten über die Unruhen von 1816-1817, *Archives Nationales*, F 11 722-736, und verschiedene Dossiers von BB 18.

11 Ich beziehe mich hier auf die Bemerkungen von E. P. Thompson in: „Die ‚sittliche Ökonomie' der englischen Unterschichten im 18. Jahrhundert", in: D. Puls (Hrsg.), *Wahrnehmungsformen und Protestverhalten. Studien zur Lage der Unterschichten im 18. und 19. Jahrhundert*, Frankfurt a. M. 1979, S. 13-80.

12 Siehe auch M. Perrot, „Les ouvriers et les machines en France dans la première moitié du XIXe siècle", in: *Recherches, Le soldat du travail*, Oktober 1978.

13 Nach E. Levasseur, *Histoire des classes ouvrières en France avant la Révolution*, Paris 1859, Bd. I, S. 203 ff.

14 Tuetey, *L'assistance publique à Paris pendant la Révolution*, Bd. II, S. 401.

15 Ebd., Bd. II, Text vom Juli 1790, S. 594.

16 M. Agulhon, „Un usage de la femme au XIXe siècle: l'allégorie de la République", in: *Mythes et Représentations de la Femme*, a.a.O., sowie ders., *Marianne au combat*, Paris 1979.

17 Balzac, *Scènes de la vie privée*, Bd. 2, 1842, „Autre étude de femme".

18 Thorstein Veblen, *Theorie der feinen Leute. Eine ökonomische Untersuchung der Institutionen*, Köln/Berlin 1958, enthält äußerst treffende Bemerkungen über den „ostentativen" Konsum der Bourgeois-Gattinnen und allgemein über ihre Rolle als Nippes-Figur.

19 La Bédollière, *Les Industriels. Métiers et Professions en France*, Paris 1842, S. 3.

20 Alain Faure, *Paris Carême-Prenant. Du Carnaval à Paris au XIXe siècle*, Paris 1978, S. 133 ff.

21 J. Barberet, *Monographies professionnelles*, Bd. 1, Paris 1886, S. 280.

22 La Bédollière, a.a.O., S. 27.

23 A. Faure, a.a.O.; Über die Sprache der *poissardes* vgl. S. 65 ff.

24 Alhoy und Lurine, *Les prisons de Paris*, 1846, S. 5.

25 A. Nettement, *Etudes critiques sur le feuilleton-roman*, 1847, besonders Bd. II, S. 442, Brief an „La femme d'intérieur".

26 Nach den Untersuchungen von Evelyne Diébolt und ihrer Doktorarbeit über die Fortsetzungsromane des *Petit Journal*.

27 Zahlreiche Hinweise auf dieses Problem finden sich bei Le Play. Die Frau des Zimmermanns „glaubt sich erfahren in verschiedenen Heilpraktiken und behandelt selber die kleinen Krankheiten, von denen die Familie betroffen ist. Sie vertraut den hygienischen Vorstellungen eines populären Heilkundigen und benutzt oft schmerzstillende Wässerchen und Kampferzubereitungen [...]. Die meisten dieser Heilmittel sind in anderen Gegenden sehr bekannt, und sie finden sich gemeinhin bei den Pariser Arbeiterfrauen wieder, die gern den Familiendoktor spielen und sich so gewisse altbekannte Rezepte von Kräutern und Heilmitteln weitergeben." *(Ouvriers des Deux Mondes*, Bd. I, 1858, S. 31)

28 Dorothy Thompson, „Spurensicherung. Frauen in der frühen englischen Arbeiterbewegung", in diesem Bd., S. 160 ff.

29 *Tableaux de Paris*, 1783. Über die *goguettes* siehe die Studie von Jacques Rancière, „Le bon temps ou la barrière des plaisirs", in: *Révoltes Logiques*, 7, 1978.

30 Maurice Agulhon, „Histoire et ethnologie: les Chambrées en Basse Provence", in: *Révue Historique*, April/Juni 1971.

31 Martin Nadaud, *Mémoires de Léonard,* 1895 (neu hrsg. von Maurice Agulhon, Paris 1977).

32 Über diese Aufstände siehe auch Emile Watelet, *Les récents troubles du Nord de la France,* und vor allem J.-M. Flonneau, *Crise de vie chère. Réactions populaires et réactions syndicales,* unveröffentlichte Diplomarbeit, Paris 1966, zusammengefaßt in: ders., „Crise de vie chère et mouvement syndical", in: *Le Mouvement social,* Juli/September 1970.

Joan W. Scott und Louise A. Tilly
Familienökonomie und Industrialisierung in Europa

I.

Über die Geschichte der Frauenarbeit außer Haus und über den Ursprung und die Bedeutung des traditionellen Platzes der Frauen im Heim gibt es große Meinungsverschiedenheiten. Die meisten Interpretationen des einen wie des anderen Problems stützen sich auf Annahmen über das jeweils andere. Normalerweise wird für jede Epoche die Frau zu Hause als nicht produktiv angesehen, als Antithese zur arbeitenden Frau. Zusätzlich gehen die meisten allgemeinen Arbeiten über Frauen und Familie von der Annahme aus, daß die Geschichte der Frauenarbeit, wie auch die Geschichte der gesetzlichen und politischen Rechte der Frauen, als eine schrittweise Evolution von einem traditionellen Platz innerhalb des Heims hin zu einer modernen Position in der Arbeitswelt verstanden werden könne. Einige Historiker führen Veränderungen in den Beschäftigungsmöglichkeiten, die durch die Industrialisierung geschaffen wurden, als Vorläufer gesetzlicher Gleichberechtigung an. Andere betonen politische Rechte als Quelle eines verbesserten ökonomischen Status. In beiden Fällen werden gesetzlich-politische und ökonomische ‚Emanzipation' mit Veränderungen im kulturellen Wertesystem in Beziehung gesetzt. So äußert sich William Goode, der in seinem Buch *World Revolution and Family Patterns* historische und geographische Vergleiche zwischen Familienstrukturen anstellt, zum „statistisch ungewöhnlichen Status der heutigen westlichen Frauen, das heißt ihrer hohen Beteiligung an Arbeit außerhalb des Heims". Er behauptet, daß frühere Zivilisationen weibliche Arbeit aufgrund restriktiver kultureller Definitionen nicht benutzten.

„Ich glaube", schreibt Goode, „daß die wichtigste ausschlaggebende Variable – d. h. die notwendige, aber nicht ausreichende Ursache der Verbesserung der Position westlicher Frauen – ideologischer Natur war: die allmähliche logisch-philosophische Ausdehnung ursprünglich protestantischer Vorstellungen über die Rechte und Pflichten des Individuums auf die Frau unterminierte die traditionelle Vorstellung vom ‚richtigen Platz der Frau'."[1]

Aber Goode unternimmt keine systematischen Anstrengungen, seine

Feststellungen mit historischen Daten zu belegen. Wenn jedoch Vorstellungen über individuelle Rechte tatsächlich kulturelle Werte veränderten und zu einer Ausdehnung von Grundrechten auf die Frauen führten und wenn Arbeitsmöglichkeiten für Frauen aus der gleichen Quelle stammten, dann müßten wir in der Lage sein, einen Anstieg der Zahl arbeitender Frauen nach ihrer Erlangung politischer Rechte verzeichnen zu können. Die einzigen längeren Zeiträume, für die es überhaupt zuverlässige Statistiken über Arbeitskräfte aus jedweder Bevölkerungsgruppe (ob aus Städten oder vom Lande) gibt, sind das 19. und 20. Jahrhundert. Diese sollten jedoch für unsere Zwecke genügen, da die Frauen in den meisten europäischen Ländern erst im 20. Jahrhundert politische Rechte bekamen. Wenn wir die Zahlen für drei europäische Länder im 19. und 20. Jahrhundert untersuchen, findet sich keine Bestätigung der Annahme Goodes. In Großbritannien, einem protestantischen Staat, wurde der bürgerliche Status der Frauen durch die Eigentumsbestimmungen für verheiratete Frauen im späten 19. Jahrhundert reformiert, und die politische Emanzipation in Form des Wahlrechts erfolgte 1918. 1851 und 1861 arbeiteten ungefähr 25 % der britischen Frauen; 1921 betrug die Rate noch immer rund 25 %. In den beiden katholischen Ländern Frankreich und Italien waren die gesetzlichen Rechte der Frauen innerhalb der Familie bis nach dem Zweiten Weltkrieg extrem eingeschränkt. Gleich nach dem Krieg wurde den Frauen durch Verfassungsänderungen das Wahlrecht erteilt. In Frankreich arbeiteten 1866 25 % der Frauen, 1896 33 % und 1954 30 %. Ein Höchststand war 1921 mit 42 % erreicht worden. In Italien trat der höchste prozentuale Anteil bei der Beschäftigung von Frauen außerhalb des Heims (vor 1964) im Jahre 1901 auf.[2]

Aus diesen Zahlen lassen sich mehrere Schlüsse ziehen. Erstens gab es kaum eine Beziehung zwischen den politischen Rechten von Frauen und Frauenarbeit. Weder vergrößerte das Wahlrecht die Zahl weiblicher Arbeitskräfte noch stiegen die Zahlen bei der Frauenarbeit kurz vor Erlangung des Wahlrechts dramatisch an. Darüber hinaus arbeitete eine stattliche Zahl von Frauen während des größten Teils des 19. Jahrhunderts, lange bevor sie bürgerliche und politische Rechte genossen. Schließlich war die Entwicklung der Zahl weiblicher Arbeitskräfte von Wachstum und darauffolgendem Rückgang geprägt und nicht von einem kontinuierlichen Anwachsen des Umfangs der weiblichen Arbeiterschaft.

Woher kommt dann aber Goodes inkorrektes Konzept? Es rührt vor allem von einem Modell her, das Mittelschichtserfahrungen und Mittelschichtswerte als repräsentativ für sämtliche Erfahrungen und sämtliche Werte ansieht. Es verallgemeinert eine besondere Klassenerfahrung zur Erfahrung der ‚westlichen Zivilisation' schlechthin. Und es projiziert Werte und Erfahrungen des 20. Jahrhunderts auf lineare Weise zurück in die Vergangenheit. Als Folge davon gelingt es Goode nicht, wichtige Trennungslinien zwischen Frauen, Arbeit und Werten zu ziehen, und deshalb stellt er ihre Geschichte falsch dar. Mittelschichtsfrauen bildeten im 19. und frühen 20. Jahrhundert nur einen unbedeutenden Teil der weiblichen Arbeitskräfte, obwohl ihre Zahl in diesem Zeitraum zu wachsen begann.[3] Wenn wir uns fragen: „Welche Frauen arbeiteten?" und „Was für eine Art Arbeit verrichteten sie?", dann entdecken wir, daß nicht nur Goodes Fakten falsch sind, sondern daß auch sein Modell sozialen Wandels unangemessen ist.

Die Frauen, die in großer Zahl im 19. Jahrhundert arbeiteten, waren überwiegend Angehörige der Arbeiter-und-Bauern-Klasse. Die meisten arbeiteten im Dienstleistungsbereich, in der Kleidungsherstellung oder in der Textilindustrie. 1841 und auch noch 1911 waren die meisten arbeitenden Frauen als Dienstboten oder in anderen persönlichen Dienstleistungsbereichen beschäftigt. 1911 waren 35 % der Frauen Dienstboten (einschließlich der Wäscherinnen), 19,5 % Textilarbeiterinnen, und 15,6 % waren in kleidungsproduzierenden Gewerben beschäftigt.[4] In Mailand existierte laut den Statistiken von 1881, 1901 und 1911 ein ähnliche Konzentration von Frauen im Dienstleistungssektor, während die Kleidungsproduktion an zweiter Stelle rangierte und die Textilindustrie eine weitaus geringere Bedeutung hatte als in England.[5] Ähnlich waren auch in Frankreich, die Landwirtschaft ausgenommen, Textilindustrie, Kleidungsproduktion und der Dienstleistungssektor die Hauptbereiche weiblicher Beschäftigung. 1886 waren dort 69 % der arbeitenden Frauen in diesen drei Bereichen beschäftigt: im Dienstleistungssektor 28 %, in der Kleidungsproduktion 21 % und in der Textilindustrie 20 %. 1896 hatten sich zwar die Proportionen verändert, aber die Gesamtrate betrug immer noch 59 %: Dienstleistungssektor 19 %, Kleidungsproduktion 26 % und Textilindustrie 14 %.[6]

Trotz der unterschiedlichen Stadien der Industrialisierung in England, Frankreich und Italien deuten die Belege stark darauf hin, daß Frauen in allen drei Ländern (außer in der Textilindustrie) kaum in großer Zahl an der Fabrikarbeit beteiligt waren. Ökonomische und soziale Veränderungen in Verbindung mit urbaner und industrieller Entwicklung scheinen eher Beschäftigungsmöglichkeiten in einigen traditionellen Bereichen geschaffen zu haben, in denen Frauen in Berufen arbeiteten, die der Hausarbeit verwandt waren. Die ökonomischen Veränderungen, die zu einer hohen Beschäftigungsrate bei Frauen führten, umfaßten die frühe Industrialisierung des Textilsektors[7]

und die Urbanisierungsstrukturen des 19. Jahrhunderts, wobei die Städte als Produzenten von und als Märkte für Konsumgüter sowie als Beschäftigungsorte für Dienstboten fungierten. Die Expansion der Konsumgüterindustrie beinhaltete das Wachstum einer großen Bekleidungsindustrie, die auf Stückarbeit basierte. Die Produktion verlagerte sich aus den Werkstätten der Schneider in die Häuser von Leuten, die vorgeschnittene Kleidungsstücke zusammennähten. Diese Veränderung im Produktionsprozeß erzeugte für eine Vielzahl von Frauen Beschäftigungsmöglichkeiten. Der spätere Rückgang dieser Produktionsmethode vorgefertigter Waren und ihre Ablösung durch die Fabrikproduktion führten zusammen mit dem Rückgang der Textil- und dem Wachstum der Schwerindustrie zu einem niedrigeren Anteil der Frauen an den Arbeitskräften in allen drei von uns untersuchten Ländern.
Die Berufe, die für Frauen zugänglich waren, waren nicht nur nach Anzahl und Art begrenzt, sie waren auch geschlechtsspezifisch, das heißt, sie wurden fast ausschließlich von Frauen ausgeübt.[8] Diejenigen Frauen, die diese Berufe ausübten, waren normalerweise jung und unverheiratet. In Mailand arbeiteten 1881 und 1901 zirka 75 % der Frauen zwischen fünfzehn und zwanzig Jahren. In den weiblichen Altersgruppen über zwanzig Jahren nahm die Beschäftigungsrate in der Textil- und Kleidungsherstellung stark ab, wahrscheinlich weil die Frauen nach der Heirat aufhörten zu arbeiten. Die einzige weibliche Berufsgruppe mit einem beträchtlichen Anteil von – meist ledigen – Frauen über dreißig (50 % und mehr) arbeitete im Dienstleistungsbereich.[9] In Großbritannien sind aus den spärlichen zugänglichen Daten ähnliche Altersstrukturen ersichtlich. Die meisten Arbeiterinnen in den Baumwollfabriken von Lancashire waren 1833 zwischen sechzehn und einundzwanzig Jahren alt. Nur 25 % der Arbeiterinnen im Bauwollsektor der Gebiete von Lancashire waren 1841 verheiratet. Hewitt vertritt die These, daß der Anteil verheirateter oder verwitweter Frauen unter den Baumwollarbeiterinnen anwuchs, dann irgendwann in den neunziger Jahren des 19. Jahrhunderts einen Höhepunkt erreichte und danach wieder abnahm. Der größte prozentuale Anteil verheirateter Frauen in diesem Sektor betrug etwa ein Drittel.[10] Die weit weniger spezialisierten weiblichen Arbeitskräfte Londons waren in den achtziger Jahren des 19. Jahrhunderts überwiegend zwischen fünfzehn und fünfundzwanzig Jahren alt.[11]
Für die Zeit, da die statistischen Daten schließlich auch über den Familienstand Aufschluß geben, lassen sich einige größere nationale Unterschiede feststellen. 1911 arbeiteten in Großbritannien 69 % aller alleinstehenden Frauen, aber nur 9,6 % der verheirateten Frauen.[12] In Frankreich gehörten 1892 52 % aller alleinstehenden Frauen und 38 % der verheirateten Frauen zur Arbeiterschaft.[13] Obwohl un-

sere Belege spärlich sind und eher impressionistischer Natur, scheint es, daß mit fortschreitender Industrialisierung (zumindest in der Zeit vor 1914) weniger verheiratete Frauen arbeiteten. So hatte Großbritannien, 1911 der fortgeschrittenere Industriestaat, den geringeren Anteil verheirateter Arbeiterinnen, während in Frankreich, wo sich sowohl die Landwirtschaft als auch die Industrie auf einem geringeren Organisationsniveau befand als in Großbritannien, mehr verheiratete Frauen der Arbeiterschaft angehörten.

Warum arbeiteten Frauen im 19. Jahrhundert, und warum waren die weiblichen Arbeitskräfte vorwiegend jung und unverheiratet? Um diese Fragen zu beantworten, müssen wir zunächst die Beziehung dieser Frauen zu ihren Herkunftsfamilien (den Familien, in die sie geboren wurden), nicht zu ihren zukünftigen Familien (den Familien, die sie mit der Heirat selbst gründeten) untersuchen. Wir müssen nicht nur fragen, wie Ehemänner die Rolle ihrer Ehefrauen sahen, sondern was Familien dazu veranlaßte, ihre *Töchter* als Arbeiterinnen in der Bekleidungsindustrie oder als Dienstboten auf den Arbeitsmarkt zu schicken.

Die Eltern dieser jungen Arbeiterinnen waren während der Industrialisierungsphase meist Bauern oder, in geringerem Ausmaß, Angehörige der städtischen Arbeiterklasse. Wenn wir die geographische und soziale Herkunft der Dienstmädchen, einer der größten Gruppen von werktätigen Frauen, betrachten, wird offenkundig, daß sie vom Land stammten. Zwei Drittel aller Dienstboten in England waren 1851 Töchter von Landarbeitern. Für Frankreich stehen uns keine Gesamtzahlen zur Verfügung, aber lokale Untersuchungen deuten auf ähnliche Strukturen hin. Chatelain fand beispielsweise in seiner Studie über Melun heraus, daß 1871 54% aller weiblichen Dienstboten entweder Zuwanderer aus ländlichen Gebieten oder aber Ausländerinnen waren.[14] Theresa McBride errechnete, daß in Versailles zwischen 1825 und 1853 57,7 % aller weiblichen Dienstboten Töchter von Bauern waren. In Bordeaux bestand eine ähnliche Verteilung: 52,8 %. In Mailand stammten am Ende des 19. Jahrhunderts Dienstboten weniger wahrscheinlich aus Städten als jede andere Kategorie von Werktätigen.[15]

Wenn kulturelle Wertvorstellungen die Entscheidung von Land- und Unterschichtsfamilien beeinflußten, ihre Töchter arbeiten zu schikken, müssen wir uns fragen, welche Wertvorstellungen dies waren. Goodes lockere Bezugnahme auf ‚Werte' verwischt einen wichtigen Unterschied zwischen modernen Mittelschichts- und vorindustriellen Unterschichtswerten. Goode geht davon aus, daß die Idee vom ‚richtigen Platz der Frau' sowie die damit verknüpften Vorstellungen völliger ökonomischer Abhängigkeit und idealisierter Weiblichkeit ein

traditioneller Wert sei. Tatsächlich aber ist diese Idee eine erst in neuerer Zeit von der Mittelschicht angenommene Wertvorstellung, die durchaus mit den Vorstellungen über „die Rechte und Pflichten des Individuums" vereinbar ist. Die hierarchische Arbeitsteilung innerhalb der Familie, die dem Ehemann die Rolle des Ernährers und der Ehefrau die Rolle der Verwalterin des Haushalts und der Hüterin der Moral zuschrieb, entstand eindeutig erst im 19. Jahrhundert und war mit dem Wachstum der Mittelschicht und der Verbreitung ihrer Werte verbunden.[16] Andererseits waren nach den traditionellen Vorstellungen der Bauern- und Unterschichtsfamilien weibliche und ökonomische Funktionen durchaus nicht unvereinbar, wie wir später noch ausführlich darstellen werden. Im vorindustriellen Europa, wie es von Peter Laslett beschrieben worden ist, und in zeitgenössischen prämodernen Gesellschaften, die von Anthropologen untersucht wurden[17], ist der Haushalt oder die Familie die bestimmende ökonomische Einheit. Ob alle Arbeit zu Hause verrichtet wird oder nicht, in jedem Fall wird von allen Familienmitgliedern erwartet, daß sie arbeiten. Es wird einfach vorausgesetzt, daß auch Frauen arbeiten, da ihr Beitrag als gleichermaßen wichtig für das Überleben der Familieneinheit angesehen wird. Die Armen, die Analphabeten, die ökonomisch und politisch Machtlosen der Vergangenheit handelten im Einklang mit Wertvorstellungen, die die Beschäftigung von Frauen außerhalb des Heims gänzlich rechtfertigten.
Im Gegensatz zu Goode vertreten wir also die These, daß vorindustrielle Wertvorstellungen, und nicht eine neue individualistische Ideologie, die Arbeit von Frauen der Arbeiterklasse im 19. Jahrhundert rechtfertigten. Wir greifen dabei nicht nur seine Analyse an, sondern weisen das Modell sozialen Wandels zurück, auf dem diese Analyse basiert. Goodes Modell (das Standardmodell vieler Modernisierungstheorien) nimmt eine direkte Verbindung zwischen kulturellen Werten und sozialem Wandel an. Folglich argumentiert er, daß ideologische Veränderungen direkt und unmittelbar zu Struktur- und Verhaltensänderungen führten. Wir lehnen gleichermaßen die Antithese zu Goodes Argument ab, die besagt, daß materielle Veränderungen in den ökonomischen, politischen und sozialen Strukturen direkt und unmittelbar zu einer Veränderung von Werten und Verhalten führten. Auch dieses Modell ist auf die Annahme gegründet, daß Veränderungen in einem Bereich notwendig und direkt zu Veränderungen in einem anderen führen. So berichtet Engels, daß das Aufkommen des Kapitalismus Frauen von der „Teilnahme an der gesellschaftlichen Produktion" ausschloß und ihre Rolle und ihren Status auf den eines häuslichen Dienstboten reduzierte. In dieser Beschreibung werden proletarische Frauen ausgenommen, weil sie in

der industriellen Gesellschaft an der gesellschaftlichen Produktion teilhaben. Dennoch postuliert Engels in beiden Fällen eine direkte Verbindung zwischen ökonomischem Wandel und Wert- resp. Statusveränderungen.[18]

Unsere Untersuchung des Materials über Frauenarbeit im 19. Jahrhundert hat uns zu einem anderen Verständnis des Prozesses gebracht, der im Europa des 19. Jahrhunderts zu der relativ hohen Beschäftigung von Frauen außer Haus führte. Das Modell, das wir verwenden, setzt eine Kontinuität traditioneller Werte und Verhaltensweisen innerhalb sich verändernder Umstände voraus. Alte Wertmuster existieren zusammen mit ausgedehnten strukturellen Veränderungen und werden von Menschen benutzt, um sich an diese anzupassen. Dies setzt die Annahme voraus, daß Menschen auf Veränderungen, die sie erfahren, mit Vorstellungs- und Verhaltensweisen reagieren, die sie kennen, und daß sie Veränderungen auch im Kontext dieser Vorstellungs- und Verhaltensweisen wahrnehmen. Diese Vorstellungen ändern sich schlußendlich, aber nicht so direkt und schnell, wie Goode und Engels uns glauben machen wollen. Verhalten ist weniger das Produkt neuer Vorstellungen, als vielmehr die Folge alter Vorstellungen, die in neuen oder sich verändernden Kontexten wirksam sind.[19]

Traditionalistische Familien, die nach althergebrachten Werten handelten, schickten also ihre Töchter aus, um die erweiterten Möglichkeiten, die durch Industrialisierung und Urbanisierung geschaffen wurden, zu nutzen. Die industrielle Entwicklung beeinflußte nicht gleichzeitig sämtliche Bereiche eines gegebenen Landes. Der Prozeß kann besser durch das Bild von ‚Entwicklungsinseln' in einem gleichsam unterentwickelten Meer illustriert werden, Inseln, welche Leute aus den weniger entwickelten Gebieten anzogen.[20] Die Werte des weniger entwickelten Gebietes wurden in das sich entwickelnde Gebiet importiert und dort erweitert, angepaßt und nur allmählich transformiert.

Als bäuerliche Wertvorstellungen importiert wurden, wurde gleichzeitig das von ihnen bestimmte Verhalten mitimportiert. Und Arbeit war in vorindustriellen Gesellschaften für die Frauen und Töchter der Armen eine bekannte Tatsache. Folglich war keine Veränderung von Werten nötig, um Unterschichtsfrauen im 19. Jahrhundert die Arbeit außerhalb des Heims zu gestatten. Ebensowenig trug die Industrialisierung zur ‚Emanzipation' dieser Frauen bei, indem sie einer größeren Zahl von ihnen die Arbeit außer Haus ermöglichte. Und es ist – besonders in Anbetracht der Schwankungen in der Größe der weiblichen Arbeiterschaft – schwierig, irgendeine direkte Verbindung zwischen der Arbeit von Bauers- und Arbeiterfrauen und der Erlangung des politischen Wahlrechts für alle Frauen zu sehen.

II.

Wir wollen nun versuchen, die historische Erfahrung von Arbeiterinnen während der frühen Phasen der Industrialisierung zu rekonstruieren. Da die meisten dieser Frauen ländlicher Herkunft waren, werden wir damit beginnen, die bäuerliche Wirtschaft resp. die Familienökonomie zu untersuchen, deren Werte und ökonomische Notwendigkeiten Frauen auf den Arbeitsmarkt entsandten.

Untersuchungen über unterschiedliche europäische Regionen liefern überraschend ähnliche Beschreibungen der sozialen Organisation von Bauern. Anthropologen und Sozialhistoriker scheinen darin übereinzustimmen, daß, gleich in welchem Lande, „die Bauernschaft eine vorindustrielle soziale Einheit bildet, die spezifische Elemente einer anderen, älteren sozialen Struktur, Ökonomie und Kultur in die gegenwärtige Gesellschaft hineinträgt". Die fundamentale organisatorische Einheit ist die Familie, „deren Solidarität den Rahmen für gegenseitige Hilfe, Kontrolle und Sozialisation liefert". Die Arbeit der Familie ist normalerweise auf den Hof der Familie gerichtet, ein Besitz, der eher als der Gruppe denn als einem einzelnen gehörend angesehen wird.

„Das Individuum, die Familie und der Hof erscheinen als unteilbares Ganzes. [...] Bauernbesitz ist zumindest *de facto* Familienbesitz. Das Familienoberhaupt erscheint eher als Verwalter denn als Eigentümer der Familienländereien."[21]

Diese Beschreibungen osteuropäischer Bauern werden von Michael Anderson in seinem Vergleich des ländlichen Lancashire mit dem ländlichen Irland im frühen 19. Jahrhundert gleichsam wiederholt. Er vertritt die Auffassung, daß in beiden Regionen die Basis von „funktionaler familialer Solidarität [...] eine absolute *Interdependenz* der Familienmitglieder war, und zwar dergestalt, daß weder Väter noch Söhne einen Spielraum für Alternativen zur Familie als Versorgungsquelle für lebensnotwendige Bedürfnisse hatten".[22] Belege aus Italien bestätigen dieses Muster. Obwohl in der Lombardei des späten 19. Jahrhunderts eine Art *frérèche* (also das Zusammenleben von Brüdern mit ihren Familien und eine gemeinsame Bearbeitung des Bodens) eine häufige Alternative zur Kernfamilie darstellte, war der Haushalt die fundamentale Produktionseinheit. Sämtliche Familienmitglieder trugen dazu bei, was sie konnten, entweder durch Arbeit auf dem Hof oder, im Falle der Frauen und der jungen Leute, durch Arbeit in nahegelegenen Städten oder in Textilfabriken auf dem Lande. Ihren Verdienst gaben sie dem Familienoberhaupt; wenn Brüder in einem Haushalt zusammen lebten, fungierte der Älteste normalerweise als Familienoberhaupt. Er kümmerte sich im

Interesse aller um finanzielle Angelegenheiten und Verträge.[23] Für die Normandie des 18. Jahrhunderts beschreibt die jüngste Studie von Jean-Marie Gouesse den allmählichen Wandel der Heiratsgründe, die in den Anträgen auf kirchliche Beseitigung von Ehehindernissen genannt wurden. Am Ende dieses Jahrhunderts wurden Gründe wie „das Bedürfnis nach Wohlergehen“ oder „der Wunsch nach einem glücklichen Leben“ zunehmend verbreiteter. Gouesse erklärt diese unterschiedlichen Ausdrucksweisen recht oberflächlich. All diese Erklärungen, wenn sie dies auch kaum explizit ausdrückten, bedeuteten, daß man, um leben zu können, verheiratet sein mußte. „Das Ehepaar war die einfachste Arbeitsgemeinschaft, die elementarste Einheit.“ In der Bretagne des 19. Jahrhunderts „bildeten alle Bewohner eines Hofes eine Arbeitsgemeinschaft, [...] waren wie die Besatzung eines Schiffes aneinander gebunden“.[24]
Trotz unterschiedlicher Erbrechte und trotz Unterschieden in der Größe des zur Verfügung stehenden Landes läßt sich Tschajanows Theorie über die bäuerliche Ökonomie im Rußland des 19. Jahrhunderts auch auf andere Länder übertragen. Die Grundlage dieses Systems bildet die Familie, genauer der Haushalt – für Rußland alle die, „die aus dem gleichen Topf essen“.
Der Haushalt hat eine Doppelfunktion als Produktions- und Konsumtionseinheit. Die Motivation seiner Mitglieder besteht, im Gegensatz zu kapitalistischen Zielsetzungen, „eher in der Bedürfnissicherung der Familie [...] als im Wunsch, Profit zu erzielen“. Das Grundproblem der Familie besteht darin, die Arbeit ihrer Mitglieder so zu organisieren, daß ihr Jahresbudget erreicht wird und daß „dem gemeinsamen Wunsch, Kapital zu sparen oder zu investieren, sobald die ökonomischen Bedingungen dies erlauben“, Rechnung getragen wird.[25]
Die Mitglieder einer Familie oder eines Haushalts haben klar umrissene Pflichten, die teilweise auf Alter und Position innerhalb der Familie und teilweise auf Geschlechtszugehörigkeit beruhen. In diesen Gesellschaften existierte eindeutig eine Geschlechtsrollendifferenzierung. Männer und Frauen erfüllten nicht nur unterschiedliche Aufgaben, sondern agierten auch in verschiedenen Räumen.[26] Meist, wenn auch keineswegs immer, arbeiteten die Männer auf den Feldern, während die Frauen das Haus verwalteten, Tiere aufzogen und pflegten, einen Garten bewirtschafteten und überschüssige Milchprodukte, Geflügel und Gemüse auf dem Markt verkauften. Es gab aber auch jahreszeitlich bedingte Arbeiten auf den Feldern während der Pflanz- und Erntezeit.[27] Martin Nadaut, ein Steinmetz aus der Creuse, beschrieb die Erwartungen eines Ehemannes an seine Frau folgendermaßen:

„Wir wissen, daß es Länder gibt, in denen die Frauen mit der oft bestätigten Hoffnung heiraten, daß sie nur im Haus arbeiten müßten. In Frankreich gibt es nichts dergleichen. Genau das Gegenteil geschieht; meine Frau wuchs, wie alle anderen Frauen vom Lande, mit Feldarbeit von morgens bis nachts auf, und sie arbeitete [...] auch nach unserer Heirat nicht weniger."[28]

Natürlich waren die Frauen der Maurer aus der Creuse in einer besonderen Situation. Ihre Ehemänner waren über längere Zeiträume abwesend, da sie in Lyon oder Paris auf dem Bau beschäftigt waren. Die Frauen mußten sämtliche landwirtschaftlichen Arbeiten verrichten, weil die Arbeitsteilung in der Creuse so verlief, daß Frauen die meisten Landarbeiten zu verrichten hatten, und die Hauptarbeit der Männer die handwerkliche Tätigkeit in den Städten war. Die Arbeit der Frauen auf dem Hof war derart wichtig, daß Nadauts Familie sogar einmal versuchte, ihn mit der Tochter einer Witwe zu verheiraten. Auf diese Weise würde der Hof der Familie Nadaut gleich zwei weibliche Arbeitskräfte dazugewinnen.
Trotz der besonderen Situation der Creuse scheint Nadauts Erwartung hinsichtlich der Arbeit von Frauen typisch für familienökonomische Bedingungen zu sein. Eilert Sundts Berichte über die norwegischen Bauern um die Mitte des 19. Jahrhunderts zeigen, daß Frauen als Arbeitskräfte gebraucht wurden, so daß junge Männer erfahrene und häufig auch ältere Frauen als Ehefrauen wählten. Sundt schrieb, daß „das materielle Wohl einer Familie ebensosehr von der Frau wie vom Mann abhing".[29] Frederick Le Play, der die Heiratsbräuche slawischer Bauern beschrieb, stellte fest, daß „der Bauer eine Frau heiratet, um die Zahl der Arbeitskräfte in seiner Familie zu vergrößern".[30]
Frauen arbeiteten nicht nur auf dem Hof, sondern in allen möglichen anderen Bereichen, was zum Teil davon abhängig war, welche Arbeit sie bekommen konnten. In den meisten Gebieten stellte ihre Tätigkeit eine Erweiterung ihrer Haushaltsfunktionen der Lebensmittelerzeugung, Viehzucht und Kleiderherstellung dar. Hierfür finden sich in fast jeder Familienmonographie der sechs Bände von Le Plays *Les ouvriers européens* Belege. Da gab es die Frau eines französischen Arbeiters im Weinbau, deren wichtigste Tätigkeit die Versorgung einer Kuh war: „Sie sammelt Heu für sie, umsorgt sie und verkauft die Milch in der Stadt." Eine andere Frau arbeitete mit ihrem Mann zusammen während der Erntezeiten, „wusch und verrichtete andere Arbeiten [...] für Bauern und Landbesitzer in der benachbarten Umgebung". Sie webte auch Leinen „für ihre Familie und für den Verkauf". Andere Frauen nähten Handschuhe oder Kleidungsstücke, wieder andere nahmen Säuglinge in Pflege.[31] In den Gebieten um die Seidenweberstadt Lyon zogen Frauen Seidenraupen und sponnen Seide.[32] Ähnlich waren in der Lombardei Frauen und Kinder im Haus-

halt je nach Jahreszeit mit der Pflege der hungrigen Seidenraupen beschäftigt.[33]

Diese Form der Arbeit stellte eine traditionelle Art dar, das Familieneinkommen aufzubessern. Le Play bestand darauf, in seine Einkommensberechnungen sämtliche Aktivitäten von Familienmitgliedern einzubeziehen, da, wie er behauptete, „die kleinen Aktivitäten der Familie eine bedeutende Ergänzung des Einkommens des Hauptverdieners bilden". In der Tat stellte er häufig fest, daß Frauen nicht nur härter als Männer arbeiteten, sondern auch mehr zum „Wohlergehen der Familie" beitrugen.[34] Oft machte die Arbeit der Frauen den Unterschied zwischen Existenzminimum und Hunger aus. Ivy Pinchbeck zitiert einen Gemeindebericht über ländliche Frauen, die in einer Zeit ökonomischer Krisen keine Arbeit finden konnten:

„Sie sitzt da in tiefer Verzweiflung, unfähig, etwas zum gemeinsamen Topf der Familie beizusteuern. Sie weiß, daß sie ihrem Ehemann keinen anderen Dienst erweisen kann als den der bloßen Fürsorge für seine Familie."[35]

In nichtbäuerlichen und auch in einigen städtischen Familien scheint eine ähnliche Situation vorherrschend gewesen zu sein. Tschajanows Beschreibung der bäuerlichen Wirtschaftsordnung scheint in der Tat auch eine passende Charakterisierung der vorindustriellen sozialen Organisationsformen der Werktätigen zu sein. Peter Laslett beschreibt in *The World We Have Lost* den Haushalt als Mittelpunkt der Produktion. Die Werkstatt war nicht vom Haus getrennt, und der Platz jedes einzelnen war zu Hause. Im Weberhaushalt zum Beispiel übernahmen die Kinder das Karden und Kämmen, ältere Töchter und Ehefrauen das Spinnen und der Vater das Weben. In städtischen Arbeiterhaushalten existierte eine ähnliche Arbeitsteilung. Bei Pariser Wäschereiarbeitern etwa wurde von allen Familienmitgliedern erwartet, daß sie arbeiteten, obwohl die Frauen allein für das Waschen und Bügeln zuständig waren. Dieses Gewerbe wurde tatsächlich sowohl von Frauen als auch von Männern betrieben, und Eltern vererbten Geschäft und Kundschaft ebensooft an ihre Töchter wie an ihre Söhne.[36] Handwerkerehefrauen waren ihren Männern manchmal beim Schneidern, Schuhmachern und Backen behilflich. Manchmal führten sie den Laden, verkauften die Waren und machten die Buchhaltung. Die Frauen von gelernten Messerschmieden vermittelten zwischen ihren Männern und deren Meistern. Sie besorgten nicht nur die Materialien für die Arbeit ihrer Männer im Hause und brachten die fertigen Produkte zum Arbeitgeber zurück, sondern sie handelten auch Stückzahlen und Löhne aus.[37]

Wenn der Ehemann außer Haus arbeitete, hatten die Frauen eigene Unternehmungen. Wie ihre Schwestern auf dem Lande trugen die städtischen Arbeiterfrauen durch die Bearbeitung von Gemüsegärten, durch Viehzucht – gewöhnlich einige Schweine und Hühner – und den Verkauf von Überschüssen auf dem Markt zum Familieneinkommen bei. Manche Frauen betrieben Schenken in ihren Häusern, andere verkauften Essen und Getränke, die sie zubereitet hatten, außer Haus. So bereitete die Frau eines Messerschmiedes aus Sheffield ein „gegorenes Getränk zu, das ‚Pop' genannt wurde, füllte es in Flaschen und verkaufte es im Sommer an die Stadtbewohner".[38] Dies sind Beispiele aus dem frühen 19. Jahrhundert, aber Alice Clark erwähnt auch für das England des 17. Jahrhunderts den Gartenbau und den Kleiderhandel. Zudem nennt sie einen anderen Notbehelf armer Frauen, nämlich daß „sie von Tür zu Tür zogen und leichtverderbliche Nahrungsmittel verkauften".[39] Diese Praxis setzte sich auch im 19. Jahrhundert fort. Le Play beschreibt detailgetreu das Leben einer deutschen Bergarbeiterfrau, die Nahrungsmittel auf ihrem Rücken transportierte.

„Zweimal die Woche geht sie in [die Stadt], wo sie Weizen, Kartoffeln etc. kauft, die sie [10 Kilometer weit] trägt. [...] Etwas von diesen Nahrungsmitteln ist für ihren Haushalt bestimmt, manches wird an reiche Leute geliefert, und der Rest wird [für einen kleinen Gewinn] auf dem Markt verkauft."[40]

In Paris und Bordeaux war es im 18. Jahrhundert in den niedrigeren Gesellschaftsschichten „allgemein akzeptiert, daß das Weibervolk eine wichtige Rolle in der häuslichen Ökonomie zu spielen hatte. Die meisten übernahmen eine Arbeit, um ein zusätzliches Einkommen heimzubringen".[41] Sie arbeiteten als Dienstboten, Wäscherinnen, Näherinnen, Wirtinnen und als Trägerinnen -- wobei sie viele Male am Tag schwere Lasten schleppten. Wenn es sein mußte, bettelten und schmuggelten sie auch.

„Die Bedeutung der Mutter innerhalb der Familienökonomie war unermeßlich. Ihr Tod oder ihre Erwerbsunfähigkeit, etwa durch Krankheit, konnten zur Folge haben, daß eine Familie die schmale, aber äußerst bedeutsame Grenze zwischen Armut und Elend überschritt."[42]

Eine Volkskultur, die die Arbeit von Frauen hoch achtete, existierte in Frankreich fast das ganze 19. Jahrhundert hindurch.[43]

Die unersetzliche Rolle der Frauen läßt sich auch an der Tatsache ablesen, daß in vielen Gemeinden Witwen einen Bauernhof allein (mit der Unterstützung einiger weniger angestellter Arbeitskräfte) betreiben konnten, während Witwer diese Aufgabe als eine fast nicht zu bewältigende empfanden.[44] Sie wird auch in Zeiten finanzieller Not eindrucksvoll belegt. Hufton behauptet, daß Frauen die ersten waren, die die physischen Auswirkungen von Hungersnöten zu spüren bekamen, teilweise weil sie sich selbst die Nahrung versagten, um den

Rest der Familie zu ernähren. Andere Beobachter beschreiben eine ähnliche Situation. Der Bericht, den Anderson für Lancashire zitiert, ist repräsentativ für Bedingungen in Italien, England und Frankreich:

„Eine Beobachtung von Ärzten ist es, daß Eltern ihre Gesundheit wesentlich öfter verloren als die Kinder und besonders daß die Mütter, die am ehesten hungern, blaß und abgezehrt aussehen."[45]

Die Rolle, die Frauen in der Familienökonomie spielten, gab ihnen normalerweise viel Macht innerhalb der Familie. Die spärlichen historischen Quellen ergänzen die systematischere Arbeit zeitgenössischer Anthropologen in diesem Bereich. Sie deuten alle darauf hin, daß die Frauen in der häuslichen Sphäre die Vormacht besaßen, während die Männer in der Öffentlichkeit die Hauptrolle spielten. Hufton nimmt sogar an, daß Frauen innerhalb der Familie eine „soziale Vorrangstellung" genossen.[46] Diese Annahme steht im Einklang mit Le Plays Beobachtungen aus erster Hand. Im Verlauf seiner ausgedehnten Untersuchungen über städtische Arbeiterfamilien und ländliche Familien (die er von den vierziger bis zu den siebziger Jahren des 19. Jahrhunderts durchführte) war er von der Rolle der Frau beeindruckt.

„Frauen werden mit Respekt behandelt; oft üben sie [...] einen gewichtigen Einfluß bei Angelegenheiten der Familie [*la communauté*] aus."

Er fand heraus, daß sie härter und ausdauernder arbeiteten als Männer, und schloß daraus, daß ihre Arbeit, ihre Energie und Intelligenz „sie fähiger dazu machten, [...] die Familie zu leiten".[47]
Der Schlüssel zur weiblichen Macht, die sich natürlich fast ausschließlich auf den Familienbereich beschränkte, lag in der Verwaltung des Budgets. In manchen Fällen führten die Frauen von Handwerkern die Bücher des Geschäftes, wie dies auch die Frauen oder Töchter von Bauern taten.[48] Diese Vertrautheit mit Zahlen gehörte zu ihrer Rolle als Verwalterin der Haushaltsbücher, denn die Frauen waren normalerweise die Haupteinkäuferinnen für den Haushalt auf dem Marktplatz und oft auch die Hauptverkäuferinnen. So primitiv die Buchführung, die diese Frauen beherrschten, auch war, stellte sie dennoch ein Mittel im Umgang mit der Außenwelt dar. Arbeiterfrauen hielten oft den Daumen auf dem Geldbeutel, trafen finanzielle Entscheidungen und bestimmten sogar das wöchentliche Taschengeld ihrer Männer für Wein und Tabak. Le Plays Beschreibung der Frau eines Pariser Zimmermanns ist nicht nur für Frankreich typisch:

„Sie erhält seinen Monatslohn sofort. Sie ist es, die ihrem Mann jeden Morgen das Geld gibt, das er braucht, um sich sein Essen auswärts zu kaufen. Ihr allein, [...] in Übereinstimmung mit den Gepflogenheiten, die unter französischen Arbeitern vorherrschen, sind die Verwaltung des Haushaltes und die Verfügung über alle Familienmittel anvertraut."[49]

Dieser Brauch war in der Tat so sehr mit der Rolle der Ehefrau verknüpft, daß Fabrikbesitzer, als der heimische Arbeitsplatz der Handwerker durch die Fabrik ersetzt wurde, manchmal „die Löhne, die von den Männern verdient wurden", direkt „an deren Frauen auszahlten".[50] Ob in Lothringen, der Bretagne oder in Lancashire, ob unter nordenglischen Bergleuten, unter Bauern oder Londoner Arbeitern, die Frauen scheinen die Finanzen der Familie sowie einige weitere Bereiche der Familienentscheidungen beherrscht zu haben.

„Der Mann stolziert herum, regiert am Tisch, gibt Anweisungen, aber wichtige Entscheidungen – wie der Kauf eines Stück Lands, der Verkauf einer Kuh, ein Prozeß gegen einen Nachbarn oder die Wahl eines zukünftigen Schwiegersohnes – werden von *la patronne* getroffen."[51]

Oder, wie ein alter Bauer aus einem französischen Dorf zu einem Anthropologen sagte:

„Der Ehemann ist immer *chef d'exploitation.* [...] Nun, das sagt das Gesetz. Was wirklich passiert, ist eine andere Sache, aber das werden Sie nicht im Code civil festgelegt finden."[52]

Es ist wichtig zu betonen, daß wir hier von verheirateten Frauen sprechen. Welcher Art auch immer die Macht war, die diese Frauen ausübten, sie war eine Folge ihrer Beteiligung an einem gemeinsamen Unternehmen sowie der besonderen Rolle, die Frauen aufgrund ihres Geschlechts und ihres ehelichen Status spielten. Ihr Einfluß war auf die häusliche Sphäre beschränkt; aber diese Sphäre hatte großes Gewicht im ökonomischen und sozialen Leben der Familie. In dieser Situation waren die Frauen Arbeitspartnerinnen im Familienunternehmen.

Töchter wurden in Unterschichtsfamilien früh daraufhin sozialisiert, familiäre Pflichten und Arbeitsverantwortlichkeiten zu übernehmen.

„Sobald es ihre Kräfte erlauben, beginnen Töchter damit, der Mutter bei all ihrer Arbeit zu helfen."[53]

Sie wurden häufig von zu Hause weggeschickt, um als Landarbeiterinnen oder als Dienstmädchen zu arbeiten. Andere gingen zu Frauen in die Lehre, die ihnen das Weben oder Nähen beibrachten. In manchen ländlichen Gegenden der Schweiz, in denen die Verlagsindustrie sich verbreitete, waren Töchter erwünschte und geschätzte Mitarbeiterinnen. Sie konnten die Zeit zum Spinnen und Weben aufbringen, während ihre Mütter im Haus beschäftigt waren.

„Die Kinder geben selbstverständlich den Erlös in den Betrieb. Die Erhaltung des Gutes geht über das individuelle Glück."[54]

Worin auch immer die spezifische Arbeit eines jungen Mädchens bestehen mochte, es lernte sehr früh die Bedeutung der Redewendung: „Die Arbeit einer Frau ist nie getan", und es war folglich darauf vorbereitet, die meiste Zeit seines Lebens hart zu arbeiten. Die folgenden Worte an ein junges Mädchen aus dem Jahre 1743 müssen sich in vielen Ratschlägen von Eltern an ihre Töchter wiedergefunden haben:

„Du kannst nicht erwarten, so zu heiraten, daß keiner von euch zu arbeiten bräuchte. Und nur ein Dummkopf wird eine Frau heiraten, deren Brot er allein durch seiner Hände Arbeit verdienen muß und die selbst nichts zu ihrem Lebensunterhalt beitragen will."[55]

Man erwartete von Frauen, daß sie arbeiteten, und die Familie war eine Einheit sozialer wie ökonomischer Beziehungen. Dies waren die kulturellen Werte der Familien, die ihre Töchter in den frühen Phasen der Industrialisierung zum Arbeiten wegschickten.

III.

Die Arbeit der Frauen lag im Interesse der Familienökonomie. Ihre Rollen, ebenso wie die ihrer Ehemänner, Brüder und Väter, konnten verändert oder angepaßt werden, um mit schwierigen Zeiten oder sich verändernden Umständen fertig zu werden. In dieser Hinsicht ist Tschajanows Beschreibung der Grenzen der ökonomischen Eigenständigkeit aufschlußreich:

„Wenn unser Bauer als Arbeiter/Unternehmer nicht in der Lage ist, eine adäquate Entlohnung seiner Arbeit auf dem eigenen Hof oder einen Verdienst, den er als ausreichend ansieht, zu erzielen, dann verläßt er zeitweilig sein Unternehmen und verwandelt sich einfach in einen Arbeiter, der in das Unternehmen irgendeines anderen eintritt. Somit rettet er sich vor Arbeitslosigkeit in seinem eigenen Unternehmen."[56]

Dies bedeutet, daß traditionale Familien eine Reihe von Strategien benutzten, um das Wohlergehen der Familie zu fördern. Manchmal ließ sich die gesamte Familie als Landarbeiter anstellen, manchmal aber auch nur die Männer und in anderen Fällen ein oder mehrere Kinder. Zusätzliche Heimarbeit wurde häufig in Zeiten größerer Not oder ökonomischer Krisen von den Familienmüttern ausgeführt. Aus diesen Gründen war Arbeit so oft saisonabhängig oder wurde nur sporadisch ausgeführt. Der Brauch, Kinder beiderlei Geschlechts zur Arbeit auf andere Höfe oder in nahegelegene Städte zu schicken, war ein weiterer Notbehelf – ein Weg, um die ökonomischen Ressourcen der Familie über das eigene beschränkte Maß hinaus zu erweitern und damit das ökonomische Überleben zu sichern.
Als tiefgehende strukturelle Veränderungen die Länder Europas erfaßten (gegen Ende des 18. Jahrhunderts in England, viel später in

Frankreich und Italien), wurden diese Strategien den Veränderungen angepaßt und neue entwickelt (angesichts neuer Notwendigkeiten und Möglichkeiten), um die traditionellen Ziele der Familienökonomie zu erreichen. In Westeuropa verursachte das Bevölkerungswachstum im 19. Jahrhundert in manchen Gebieten eine Landknappheit. Zusätzlich übte die rationalisierte Landwirtschaft großen Stils einen massiven Konkurrenzdruck auf Ländereien mit geringerer Produktivität aus. Neue Formen und Methoden industrieller Produktion veränderten Ort und Art der Arbeit ländlicher wie städtischer Handwerker. In dieser Situation wurde es immer notwendiger, daß Familienmitglieder, besonders aber Kinder, außer Haus arbeiteten. Die Entwicklung der Verlagsindustrie sowie auf dem Lande gelegener Textilfabriken und das Anwachsen der Stadtbevölkerung (mit ihrem wachsenden Bedarf an Konsumgütern und Dienstleistungen) boten diesen Menschen Arbeitsmöglichkeiten.

In der Lombardei, der norditalienischen Provinz mit der Hauptstadt Mailand, hatten die Bauern lange eine arbeitsintensive Landwirtschaft auf kleinen Ländereien betrieben. Auf diesen Ländereien waren die Bauern im 19. Jahrhundert zunehmend nicht mehr in der Lage, ihre wachsenden Familien zu ernähren. Sie griffen zu Mitteln ähnlich denen, die sie von alters her zeitweise angewandt hatten. Frauen und Mädchen, deren Arbeit auf dem Hof weniger produktiv als diejenige von Männern war, gingen in die nahgelegenen ländlichen Seidenfabriken. Andere gingen als Dienstmädchen oder Näherinnen nach Mailand; dies waren im wesentlichen ausbeuterische, schlechtbezahlte Arbeiten von geringer Produktivität. Aber das Ziel bestand darin, genug Geld zu verdienen, um es nach Hause zu schicken.[57]

Im Zürcher Oberland, wie es Rudolf Braun beschrieben hat, entwickelte sich eine andere Strategie. Ursprünglich hatten unter landbesitzenden Bauern sämtliche Familienmitglieder mit dem Ziel gearbeitet, den Bedarf der Familie zu decken – als Dienstboten, Soldaten oder als Quasidienstboten in den Haushalten von Verwandten, die Land geerbt hatten. Jeder gab sein Geld der Familie. Die Erhaltung des Besitzes kam vor dem individuellen Glück, und die Frage, wer heiratete und in welchem Alter, war weniger eine individuelle Entscheidung als eine Familienübereinkunft. Durch demographische und ökonomische Zwänge verloren manche Familien ihr Land, andere mußten ihre landwirtschaftliche Tätigkeit durch Arbeit in der ländlichen Industrie, besonders in der Textilindustrie, ergänzen. In solchen Gebieten wuchs das System des *Rastgebens*. Dies bedeutete, daß Kinder ihren Eltern ein festes Arbeitspensum für Unterkunft und Verpflegung zu entrichten hatten. Wenn sie nicht zu Hause arbeiteten, sondern in einem anderen Haus spannen, zahlten die Kinder die *Rast* an ihre Arbeitgeberin. Früher wurde dieses Arbeitspensum oder der entsprechende Geldwert ganz selbstverständlich entrichtet. Doch als sich die Arbeitsbeziehungen unter den Familienmitgliedern veränderten, wurde diese Praxis formalisiert und die Höhe des Beitrages genau festgelegt. Braun berichtet, wie solche Modifizierungen schließlich die Familiensolidarität zerstörten.[58] Er hat zweifellos recht damit. Der für uns wichtige Punkt an diesem Beispiel besteht jedoch darin, daß im Prozeß der Transformation alte Werte und Gewohnheiten die Anpassungsstrategien an neue Bedingungen beeinflußten.

Ähnliche Beispiele lassen sich auch bei nichtbäuerlichen Familien finden. Die erste industrielle Revolution in England zerbrach die räumliche Einheit von Heim und Werkstatt, indem zuerst das Spinnen, dann das Weben in Fabriken verlagert wurde. Neil Smelsers Studie *Social Change in the Industrial Revolution* zeigt jedoch, daß in den ersten britischen Textilfabriken die Familie als soziale Einheit sozusagen in die Fabriken verlagert wurde.

„Die Meister gestatteten den Spinnern, ihre eigenen Helfer zu engagieren [...]. Die Spinner wählten ihre Frauen, Kinder, nahe Verwandte oder Verwandte der Besitzer. Viele Kinder, besonders die jüngsten, kamen auf ausdrücklichen Wunsch ihrer Eltern in die Fabrik."[59]

Diese Ausdehnung der Familienökonomie auf die Fabriken in der frühen Zeit der Industrialisierung nahm natürlich nach den zwanziger Jahren des 19. Jahrhunderts mit der steigenden Differenzierung und Spezialisierung der Arbeit wieder ab. Aber die anfängliche Anpassung an eine veränderte ökonomische Struktur machte es erforderlich, daß alte Werte in neuen Umgebungen wirksam wurden.

Dies läßt sich sehr gut am Fall der Arbeiterinnen zeigen, sowohl der unverheirateten, die den Großteil der weiblichen Arbeiterschaft bildeten, als auch der weniger zahlreichen verheirateten Frauen. Lange vor dem 19. Jahrhundert hatten Unterschichtsfamilien ihre Töchter arbeiten geschickt. Der Fortbestand dieser Gewohnheit sowie der Werte, die diesem Brauch zugrunde lagen, ist nicht nur aus der Tatsache ersichtlich, daß viele alleinstehende Frauen arbeiteten, sondern auch aus der Altersstruktur der weiblichen Arbeitskräfte, aus der Art Arbeit, die diese Frauen verrichteten, und aus ihrem persönlichen Verhalten.

Die Tatsache, daß die weibliche Arbeiterschaft Europas primär aus jungen unverheirateten Frauen – Mädchen, in der Sprache ihrer Zeitgenossen – bestand, ist bereits an sich ein Hinweis auf die Beständigkeit familienbezogener Werte. Töchter waren in ländlichen und städtischen Haushalten abkömmlich, ganz bestimmt abkömmlicher als ihre Mütter und, je nach Art der Familienarbeit, als ihre Brüder. Wenn außerhalb des Heims gearbeitet werden mußte und wenn die Dauer dieser Arbeit unbestimmt war, dann war dem Familieninteresse am besten gedient, wenn die Töchter fortgeschickt wurden. Der Dienstleistungssektor, in dem die meisten Mädchen vom Lande arbeiteten, war ein traditioneller Beschäftigungsbereich. Oft stellte er eine geschützte Form der Wanderschaft dar, da einem jungen Mädchen eine Wohnmöglichkeit, Nahrung und eine Familie sicher waren. Es gab aber auch Risiken: die Arbeitslosigkeit und die Ausbeutung von Dienstboten waren eine reale Tatsache. Dennoch war die Wanderschaftsbewegung des 19. Jahrhunderts, obwohl nun wesentlich mehr Mädchen in Dienst gegeben wurden und obwohl sie weiter von zu Hause weggingen, nicht ohne Vorläufer. Die Dienstbotentätigkeit stellte eine annehmbare Arbeitsmöglichkeit dar, teilweise weil sie den Schutz einer Familie und die Zugehörigkeit zu einem Haushalt mit sich brachte.[60]

Dies war nicht nur im Hausdienst, sondern auch in anderen Bereichen weiblicher Tätigkeit der Fall. In Italien und Frankreich versuchten Fabrikbesitzer, für ihre jungen Arbeiterinnen ‚Familien'-Bedingungen bereitzustellen. Die Aktivitäten der Mädchen wurden durch Verhaltensregeln beschränkt, und Nonnen, die als Ersatzeltern fungierten, überwachten die Unterkünfte. Für manche Fabrikbesitzer bedeutete *in loco parentis* sogar, ihren Arbeiterinnen passende Ehemänner zu vermitteln.[61] Diese Fabrikgepflogenheiten dienten auch den Interessen des Besitzers selbst, indem sie seine Arbeitskräfte unter Kontrolle hielten und ihre Mobilität beschränkten. Sie dienten auch mehr den Interessen der Familien der Mädchen als denen der einzelnen Mädchen selbst, da ihre Löhne manchmal direkt an die Eltern ausbezahlt wurden. Wir vertreten hier nicht die These, daß Fabrikunterkünfte eine wohltätige Institution darstellten. Wichtig ist jedoch die Tatsache, daß die Familie als Modell für Arbeit und soziale Beziehungen benutzt wurde und daß solche Praktiken in einem gewissen Ausmaß dem Familieninteresse dienten.

Ähnliche Praktiken entwickelten sich im Nähereigewerbe, das in den städtischen Zentren florierte. Die Entstehung der Produktion vorgefertigter Kleidungsstücke veränderte die Kleidungsherstellung in zweifacher Hinsicht. Erstens ersetzte die Stückarbeit zu Hause die Organisationsform der Werkstatt. Erst später (in England um das Jahr 1850, in Frankreich um 1870, je nach Stadt und Industrie, und in Italien noch später) gestatteten neue Maschinen eine Reorganisierung der Bekleidungsindustrie in Fabriken. In der Zeit, als die Stückarbeit zunahm, fanden Frauen ausgedehnte Arbeitsmöglichkeiten. Diejenigen, die bereits in Städten wohnten, nahmen sich normalerweise ihre Arbeit mit nach Hause. Wanderarbeiterinnen brauchten jedoch erst ein

Zuhause. Also verwandelten unternehmungsfreudige Frauen, die ein wenig Kapital besaßen, ihre Häuser in Pensionen für Stückarbeiterinnen, die in ihrem Auftrag arbeiteten. Während dies häufig Ausbeutung und erbärmliche Lebensbedingungen bedeutete, bot sich hierdurch doch für ein junges Mädchen ein Haushalt – ein Haushalt, in dem es eine Arbeit verrichten konnte, die der ähnelte, die es oder seine Mutter zu Hause getan hatte.[62]

Dienstleistungssektor, Kleidungsherstellung und auch Textilmanufaktur, die drei Bereiche, in denen weibliche Arbeit überwiegend konzentriert war, stellten sämtlich traditionelle weibliche Arbeitsbereiche dar. Mit anderen Worten: Die Art der Arbeit, für die Eltern ihre Töchter von zu Hause fortschickten, machte keine radikale Loslösung von der Vergangenheit erforderlich. Viele Ehefrauen hatten ihre Jugend im Dienst eines anderen Haushalts verbracht. Stückarbeit, Spinnen und Weben waren in traditionalen Haushalten ebenfalls verbreitet. Der Arbeits*platz* änderte sich, und diese Veränderung führte schließlich zu einer ganzen Reihe neuer Erscheinungen. Aber ursprünglich muß für eine Familie, die ihre Tochter in eine weitentfernte Stadt schickte, die Tatsache, daß sie sie zu einer vertrauten Frauenarbeit schickte, einen gewissen Trost bedeutet haben.

Da Eltern ihre Töchter mit traditionellen Erwartungen fortschickten, versuchten die Mädchen, diese auch zu erfüllen. Ein Beweis für die Beständigkeit familienbezogener Werte ist in den andauernden finanziellen Beiträgen arbeitender Töchter an ihre Familien zu sehen. Wenn auch in einigen Fällen Fabriken die Löhne der Mädchen direkt an ihre Eltern schickten, so sandten doch die Mädchen den größten Teil ihres Geldes einfach von selbst nach Hause. In England dauerte es bis zu den neunziger Jahren des 19. Jahrhunderts, bis unverheiratete arbeitende Mädchen, die zu Hause wohnten, etwas von ihrem Geld für sich behielten.[63] Auf dem Kontinent hatten in früheren Jahren die Arbeiterinnen „normalerweise ihr gesamtes Einkommen zum Topf der Familie" beigesteuert. Die Tochter eines belgischen Schlossers half ihrer Familie zunächst durch Schneidern. Sie gab normalerweise ihren gesamten Verdienst ab „und hatte so, als sie heiratete, keinerlei Ersparnisse".[64] Irische Wanderarbeiterinnen schickten aus so weit entfernten Orten wie London und Boston Geld nach Hause.[65] Selbst als ihre Erwartungen nicht mehr länger darauf abzielten, in ihren Heimatort zurückzukehren, um dort zu heiraten und zu leben, schickten französische und italienische Dienstmädchen weiterhin Geld nach Hause. Die Dienstmädchen, die zwischen 1811 und 1877 für die Familie Flahaut im ländlichen Frankreich arbeiteten, sandten Geld an ihre Eltern. Es gab reguläre Abmachungen, wonach Monsieur Flahaut Nahrungsmittel statt Geld schickte oder die Pacht für den Hof des Vaters bezahlte oder Kleidung und Kohle direkt an die Eltern seiner Dienstmädchen schickte. Manchmal erhielten auch jüngere oder arbeitslose Geschwister Geld, das von den Löhnen der Dienstmädchen abgezogen worden war. Hubscher berichtet, daß die Beiträge der Töchter für manche Bauern, die ihr Land gepachtet hatten, „unentbehrlich" waren, „ohne diese wäre es unmöglich gewesen, das gepachtete Land zu bestellen". Er fügt hinzu, daß die „finanzielle Unterstützung" der Eltern durch die Töchter „beiden" Parteien „vollkommen normal erschien". Sie repräsentierte eine „starke Familiensolidarität, die ein reifes und ökonomisch unabhängiges Kind erforderte, das zum Unterhalt seiner Verwandten beitragen konnte".[66] Junge Fabrikarbeiterinnen in der Lombardei steuerten ebenfalls etwas zum Unterhalt der Familie bei, und, wenn sie nahe genug lebten, schickten die Familien ihnen regelmäßig Körbe mit Nahrungsmitteln. Einem autobiographischen Bericht zufolge schickte der Arbeitgeber sogar wöchentlich einen Mann mit einem Wagen in die Dörfer der Mädchen, um die Essenskörbe ihrer Familien einzusammeln.[67]

In Lancashire wurde zwischen Wanderarbeiterinnen und ihren Familien „ein beträchtlicher Kontakt aufrechterhalten". Es wurde Geld nach Hause geschickt, Familienangehörige wurden in die Stadt gebracht, um bei anderen Familienmitgliedern zu leben, die „gereist" waren, und manchmal trat sogar eine „umgekehrte Wanderung" auf.[68] Die Kinder verheirateter Töchter, die in norwegischen Städten als Dienstboten arbeiteten, wurden zu ihren Großeltern nach Hause geschickt, um von ihnen erzogen zu werden. In diesem Fall arbeitete das junge Ehepaar weiterhin getrennt als Dienstboten, um für die eigene Haushaltsgründung zu sparen.[69]

Auch als ganze Familien in die Vereinigten Staaten auswanderten, nahmen sie häufig diese traditionellen Praktiken mit sich. Willa Cather erwähnt in *My Antonia*, daß die Arbeit von Einwanderermädchen als Dienstboten oder Landarbeiterinnen „zu den florierenden, hypothekenfreien Farmen beitrug", die ihre Eltern in Nebraska aufbauten.[70]

Die kulturellen Werte, die junge Mädchen zur Arbeit von zu Hause fortgehen ließen, beeinflußten auch ihr persönliches Verhalten. Der Anstieg unehelicher Geburten in vielen europäischen Städten in der Zeit zwischen 1750 und 1850, der von vielen Historikern und Demographen festgestellt wurde, kann paradoxerweise als eine weitere Bestätigung der Beständigkeit alter Einstellungen in einer neuen Umgebung angesehen werden.[71] Verbindungen mit jungen Männern mögen in den Städten ebenso wie zu Hause begonnen worden sein, wobei die Mädchen potentielle Ehemänner suchten, in der Hoffnung, eine eigene Familie zu gründen. Der Unterschied bestand natürlich darin, daß zu

Hause soziale Verhaltensnormen galten, die nun in der Stadt nicht durchgesetzt werden konnten.
Befand sich ein Mädchen weit weg von zu Hause, dann hatten seine Eltern wenig Kontrolle darüber, wen oder wann es heiratete. Der Druck, der die Tochter eines Schweizers dazu brachte, bis zu ihrem vierzigsten Lebensjahr in ihrem Elternhaus zu spinnen, konnte keine Tochter beeinflussen, die in die Stadt abgewandert war. Ihre Abwanderung bedeutete tatsächlich, daß sie zu Hause nicht in der gleichen Weise gebraucht wurde. Die Einsamkeit und Isolation in der Stadt waren ganz eindeutig ein Faktor, der eine Heirat veranlassen konnte. Einen ebensolchen Druck bedeutete der Wunsch, der Arbeit als Hausangestellte zu entfliehen und wie die Mutter Herrin eines eigenen Haushalts zu werden. Die Bedingungen des Dienstleistungsbereiches, die es normalerweise erforderten, daß eine Hausangestellte unverheiratet war, trugen auch zu unehelichen Beziehungen bei und veranlaßten viele Dienstmädchen, ihr Kind zu verstoßen. Dies war schon lange so gewesen. Der Unterschied im Europa des 19. Jahrhunderts bestand jedoch darin, daß der enorme Anstieg der Anzahl von Frauen, die im Dienstleistungssektor angestellt waren, den Anstieg der Frauen in der Industrie weit überholte. Dies bedeutete, daß proportional mehr Frauen als je zuvor in dem Bereich, der mit hoher Wahrscheinlichkeit die Geburt unehelicher Kinder begünstigte, beschäftigt waren.
Es gab jedoch noch ein weiteres ökonomisches Motiv für eine Heirat. Zwar wurde gesagt, daß junge Frauen in den Fabriken recht gut bezahlt wurden, aber die meisten Mädchen arbeiteten nicht in Fabriken. Die Frauen im Schneidereigewerbe und in anderen Industrien mit Stückarbeit verdienten kaum genug, um sich zu ernähren. (Die Löhne veränderten sich in diesen Konsumgütergewerben ständig und sanken nach den dreißiger Jahren des 19. Jahrhunderts sowohl in England als auch in Frankreich. Frauen in diesen Gewerben erhielten zudem die Hälfte dessen, was Männer für vergleichbare Arbeit verdienten, oft auch weil angenommen wurde, daß die Löhne der Frauen Teil des Familieneinkommens seien, was nicht immer mit der Realität übereinstimmte.[72]) In den ländlichen Haushalten, aus denen sie stammten, war der Lebensunterhalt von vielen Einkommen abhängig. Der logische Schritt für ein Mädchen, das, durch die Umstände bedingt, weit von seiner Familie entfernt lebte und dessen Lohn weder genügte, um selbst davon zu leben, noch um Geld nach Hause zu schicken, bestand darin, einen Ehemann zu finden. Zusammen würden sie vielleicht genug zum Leben verdienen können.
Es mag sein, daß sich junge Mädchen mit ihren Verehrern ‚verlobten' und dann das taten, was in vielen ländlichen Gebieten eine gewohnte Praxis war: Sie schliefen mit den Männern, die sie heiraten wollten.[73]

Wenn sie jedoch schwanger wurden, verschwanden die Männer entweder oder lebten weiter mit ihnen zusammen, allerdings ohne sie zu heiraten. Manchmal heiratete ein Paar, nachdem das Kind oder die Kinder geboren waren. Der Zwang traditioneller Gepflogenheiten, etwa eine Mitgift in die Ehe einzubringen, führte manchmal dazu, daß eine Frau arbeitete, bis die erforderliche Aussteuer beiseite gelegt war, während sie schon mit ihrem Liebhaber zusammen lebte. Das Fehlen moralischer Zwänge durch Familie, Gemeinde und Kirche verhinderte die Erfüllung ehelicher Erwartungen. Geldmangel und ökonomischer Druck ebenso wie vielleicht unterschiedliche Erwartungen von seiten der Männer hielten diese davon ab, ihr Eheversprechen zu halten. Die Aussagen, die verlassene Frauen gegenüber Henry Mayhew machten, deuten darauf hin, daß a) kein Geld für eine richtige Hochzeit vorhanden war, b) die Arbeit der Männer es erforderlich machte, daß sie fortgingen, c) Armut möglicherweise einen emotionalen Druck erzeugte und d) traditionelle Zusammenhänge fehlten, die richtiges Verhalten definierten und forderten.[74] Junge Mädchen suchten also Lebensgefährten und verhielten sich diesen gegenüber nach traditionellen Vorstellungen. Der veränderte Kontext brachte jedoch unerwartete (und oft unerfreuliche) Resultate hervor.

Sogar unter Prostituierten, die oft in Not geratene oder arbeitslose Hausangestellte und Stückarbeiterinnen waren, gab es eine eigentümliche Mischung aus alten und neuen Einstellungen. In der vorindustriellen Gesellschaft fanden Unterschichtsfrauen zahllose Quellen, um Essen für ihre Familien zu beschaffen. Betteln war nicht unbekannt, und Flirts und sexuelle Gefälligkeiten waren ein anerkannter Weg, in Notzeiten Brot oder Mehl zu beschaffen. In ähnlicher Weise erklärten Londoner Prostituierte im 19. Jahrhundert, die von Mayhew befragt wurden, ihre „Schande“ als Mittel, Nahrung für ihre Familien zu beschaffen. Eine Frau, Mutter eines unehelichen Kindes, erklärte, sie sei „gezwungen, zur Prostitution Zuflucht zu nehmen“, um sich und ihren Sohn vor dem Verhungern zu bewahren. Eine andere beschrieb das „himmlische Mahl“, das ihr ihre Geschäfte eingebracht hatten. Und eine Tochter erklärte gegenüber dem Autor von *My Secret Life* ihre Prostitution als ihren Beitrag, um dem Rest der Familie Nahrung zu beschaffen:

„Also, zu welchem Preis schläfst du mit Männern? Für ein Wurstbrot?“ „Ja, und auch für Fleischpasteten und Torte.“[75]

Nicht alle unverheirateten jungen Arbeiterinnen hatten das Pech, ein uneheliches Kind zu haben. Ebensowenig wurden die meisten von ihnen Prostituierte, entgegen dem Lärm, den Beobachter aus der Mittelschicht um dieses Phänomen machten. Viele heirateten, und die meisten verließen ihre Arbeit, sobald sie verheiratet waren. Sowohl das Übergewicht junger unverheirateter Mädchen innerhalb der weiblichen Arbeiterschaft als auch das Fehlen älterer verheirateter Frauen spiegeln die Beständigkeit traditioneller familialer Werte wider. Sobald Töchter heirateten, erwartete man nicht länger, daß sie ihre Löhne zum elterlichen Haushalt beisteuerten. Heirat bedeutete den Wechsel von einer Familie zur anderen und die Übernahme einiger neuer Rollen. Junge Mädchen brachten jedoch die Wertvorstellungen und Gewohnheiten ihrer Mütter in die eigene Ehe ein. Die traditionelle Rolle einer verheirateten Frau, ihre lebenswichtige Funktion innerhalb der Familienökonomie, trieb sie in die Reihen der Arbeiterschaft, sobald ihr Verdienst für das Haushaltsbudget notwendig wurde. Wenn das Einkommen von Ehemann und Kindern ausreichte, um die Bedürfnisse der Familie zu befriedigen, hörte sie wieder auf zu arbeiten. Mütter jüngerer Kinder hörten manchmal erst auf zu arbeiten, wenn das älteste Kind selbst arbeiten ging. Dieses Muster hatte für den Entwicklungszyklus der Familie Gültigkeit, aber in Fällen momentaner Not, wie etwa Krankheit, oder im Falle des Todes eines Verdieners kehrten die Frauen zur Arbeit zurück.[76] Selbst ohne daß sie einen finanziellen Beitrag leisteten, war jedoch der Beitrag der Frau zur Familienökonomie von grundlegender Bedeutung. In London trugen die Arbeiterfrauen während der neunziger Jahre des 19. Jahrhunderts große Verantwortung.

„So verwalteten sie den Großteil des Familieneinkommens, ob sie ein eigenes Einkommen hatten oder nicht, und waren nicht nur für den Einkauf von Nahrungsmitteln zuständig, sondern auch für die Zahlung der Miete, den Kleiderkauf, das Zahlen von Versicherungsbeiträgen und für die Kontrolle des Schulgeldes der Kinder.“[77]

Obwohl Arbeitsplätze außerhalb des Heims in Fabriken oder Geschäften Arbeit für unverheiratete Frauen leichter zugänglich machten, fanden auch einige verheiratete Frauen weiterhin Arbeit. Die Industrialisierung veränderte nur allmählich die Beschäftigungsmöglichkeiten. Alte Arbeiten hatten lange Jahre neben neuen Bestand. Frauen, die Industriearbeiter heirateten und in Städten lebten, importierten alte Verhaltensmuster in neue Zusammenhänge. Ein Großteil der Arbeit, die von verheirateten Frauen verrichtet wurde, hatte einen zeitlich begrenzten Charakter. Anderson beschreibt unterschiedliche häusliche Beschäftigungen für verheiratete Frauen 1851 in Preston. Viele halfen ihrem Mann, andere betrieben „ein kleines Lebensmittelgeschäft oder Bierhaus“. Ein gutes Drittel derjenigen, die arbeiteten, so fährt Anderson fort, „war nicht in der Fabrik beschäftigt. Viele andere arbeiteten außerdem in unregelmäßigen Abständen oder zeitweise“ und waren oft nicht einmal in offiziellen Statistiken als Werktätige verzeichnet. Andersons Formulierung für Lancashire läßt sich in der Tat verallgemeinern: daß nämlich „familiale Strukturen in den Städten nur als Reste ländlicher Muster erklärt werden können“.[78] Ob in den Groß- und Kleinstädten Europas oder Amerikas, die Arbeitsmuster verheirateter Frauen ähnelten älteren, vorindustriellen Praktiken. Einwandererfrauen in den Textilfabriken Neuenglands waren beispielsweise „die einzige größere Gruppe regelmäßig beschäftigter verheirateter Frauen“ außer den schwarzen Frauen. Smuts erklärt, daß sie von der vertrauten Arbeit des Spinnens und Webens und vor allem von der Möglichkeit, mit ihren Kindern zusammenzuarbeiten, angezogen wurden:

„Eine Mutter, deren Kinder arbeiteten, konnte diese besser beaufsichtigen, wenn sie in der gleichen Fabrik arbeitete.“[79]

Einwandererfrauen paßten ihre Fähigkeiten, die natürlich von ihren früheren Erfahrungen abhängig waren, an die amerikanischen Bedingungen an. So arbeiteten italienische Mütter mit ihren Kindern in der Umgebung von Buffalo, New York, als Obst- und Gemüsepflückerinnen, eine Tätigkeit, die an Süditalien erinnerte.[80] Italienische Frauen in New Yorks Lower East Side nähten zu Hause mit ihren Töchtern Hosen oder fertigten Papierblumen an. Ihre Ehemänner, denen diese Fertigkeiten fehlten, arbeiteten auf dem Bau oder als Straßenkehrer. Als diese Frauen ihrer Arbeit in die Fabriken und Ausbeutungsbetriebe folgten, versorgten ihre Männer manchmal den Haushalt und die Kinder. Verheiratete irische Frauen, die nur Erfahrungen in der Landwirtschaft hatten, wurden Hausangestellte. Aber viele reinigten nachts New Yorker Bürogebäude, damit sie tagsüber ihre Familien versorgen konnten.[81]

Ob sie außer Haus arbeiteten oder nicht, verheiratete Frauen definierten ihre Rolle innerhalb des Rahmens der Familienökonomie. Arbeiterfrauen scheinen in der Tat so etwas wie die Bewahrerinnen vorindustrieller Werte innerhalb der Arbeiterfamilie gewesen zu sein. Lange nachdem ihre Männer und Kinder schon angefangen hatten, einige der individualistischen Werte zu übernehmen, die mit der Industrialisierung verknüpft waren, setzten diese Frauen die aufopfernde, selbstlose Arbeit fort, die Le Play so beeindruckt hatte und die für die bäuerliche oder Haushaltsökonomie charakteristisch gewesen war. Sicher ist dies (und nicht die Tatsache, daß „Ehemänner [...] den verheirateten Frauen unter den Armen einen Lebenssinn“ gaben) Hintergrund der Aussage einer Frau aus York, die von Peter Stearns zitiert wird:

„Wenn wir mal irgendwas außer der Reihe kaufen müssen, 'n Paar Stiefel für eins von den Kindern oder so, dann gibt's für mich und die Kinder kein Mittagessen – oder vielleicht nur 'ne Tasse Tee und 'n Stück Brot, aber Jim kriegt sein Essen immer mit auf die Arbeit, und ich erzähl' ihm nie was davon."[82]

Solange die Rolle der Arbeiterfrau für ihre Familie ökonomisch funktional ist, haben familiale Werte für sie einen Sinn. Die Rolle der Fürsorgerin und Verwalterin der Finanzen, der Näherin und gelegentlichen Lohnarbeiterin war für Arbeiterfamilien über einen langen Zeitraum ökonomisch funktional.

Am aufschlußreichsten hierfür ist vielleicht die folgende Fallstudie, die quasi das kollektive Portrait verkörpert, das wir gerade dargestellt haben. Francesca F. wurde zirka 1817 in einer ländlichen Gegend von Mähren geboren und blieb zu Hause, bis sie elf Jahre alt war.[83] Sie verlebte eine für ein Mädchen aus ihrer gesellschaftlichen Schicht typische Kindheit. Von ihrer Mutter lernte sie, einen Haushalt zu führen und auf dem Hof zu helfen, in der Schule lernte sie lesen, schreiben, rechnen und, was am wichtigsten war, nähen. Mit elf Jahren wurde sie als Dienstmädchen in eine benachbarte Stadt geschickt. Sie arbeitete nacheinander in verschiedenen Haushalten und verdiente mit jedem neuen Arbeitsplatz mehr. In einem der Häuser bekam sie die Gelegenheit, sich als Näherin auszubilden. Sie sparte etwas Geld, schickte aber das meiste davon nach Hause, und mindestens einmal im Jahr fuhr sie dorthin zurück (auf Besuch und um ihren Paß zu verlängern).

Bis zu ihrem achtzehnten Lebensjahr unterschied sich Francescas Leben kaum von dem früherer Generationen von Mädchen. Ihre Entscheidung, „ihr Glück in Wien zu suchen", eröffnete jedoch eine neue Phase ihres Lebens. Mit den guten Wünschen ihrer Eltern versehen, zahlte sie die Reise von ihren Ersparnissen und fand drei Tage nach ihrer Ankunft eine Arbeit als Dienstmädchen. Sechs Monate lebte sie bei der Bürgerfamilie, für die sie arbeitete. Dann verließ sie sie wegen einer besseren Stellung, die sie behielt, bis ihr Arbeitgeber starb (sechs Monate). Eine weitere Anstellung als Hausangestellte dauerte ein Jahr.

Mit zwanzig Jahren ging sie, angezogen von den Arbeitsmöglichkeiten in einer Großstadt und der Arbeit als Hausangestellte müde, zu einem Wollweber in die Lehre. Nach einem Jahr machte dieser Bankrott, und sie fand eine weitere Arbeitsstelle. Diese verließ sie wieder, weil die Arbeit unsicher war, und begann, für einen kleinen Unternehmer Handschuhe zu nähen. Handschuhmachen war eine florierende Industrie mit Stückarbeit, und Francesca mußte nun „zu Hause" arbeiten. Ihr Zuhause war ein Logierhaus, wo sie ihr Bett mit einem anderen

Arbeitermädchen von „zweifelhaftem Charakter" teilte. Unzufrieden mit diesen Bedingungen, traf Francesca glücklicherweise einen jungen Kunsttischler, der auch vom Lande stammte und mit dem sie von nun an zusammen wohnte. (Nach Le Play war der sexuelle Verkehr unter Verlobten im ländlichen Mähren nicht ungewöhnlich.) Bald bekam sie ein Kind, das sie versorgte, während sie Handschuhe nähte und ständig für ihre Heirat sparte. (Die Wiener Behörden forderten zu dieser Zeit, daß Arbeiter, bevor sie eine Heiratserlaubnis erhielten, den Nachweis erbrachten, daß sie eine Familie ernähren konnten. Die Aufgabe, die Ersparnisse dafür aufzubringen, fiel normalerweise der zukünftigen Braut zu.)

Drei Jahre, nachdem sie den Kunsttischler kennengelernt hatte, heirateten sie. Francesca zahlte alle Ausgaben für die Hochzeit und beschaffte das, was im wesentlichen ihre eigene Mitgift darstellte – sämtliche Tücher und Möbel, die sie brauchten. Francesca, die Tochter ländlicher Bauern, war nun Mutter einer städtischen Arbeiterfamilie. Obwohl die Versorgung der Kinder und des Haushalts viel Zeit beanspruchte, schaffte sie es 1853 immer noch, Geld zu verdienen, indem sie umgerechnet 125 volle Tage Handschuhe nähte. (Obwohl es nach Le Plays Berechnung nur 125 Tage waren, nähte Francesca fast das ganze Jahr über täglich eine gewisse Zeit lang Handschuhe.)

Solange sie Stückarbeit verrichten konnte, vermochte Francesca F. das Einkommen ihres Mannes durch eigene Arbeit zu ergänzen. Mit dem Niedergang solcher Heimarbeit und dem Aufkommen von Fabriken würde es jedoch für eine Mutter von fünf kleinen Kindern immer schwieriger werden, ihren Haushalt zu verlassen, um einen Lohn zu verdienen. Die ökonomischen Bedingungen im Wien der fünfziger Jahre des 19. Jahrhunderts ermöglichten es Francesca noch, die Rolle zu erfüllen, die von einer Unterschichtsfrau erwartet wurde.

IV.

Traditionelle Werte hatten in modernen oder moderner werdenden Zusammenhängen nicht endlos Bestand. Als Familien gewohnte Strategien abwandelten, um mit neuen Situationen umgehen zu können, machten sie neue Erfahrungen, die die Beziehungen in der Familie und die Vorstellungen über diese Beziehungen veränderten. So wie der Prozeß der Veränderung die Beibehaltung alter Werte und Praktiken beinhaltete, so transformierte er diese auch, allerdings auf eine langsamere und komplexere Art, als Goode oder Engels meinten.

Die Hauptveränderung betraf die Ersetzung familialer Werte durch individualistische. Diese betonten die Vorstellung, daß das Individuum eher sein eigener Meister als Teil eines sozialen oder sittlichen

Ganzen sei.[84] Sie umfaßten das, was Anderson eine „Zweckorientierung“ von Familienmitgliedern gegenüber ihren Familien nennt, die „eine unmittelbare wechselseitige Gegenleistung für die Beiträge einzelner Familienmitglieder erforderlich machte“.[85] Diese Haltungen entwickelten sich an unterschiedlichen Orten verschieden, teils abhängig von besonderen Bedingungen. Dennoch deuten die Belege auf eine grundlegende Ähnlichkeit des Prozesses und des Endresultats hin. Zuerst wurde es den Söhnen, erst später den Töchtern gestattet, etwas von ihrem Verdienst für sich zu behalten. Sie erhielten in einigen Fällen Taschengeld von ihren Eltern; in anderen Fällen wurde ein besonderer Beitrag zum Familiengeld festgesetzt; in wieder anderen entschied die Tochter selbst, welchen Anteil ihres Lohnes sie nach Hause schickte (und dieser Beitrag verringerte sich und wurde mit der Zeit immer unregelmäßiger geleistet). Anderson zeigt auf, wie in Preston die hohen Fabriklöhne der Kinder normale Abhängigkeiten in ihr Gegenteil verkehrten und Eltern von ihren Kindern abhängig machten. Die Spannungen, die durch die unterschiedlichen Prioritäten von Eltern und Kindern erzeugt wurden, führten zu Streitigkeiten. In solchen Situationen verließen die Kinder dann freiwillig und gern ihr Elternhaus und „wurden uneingeschränkte Herrscher über ihr Schicksal“.[86]

Weite Entfernungen und ständige Wanderschaft zersetzten ebenfalls letztendlich die Familienbindungen. Niedrige Löhne, das Leben in der Stadt und die erzwungene Unabhängigkeit einer großen Zahl junger Mädchen förderten berechnende, auf den eigenen Vorteil bedachte Einstellungen. Sie begannen, bestimmte Arbeiten eher als Mittel sozialer und berufsorientierter Mobilität anzusehen und nicht als zeitweiliges Mittel, um etwas Geld für die Familie zu verdienen. Der Dienstleistungsbereich blieb für Frauen bis zum 20. Jahrhundert in fast ganz Europa ein Haupterwerbszweig. (Die Zahl der Frauen, die als Hausangestellte beschäftigt waren, stieg sogar um die Mitte des 19. Jahrhunderts enorm an.) Eine Stellung als Hausangestellte bedeutete jedoch nun, obwohl dies eine traditionelle weibliche Beschäftigung darstellte, auch eine Möglichkeit sowohl für geographische wie für Arbeitsmobilität. Wenn die Reise in die Stadt und die Zeit der Anpassung an urbanes Leben unter dem Schutz der Dienstbotentätigkeit einmal abgeschlossen war, konnte sich ein junges Mädchen eine bessere und lukrativere Arbeit suchen.[87] Ihre Aussichten, jemanden zu heiraten, der in der Stadt besser verdiente, stiegen ebenfalls immens.

Durch die neuen Erfahrungen und Schwierigkeiten und durch die Enttäuschungen, die sie erlebten, entwickelten diese jungen Mädchen eine individualistischere und instrumentellere Orientierung. Zunehmend

lebten und arbeiteten sie mit Frauen ihres Alters zusammen. Sie wollten ihr Geld für Kleider und Vergnügungen sparen. Sie lernten, auf ihren Vorteil zu achten, jeden verdienten Pfennig zu schätzen und ihre eigenen Bedürfnisse und Interessen über die ihrer Familien zu stellen.
Sinkende Säuglingssterblichkeit und wachsende Bildungsmöglichkeiten veränderten ebenfalls familiale Arbeitsstrategien. Anstatt all ihre Kinder für das Wohlergehen der Familie arbeiten zu schicken, begannen Eltern, in die Zukunft ihrer Kinder zu investieren, indem sie sie von der Arbeiterschaft fernhielten und auf die Schule schickten. (Diese Strategie wurde ganz klar früher auf Söhne als auf Töchter angewandt – die genaue Geschichte dieses Prozesses ist allerdings noch zu schreiben.) Die Familienethik förderte gleichzeitig die intergenerationelle Mobilität und eine neue individualistische Haltung.[88]
Am Niedergang der Familienökonomie war also eine Reihe von Faktoren beteiligt. Diese umfaßten die geographische Lage von Arbeitsmöglichkeiten, gestiegene Lebensstandards und höhere Löhne, Nähe zu ökonomischem Wandel, wachsende Berührung mit und Festhalten an bürgerlichen Normen, als sich die Chancen des Aufstiegs in das Bürgertum vergrößerten, ethnische Variationen bei Arbeitsmustern und Familienorganisation und einen unterschiedlichen Grad der Entwicklung in verschiedenen Gegenden und verschiedenen Ländern. All diese Faktoren trugen zum Niedergang der Familie als Produktionseinheit und zur Veränderung der mit ihr verknüpften Wertvorstellungen bei. Dieser Niedergang fand an verschiedenen Orten, in verschiedenen Klassen und Gruppen zu einem unterschiedlichen Zeitpunkt statt. Er erreichte die europäischen Bauern und die Arbeiterklasse erst während des 19. Jahrhunderts und in einigen Gegenden, wie in Süditalien, im ländlichen Irland oder im ländlichen Frankreich, sogar erst im 20. Jahrhundert. Dennoch ist das Familienmodell als Einheit bei der Analyse von sozialen Beziehungen und ökonomischen Entscheidungsprozessen noch heute brauchbar.[89]
Die Neudefinierung der Familienbeziehungen und die Veränderungen in den Definitionen der Frauenarbeit und damit der weiblichen Rolle erfordern weitere Forschungsarbeit. Vieles hat sich ganz eindeutig verändert. Der wachsende Lebensstandard und die steigenden Löhne der Männer, die sie in die Lage versetzten, ihre Familien zu ernähren, machten es für Frauen weniger notwendig, außerhalb des Heims zu arbeiten. (In der frühen Zeit der Industrialisierung hatte solche Arbeit auch einen hohen Preis in Form von Säuglings- und Kindersterblichkeit gefordert.)[90] Selbst für unverheiratete Frauen reduzierten ökonomische Veränderungen traditionelle Arbeitsmöglichkeiten, während sich für Frauen mit mehr Bildung neue Aussichten eröffneten. Nach dem Ersten Weltkrieg war beispielsweise der Dienstleistungssektor

ein weitaus weniger wichtiger Arbeitsbereich für junge Frauen. Eine kleine Zahl von Dienstboten, die diese Beschäftigung als ständigen Beruf ausübte, ersetzte den permanenten Strom junger Frauen, die den Dienstleistungsbereich bis dahin bevölkert hatten.[91] Das Aufkommen der Kleidungsproduktion in Fabriken scheint die Arbeitsmöglichkeiten für Frauen in Mailand und auch anderswo reduziert zu haben.[92] Andererseits stellte das Anwachsen neuer Beschäftigungen im expandierenden öffentlichen Dienst, in den unteren Rängen des Geschäftslebens, im Handel, im Gesundheits- und Bildungswesen Arbeitsmöglichkeiten, besonders für junge Frauen mit zumindest einer Grundausbildung, zur Verfügung.[93]

Es gibt zudem Belege dafür, daß sich mit der Zeit auch die häusliche Rolle der Frau, ob als Ehefrau oder Tochter, veränderte. In Großbritannien begannen Frauen in Arbeiterfamilien im frühen 20. Jahrhundert, die Kontrolle über die Finanzen zu verlieren, doch war dieser Prozeß nicht vor dem Zweiten Weltkrieg abgeschlossen. Arbeitermädchen bekamen erst gegen Ende des 19. Jahrhunderts ein eigenes Taschengeld. Nach 1914 behielten immer mehr Mädchen einen immer größeren Anteil ihrer Löhne für sich; Ehefrauen dagegen bekamen ein Haushaltsgeld von ihren Männern, die den Rest des Geldes behielten und darüber bestimmten, wie es auszugeben sei.[94] Die Rhetorik einiger Arbeiterorganisationen legt ebenfalls eine Veränderung in den Vorstellungen über familiale Rollen nahe. Gewerkschaften forderten höhere Löhne für Männer, damit diese ihre Familien ernähren und ihre Frauen im Haus halten konnten. Einige sozialistische Zeitungen beschrieben die ideale Gesellschaft als eine, in der „gute sozialistische Ehefrauen“ zu Hause bleiben und sich um das Wohl und die Erziehung „guter sozialistischer Kinder“ kümmern würden.[95]

Die Veränderungen, die die Arbeit und die Rolle der Frauen innerhalb der Familie im späten 19. Jahrhundert und im 20. Jahrhundert beeinflußten, sind ein Thema, das von Historikern kaum erforscht worden ist. Sie können jedoch nicht ohne den historischen Kontext, den wir hier dargestellt haben, verstanden werden. Die europäischen Bauern- und Arbeiterfamilien waren diejenigen, die die strukturellen Veränderungen des 19. Jahrhunderts unmittelbar an sich selbst erfuhren. Diese Erfahrungen waren keineswegs immer gleich. Sie unterschieden sich in geographischer, ethnischer und zeitlicher Hinsicht und umfaßten komplexe Formen familialer Veränderungen wie familialer Entscheidungsfindungen. In allen Fällen bewirkte jedoch die erste Berührung mit strukturellen Veränderungen eine Anpassung traditioneller Strategien, wobei diese Anpassung auf Wertvorstellungen beruhte, die in der Familienökonomie verwurzelt waren. Nur vor diesem Hintergrund wird es möglich sein, die Arbeit der überwältigenden Mehrheit der Frauen im 19. Jahrhundert zu verstehen. Wir müssen *ihre* Erfahrungen im Lichte *ihrer* familienbezogenen Werte untersuchen und nicht im Lichte unserer individualistischen Werte. Für die Familien, deren Frauen und Töchter den Großteil der weiblichen Arbeitskräfte in Westeuropa während beinahe des gesamten 19. Jahrhunderts ausmachten, waren ganz einfach die „Rechte und Pflichten des Individuums", die Goode anführt, keine bedeutsamen Werte. Ihre Wertvorstellungen können weder logisch noch historisch mit der Erlangung des politischen Wahlrechts für Frauen in Verbindung gebracht werden. Die Verwirrung über die Arbeit und die Rolle der Frauen beginnt sich aufzuklären, wenn Thesen anhand von historischen Daten überprüft werden. Das evolutionistische Modell, das eine einzige und ähnliche Erfahrung für alle Frauen unterstellt, eine Erfahrung, die von politischen und ökonomischen Faktoren in gleicher Weise geprägt ist, muß im Lichte der historischen Erkenntnisse zurückgewiesen werden.

Aus dem Amerikanischen übersetzt von Barbara Becker und Iris Klose.

Anmerkungen

Viele haben uns mit Kommentaren zu früheren Entwürfen dieses Aufsatzes geholfen. Besonders möchten wir Susan Rogers, Ellen Sewell, William Sewell jr., Charles Tilly, Marilyn Young, Richard Senett, Natalie Davis, Sally Brown, Robert Brown, Lynn Hunt, Lynn Lees und Maurine Greenwald für ihre kritische Durchsicht dieses Aufsatzes danken.

1 W. J. Goode, *World Revolution and Family Patterns,* New York 1963, S. 56. Ivy Pinchbeck konstatiert das Gegenteil – im Vorwort ihres neu aufgelegten Buches *Women Workers and the Industrial Revolution,* New York 1969, S. V. –, nämlich daß Veränderungen ihrer Tätigkeiten sehr wohl eine große Rolle bei der Emanzipation der Frauen spielten.

2 Vgl. T. Deldycke, H. Gelders und J. M. Limbor, *La population active et sa structure,* Brüssel 1969, S. 29-31. Die Zahlen für Italien deuten darauf hin, daß es 1881 einen noch größeren Anteil arbeitender Frauen gab. Die Erhebung von 1901 ist dagegen erwiesenermaßen zuverlässiger, besonders für die Bestimmung der Beschäftigungszahlen. 1881 tendierten die Erhebungskategorien zur Überschätzung der Zahl arbeitender Frauen. 1901 arbeiteten etwa 32,5 % der italienischen Frauen.

3 Der Prozentsatz der Frauen in „Mittelschichts"-(white-collar)Berufen – Lehrerinnen, Krankenschwestern, Verkäuferinnen, Sekretärinnen und Beamtinnen – stieg in England zwischen 1881 und 1911 an, während der Prozentsatz der Frauen in Arbeiterberufen sank.

	1881	1911
Mittelschichtsberufe	12,6 %	23,7 %
Arbeiterberufe	87,4 %	76,3 %

Vgl. Lee Holcombe, *Victorian Ladies at Work*, Hamden, Conn., 1973, S. 216. Holcombe zeigt auf, daß Mittelschichtsfrauen, obwohl immer noch Ideologien der mittleren viktorianischen Periode über die Rolle der Frau und ihre abhängige Position in der patriarchalischen Familie verbreitet wurden, zunehmend in die Reihen der Arbeitskräfte eintraten. Die Gründe hierfür sind in demographischen und ökonomischen Realitäten, nicht in der Ideologie zu suchen. Der erste dieser Gründe bestand im Überschuß an unverheirateten oder, um mit Harriet Martineau zu sprechen, an „überflüssigen Frauen". Diese Frauen mußten arbeiten, da sie durch das zahlenmäßige Verhältnis der Geschlechter keinen Ehemann fanden und durch die Sterberate der Männer keine Väter und Brüder mehr hatten. Darüber hinaus lieferte die Ausdehnung des tertiären Sektors in England Arbeit für diese Frauen und auch für die Arbeiterfrauen, die aus den erweiterten Bildungsmöglichkeiten Nutzen ziehen konnten. Nach Holcombes Analyse begleitete und rechtfertigte die Entwicklung feministischer Ideologie Veränderungen, war aber keinesfalls deren Vorläufer oder Ursache.

In Frankreich gab es ein ähnliches Eindringen in „Mittelschichts"-Berufe im 20. Jahrhundert. Francis Clark, *The Position of Women in Contemporary France*, London 1937, S. 74-75, nennt folgende Zahlen für den weiblichen prozentualen Anteil in ausgewählten Berufen:

	1906	1926
Sekretariat, Buchhaltung	22,8 %	54,8 %
Angestellte in Krankenhäusern, Erholungsheimen usw.	73,2 %	76,1 %
Postangestellte	22,4 %	30,5 %
Lehrer (staatlich)	48,5 %	59,2 %
Lehrer (privat)	68,7 %	71,4 %

4 Vgl. Ivy Pinchbeck, *Women Workers*, a.a.O., S. 315; E. L. Hutchins, *Women in Modern Industry*, London 1915, S. 84.

5 Louise A. Tilly, „Women at Work in Milan, Italy – 1880 – World War I", vorgelegt auf dem Jahrestreffen der *American Historical Association*, 28. Dez. 1972. Die nationale Verteilung von Arbeiterinnen in ganz Italien zeigt, daß die Textilindustrie ein wichtigerer Arbeitgeber für Frauen war als die Haushalte. Dienstboten waren überdurchschnittlich in Städten konzentriert, die Beschäftigung in der Textilindustrie dagegen außerhalb der Städte.

6 Errechnet nach Daten aus T. Deldycke, H. Gelders und J. M. Limbor, *La population*, a.a.O., S. 174. Da in England und in Mailand landwirtschaftliche Tätigkeiten keine Rolle spielten, wurde aus Gründen der Vergleichbarkeit die Landwirtschaft aus den französischen Zahlen ausgeklammert.

7 Unter Industrialisierung verstehen wir den Prozeß, in dessen Verlauf der sekundäre und der tertiäre Sektor innerhalb eines Wirtschaftssystems an Bedeutung gewinnen. Dies wird von einer wachsenden Skala entsprechender Tätigkeiten begleitet sowie von einem darauffolgenden Wachstum der Pro-Kopf-Produktivität.

8 Vgl. Edward Gross, „Plus ça change ...? The Sexual Structure of Occupations over Time", in: *Social Problems*, 16, 1968, S. 198-206.

9 Die statistischen Daten von 1871 bis 1901 werden in Louise A. Tilly, *The Working Class of Milan, 1881-1911*, unveröffentlichte Dissertation, University of Toronto, 1974, analysiert.

10 Vgl. Miriam Cohen, „The Liberation of Working Class Women in England?", unveröffentlichtes Skript, History Department, University of Michigan, S. 15; E. L. Hutchins, *Women*, a.a.O., S. 81-82; Edward Cadbury, M. Cecile Matheson und George Shann, *Woman's Work and Wages. A Phase of Life in an Industrial City*, Chicago 1907, S. 219; Margaret Hewitt, *Wives and Mothers in Victorian Industry*, London 1958, S. 17.

11 Vgl. Ivy Pinchbeck, *Women Workers*, a.a.O., S. 197-198.

12 T. Deldycke, H. Gelders und J. M. Limbor, *La population*, a.a.O., S. 169.

13 Ebd., S. 185.

14 Abel Chatelain, „Migrations et domesticité féminine urbaine en France, XVIIIe siècle - XXe siècle", in: *Revue d'histoire économique et sociale*, 47, 1969, S. 521; vgl. auch E. Royston Pyke, *Golden Times*, New York 1970, S. 156.

15 Vgl. Theresa McBride, „Rural Tradition and the Process of Modernization: Domestic Servants in Nineteenth Century France", unveröffentlichte Dissertation, Rutgers University, 1973, S. 85; Louise A. Tilly, „The Working Class", a.a.O., S. 129-130. McBride fand heraus, daß im gleichen Zeitraum in Versailles nur 19,5 % der weiblichen Dienstboten aus städtischen Arbeiterfamilien stammten.

16 Philippe Ariès, *Geschichte der Kindheit*, München 1975; J. A. Banks, *Prosperity and Parenthood. A Study of Family Planning Among the Victorian Middle Classes*, London 1954; J. A. und Olive Banks, *Feminism and Family Planning in Victorian England*, New York 1964. Alle Werke verknüpfen die Vorstellung von diesen unterschiedlichen Charakteristika der Frau mit der Mittelschicht. John Stuart Mill argumentierte überzeugend dafür, den Frauen politische Rechte zu garantieren und gleichzeitig die weiblichen Vorzüge und Eigenschaften, die die Frauen von den Männern unterscheiden, anzuerkennen. Vgl. J. S., H. T. und H. Mill, *Die Hörigkeit der Frau und andere Schriften zur Frauenemanzipation*, hrsg. von H. Schröder, Frankfurt a. M. 1976. Zur Analyse hierarchischer Strukturen vgl. Susan Rogers, „Woman's Place: Sexual Differentiation as Related to the Distribution of Power", unveröffentlichtes Skript, Northwestern University, April 1974.

17 Vgl. Peter Laslett, *The World We Have Lost*, New York 1965. Unter den vielen anthropologischen und historischen Studien vorindustrieller Gesellschaften siehe: George Foster, „Peasant Society and the Image of the Limited Good", in: *American Anthropologist*, 67, 1965, S. 293-315; Conrad Arensberg und Solon Kimball, *Family and Community in Ireland*, Cambridge, Mass., 1968; Ronald Blythe, *Akenfield, Portrait of an English Village*, New York 1968; Edgar Morin, *The Red and the White: Report from a French Village*, New York 1970; Mack Walker, *German Home Towns: Community, State and General Estates, 1648-1871*, Ithaca, New York, 1971.

18 Friedrich Engels, *Der Ursprung der Familie, des Privateigentums und des Staates*, Berlin 1964, S. 84 f.

19 Unsere These stellt eine Variation der von Bert Hoselitz formulierten These dar: „Insgesamt gesehen mag der Fortbestand von Traditionen sozialen Verhaltens ein wichtiger Faktor sein, der die vielen Wirren und Erschütterungen mildert, die tendenziell mit rapider Industrialisierung und tech-

nischem Wandel einhergehen" (Bert Hoselitz und Wilbert Moore, *Industrialization and Society,* New York 1966, S. 15).

20 Vgl. W. Arthur Lewis, „Economic Development with Unlimited Supplies of Labour", in: A. N. Agarwala und S. P. Singh (Hrsg.), *The Economics of Underdevelopment,* New York 1963, S. 408.

21 Theodor Shanin, „The Peasantry as a Political Factor", in: ders. (Hrsg.), *Peasants and Peasant Societies: Selected Readings,* Harmondsworth 1971, S. 241-244. Eine ähnliche Analyse der Bauernfamilie um die Mitte des 20. Jahrhunderts findet sich in Henri Mendras, *The Vanishing Peasant. Innovation and Change in French Agriculture,* Cambridge, Mass., 1970, S. 76: „Familie und Unternehmen fallen zusammen: Das Oberhaupt der Familie ist gleichzeitig Leiter des Unternehmens. Tatsächlich ist er das eine, weil er das andere ist [...] er lebt sein Berufs- und Familienleben als untrennbare Einheit. Seine Familienmitglieder sind auch seine Mitarbeiter."

22 Michael Anderson, *Family Structure in Nineteenth Century Lancashire,* Cambridge 1971, S. 96.

23 Vgl. „Giunta per la inchiesta agraria e sulle condizioni della classe agricola", in: *Atti,* Rom 1882, Bd. VI, Fasc. II, S. 552, 559, Fasc. III, S. 87, 175-176, 373, 504, 575.

24 Y. Brekilien, *La vie quotidienne des paysans en Bretagne au XIXe siècle,* Paris 1966, S. 37; vgl. Jean-Marie Gouesse, „Parenté, famille et mariage en Normandie aux XVIIe et XVIIIe siècles", in: *Annales E. S. C.,* 27, 1972, S. 1139-1154.

25 Basile Kerblay, „Chayanov and the Theory of Peasantry as a Specific Type of Economy", in: Theodor Shanin (Hrsg.), *Peasants and Peasant Societies,* a.a.O., S. 151; vgl. auch Daniel Thorner, Basile Kerblay und R. E. F. Smith (Hrsg.), *A. V. Chayanov on the Theory of Peasant Economy,* Homewood, Ill., 1966, S. 21, 60; Henriette Dussourd, *Au même pot et au même feu: étude sur les communautés familiales agricoles du centre de la France,* Moulins 1962.

26 Die Männer arbeiteten überwiegend außer Haus. Sie erfüllten die öffentlichen Funktionen für Familie und Hof. Frauen regierten dagegen über den Haushalt und die privaten Angelegenheiten des Familienlebens. Getrennte Bereiche und unterschiedliche Rollen implizierten jedoch keine Diskriminierung oder Hierarchie. Es scheint im Gegenteil, daß kein Bereich dem anderen untergeordnet war. Unter Anthropologen ist diese Interpretation jedoch noch immer umstritten. Vgl. Lucienne A. Roubin, „Espace masculin, espace féminin en communauté provençale", in: *Annales E. S. C.,* 25, 1970, S. 537-560; Susan Rogers, „Woman's Place", a.a.O.; Rayna Reiter, „Men and Women in the South of France: Public and Private Domains", in: R. Reiter (Hrsg.), *Toward an Anthropology of Women,* New York 1975, S. 252-282.

27 Vgl. Ivy Pinchbeck, *Women Workers,* a.a.O., Teil I, passim; Alain Girard und Henri Bastide, „Le budget-temps de la femme mariée à la campagne", in: *Population,* 14, 1959, S. 253-284.

28 Martin Nadaud, *Mémoires de Léonard, ancien garçon maçon,* Paris 1895 (1948), S. 130. Agricole Perdiguier erinnert sich, daß sein Vater die Töchter auf dem Feld arbeiten ließ: Madeleine und Babet arbeiteten wie Männer mit uns." Agricole Perdiguier, *Mémoires d'un compagnon,* Paris 1964, S. 33.

29 Zitiert nach Michael Drake, *Population and Society in Norway, 1735 bis 1865,* Cambridge 1969, S. 145, 139-140.

30 Frederick Le Play, *Les ouvriers européens,* 6 Bde., Paris 1855-1878, Bd. 5, S. 45.

31 Ebd., Bd. 6, S. 145, 127, und Bd. 5, S. 261.

32 Vgl. Arthur Dunham, *The Industrial Revolution in France,* New York 1935, S. 170.

33 Vgl. Marie Hall Ets, *Rosa, The Life of an Italian Immigrant,* Minneapolis 1970.

34 Frederick Le Play, *Les ouvriers européens,* a.a.O., Bd. 3, S. 8, und Bd. 6, S. 109.

35 Ivy Pinchbeck, *Women Workers,* a.a.O., S. 59. Vgl. auch R. H. Hubscher, ,,Une contribution à la connaissance des milieux populaires ruraux au XIXe siècle: Le livre de compte de la famille Flahaut, 1811-1877", in: *Revue d'histoire économique et sociale,* 47, 1969, S. 361-403.

36 Frederick Le Play, *Les ouvriers européens,* a.a.O., Bd. 5, S. 386.

37 Ebd., Bd. 3, S. 281. Le Play fügt hinzu: ,,An jedem Arbeitstag [...] transportieren die Frauen zweimal ein Gewicht von 210 kg über eine Entfernung von einem Kilometer." Bd. 3, S. 161.

38 Ebd., Bd. 3, S. 325.

39 Alice Clark, *Working Life of Women in the Seventeenth Century,* London 1919 (1968), S. 150, 209.

40 Frederick Le Play, *Les ouvriers européens,* a.a.O., Bd. 3, S. 106-107.

41 Alan Forest, ,,The Condition of the Poor in Revolutionary Bordeaux", in: *Past and Present,* 59, 1973, S. 151-152.

42 Olwen Hufton, ,,Weiblicher Alltag. Die Schattenseite der Französischen Revolution", in diesem Band, S. 140.

43 Vgl. Edith Thomas, *Les Pétroleuses,* Paris 1963, S. 73-79. Die kurze Geschichte sozialen Bewußtseins und sozialer Gesetzgebung während der Pariser Kommune von 1871 zeigt, daß diese Werte sich im Radikalismus des Volkes widerspiegelten. Obwohl den Frauen von den Kommunarden keine politische Gleichberechtigung eingeräumt wurde, wurden unehelichen Kindern gesetzliche Ansprüche entsprechend denen ehelicher Kinder garantiert. Unter den Institutionen, die die Frauen der Kommune selbst organisierten, waren auch Kindertagesstätten für arbeitende Mütter.

44 Vgl. Susan Rogers, ,,The Acceptance of Female Roles in Rural France", unveröffentlichtes Skript, 1972, S. 95-96; Michael Anderson, *Family Structure,* a.a.O., S. 95; Leonard Covello, *The Social Background of the Italo-American School Child,* Leiden 1967, S. 208-209, zitiert ein sizilianisches Sprichwort: ,,Wenn der Vater tot ist, leidet die Familie, wenn die Mutter stirbt, kann sie nicht überleben." Eine französische Version lautet: „Tant vaut la femme, tant vaut la ferme." Zitiert nach Plan de Travail, 1946-1947, *Le rôle de la femme dans la vie rurale,* Paris 1946.

45 Olwen Hufton, ,,Weiblicher Alltag", in diesem Bd., S. 138ff.; vgl. auch Louise A. Tilly, ,,The Working Class", a.a.O., S. 259; Michael Anderson, *Family Structure,* a.a.O., S. 77; Laura Oren, ,,The Welfare of Women in Labouring Families: England, 1860-1950, in: *Feminist Studies,* 1, 1973, S. 107-125.

46 Olwen Hufton, ,,Weiblicher Alltag", in diesem Bd., S. 140; vgl. auch Susan Rogers, „Female Forms of Power and the Myth of Male Dominance: A Model of Female/Male Interaction in Peasant Society", in: *American Ethnologist,* 2, 1975, S. 727-757; Rémi Clignet, *Many Wives, Many Powers: Authority and Power in Polygamous Families,* Evanston 1970; Ernestine Friedl, ,,The Position of Women: Appearance and Reality", in: *Anthropo-*

logical Quarterly, 40, 1967, S. 97-108; Evelyn Michaelson und Walter Goldschmidt, „Female Roles and Male Dominance among Peasants", in: *Southwestern Journal of Anthropology*, 27, 1971, S. 330-352; Rayna Reiter, „Modernization in the South of France: The Village and Beyond", in: *Anthropological Quarterly*, 45, 1972, S. 35-53; Joyce Riegelhaupt, „Salaoio Women: An Analysis of Informal and Formal Political and Economic Roles of Portuguese Peasant Women", in: *Anthropological Quarterly*, 40, 1967, S. 127-138. Vgl. auch Olwen Hufton, „Women and the Family Economy in Eighteenth-Century France", in: *French Historical Studies*, 9, 1975.

47 Frederick Le Play, *Les ouvriers européens*, a.a.O., Bd. 5, S. 404, und Bd. 6, S. 110.

48 Daß Verwaltungsrollen manchmal auch Alphabetisierung implizierten, wird in einem Manuskript angedeutet, das uns Judith Silver Frandzel von der University of New Hampshire übermittelte. Es ist das Haushaltsbuch eines Bauernhofes in Besse-sur-Barge, Sarthe, undatiert, stammt aber aus den vierziger Jahren des 19. Jahrhunderts und wurde ausschließlich von der Tochter der Familie geführt. Sie führte alles auf, wofür Geld ausgegeben oder erhalten wurde, vom Land- und Viehkauf bis zum Kauf von Taschentüchern, Küchenutensilien oder Schmuck.

49 Frederick Le Play, *Les ouvriers européens*, a.a.O., Bd. 5, S. 427; vgl. auch Bd. 4, S. 198, zur Lebensgeschichte des savoyischen Zinnschmieds und seiner Frau.

50 Ebd., Bd. 6, S. 110-111. Vgl. auch Marie José Chombart de Lauwe und Paul-Henri Chombart de Lauwe, *La femme dans la societé*, Paris 1963, S. 158.

51 Y. Brekilien, *La vie quotidienne*, a.a.O., S. 69; vgl. auch Michael Anderson, *Family Structure*, a.a.O., S. 77; Peter N. Stearns, „Abstumpfung und Apathie. Arbeiterfrauen in Großbritannien, 1890-1914", in: *Listen der Ohnmacht* [1981], S. 188 ff.; Susan Rogers, „Female Forms of Power", a.a.O., S. 750 ff.

52 Ebd., S. 745 ff.

53 Frederick Le Play, *Les ouvriers européens*, a.a.O., Bd. 3, S. 111.

54 Rudolf Braun, *Industrialisierung und Volksleben. Die Veränderungen der Lebensformen in einem ländlichen Industriegebiet vor 1800*, Erlenbach-Zürich/Stuttgart 1960, S. 84.

55 Ivy Pinchbeck, *Women Workers*, a.a.O., S. 1-2.

56 Daniel Thorner, Basile Kerblay und R. E. F. Smith (Hrsg.), *A. V. Chayanov on the Theory of Peasant Economy*, a.a.O., S. 40.

57 Vgl. Louise A. Tilly, „Women at Work", a.a.O.; dieses Verhaltensmuster bestätigten sich vor dem Ersten Weltkrieg auch in Piemont, einer anderen Provinz Norditaliens, durch Interviews mit etlichen Frauen, die im Alter von zehn Jahren als Dienstboten nach Turin gingen.

58 Vgl. Rudolf Braun, *Industrialisierung und Volksleben*, a.a.O., S. 81 ff.

59 Neil Smelser, *Social Change in the Industrial Revolution: An Application of Theory to the British Cotton Industry*, Chicago 1959, S. 188-189.

60 Vgl. Abel Chatelain, „Migrations et domesticité", a.a.O., S. 508.

61 Vgl. Marie Hall Ets, *Rosa*, a.a.O., S. 87-115; das italienische Ufficio del Lavoro, *Rapporti sulla ispezione del lavoro* (1. Dezember 1906 – 30. Juni 1908), Veröffentlichungen des Ufficio del Lavoro, Serice C, 1909, S. 64, 93-94, beschreibt die Unterkünfte und Arbeitsbedingungen in norditalienischen Textilfabriken; vgl. auch Evelyne Sullerot, *Histoire et socio-*

logie du travail féminin, Paris 1968, S. 91-94; Michelle Perrot, *Les Ouvriers en Grève, France 1871-1890*, Paris 1974, S. 213, 328. Interpretationen ähnlicher Fälle in Amerika finden sich in John Kasson, „The Factory as Republican Community: The Early History of Lowell, Mass.", unveröffentlichtes Skript, vorgetragen vor der *American Studies Convention*, Oktober 1973, und Alice Kessler Harris, „Stratifying by Sex: Notes on the History of Working Women", Arbeitspapier, Hofstra University, 1974.

62 Vgl. Eileen Yeo und E. P. Thompson, *The Unknown Mayhew*, New York 1972, S. 116-180. Vgl. auch Henry Mayhew, *London Labour and the London Poor*, 4 Bde., London 1861 (neu aufgelegt London 1967); Evelyne Sullerot, *Histoire et sociologie*, a.a.O., S. 100, beschreibt die haushaltsartige Organisierung von Näherinnen in kleinen Betrieben, in denen die *patronne* und die Arbeiterinnen *en famille* aßen und die weniger qualifizierten Arbeiterinnen wie Kinder vor dem Nachtisch weggeschickt wurden.

63 Vgl. Peter Stearns, „Abstumpfung und Apathie", in: *Listen der Ohnmacht* [1981], S. 200 ff.

64 Frederick Le Play, *Les ouvriers européens*, a.a.O., Bd. 5, S. 122.

65 Vgl. Michael Anderson, *Family Structure*, a.a.O., S. 22; eine persönliche Mitteilung von Lynn Lees: „Das Heimschicken von Geld scheint bei irischen Wanderarbeitern üblich gewesen zu sein. Die Landbevölkerung Irlands hat einige Generationen lang davon gelebt."

66 R. H. Hubscher, „Une contribution", a.a.O., S. 395-396.

67 Vgl. Marie Hall Ets, *Rosa*, a.a.O., S. 138-140.

68 Vgl. Michael Anderson, *Family Structure*, a.a.O., S. 153.

69 Vgl. Michael Drake, *Population*, a.a.O., S. 138.

70 Vgl. Robert Smuts, *Women and Work in America*, New York 1971, S. 9. Vgl. auch Virginia Yans McLaughlin, „Patterns of Work and Family Organization: Buffalo's Italians", in: *Journal of Interdisciplinary History*, 2, 1971, S. 299-314. Die Dominanz des Familieninteresses über das individuelle Interesse und die Bedeutung der Familie als Modell sozialer Beziehungen läßt sich im Leben sowohl junger Männer als auch junger Frauen finden. Der irische Brauch, Geld nach Hause zu schicken, wurde von Jungen ebenso wie von Mädchen befolgt. In italienischen Einwandererfamilien in den Vereinigten Staaten gaben Mädchen und Jungen ihre Löhne den Eltern. Dasselbe war in französischen Arbeiterfamilien der Fall. Das „*compagnonnage*"-System bot den Jungen die Möglichkeit einer behüteten Wanderschaft mit Wohnmöglichkeiten und sogar einer Ersatzfamilie, bestehend aus mère, père und frères. Diese Häuser boten anscheinend eine familiäre Atmosphäre ohne die autoritären Aspekte der Fabrikunterkünfte.

71 Vgl. Edward Shorter, „Illegitimacy, Sexual Revolution and Social Change in Europe, 1750-1900", in: *Journal of Interdisciplinary History*, 2, 1971, S. 237-272; ders., „Capitalism, Culture and Sexuality: Some Competing Models", in: *Social Science Quarterly*, 1972, S. 338-356; ders., „Female Emancipation, Birth Control and Fertility in European History", in: *American Historical Review*, 78, 1973, S. 605-640. Shorter hat das Argument vertreten, daß dem Ansteigen unehelicher Geburten von der Mitte des 18. Jahrhunderts an bis hin zum Ende des 19. Jahrhunderts eine dramatische Veränderung des Wertesystems vorausging. Diese Veränderung wurde nach Shorter durch die Rebellion gegen elterliche Autorität und dadurch, daß junge Frauen mit „alten Traditionen" brachen, außer Haus arbeiteten und damit den „Marktgesetzen" ausgesetzt waren, veranlaßt. Sie drückte sich in einer neue sexuellen „Befreiung" junger Arbeiterinnen

aus. In sexuellen Begegnungen suchten sie Erfüllung und Selbstverwirklichung. Mangels Verhütungsmitteln wurden sie schwanger und gebaren uneheliche Kinder. Wir halten Shorters Spekulationen für phantasievoll, aber inkorrekt. Er formuliert unbegründete Annahmen über die vorindustriellen Familienbeziehungen und über die Arbeitsformen in diesen Familien. Die tatsächliche historische Erfahrung junger arbeitender Frauen im 19. Jahrhundert sah anders aus, als Shorter annimmt. Untersucht man ihre Geschichte, so findet man dabei heraus, daß bäuerliche Normen und Familieninteressen sie zum Arbeiten veranlaßten; untersucht man die Art der Arbeit, die sie verrichteten, und den Lohn, den sie erhielten, dann ist es unmöglich, Shorter darin zuzustimmen, daß ihre Erfahrung sich entweder radikal von der der Frauen früherer Zeiten unterschieden habe oder gar in irgendeiner Hinsicht „emanzipierend" gewesen sei.
Shorter kann nicht beweisen, daß sich Verhaltensweisen änderten; er folgert dies lediglich. Wir zeigen hier, daß das Verhalten, aus dem Shorter Veränderungen von Werten herleitet, mit älteren Werten in Übereinstimmung stand, die unter veränderten Bedingungen weiterwirkten. Die Zahl unehelicher Geburten stieg zumindest teilweise als Folge einer veränderten Zusammensetzung der Bevölkerung an, d. h. als Folge davon, daß junge Frauen als städtische Arbeiterinnen sich häufiger in Situationen befanden, in denen sexuelle Annäherungen fernab vom Schutz und Beistand der Familie möglich waren. Unter diesen Umständen können uneheliche Beziehungen als Familienersatz und uneheliche Kinder als Folge des Versuchs gesehen werden, die familiäre Arbeitseinheit in einer Situation herzustellen, in der eine Heirat manchmal finanziell nicht möglich war oder als unnötig empfunden wurde. Weitab von Eltern und Gemeinde, die eine Einhaltung des Eheversprechens, das den sexuellen Beziehungen vorangegangen war, hätten erzwingen können, war es wahrscheinlicher, daß Frauen uneheliche Kinder zur Welt brachten. Dies wird ausführlicher in folgendem Text beleuchtet: Jacques Depauw, „Amour illégitime et société à Nantes au XVIIIe siècle", in: *Annales E. S. C.*, 27, 1972, S. 1155-1182, bes. S. 1163. Depauw zeigt (S. 1166), daß sich Eheversprechen im Falle unehelicher Geburten häuften, als die Zahl dieser Geburten anstieg und die Verbindungen, aus denen uneheliche Kinder hervorgingen, zunehmend zwischen sozial Gleichgestellten auftraten. (In jeder nachfolgenden Version seines Arguments wurde Shorter ungenauer und beharrte immer nachdrücklicher auf der Logik seines Arguments. Logik sollte jedoch nicht mit tatsächlicher historischer Erfahrung verwechselt werden, und Shorter hat wenig zuverlässige Beweise aus der Vergangenheit, um seine Spekulationen zu stützen.) Vgl. auch Louise Tilly, Joan Scott und Miriam Cohen, „Women's Work and European Fertility Patterns", unveröffentlichtes Skript, 1973.

72 Vgl. Charles Booth, *Life and Labour of the People of London*, London 1902; Eileen Yeo und E. P. Thompson, *The Unknown Mayhew*, a.a.O., S. 116-180; Frankreich, Direction du Travail, *Les Associations professionelles ouvrières*, Bd. 4, 1903, S. 797-805; P. Leroy-Beaulieu, *Le travail des femmes au XIXe siècle*, Paris 1873, S. 50-145.

73 Vgl. P. E. Hair, „Bridal Pregnancy in Rural England in Earlier Centuries", in: *Population Studies*, 20, 1966-1967, S. 233-243; und „Bridal Pregnancy in Earlier Rural England, Further Examined", in: *Population Studies*, 24, 1970, S. 59-70; Thomas P. Sheppard, *Loumarin in the Eighteenth Century: A Study of a French Village*, Baltimore 1971; E. A. Wrigley, *Population and History*, New York 1969, S. 61-106; K. R. V. Wikman, *Die Ein-*

leitung der Ehe: Eine vergleichende ethno-soziologische Untersuchung über die Vorstufe der Ehe in den Sitten des schwedischen Volkstums (Acta Academie Aboensis, Humaniora, II, Abo 1937).

74 Vgl. Eileen Yeo und E. P. Thompson, *The Unknown Mayhew*, a.a.O., S. 167-180; J. Depauw, „Amour illégitime", a.a.O., S. 1166-1167, zeigt, wie im 18. Jahrhundert in Nantes wirtschaftliche Versprechungen, wie etwa eine Arbeit für die Frau zu beschaffen oder ihr ein Handwerk beizubringen, zu sexuellen Beziehungen führten, die mit einer Schwangerschaft endeten. Edith Thomas, *Les Pétroleuses*, a.a.O., S. 20-22 und S. 76-79, beschreibt die „wilde Ehe" in der Pariser Arbeiterklasse zur Zeit der Kommune.

75 Eileen Yeo und E. P. Thompson, *The Unknown Mayhew*, a.a.O., S. 141, vgl. auch S. 148, 169; E. M. Sigsworth und T. J. Wyke, „A Study of Victorian Prostitution and Venereal Disease", in: Martha Vicinus (Hrsg.), *Suffer and Be Still*, Bloomington/London 1972, S. 77-99, S. 81.

76 Tschajanow und andere ökonomische Studien über die Bauern äußern sich zum Konzept des „gezielten Verdienstes". Zur demographischen Widerspiegelung des Entwicklungszyklus vgl. Lutz Berkner, „The Stem Family and the Developmental Cycle of the Peasant Household: An Eighteenth-Century Austrian Example", in: *American Historical Review*, 77, 1972, S. 398-418. Lynn Lees arbeitet gegenwärtig an der Übertragung des Entwicklungszykluskonzeptes auf englische und irische städtische Arbeiterfamilien.

77 Peter Stearns, „Abstumpfung und Apathie", in: *Listen der Ohnmacht* [1981], S. 193.

78 Michael Anderson, *Family Structure*, a.a.O., S. 71, 79.

77 Peter Stearns, „Abstumpfung und Apathie", in diesem Bd., S. 193.

78 Michael Anderson, *Family Structure*, a.a.O., S. 71, 79.

79 Robert Smuts, *Woman and Work*, a.a.O., S. 57.

80 Vgl. Virginia Yans McLaughlin, „A Flexible Tradition: South Italian Immigrants Confront a New York Experience", unveröffentlichtes Skript, 1973, S. 8, 11; dies., „Patterns of Work", a.a.O.

81 Vgl. Louise Odencrantz, *Italian Women in Industry: A Study of Conditions in New York City*, New York 1919, S. 19. Odencrantz beschreibt auch das Konzept des Familieneinkommens – also der Verdienste von Vätern, Müttern, Söhnen und Töchtern, anderen Verwandten und Einkünfte von Untermietern – als typisch für italienische Einwanderer in New York. Leonard Covello, *The Social Background*, a.a.O., S. 295, beschreibt den Widerstand italienischer Einwanderer gegen die Schulpflicht und ihre Bemühungen, die Söhne zur Arbeit zu schicken. Eine Mutter schrie: „Das Gesetz [über die Schulpflicht] wurde gegen die Familie erlassen." Louise Tillys Vater, ein italienischer Immigrant, führte als Schuljunge in New York vor dem Ersten Weltkrieg den Haushalt, da er als einziges Familienmitglied nicht arbeitete.

82 Zitiert nach Peter Stearns, „Abstumpfung und Apathie", in: *Listen der Ohnmacht* [1981], S. 195.

83 Vgl. Frederick Le-Play, *Les ouvriers européens*, a.a.O., Bd. 5, S. 9, 16-17, 45, 50-54.

84 Vgl. C. B. Macpherson, *Die politische Theorie des Besitzindividualismus. Von Hobbes bis Locke*, Frankfurt a. M. 1967, S. 15.

85 Michael Anderson, *Family Structure*, a.a.O., S. 131-132.

86 Ebd.

87 Vgl. Theresa McBride, „Rural Tradition", a.a.O.

88 Zu einer wichtigen Diskussion der Veränderungen in den familialen Strategien vgl. Charles Tilly, „Population and Pedagogy in France", in: *History of Education Quarterly*, Sommer 1973, S. 113-128.

89 Vgl. z. B. Marc Nerlove, „Economic Growth and Population: Perspectives on the ‚New Home Economics'", unveröffentlichtes Arbeitspapier, Northwestern University, 1973.

90 Vgl. Margaret Hewitt, *Wives and Mothers*, a.a.O., S. 99-122 und Anhang I. Zu Frankreich vgl. die Debatte, die 1874 die Annahme des Loi Rousell über das Stillen begleitete.

91 Vgl. Abel Chatelain, „Migrations et domesticité", a.a.O.; Theresa Mc Bride, „Rural Tradition", a.a.O., S. 20. Gleichzeitig bestimmte der Hausdienst weiterhin die Richtung geographischer Mobilität kleiner ländlicher Bevölkerungsgruppen, manchmal auch bei internationalen Wanderungsströmen.

92 Vgl. Louise A. Tilly, „Women at Work", a.a.O.

93 Vgl. Lee Holcombe, *Victorian Ladies*, a.a.O.

94 Vgl. Peter Stearns, „Abstumpfung und Apathie", in: *Listen der Ohnmacht* [1981], S. 188 ff.

95 Diese besonderen Vorstellungen wurden 1893 in einem Artikel mit dem Titel „La Femme Socialiste" in *Le Réveil des Verriers* geäußert, sind aber repräsentativ für viele solche Haltungen, die in der Arbeiterpresse Ausdruck fanden. Vgl. M. Guilberg, „La présence des femmes dans les professions: incidences sur l'action syndicale avant 1914", in: *Le Mouvement Social*, 63, 1968, S. 129. Für Italien vgl. *La Difesa delle Lavoratrici* vom 11. Mai 1912 (eine sozialistische Zeitung für Frauen), die eine sozialistische Sicht der Rolle der Frau als Mutter vermittelt. Vgl. auch Theodore Zeldin, *France, 1848-1945*, Bd. I: *Ambition, Love and Politics*, Oxford 1973, S. 346.

Olwen Hufton
Weiblicher Alltag
Die Schattenseite der Französischen Revolution

Die Rolle der Frauen in der Geschichte der Französischen Revolution ist bislang bestenfalls unter engbegrenzten Gesichtspunkten erörtert worden.[1] Wenn auch Marie Antoinette, Madame Roland und Claire Lacombe ihre Biographen und Hagiographen gefunden haben, die kurzlebigen *clubs des femmes* ihre Lobredner und Kritiker[2], und wenn auch die *tricoteuse* einen angesehenen Platz in einem der luxuriösesten historischen Bildbände bekommen hat[3], so bleiben doch die Einstellungen einfacher Frauen und deren Erfahrungen in der Revolution weiterhin ein Rätsel. Sogar in Büchern, die sich ausschließlich mit der Haltung und den Aktivitäten der werktätigen Schichten beschäftigen, wird Frauen nur am Rande Beachtung geschenkt. Doch gerade die Rolle der arbeitenden Frauen war einzigartig und wichtig, und ihre Einstellungen fordern Beachtung. Die vorliegende kurze Arbeit ist ein erster Versuch, diese vernachlässigte Realität aufzudecken, indem eine Kategorie von Frauen betrachtet wird, über die es sehr viele Informationen gibt, nämlich die arbeitende Frau in der Stadt. Sie war die Frau, mit der ein Sansculotte am ehesten verheiratet war, das Mädchen, das der verheiratete Frontsoldat wahrscheinlich zu Hause zurückließ; die Frau, die an den Brotunruhen teilnahm, zu den revolutionären Massen gehörte, die „heldenhafte Mutter" der *fêtes nationales*, die ein Banner mit der stolzen Aufschrift trug: „J'ai donné un (deux, trois, quatre, cinq, six) citoyen(s) à la République" („Ich habe der Republik einen (zwei, drei ...) Bürger geschenkt"), und schließlich das verhärmte, ernüchterte, halbverhungerte alte Weib, das im Jahre III auf die Knie sank, um einen grollenden Christus um Vergebung zu bitten.

Um die Verbundenheit der Frauen mit der Revolution richtig einschätzen zu können, muß ihre Rolle in der Familienökonomie verstanden werden. Zentral ist zunächst die Einsicht, daß die Familienökonomie sowohl in der Stadt als auch auf dem Land die natürliche Wirtschaftsweise der Werktätigen war: Die Familie benötigte die Arbeit aller Mitglieder, um als Ganzes bestehen zu können. Wenn also in einem ländlichen Kontext ein Mann genügend Land hatte, um seine Familie zu ernähren, dann hatte er auch genügend Arbeit für sie. War dies nicht der Fall, mußten er oder einer seiner Familienangehörigen oder alle zusammen eine andere Einnahmequelle suchen. Dies war in den Städten der Normalfall, denn nirgendwo konnte ein Lohnabhängiger – außer vielleicht ein hochspezialisierter Handwerker – erwarten, mehr als den eigenen und vielleicht den Lebensunterhalt eines Kindes und die Miete für ein Dach über dem Kopf zu verdienen; eine Tatsache, die das *comité de mendicité* 1790 jedem deutlich machte, der diese Debatten zur Kenntnis nehmen wollte.[4] Damit aber wird die Bedeutung von Erwerbsfähigkeit, Arbeit und Erfindungsgabe der Frauen und Kinder offenkundig. Man erwartete von ihnen, daß sie aus eigenen Kräften einen wichtigen Beitrag zur Familienökonomie leisteten. Weibliche Arbeit kann leicht klassifiziert werden: Die Unverheirateten arbeiteten als Hausangestellte und wurden meistens mit Unterkunft und Verpflegung entlohnt, doch konnte ein Mädchen wohl noch genug auf die Seite legen, um Bettwäsche und Leinen zu kaufen, worin gewöhnlich die Mitgift einer arbeitenden Frau bestand. Heimarbeit – wie das Spinnen von Wolle und Baumwolle oder die Herstellung von Spitzen – war hingegen Sache der verheirateten Frauen.[5] In der Spitzenherstellung waren, zumindest in Nord- und Zentralfrankreich, die meisten Frauen beschäftigt, und zwar sowohl in der Stadt wie auf dem Land. Die Handarbeit machte den Wert der Spitze aus, denn die zu ihrer Herstellung benötigte Menge an Leinen- oder Seidengarn war gering, und es bedurfte außerdem keiner teuren Ausrüstung. Das Spitzengewerbe, eine Luxusindustrie mit aristokratischer und internationaler Kundschaft und Modediktaten stark unterworfen, war am Vorabend der Revolution der blühendste Erwerbszweig für Frauen, wenn auch die Spitzenklöpplerin nur einen Hungerlohn für eine Arbeit bekam, die ihr am Ende das Augenlicht rauben würde. In den Städten stellten Frauen den Großteil der Beschäftigten im Bekleidungsgewerbe – Näherinnen, Putzmacherinnen, Korsettmacherinnen, Stickerinnen, Bortenmacherinnen, Handschuhmacherinnen usw. –, und schließlich verrichteten in jeder Gemeinde arme Frauen, die unterste Kategorie auf dem Arbeitsmarkt, die schweren und unangenehmen Arbeiten wie das Lastentragen. Nichts war für sie zu knechtisch und gemein. Sie schleppten Erde und auf den Märkten schweres Gemüse, Wasser, Holz – alles.[6] In den großen Städten fanden sie Arbeit als Lumpensammlerinnen, Aschekehrerinnen, Abfallsammlerinnen, als Bau- und Maurergehilfinnen – die Liste ließe sich beliebig fortführen. Wo Arbeit die Familie nicht ausreichend ernähren konnte, mußte eine Mutter erfinderisch sein. Sie lehrte ihre Kinder das Betteln oder stellte sie gegen ein kleineres Entgelt in den Dienst anderer Frauen, die auf Märkten und Messen mit ihren angeblich großen Familien Mitleid erregen wollten oder mit den Kindern von Tür zu Tür zogen und lange herzzerreißende Geschichten erzählten.[7] Sie hatte ein ganzes Repertoire an Lügengeschichten zu vermachen, wenn auch sonst nichts. Wie Richeprey, Neckers Abgesandter in der Rouerge, erzählte, brachten die Mütter von Rodez ihren Kindern tieftraurige Geschichten von harten Schicksalsschlägen bei, die sie den Passanten erzählen sollten, um ihre besondere Hilfsbedürftigkeit deutlich zu machen.[8] Allein vor dem Salzgericht von Laval hatten sich jährlich 2 000 Frauen, Familienmütter, für geringfügigen Salzschmuggel zwischen der Bretagne, wo Salz nicht besteuert war, und der Maine zu verantworten. Bei den Männern waren es nur 150 Fälle.[9] Die Bedeutung der Mutter innerhalb der Familienökonomie war unermeßlich. Ihr Tod oder ihre Erwerbsunfähigkeit, etwa durch Krankheit, konnten zur Folge haben, daß eine Familie die schmale, aber äußerst bedeutsame Grenze zwischen Armut und Elend überschritt.

Madame de Coicy, eine zeitgenössische Feministin, die sich darum bemühte, die Frauen der Mittelschichten und der Aristokratie über ihre untergeordnete Stellung im Haushalt aufzuklären, unterstrich die egalitäre Position der Mutter in der werktätigen Familie, die auf deren wichtiger Beteiligung an der Familienökonomie beruhte.[10] In Anbetracht der wichtigen Rolle der Mutter im Haushalt der arbeitenden Schichten könnte man noch weiter gehen als Madame de Coicy und behaupten, daß sie im engen Rahmen der Familie eine soziale Vorrangstellung inne hatte. Restif de la Bretonne hat in seinem Buch *La vie de mon père* (1778) eine patriarchalische Gesellschaft beschrieben, doch ist es eine wohlhabende, landbesitzende Gesellschaft, die auf diese Weise dargestellt wird. Unten sah es ganz anders aus. Die Anstrengungen, die notwendig waren, um eine Familie zusammenzuhalten, waren unbeschreiblich groß. Armut wirkt wie eine Säure: sie zerfrißt zwischenmenschliche Beziehungen oder löst sie ganz auf. Für einen Vater aber war es leichter, sich der Familie zu entziehen, als für eine Mutter. Er konnte auf dem Nachhauseweg einen Abstecher in die Kneipe machen, um sich mit billigem Fusel gegen den Anblick häuslichen Elends und hungriger Kinder zu betäuben, und es war für ihn auch einfacher, sich ganz aus dem Staube zu machen, im Anschluß an auswärtige Saisonarbeit für immer zu verschwinden. Der Pfarrer von Athis beschrieb dies so:

„Sie verlieren den Mut, sie werden es müde, ihre Familie von einem Lohn zu ernähren, der kaum für eine Person ausreicht. Und dann schnüren sie ihre wenigen übriggebliebenen Lumpen zu einem Bündel zusammen und machen sich auf den Weg, um niemals von ihren Familien wiedergesehen zu werden.“[11]

Die Scheidungslisten aus dem Jahre II bestätigen dies: In Metz beispielsweise reichten 268 Arbeiterfrauen die Scheidung ein; der Grund war Trennung. Die Trennungen dauerten gewöhnlich neun resp. fünf Jahre, was zeitlich genau den Hungerperioden von 1785 resp. 1789 entspricht.[12] Die Ergebnisse, die die Untersuchungen der Bischöfe über die Situation in ihren Diözesen 1740 und 1770-74 zeitigten, sind nicht weniger aufschlußreich. Der Pfarrer von Bort in der Gegend von Clermont schrieb: Ich werde von Frauen überrannt, die zu mir kommen und um Brot flehen, aber sie beschuldigen auch ihre Ehemänner, daß diese ihnen drohten, sie zu verlassen, wenn sie nicht ihre jüngsten Kinder verhungern ließen. Allein könnten sie zurechtkommen, aber selbst wenn sie den ganzen Tag arbeiteten, könnten sie ihre Familien nicht ernähren.[13] Ein Curé aus Tours beschrieb eine Hierarchie des Hungers, wobei er sich nicht nur auf arm und reich bezog. Frauen, so sagte er, sterben nicht als erste, doch sie spüren den Hunger zuerst, weil sie sich das Brot vom Munde absparen, um Mann und Kinder zu ernähren. Und er äußerte sich des langen und breiten über den naheliegenden Vergleich mit dem gottesfürchtigen Pelikanweibchen des *adoro te*, das sein Blut opferte, um seine Jungen zu füttern.[14] Damit soll nicht gesagt werden, daß Frauen nicht tranken, stahlen, logen, sich prostituierten und jeder nur erdenklichen kriminellen Handlung frönten, sondern daß sie im allgemeinen stärker und hingebungsvoller an ihren Familien hingen und daß dies auch weithin anerkannt wurde.
In der Tat wuchs gerade in Hungerperioden die Bedeutung der Mutter innerhalb der Familie ins Unermeßliche. Nicht nur ihre Beharrlichkeit, jeden vorhandenen Bissen aufzutreiben, nicht nur ihre Listigkeit im Umgang mit dem Bäcker, Pfandleiher oder Priester wurden wichtiger denn je zuvor[15] (es gab keine verweltlichte Armensteuer wie in protestantischen Ländern, und die Armen waren abhängig von den freiwilligen Almosen der Gläubigen, die vom Curé verwaltet wurden), sondern wenn alle Stricke rissen, hatte sie und nicht der Familienvater das Recht, zum Aufruhr überzugehen. Gegen Ende des Ancien régime wurde dies stillschweigend, nicht offen zum Ausdruck gebracht; ja, man muß wahrscheinlich bis zu Thomas von Aquin zurückgehen, um die letzte explizite Abhandlung zu finden über das Recht einer hungerleidenden Mutter, für ihre Kinder Brot zu stehlen. Dennoch konnte sie dies auch jetzt noch – unter gewissen Umständen – ungestraft tun. Sie mußte es im Kollektiv tun, und es mußte sich natürlich um ein außergewöhnlich schlechtes Jahr handeln. Bis 1789 wurden nur solche Frauen nach Brotunruhen bestraft, die während des Aufruhrs Eigentum zerstört hatten oder gewalttätig gegen Personen vorgegangen waren. Allein nach diesem Kriterium pickten sich die

Behörden gewöhnlich einige Frauen zur Bestrafung heraus, keineswegs Frauen, die mehr geklaut hatten als die anderen. Eine Frau mußte es zudem für ihre Kinder tun, obwohl es ebenfalls selten vorkam, daß eine Großmutter vor Gericht zitiert wurde.[16] Ich behaupte nicht, daß Männer nie an Brotunruhen beteiligt waren – tatsächlich waren sie während der Revolution erheblich daran beteiligt –, sondern daß die Brotunruhen vorwiegend weibliches, das heißt eigentlich mütterliches Terrain waren. Es lassen sich über die Frauen, die an diesen Brotunruhen teilnahmen, noch weitere Verallgemeinerungen anstellen. In Bayeux, Troyes und Orléans erscheinen die im Jahre 1789 verhafteten Frauen, von einer Ausnahme abgesehen, nicht auf den Listen derer, die in diesen Städten eine jährliche Unterstützung von den *bureaux de charité* erhielten, das heißt, sie waren keine Almosenempfängerinnen, sondern Frauen, die in normalen Zeiten zurechtkommen konnten, stolze Frauen, die nicht zu den Mittellosen gezählt wurden und die um diesen Status und den Fortbestand ihrer Familien kämpften.[17] Sicher war die bedeutungsvollste soziale Trennungslinie im Ancien régime ziemlich unabhängig von Stand oder Klasse; sie verlief vielmehr zwischen denen, die stolz behaupten konnten: „In unserem Hause gibt es immer Brot", und jenen, die dies nicht konnten. Und bei den letzteren gab es noch den Unterschied zwischen denen, die in normalen Zeiten genug hatten, und jenen, die unter das Minimum abgeglitten waren. Es bestehen kaum Zweifel, daß sich diese letzten aus der vorhergehenden Gruppe rekrutierten und daß dies meistens in Notzeiten geschah, wenn die Preise stiegen und die Familie sich von ihrem ohnehin geringen Besitz trennen mußte, um Brot zu kaufen, und sich dabei wahrscheinlich in Schulden stürzte. Die Frau, die sich an den Brotunruhen beteiligte, zog ihre Stärke aus der Einsicht, die Schranke zwischen Armut und Elend auf keinen Fall überschreiten zu dürfen. Sie lebte in ständiger Anspannung, doch gab es für sie einen schlimmeren Zustand, nämlich den, von der Willkür privater Almosen abhängig zu sein.[18]

Wir beschäftigen uns vorwiegend mit dieser Kategorie von Frauen – mit denen, die kämpfen mußten, um auf der richtigen Seite zu bleiben. Freilich sollten die gänzlich Mittellosen dabei nicht in Vergessenheit geraten: sie machten 1790 immerhin ein Fünftel der französischen Bevölkerung aus. Aber die Verelendeten protestierten nicht und nahmen auch nicht an Aufständen teil. Die Linie zwischen Armut und Verelendung war sowohl eine psychische als auch eine physische Barriere: auf der falschen Seite zu sein, bedeutete passive Demoralisierung, den Punkt, an dem die Armen aufgaben und nichts mehr erwarteten.

Die Brotunruhen der Französischen Revolution, ob der Marsch nach Versailles am 5. und 6. Oktober 1789 oder, in geringerem Maße, die *journées* von Germinal und Prairial im Jahre III, waren also Frauentage par excellence. Wenn es um Brot ging, war das ihre Sache: Eine Brotunruhe ohne Frauen ist ein Widerspruch in sich. Wieviel sie von den politischen Zusammenhängen verstanden haben, ist schon schwieriger zu sagen. Allerdings ist ihnen von Oktober 1789 bis zum Germinal des Jahres III gar manches zugestoßen, was die weitere Entwicklung entscheidend beeinflussen sollte. Soweit sie überhaupt als eine kollektive untersucht werden kann, muß nun die Revolutionserfahrung der Frauen skizziert werden. In welcher Weise wirkte die Revolution auf die Familienökonomie der Armen? Wie veränderte sie das oftmals prekäre Gleichgewicht zwischen Armut und Elend? Und inwiefern beeinflußten diese Auswirkungen die Haltung der Frauen zur Revolution?

In Anbetracht der Forschungslücken, die es noch zu füllen gilt, läuft man Gefahr, bei der Beantwortung dieser Fragen entweder breiten, nichtssagenden Verallgemeinerungen aufzusitzen oder in einer Fülle von Einzelbeschreibungen steckenzubleiben. Gleichzeitig muß zwischen langfristigen Trends und einschneidenden, unmittelbaren Auswirkungen unterschieden werden: Nicht alles, was 1795 zum Himmel schrie, war 1790 schon augenfällig gewesen. Niemand hatte damals einen Begriff davon – und diese Frage muß noch viel genauer erforscht werden –, wie eng die Ökonomie der Armen mit den Mißständen, mit den Institutionen und dem Gesellschaftsgefüge des alten Regimes verknüpft war. Man weiß noch immer nicht, was mit den 200 000 bretonischen Familien, die vom Salzschmuggel gelebt hatten, geschah, als 1790 die *gabelle* (Salzsteuer) abgeschafft wurde. Städte wie Toulouse, Dijon, Rouen, Montpellier, Bayeux oder Angers klagten aus guten Gründen über die Zerstörung der *parlements* und *états* und über die Auflösung des Kirchenbesitzes, wodurch ihnen jedesmal Hunderttausende von Livres verlorengingen, Geld, das für Konsumgüter ausgegeben worden war, für Löhne von Arbeitern und Dienstboten und für die Armenfürsorge. Zumindest in einem dieser Fälle waren die Klagen berechtigt, und es ist sicher, daß die Wirtschaft ganzer Städte gefährdet sein konnte, wenn sie von den Institutionen des Ancien régime abhängig gewesen war.[19] Herrscht in dieser Frage auch noch einige Unklarheit, so läßt sich mit größerer Sicherheit der Niedergang der Luxusgüterindustrien feststellen, von denen viele Frauendomäne waren: Die Emigration der reichen Kundschaft, die Einstellung der internationalen Handelsbeziehungen und das Aufkommen einer einfacheren und strengeren Mode trugen zu ihrem Zusammenbruch bei. Das Spitzengewerbe beispielsweise war abhängig von Busentüchern, Halskrausen, Rüschen und gesäumten Unterröcken, dem Drum und Dran eines Mädchens, das zum Tanz auf ein galantes

Fest ging. Die Ökonomie der arbeitenden Bevölkerung von Le Puy, Chaise Dieu im Massif Central, unzähligen Städten in der Normandie und einigen in Flandern brach einfach zusammen: Dies erklärt die Spitzenklöpplerinnenunruhen des Jahres II in der Normandie und im Velay.[20] Samt, Seidenbrokat, Seidenbänder, Stickereien -- all das fand einfach keine Kundschaft mehr. Allein am klassischen Gewand läßt sich auf eindringliche Weise der Niedergang von mindestens fünf Gewerbezweigen ablesen. Glatt, streng, ohne Verzierung durch Spitzen oder Bänder, hergestellt aus Batist, Kambrik oder Wolle über einem geraden Unterhemd, versteckte dieses Gewand die Taille und machte sogar den Korsettmacher arbeitslos.[21]

Eine zweite Behauptung läßt sich mit großer Sicherheit aufstellen: 1794, als Not und Krankheit ausbrachen, waren letztlich alle Armen vom völligen Fehlschlagen der gesetzlichen Armenfürsorge der Französischen Revolution betroffen.[22] Diese Gesetzgebung sollte den Höhepunkt der Aufklärung darstellen: die Verwirklichung einer sozialen Utopie, in der die Armen per Gesetz abgeschafft werden sollten. Auf den einfachsten Nenner gebracht, war folgendes vorgesehen: die Beschlagnahmung der Besitztümer der *hospices*, die zur Versorgung der Alten, Kranken und Waisen dienten, als *biens nationaux* sowie die Leitung und Finanzierung der *hospices* durch den Staat; des weiteren die vollständige Abschaffung der Almosen und der *bureaux de charité*, statt dessen die Schaffung von Arbeitsprojekten, um die voll arbeitstauglichen Armen zu Löhnen etwas unterhalb des lokalen Lohnniveaus zu beschäftigen, was Arbeit für den arbeitslosen Mann bedeutete; und schließlich eine jährliche Unterstützung für die Väter kinderreicher Familien, die von Anzahl und Alter der Kinder abhängig war. Auf dem Papier kannte dieses Gesetz in der Geschichte der Philanthropie bis zu diesem Zeitpunkt nicht seinesgleichen; doch hatten seine Urheber keine Vorstellung über Anzahl oder Art der Betroffenen. Sie dachten an ein Arbeitslosenproblem, nicht an ein Problem des Existenzminimums. Ebensowenig hatten sie eine Vorstellung vom Besitz der *hospices*: sie glaubten, er sei riesig und seine Übernahme würde, genauso wie die Kirchengüter den konstitutionellen Klerus finanzieren sollten, weitgehend für die Finanzierung der neuen *hospices* und der Arbeitsprojekte ausreichen. Man brauchte zwei Jahre für die Zusammenstellung annähernd korrekter Zahlen, aber als diese abgeschlossen war, wurde offenkundig, daß das Hauptproblem nicht in der Arbeitslosigkeit lag, sondern in der Unterstützung einer riesigen Anzahl von Frauen und Kindern. Die benötigte Summe war so gewaltig, daß das *comité* einsehen mußte, daß seine Mittel nicht ausreichten. Die Regierung gab, sogar noch bevor sich der Krieg verheerend auf ihre Finanzen auswirkte, stillschweigend ihre Niederlage in die-

ser Hinsicht zu. Das Endergebnis war, daß die traditionellen Methoden der Armenfürsorge ersatzlos zerstört worden waren. Darüber hinaus konfiszierte die Regierung in ihrer Geldnot 1795 den Besitz der *hospices,* so daß die Hospitäler genau zu dem Zeitpunkt in völlige Abhängigkeit vom Staat gerieten, als der Krieg jeden Pfennig, den die Regierung aufbringen konnte, verschlang. Viele Hospitäler, insbesondere in Kleinstädten, waren schlicht gezwungen zu schließen, und das kurz bevor jene Epidemien ausbrachen, die eine unvermeidliche Folge chronischer Unterernährung sind. Die schwachen Sicherheitsventile einer Gesellschaft, die mit Hunger und Elend konfrontiert ist, waren beseitigt worden. Schließlich gab es natürlich Inflation und Mangel, die in manchen Gegenden trotz festgelegter Höchstpreise herrschten und zweifellos erst recht aufkamen, als die Preisbindung aufgehoben wurde. Inflation und Mangel sollten in traditioneller Weise Druck auf die Familienökonomie der Armen ausüben und es erforderlich machen, daß die Frauen der Armen ihre angestammte Rolle, allerdings unter wesentlich veränderten Bedingungen, spielten.
Alle diese Aspekte traten im Jahre III offen zutage, jedoch niemand hätte sie 1789 voraussehen können. Dies würde bedeutet haben, von Winter zu Winter zu gehen, ohne Frühling, Sommer und Herbst zur Kenntnis zu nehmen, und würde besagen, daß alles für alle Armen von Anfang an gleich düster aussah. Aber sie identifizierten ihr Schicksal nicht unbedingt mit dem der Geistlichen und Emigranten, dem des *parlement* und der *états,* und warum sollten sie auch. Sie sahen nicht unbedingt, daß sie mit den Notleidenden und Verelendeten irgendwelche gemeinsamen Interessen hatten, ganz im Gegenteil. Die Hand, die unter dem Ancien régime – oder unter jedem anderen Regime – den einen etwas gab, hatte unweigerlich anderen etwas genommen. Das Trappistenkloster von Bonnecombe in der Nähe von Flavin im Distrikt Rodez verteilte jährlich Brot im Wert von 300 000 Livres an die Notleidenden des Gebiets, doch das Korn für dieses Brot stammte aus dem Zehnten, der vor allem von den kleinen Landbesitzern der Umgebung erhoben worden war.[23] Nun verloren die Armen ihr Brot, und die kleinen Landbesitzer behielten einen Teil ihrer Ernte, den sie bitter nötig hatten. Der Bischof von Mende ließ normalerweise jährlich Brot im Wert von 10 000 Livres an die Notleidenden der Stadt austeilen, doch kam ein großer Teil des Geldes aus dem Zehnten und anderen lehnsherrlichen Abgaben, die von den Armen im Land geleistet wurden.[24] Alles erschien unglaublich kompliziert und war es auch. Es überrascht nicht, daß die Behörden in Stadt, Distrikt und Departement meist die Zukunftsform oder das Konditional benutzten: Wenn Listen zusammengestellt, Schätzungen vorgelegt und genehmigt sein werden, wenn Amtsträger des alten Regimes schnell

die ihnen zur Verfügung stehende Information weitergeben würden, wenn die Regierung eine erste oder vorläufige Schätzung akzeptieren würde, während eine genauere in Arbeit wäre – dann könnte dieses oder jenes getan werden. Es war nur eine Frage der Geduld; es handelte sich um eine Übergangsperiode; Rom war nicht an einem Tag erbaut worden. In der Zwischenzeit waren indirekte Steuern ganz verschwunden. Es gab zwei gute Ernten, und die Damen der Bourgeoisie (im Gegensatz zu den Aristokratinnen, die im 18. Jahrhundert dasselbe, aber unter anderem Namen, getan hatten) gründeten *clubs des femmes*, deren Zweck darin bestand, private Almosen zu sammeln (die Regierung gab vor, dies nicht zu bemerken), um den Notleidenden zu helfen, bis neue Gesetze in Kraft treten würden. Der im Jahre 1791 in Dijon gegründete *club des Amies de la Vérité et de la Bienfaisance* kann als durchaus typisches Beispiel gelten.[25] Die Ehefrauen von angesehenen Bürgern in Departement oder Distrikt und von städtischen Amtsträgern trafen sich jeden Sonntag, um der Bevölkerung ein Beispiel zu geben, indem sie die Messe eines konstitutionellen Priesters besuchten und gelobten, keine Dienstboten anzustellen oder von solchen Ladenbesitzern oder Schneidern, die einen Eidverweigerer unterstützten, etwas zu kaufen. Außerdem veranstalteten sie Lotterien, um Familien zu helfen, die sich vorübergehend in Not befanden und deshalb Grund haben könnten, dem alten Regime nachzutrauern.

Es läßt sich bis jetzt noch kein genaues Bild von der arbeitenden Frau der Jahre 1790/1791 zeichnen. In Bayeux und Orléans finden sich für das Jahr 1791 vereinzelte Hinweise auf Frauen, die auf dem Markt Bauern, die ihre Waren nur ungern für Papiergeld hergaben, zur Annahme von Assignaten* zwangen.[26] Aber das Bild bleibt dunkel, unscharf – das Leben der arbeitenden Frau ist nur bruchstückhaft überliefert. 1792 tritt sie voll Wut in Erscheinung, zornig über die Unterbrechung von Warenlieferungen, vor allem über die mangelhafte Milchversorgung in den Städten[27]; und immer häufiger hört man ihre Stimme beim Befürworten von Preisbindung. Seit Mitte 1792 wurden lokal Versuche unternommen, Preise zu stabilisieren, und in Lyon und den großen Städten des Ostens wie Besançon, Châlons, Vesoul kam der Anstoß hierfür von den örtlichen *clubs des femmes*, deren soziale Basis sich im Laufe dieses Jahres verbreiterte und deren Charakter sich im Vergleich zu den recht exklusiven frühen Frauenvereinigungen rapide veränderte. Bis zu ihrer zwangsweisen Schließung durch den Konvent, ungefähr vierzehn Tage nach der Eliminierung der Hebertisten, stellte der Kampf um Festpreise das gemeinsame Programm der

---

* *Assignat:* Anweisung auf die französischen Nationalgüter, 1790-1796 (Anm. d. Hrsg.).

club des femmes dar; „alle anderen Geschäfte“ bezogen sich auf das Kriegsgeschehen. Tatsächlich zeigt es sich im Zusammenhang mit dem Krieg 1792 deutlich, daß Frauen begonnen hatten, Gefühle in die Revolution zu investieren. Dieses Engagement spiegelt sich in den riesigen Mengen von Haushaltslinnen wider – oft der wichtigste Besitz einer werktätigen Familie, die Mitgift einer Frau, die für ein ganzes Leben ausreichen sollte –, die als Verbandszeug für die Verwundeten geopfert wurden. Châlons sammelte zu diesem Zweck 20 000 Pfund Leintücher. Bergerac in der Dordogne erzielte das zweitbeste Ergebnis, und als der Abgeordnete des Gebiets den Konvent um eine öffentliche Danksagung bat, wurde ihm mitgeteilt, daß Fälle solchen Patriotismus zu üblich seien, um besonders erwähnt zu werden.[28] Die Frauen von Pontarlier, einer Grenzstadt, gaben ihre Eheringe – den am leichtesten versetzbaren Besitz einer Frau –, um Freiwillige einzukleiden. In Besançon trafen sich Straßendirnen und Frauen, die den ganzen Tag geschuftet hatten, um, nachdem sie ihre Kinder zu Bett gebracht hatten, Socken für die Frontsoldaten zu stricken.[29] Als im Sommer 1792 die Kriegsbegeisterung ihren Höhepunkt erreicht hatte, wurden unzählige Schreiben verfaßt und an die Gesetzgebende Versammlung geschickt. In ihnen bezeugten Frauen ihren Patriotismus und schworen, ihren Kindern die richtige Sorte Milch einzuflößen: die Milch der „*bons principes, amour de la constitution, haine des tyrans*“ („die Milch der guten Prinzipien, der Liebe zur Verfassung, des Hasses auf Tyrannen“) oder, genauer gesagt, des Hasses auf die Österreicher und Piemontesen; die Milch der Freiheit und Gleichheit, oder jene unbestechliche Mixtur, mit der die Frauen von Clermont ihre Kinder zu ernähren gelobten: „un lait incorruptible et que nous clarifions à cet effet avec l’esprit naturel et agréable de la liberté“ („eine Milch, die wir mit dem natürlichen, süßen Geist der Freiheit veredeln werden“).[30]

Darüber hinaus, und das ist noch viel wichtiger, wollen sie selbst den Krieg im Innern führen, während ihre Ehemänner und Söhne an der Front sind: den Krieg gegen Verräter im eigenen Land, und zwar nicht nur gegen tatsächliche Verräter, sondern auch gegen potentielle: die Kinder von Verrätern. Bei Ausbruch des Krieges gegen Österreich bewaffneten sich die Frauen von Lons-le-Saulnier, Mâcon und von der Côte-d’Or mit Mistgabeln und Pfannen und erklärten, sie würden in Abwesenheit der Männer ihr Heim und ihre Kinder verteidigen, und wenn ihre Männer eine Niederlage erlitten (diese Anspielung erregte bei der Legislative Anstoß), würden sie einen letzten Verteidigungsversuch unternehmen.[31] Im Sommer 1792 bewaffneten sich die Frauen aus der Gegend von Tarbes mit Küchenmessern und ihre Kinder mit Schöpfkellen und marschierten los, um den Spaniern entgegenzutreten. Die Frauen von Port-en-Bessin bauten Küstenbefestigungen aus Furcht, die Engländer könnten sie unvorbereitet überfallen.[32] Als sich der früh vorhergesagte Sieg in eine frühe Niederlage verkehrte, richtete sich der Haß immer stärker gegen jene, die der internen Verschwörung verdächtigt wurden. Das Maß an Haß- und Rachgelüsten, das Frauen an fliehenden Priestern und Verwandten von Emigranten ausließen, ist kaum zu überbieten. Im September 1793 tauchte eine Flut von Bekenntnissen und Klageschriften auf – unter der beliebten Überschrift „*Comment peupler la terre avec d'autant de Marats*" („Wie man das Land mit vielen Marats bevölkert") –, in denen Frauen sich anerboten, kleine Spione heranzuzüchten, die ihre Spielgefährten, die nicht nach den Prinzipien des *civisme* (Bürgertugenden) aufwuchsen, denunzieren würden. So könnten solche unpatriotischen Mütter und Kinder *ausgerottet* (nicht etwa zurechtgewiesen) werden; und Frankreichs Nachkommenschaft wäre künftig gereinigt.[33] Alte Damen riefen in einer Sprache vom Stil der Lady Macbeth aus, daß Kindern an der Brust einer Verräterin der Schädel eingeschlagen gehöre. Wenn Pourvoyeur, ein polizeilicher Amtsträger, im Jahre II von der Verrohung der Frauen sprach und sie mit blutrünstigen Löwinnen und Raubvögeln verglich, erscheint uns diese Sprache reichlich übertrieben, freilich fehlt es nicht an Belegen, um sie zu rechtfertigen.[34] Die Bürgerin Defarge, eine *tricoteuse* – das allmächtige Klischeebild der Frau in der Französischen Revolution –, das alte Weib, das für den Krieg Socken strickt, während vor ihren Augen die interne Verschwörung niedergeschlagen wird, ist grimmiger Ausdruck desselben Phänomens, und zweifellos gab es solche Frauen.[35] In allen nach außen gerichteten Kundgebungen des Jahres 1793 waren die Frauen wütender, energischer, doppelt so unbedacht, doppelt so leichtgläubig, doppelt so rachsüchtig wie ihre Männer, und die einzige Ausnahme zu dieser Regel ist, daß sie in der Öffentlichkeit weniger redselig waren – doch das könnte lediglich eine Frage mangelnder Gelegenheit gewesen sein.

Aber inwieweit war all diese Emotion ein Schutz gegen die unangenehme Einsicht, daß sich die Zustände rapide verschlechterten? Inwieweit projizierte die arbeitende Frau ihre Unzufriedenheit, suchte sie einen Sündenbock, irgendeine annehmbare Erklärung für die Einstellung des Handels, den Niedergang der Luxusindustrien, das ökonomische Chaos, das mittlerweile nur allzu offenkundig war? Am Anfang scheint ein Krieg eine Gesellschaft gegen einen gemeinsamen Feind einen zu können, und ein antizipierter Sieg mag oft als Allheilmittel für aktuelle wirtschaftliche Probleme angesehen werden. Beide Annahmen sind trügerisch, besonders die zweite. Die Einigkeit auf nationaler Ebene ist ein zersetzender Faktor auf der persönlichen

Ebene. Ein Krieg trifft die Familie: Er nimmt Väter und Söhne, und was der Tod nicht zerstört, wird den Auswirkungen einer langen Trennung überlassen. Dies war zweifellos die harte Lektion der Französischen Revolution. Zudem war der Sansculotte wenig geneigt, seine neugewonnene politische Bedeutung zu teilen. Als Rückgrat der lokalen *sociétés populaires* verbrachte er im Herbst und Winter 1793/94 seine Abende außer Haus bei endlosen verbalen Beteuerungen seines Patriotismus und seiner Dankbarkeit für die Freiheit.[36] Der Sansculotte durfte, wie Chaumette sagte, als er im Oktober 1793 die Frauenclubs auflöste, von seiner Frau erwarten, daß sie seinen Haushalt führte, während er politischen Zusammenkünften beiwohnte: Die Sorge für die Familie war ihre Sache, darauf beschränkten sich ihre Bürgerpflichten.[37] Andere haben sich ausführlich über den Stolz des Sansculotten ob seiner neuerworbenen Bedeutung in der „Volksgesellschaft" und in der Sektion oder in seiner Rolle als Berufsrevolutionär auf Abruf verbreitet, doch was geschah unterdessen mit seiner Frau in der Isolation? Wie reagierte sie, wenn er, von schlechtem Alkohol betrunken und mit dem Vokabular der Freiheit auf den Lippen, nach Hause kam?

Das Privatleben des Sansculotten scheint so etwas wie ein Buch mit sieben Siegeln zu sein; sicher aber ist, daß seine Ehefrau stetig Erfahrungen sammelte, die sie mit Verbitterung über die Revolution und alles, wofür diese stand, erfüllen sollte, daß sie sich früher und mit weitaus größerer Intensität als ihr Mann gegen die Revolution wenden sollte, und dies auf eine Art, die völlig neu, ganz die ihre war. 1794 und noch stärker 1795 wurde sie mit jener Art von Krise konfrontiert, die ihre Rolle in der Gesellschaft auf die Probe stellen sollte: mit einer Hungersnot, von der sie wie üblich in ihrer Familie und in ihrer eigenen Gesundheit getroffen wurde.[38] Sie stand vor der Aufgabe, die soziale Gemeinschaft, um deren Erhaltung sie kämpfte, vor dem Schicksal der Verelendung bewahren zu müssen. Während ihr Ehemann noch immer redete, hatte sie sich in manchen Gegenden schon längst in die Lebensmittelschlangen eingereiht, und als sie dies tat, war ihre Loyalität potentiell in Frage gestellt. Eine Zeitlang mochte das zwar ihren Haß auf die interne Verschwörung schüren, ihre Feindseligkeit gegen böswillige Grundbesitzer, die zum eigenen Nutzen mit einem künstlich erzeugten Mangel die Menschen verhungern lassen wollten, verstärken und so ihre Neigung zur Gewalttätigkeit erhöhen. Indes ihre Nerven, ihre Geduld, ihre körperlichen Kräfte waren schon arg strapaziert. An welchem Punkt würde sie sich gegen die Regierung und deren Unfähigkeit auflehnen? Offensichtlich wurden einige mehr als andere auf die Probe gestellt. Wenn auch die Höchstpreise 1794 in Paris weitgehend funktionierten und Grundnahrungsmittel zu angemessenen Preisen garantierten, so war dies beispielsweise in den kleinen Städten und Dörfern der Normandie nicht der Fall. Hier zwangen der Widerwille der Bauern, ihre Nahrungsmittel zu Festpreisen abzugeben, verknüpft mit einer Lebensmittelbeschlagnahme zur Versorgung der Truppen in der Vendée und zur Deckung des großen Bedarfs vom Moloch Paris, die Frauen ab Februar 1794 in die Lebensmittelschlangen, und der Schwarzmarkt florierte.[39] Als mit der Mißernte in Nordfrankreich und im großen Weizengürtel gegen Ende desselben Jahres die wirkliche Hungersnot ausbrach, hatte sich die Frau aus dem Volk schon acht Monate lang abgemüht, ihre Familie zu ernähren, und das auf völlig ungenügende Weise. Die hohe Sterberate der Jahre 1795-1796 war die Folge *kumulativer Schwächung* – und nicht nur das Ergebnis eines Mangeljahres. Die Aufhebung der Höchstpreise im Dezember 1794 und die rasante Teuerung verallgemeinerten lediglich ein Problem, das in manchen Gegenden bereits fortgeschritten war.[40] Schon sieben Monate früher, im Mai 1794, hatten die Frauen von Masannay die Vernichtung der über Sechzigjährigen verlangt, um die Lebensmittelration für die Jungen zu vergrößern.[41] Im Velay hatten die ersten Spitzenklöpplerinnenunruhen bereits stattgefunden, und die Frauen von Le Puy (wenn nicht gar die Männer, die auf ihre Kosten lebten) begannen schon den Niedergang der Spitzenindustrie mit dem Verschwinden der Kirche zu identifizieren.

Die Frau mußte die Nahrung beschaffen und auch zubereiten. Ihr Mann brauchte lediglich zu essen, was sie gekocht hatte, und konnte dann entscheiden, ob er hungrig sei oder nicht. Was sie bekam, war oft das Ergebnis *stundenlangen* Wartens. Sie stand in den endlosen Schlangen, Brutstätten der Unzufriedenheit, in der Hoffnung, daß etwas übrig sein würde, wenn sie an die Reihe kam, und auch damit waren ihre Mühen noch nicht beendet. Wie die Lebensmittel, die sie schließlich vorgesetzt bekam, zuzubereiten waren, überstieg oft ihr Wissen oder ihre Möglichkeiten. In der Normandie wurde zu dieser Zeit Reis neu eingeführt. Manche hatten kein Brennmaterial, um ihn zu kochen; manche wußten nicht, daß er gekocht werden mußte, und weichten ihn lediglich in Wasser ein – was sie alle zu essen versuchten, war eine harte, körnige, völlig unverdauliche Substanz. Dann gab es jene Schlangen, die als einzige Belohnung eine Ration gesalzenen Fisch einbrachten, der durch die steigenden Temperaturen der Sommermonate schon halb verdorben war und beim Kochen einen ammoniakartigen Gestank verbreitete.[42] Welches dieser Gerichte konnte mit gutem Gewissen einem Kind als Mahlzeit vorgesetzt werden? Selbst wenn die Lebensmittelration aus Gemüse, Weiß- oder Steckrüben bestand, half dies nicht, Ängste völlig zu beseitigen, denn im Volksbewußtsein wurde eine ausschließlich auf Gemüse beruhende Ernährung mit Sommerdurchfällen assoziiert, von denen hauptsächlich Kinder betroffen waren und an denen sie sehr häufig starben. Und als 1795 die Unterernährung zu echtem Verhungern wurde, als die Regierung die Festpreise aufgehoben hatte und für die Not verantwortlich gemacht werden konnte, als die Reichen offensichtlich immer noch wohlgenährt waren, als die geringe verkäufliche Familienhabe entweder veräußert oder auf dem *mont-de-piété* (Pfandhaus) zu Schleuderpreisen versetzt worden war und als die Germinal- und Prairialaufstände keine Erleichterung gebracht hatten, wurden die üblichen „geschlechtsspezifisch-selektiven" Auswirkungen von Hungersnöten sichtbar. Vielleicht ist es unnötig, die klassischen Begleiterscheinungen der Hungersnot zu vergegenwärtigen: die Schwächsten, die Jungen und die Alten, sterben, Fehl- und Totgeburten nehmen zu. Aber man sollte daran denken, daß letztere allein die Frauen betreffen, daß der gesamte weibliche Körper in grausamer Weise die verschiedenen Grade der Entbehrung anzeigt. Das vorzeitige Ende einer Schwangerschaft oder Unfruchtbarkeit als Folge von Unterernährung sind unter diesen Umständen das Beste, was eine Frau sich erhoffen kann, besser als das Wissen, daß sie ein totes Kind bewegungslos in sich trägt oder daß sie für ein geborenes Kind keine Milch haben wird. Im Jahre 1795 dämpften die Mütter von Caen die Schreie ihrer Kinder mit wassergetränkten Lumpen[43] – auf diese Weise würden sie zum Sterben nicht lange brauchen. Dann gab es noch die Qual zusehen zu müssen, wie die eigenen Kinder zu schwach wurden, um zu schreien. Bereits 1660 war St. Vincent de Paul von der *Stille* eines hungernden Haushalts entsetzt, doch erschütterte diese auch 1795 die Beobachter.[44] In Rouen, Bayeux und Troyes lag die weibliche Sterberate viel höher als die männliche, aus jenen Gründen, die der Curé von Tours ungefähr zwanzig Jahre früher dargelegt hatte.[45] Wenn ein Erwachsener an einer leichten Krankheit, die seinen schwachen Körper befallen hatte, zu sterben drohte, gab es für gewöhnlich keinerlei Hoffnung, diese Krankheit in den Hospitälern zu bekämpfen. Selbst unter dem Ancien régime waren diese Häuser ziemlich unbrauchbare Institutionen, die nur für die städtischen Armen sorgten; die gesetzlich angeordnete Konfiszierung ihres Besitzes von seiten der Regierung im Jahre II und die Einstellung der Zahlungen bedeuteten jedoch, daß die Hospitäler, außer in den Großstädten, wo Departementsbehörden den Verkauf ihres Besitzes aufhielten, einfach geschlossen, stillgelegt wurden. Tatsächlich wurden die Jahre 1795-96 nicht nur wegen der Not so legendär, sondern auch wegen des Fehlens jedweder Einrichtungen der öffentlichen Fürsorge. 1816 konterte der Bürgermeister von Toulouse einer Gruppe von Bittstellern, die sich über die unzureichende Armenfürsorge beklagten, mit den Worten: „Ziehen Sie die Barmherzigkeit der Philosophen vor?“ Er brauchte nichts weiter zu sagen: *La charité des philosophes* war keine Wohltätigkeit.[46]

Es kann gar nicht nachdrücklich genug betont werden, daß die Germinal- und Prairialaufstände – metaphorisch ausgedrückt – jene Grenze, jene psychologische Wasserscheide, jene letzte Waffe im Zeughaus markierten, mit der Frauen ihrem Protest Ausdruck verliehen, bevor sie sich und ihre Familien in jenes stille Halbdunkel der Schwachheit und Erschöpfung sinken sahen – eine Welt, die sich schlecht ergründen läßt, weil sie völlig unartikuliert ist. Dieser Protest war die letzte Verteidigung ihrer zwischenmenschlichen Beziehungen. Vielleicht sollten Begleitrufe wie *Vive le roi!* oder die Rufe der Pariser nach den Tagen von Robespierre, der Zeit, in der das Blut floß und das Brot billig war, oder der Ruf von Bayeux *„Quand le bon Dieu était là nous avions du pain!“* („Als Gott noch da war, hatten wir Brot!“) nur mit Vorsicht aufgenommen und eher als Ausdruck der Unzufriedenheit mit der Gegenwart denn als Sehnsucht nach der Vergangenheit aufgefaßt werden. Dagegen sollten die Rufe der Frauen nach Frieden in Rouen und vor allem in den östlichen Grenzstädten wie Besançon und Vesoul, dort wo die Kriegsbegeisterung 1792 so groß gewesen war, ernster genommen werden. Der Schrei nach Frieden war ein Ruf nach normalen Verhältnissen, ein Ruf, der Einhalt gebieten sollte – 1709 hatten ihre Urgroßmütter unter genau denselben physischen Bedingungen dasselbe getan.

Die Nachwirkungen der Germinalaufstände zeigten sich in den Selbstmordraten, in dem täglich wiederkehrenden Vorkommnis, daß Frauen und Kinder, die ökonomisch und seelisch am Ende waren, aus der Seine gefischt wurden.[47] Allerdings scheint ein anderer Aspekt noch aufschlußreicher, und zwar das Wiederaufleben des volkstümlichen Katholizismus, vielleicht eines der erstaunlichsten Charakteristika der Geschichte der Volksklassen in den letzten fünf Jahren des 18. Jahrhunderts und eines, bei dem die Frauen eine entscheidende Rolle gespielt haben.

Die Religiosität, die nach 1792 aufkam, kannte im 18. Jahrhundert nicht ihresgleichen. Über die Art des Glaubens unter dem Ancien régime gibt es noch keine erschöpfende Untersuchung. Hinweise deuten aber auf eine allgemein verbreitete, eher förmliche Gläubigkeit ohne ausgeprägten religiösen Eifer hin, und anscheinend gab es Gegenden, in denen selbst die formelle Teilnahme am Gottesdienst zurückging – vielleicht vorwiegend in Städten, die den ländlichen Zuwanderer anzogen, und wo sich die traditionellen Formen von Religiosität am leichtesten auflösten.[48] Sicher hat Antiklerikalismus zu allen Zeiten in den Städten breite Unterstützung finden können, vielleicht weil hier der Reichtum des hohen Klerus am sichtbarsten war. Überdies war der Antiklerikalismus, der die Verpflichtung des Klerus auf die bürgerliche Verfassung begleitete, Selbstzweck: Er war nicht Teil einer breiteren Bewegung oder eines Programmes zur Bereinigung der Religion. Latreille beobachtete einen Rückgang des Kirchenbesuches in den Städten seit Mitte 1791, als Priester mit der Kontroverse über das Für und Wider der Eideserklärung beschäftigt waren und der Rahmen, in dem sich das religiöse Ritual abspielen sollte, unklar wurde.[49] Zweifellos machte die Gleichsetzung von „Eidverweigerern" und „Verrätern" – ein Ergebnis der Panik, die den Ausbruch des Krieges begleitete – die antikonstitutionelle Kirche zum Objekt für Ausschreitungen der Volksmassen, an denen Frauen ganz sicher ihren Anteil hatten.[50] Die konstitutionelle Kirche konnte sich zu keiner Zeit breite Loyalität verschaffen, und die jahrelange Abwesenheit vom Gottesdienst bildete den Hintergrund für den Bildersturm und die Entweihung von Gotteshäusern, an denen Frauen in der jakobinischen Periode oft führend beteiligt waren.[51] Kurz, die hier untersuchten Frauen waren sich bewußt, daß sie aktiv an der Zersetzung der römisch-katholischen Kirche mitgewirkt hatten: Sie hatten genug getan, um sich schuldig zu fühlen, und diese Schuldgefühle sind entscheidend für die Erörterung der Frage, warum Frauen 1796 auf die Knie fielen und von da an mit ganzem Herzen für die Restauration der Religion in Frankreich eintraten, für die Restauration der römisch-katholischen Religion des Ancien régime, die nun allerdings von der Basis her mit einer ganz neuen Kraft versorgt wurde.[52]

Als Bürgerin Defarge, die Ex-*tricoteuse*, ihre Nadeln niederlegte und nach dem Rosenkranz griff – wenn je ein Bild Bestand hatte, dann dieses –, mußte sie sich ihren Priester suchen und sogar die Öffnung einer Kirche erzwingen. Seit Ende 1795 taten Frauen genau dies, sogar in Städten, die, wie Paris, den energischsten Antiklerikalismus zur Schau gestellt hatten. Die Frauen führten überall den förmlichen Gottesdienst wieder ein. Aulard und Mathiez haben das mit der oberflächlichen Feststellung abgetan, Frauen hätten sich vom Fanatismus ihrer Clubs dem Fanatismus der Priester zugewandt. Dies ist freilich nur die halbe Wahrheit. Die Frauen versuchten nicht, sich an der Revolution zu rächen. Der Kreislauf von Hungersnot, Krankheit, Frömmigkeit ist kein ungewöhnlicher – man denke nur daran, welch fruchtbaren Boden die Not von 1816 für die Missionare abgeben würde –, aber es gab 1795 noch einen weiteren Faktor: Reue. Der Katholizismus nach 1795 saß in den Eingeweiden: Er verdankte seine Kraft der Härte der Zeit, der Allgegenwart des Todes aufgrund von Krankheit und Unterernährung, der Desillusionierung, Scham,

Niederlage und dem Reuegefühl, das Trost im Confiteor und Viatikum suchte, und war als solcher eine Art Sühnereligion, die der Ausrottung Trotz bot. Frauen aus Vidouville im Calvados standen Schlange, um ihre Zungen von der Verunreinigung durch die Messen eines vereidigten Priesters und von den Blasphemien säubern zu lassen, die sich daraus ergeben hatten.[53] Die Frau eines Fischverkäufers aus St. Patrice, ebenfalls im Calvados, schrubbte die Gemeindekirche, die ihr Mann für einen Pappenstiel als Nationaleigentum erstanden hatte, um sie als Fischmarkt zu benutzen, und die wahrscheinlich seinen einzigen soliden Gewinn aus der Revolution darstellte. Zusammen mit anderen Frauen aus der Gemeinde übergab sie die Kirche einem Eidverweigerer, der aus dem Exil zurückgekehrt war, während ihr Mann einen ohnmächtigen Protestbrief an eine ebenso ohnmächtige Departementsbehörde schickte.[54] Die Frauen von Coutances stritten sich darum, wessen Säugling als erster getauft werden sollte, und der Priester löste das Problem, indem er abzuschätzen versuchte, welches der Neugeborenen wahrscheinlich tot sein würde, bevor er das Ende der Schlange erreicht hätte. Er verschätzte sich in zwei Fällen, doch besprengte er trotzdem ihre Körperchen mit Wasser. Keine Regierung konnte hoffen, eine Kirche zu zerstören, die so tiefe Gefühle ansprach – jedenfalls hatte es in den letzten fünfzig Jahren des Ancien régime keine vergleichbare religiöse Bewegung gegeben. Diese Bewegung hatte ihre bösen Seiten. Sie war eine wesentliche Begleiterscheinung des weißen Terrors, wie beispielsweise in der Diözese von Le Puy, wo Frauen örtliche Jakobinerführer aufspürten, sie erwürgten oder gar in Stücke rissen, während die Kirchen dieser pfäffischsten aller Städte im Triumphzug wiedergeöffnet wurden. Allerdings vollzog sich die Rückkehr zur Religion meist ruhiger, weniger spektakulär, und war eher Ausdruck des Wunsches, zu einer alten, in Erinnerung gebliebenen Lebensweise zurückzukehren.[55]

Vielleicht wandten sich die Frauen noch aus einem anderen, tieferen Grund wieder der Kirche zu: Revolution, Krieg und Hungersnot lösen die Familie auf, während die Kirche wenigstens für deren Reinheit und Unantastbarkeit steht, für die Weihe von Geburt, Ehe, Tod – soziale Bindemittel für etwas Wesentlicheres als die jeweilige Gesellschaftsordnung.

Denn wie sah im Rückblick die Erfahrung, die die arbeitende Frau von 1789 bis 1795 gemacht hatte, wirklich aus? Was blieb ihr anderes übrig, als die Revolution zu messen an ihrem zerstörten Haushalt, der Zahl ihrer früh- oder totgeborenen Kinder, ihrer eigenen Unfruchtbarkeit, am Verschwinden ihrer wenigen Möbelstücke, an den verflossenen mühevollen Jahren, die sie mit dem Versuch, die fragile Familienökonomie zusammenzuhalten, verbracht hatte? Welchen anderen Schluß konnte sie ziehen, als daß der Preis, den sie für die vermeintliche Freiheit bezahlt hatte, viel zu hoch gewesen war?

Aus dem Englischen übersetzt von Barbara Becker und Iris Klose.

Anmerkungen

1 Dieser Aufsatz stützt sich hauptsächlich auf mein Wissen über Bayeux während der Zeit der Revolution und insbesondere auf Materialien, die im Arch. Dépt. Calvados L. *Registres du bureau du district de Bayeux;* LX *Assistance;* LM *Police* gefunden wurden. Des weiteren stütze ich mich auf entsprechende Materialien der Arch. Dépt. von Côte-d'Or und Doubs, auf die hingewiesen wird bei G. Langeron, *Le Club des Femmes de Dijon pendant la Révolution,* Dijon 1929, und bei H. Perrin, „Le club des femmes de Besançon", in: *Annales Révolutionnaires,* 9 und 10, 1917-1918, S. 629-653, 37-63, 505-2, 654-672. Diese beiden Studien entstanden während der Zeit, als Mathiez Professor in Dijon war, und sind breiter angelegt, als ihre Titel vermuten lassen. Die Hinweise auf die Ökonomie der Armen im Frankreich des 18. Jahrhunderts beruhen größtenteils auf Quellen der Arch. Dépt. von Aveyron, Haute Loire, Indre et Loire, Loir et Cher und Lozère, Serie LX, *Assistance.*
Viele Anregungen für diese Arbeit fanden sich in R. C. Cobb, „Quelques aspects de la mentalité révolutionnaire (Avril 1793 – thermidor an II)", in: *Terreur et Subsistances 1793-5,* Paris 1965, S. 3-53, worin Einstellungen und Hoffnungen des Sansculotten so phantasievoll ausgemalt werden, daß die Aufgabe, einem solchen Wesen aus Fleisch und Blut eine Ehefrau zu geben, wesentlich einfacher wurde. Es ist bedauerlich, daß zu dem Zeitpunkt, als dieser Aufsatz geschrieben wurde, Cobbs Buch *The Police and the People* (Oxford 1970), das viele andere Wege zur Untersuchung der Frauen in der Revolution eröffnet, noch nicht veröffentlicht war.

2 Die allgemeine Bibliographie zu diesem augenblicklich modischen Thema findet sich in M. Cerati, *Le club des citoyennes républicaines révolutionnaires,* Paris 1966.

3 F. Furet und D. Richet, *Die französische Revolution,* Frankfurt a. M. 1975.

4 C. Bloch und A. Tuetey, *Procès verbaux et rapports du Comité de Mendicité de la Constituante,* Paris 1911, S. 77: „Un homme valide peut gagner au delà de ses besoins et faire subsister deux ou trois individus avec lui" („Ein gesunder Mann kann mehr als seinen Unterhalt verdienen und zusätzlich noch zwei oder drei Personen ernähren"); doch ein älteres und weiseres *comité* gab zu, daß ein Mann, der auch nur den einem Tageslohn entsprechenden Betrag an Steuern zahlte (ungefähr ein Fünftel der Werktätigen) hierzu nicht in der Lage war (S. 379).

5 Das spitzenherstellende Gewerbe, das die meisten Frauen und Mädchen beschäftigte, ist in den Standardwerken der Wirtschaftsgeschichte auffallend vernachlässigt worden. Vgl. z. B. E. Levasseur, *Histoire des classes ouvrières et de l'industrie en France avant 1789,* Paris 1900-1901, oder P. Léon, *Economies et sociétés préindustrielles,* Paris 1970. Zu den Massen, die in der *généralité* von Caen beschäftigt waren, vgl. J. C. Perrot, „L'industrie et

le commerce de la dentelle dans la région de Caen", in: *Actes du 81e congrès des sociétés savantes,* Caen 1956, S. 215-237. Leider geht seine Untersuchung nur bis 1792.

6 Mercier, *Tableaux de Paris,* Amsterdam 1782, „Les portefaix".

7 O. Hufton, „The Rise of the People", in: A. Cobban (Hrsg.), *The Eighteenth Century,* London 1969, S. 297-298.

8 *Journal des Voyages en Haute Guienne de J. F. Henry de Richeprey,* Rodez 1952.

9 A. Callèry, *La Fraude des Gabelles sous l'ancien régime,* Paris 1882; vgl. auch Arch. Nat. AD IX 426 zu ähnlichen Praktiken in Touraine und Arch. Dépt. Ille et Vilaine C 3475 über die Region von Vitré.

10 Mme. de Coicy, *Les femmes comme il convient de les voir,* Paris 1785, S. 4.

11 Arch. Dépt. Calvados, H. Suppl. 1308.

12 J. L. Hôte, „Le divorce à Metz sous la Révolution et l'Empire", in: *Annales de l'Est,* 5. Serie, III, 1952, S. 175-183; die Zahlen, die für Toulouse von M. Cruppi, *Le divorce pendant la Révolution,* Paris 1909, S. 150, 161, angegeben werden, zeigen, daß zwei Drittel der arbeitenden Frauen, die eine Scheidung beantragten, als Grund Verlassen des Ehemannes angaben.

13 Arch. Dépt. Puy de Dôme C 897.

14 Arch. Dépt. Indre et Loire C 304.

15 Oft befaßten sich die *bureaux de charité* direkt mit den Müttern, und deren Frömmigkeit, Sparsamkeit und Bereitschaft, hart zu arbeiten, wenn sie konnten, stellten die Bedingungen für eine Unterstützung dar; vgl. Arch. Dépt. Lozère, J 570 *bureau de charité de Florac;* E 1000 *bureau de charité de Villefort;* GG 12 *bureau de charité de Saint Etienne Vallée Française.*

16 Sogar nach den Brotunruhen im Jahre III zögerten die Behörden, Frauen, die gewalttätig gewesen waren, aber noch Säuglinge stillten, einzusperren; vgl. Arch. Mun. Bayeux, *Registres des délibérations du corps municipal, 2-3 floréal an III.*

17 Arch. Dépt. Calvados C 2643 und C955; Arch. Mun. Rodez Cité BB 9 CC 318, „Femmes prévenues et condamnées pour sédition"; Bibliotèque Municipal Orléans MS. 585, „Evènements arrivés à Orléans de 1788 à 1804", kurz zitiert in C. Bloch, „Les femmes d'Orléans pendant la Révolution", in: *Révolution Française,* 29, 1902, S. 62-63.

18 Auf die Grenze zwischen Armut und Elend, zwischen *pauvreté honnête* und *indigence,* wurde von Moralisten, Physiokraten und Behörden ständig hingewiesen. Der erste Zustand war laut Physiokraten und Behörden unvermeidbar (vgl. C. Bloch und A. Tuetey, *Procès verbaux et rapports* a.a.O., S. 315-316), und für Moralisten wie St. Vincent de Paul war er sogar tugendhaft; nur der zweite Zustand mußte gefürchtet werden, weil er Jammer und Verkommenheit zur Folge hatte. Es war das Ziel des Ancien régime und der revolutionären Behörden zu verhindern, daß die Armen auf die Stufe der Verelendeten herabsanken. Vgl. O. Hufton, „Towards an Understanding of the Poor of Eighteenth-Century France", in: *French Government and Society. Essays in Memory of Alfred Cobban,* hrsg. v. J. F. Bosher, London 1973, S. 145-165.

19 Auf die Abhängigkeit einer Stadt von den Kirchengütern wird hingewiesen in J. McManners, *French Ecclesiastical Society under the Ancien régime. A Study of Angers in the Eighteenth Century,* Manchester 1960, S. 103-128; und O. Hufton, *Bayeux in the Late Eighteenth Century,* Oxford 1967, S. 271-283. Die Abhängigkeit einer Stadt von den Institutionen des

Ancien régime, die von der Revolution zunichte gemacht wurden, wird aufgezeigt in D. Higgs, *Ultraroyalism in Toulouse. From its Origins to the Revolution of 1830*, Baltimore 1973. Arch. Dépt. Côte d'Or C 3687 *Dénombrement des citoyens de la ville de Dijon* zeigt, daß von einer Bevölkerung von ca. 21 000 Einwohnern 1 800 als Dienstboten der Kirche oder des Hofes beschäftigt waren. Wobei hier niedrigere Angestellte, Perückenmacher, Friseure und Kaufleute, die von den Geschäften des Hofes abhängig waren, nicht mitgezählt wurden.

20 Zur Abhängigkeit bestimmter Regionen von der spitzenherstellenden Industrie vor der Revolution vgl. J. C. Perrot, „Le commerce et l'industrie de la dentelle", a.a.O., S. 215-217; V. Thuvenon, „La dentelle du Puy, la situation présente, son avenir", in: *Bull. Soc. Acad. du Puy*, 7, 1922, S. 1-34; zum Zusammenbruch der Industrie nach 1793 vgl. O. Hufton, *Bayeux in the Late Eighteenth Century*, a.a.O., S. 241, 248; V. Thuvenon, „La dentelle du Puy", a.a.O.; ders., *Recueil des évènements qui ont lieu au Puy et aux environs depuis l'an 1775 jusqu'en 1815*, Le Puy 1931, S. 322.

21 In Bayeux sahen die Spitzenklöpplerinnen in der Krönung der Kaiserin Josephine die Ankündigung der ersten echten Erholung, die das Gewerbe seit Ende des Ancien régime erfahren hatte, da dieses Ereignis den Beginn eines Hofes versprach, der sich üppiger kleidete und dessen Kleidungsstil von anderen imitiert werden würde.

22 Die Historiographie dieses Fehlschlags ist ausführlich, aber weit verstreut. Es gibt keine angemessene Gesamtdarstellung. L. Lallemand, *La Révolution et les Pauvres*, Paris 1898, beschäftigt sich hauptsächlich mit der Gesetzgebung, ebenso M. Bouchet, *L'Assistance publique en France pendant la Révolution*, Paris 1908. Doch gibt es unzählige lokale Studien: vgl. z. B. E. Chaudron, *L'Assistance Publique à Troyes à la fin de l'ancien régime et pendant la Révolution, 1770-1800*, Paris 1923; M. Accapias, *L'Assistance Publique dans le Puy de Dôme sous la Révolution*, Clermont Ferrand 1933; J. Dubois, *L'Assistance dans le district de Bar pendant la Révolution*, Paris 1930; O. Hufton, *Bayeux in the Late Eighteenth Century*, a.a.O., S. 236-249; J. Adher, *Recueil de documents sur l'assistance publique dans le district de Toulouse 1789-1800*, Toulouse 1918; P. Rombaud, *L'Assistance publique à Poitiers, jusqu'en l'an V*, Paris 1912; X. Renouard, *L'Assistance publique à Lille de 1527 à l'an VIII*, Paris 1912, usw.

23 Arch. Dépt. Aveyron 5L 236 *Assistance Publique*.

24 Arch. Dépt. Lozère, H. 495.

25 G. Langeron, *Le Club des Femmes de Dijon*, a.a.O., S. 11-13.

26 Arch. Mun. Bayeux, „Registres des déliberations du corps municipal", September 1791; G. Lefebvre, *Etudes Orléanaises*, Paris 1963, Bd. II, S. 53-55.

27 Arch. Mun. Bayeux, „Registres des déliberations", Juli 1792; Arch. Comm. Troyes, D 4 fol. 72, 23. Januar 1793.

28 *Moniteur*, Nr. 99, 29. Dezember 1793; Nr. 130, 10. Pluviôse des Jahres II.

29 Der Club in Besançon wurde tatsächlich ausdrücklich zur Unterstützung des Krieges gegründet; vgl. H. Perrin, „Le club des femmes de Besançon", a.a.O., S. 634.

30 *Adresse des citoyens de Clermont Ferrand à l'Assemblée Législative*, zitiert nach M. Villiers, *Histoire des Clubs des Femmes et des Légions d'Amazones*, Paris 1910, S. 72.

31 A. Laserre, *La participation collective des femmes à la Rèvolution Française,* Paris 1906, S. 281.

32 M. Villiers, *Histoire des Clubs des Femmes,* a.a.O., S. 105.

33 Arch. Nat. C 262 Nr. 580.

34 Arch. Nat. W 191, Bericht vom 26. Pluviôse des Jahres III. Pourvoyeur fand die Anwesenheit von Frauen bei Hinrichtungen abstoßend: „C'est étonnant à quel point les femmes sont devenues féroces. Elles assistent tous les jours aux exécutions" („Es ist erstaunlich, wie grausam die Frauen geworden sind. Täglich sind sie bei den Hinrichtungen dabei").

35 Bildmaterial findet sich in F. Furet und D. Richet, *Die französische Revolution,* a.a.O.

36 Bei den meisten *sociétés populaires* waren Frauen nicht willkommen, oder, wenn sie zugelassen wurden, war es ihnen nicht erlaubt zu sprechen; vgl. M. Villiers, *Histoire des Clubs des Femmes,* a.a.O., S. 109.

37 Vgl. M. Cerati, *Le Club des Citoyennes,* a.a.O., S. 173-174. Zu den politischen Machenschaften hinter diesen Schließungen vgl. S. H. Lytle, „The Second Sex (September, 1793)", in: *Journal of Modern History,* 27, 1955, S. 14-26.

38 Die Auswirkungen einer Versorgungskrise konnten sehr verschieden sein. Die künstliche Lebensmittelknappheit des Jahres II, die durch die bäuerliche Ablehnung der Höchstpreise und die Beschlagnahme von Nahrungsmitteln zur Versorgung der Truppen hervorgerufen wurde, erzeugte verschiedene Grade der Not, während im Jahre III eine echte Hungersnot ausbrach, unter der alle zu leiden hatten. Die Prioritäten der Jakobinerregierung und die Versorgungsprobleme sind in R. C. Cobb, *Terreur et Subsistances 1793-5,* a.a.O., überzeugend dargestellt. Allgemein kann man sagen, daß die Chancen ausreichender Versorgung besser waren, je wichtiger und größer die Stadt war.

39 Beispiele kleiner Städte, die seit Mitte 1794 in Not gerieten, sind Bayeux (vgl. O. Hufton, *Bayeux in the Late Eighteenth century,* a.a.O., S. 219-225) und Honfleur (vgl. R. C. Cobb, „Problèmes de subsistance de l'an II et de l'an III. L'example d'un petit port normand. Honfleur, 1794-5", in: *Actes du 81e Congrès des Sociétés Savantes,* Rouen – Caen 1956). Troyes ist Beispiel einer Stadt, die sich seit Anfang 1794, wenn nicht früher, in großen Schwierigkeiten befand (vgl. E. Chaudron, *L'Assistance Publique à Troyes,* a.a.O., S. 239-244), vielleicht wegen ihrer Nähe zur Front. Sicherlich erfuhren die kleinen Städte, deren Interessen denen der großen Städte geopfert worden waren, wenig Erleichterung durch die jakobinische Politik der Preiskontrollen und trauerten demzufolge den Höchstpreisen kaum nach.

40 G. Lefebvre, *Etudes Orléanaises,* a.a.O., Bd. II, S. 294, bietet ein ausgezeichnetes Beispiel einer großen Stadt, in der die Abschaffung der Höchstpreise den Anfang größerer Probleme darstellte.

41 M. Villiers, *Histoire des Clubs des Femmes,* a.a.O., S. 123, schwelgte in derlei Geschichten; doch sind ähnliche Vorfälle nicht schwer aufzufinden, vgl. z. B. Le club des femmes de Gevrey Chambertin, „Famille et clocher", in: *Bulletin paroissial de Gevrey Chambertin,* 187, Dezember 1962.

42 Zur Ernährung der Armen von Rouen in dieser Zeit vgl. R. C. Cobb, „Disette et Mortalité. La crise de l'an III et de l'an IV à Rouen", in: *Terreur et Subsistances,* a.a.O., S. 309, 339-340; O. Hufton, *Bayeux in the Late Eighteenth Century,* a.a.O., S. 234.

43 Arch. Nat. Fic III Calvados 7.

44 Ebd., Bericht vom 20. Brumaire des Jahres IV.

45 Die Sterberate bei Kindern war natürlich die höchste von allen. Über die Situation in Rouen, Dieppe und Havre vgl. R. C. Cobb, „Disette et Mortalité", a.a.O., S. 339-342; die Ziffer von Bayeux stieg im ganzen um ungefähr 30 %, doch waren erwachsene Männer kaum betroffen; vgl. O. Hufton, *Bayeux in the Late Eighteenth Century,* a.a.O., S. 235, und Arch. Dépt. Calvados, Etat Civil, Bayeux, Registres 32 und 33; ähnlich lag der Fall in Troyes, wo der Anstieg ungefähr 35 % betrug; vgl. Arch. Dépt. Aube 40 H.

46 D. Higgs, „Politics and Charity at Toulouse, 1750-1850", in: *French Government and Society,* a.a.O., S. 191-207; laut Higgs waren das Versäumnis der Revolution, für die Armen zu sorgen, und die Verelendung einstmals stolzer und unabhängiger Menschen Tatsachen, die von den Restaurationsregierungen groß herausgestellt wurden.

47 R. C. Cobb, „Disette et Mortalité", a.a.O., S. 315 und Fußnote; G. Duval, *Souvenirs thermidoriens,* Paris 1843; und R. C. Cobb, *The Police and the People,* a.a.O., S. 161-162.

48 Dies ist ein Forschungsgebiet, über das für die nahe Zukunft zahlreiche Arbeiten angekündigt sind (vgl. *Annales, E.S.C.,* 25, 1970, „Enquête Ouverte"), eine Reaktion auf Hinweise von G. Le Bras (*Etudes de Sociologie Religieuse,* 2 Bde., Paris 1955), der eine Verminderung des religiösen Eifers in den Städten am Ende des Ancien régime andeutete (Bd. 1, S. 51, 68). Solche Hinweise finden sich auch in P. Deyon, *Amiens, Capitale Provinciale,* Mouton 1967, S. 425; ders., *Histoire de Bordeaux,* Bd. 4, Bordeaux 1968, S. 140-141.

49 A. Latreille, *L'Eglise catholique et la Révolution française,* Paris 1964, S. 108.

50 E. Sévèstre, *La Déportation du clergé orthodoxe pendant la Révolution,* Paris 1915, S. 192; Uzureau, „La Déportation ecclésiastique dans le Calvados, 1792", in: *Revue Catholique de Normandie,* 1931.

51 H. Perrin, *Le Club des Femmes de Dijon,* a.a.O., S. 636, 649. In Besançon war eine Hebamme, also eine traditionell antiklerikale Figur, die Anführerin eines Lynchversuchs an einem Eidverweigerer, vgl. *Histoire ecclésiastique du diocèse de Bayeux pendant la Révolution,* S. 20.

52 Zur Rückkehr städtischer Frauen in die Kirche vgl. C. Bloch, „Les femmes d'Orléans", a.a.O., S. 66; R. Patry, *Le régime et la liberté des cultes dans le départment du Calvados pendant la première séparation, 1795-1802,* Paris 1921, S. 60; O. Hufton, *Bayeux in the Late Eighteenth Century,* a.a.O., S. 262-264; M. Reinhard, *Le départment de la Sarthe sous le Directoire,* Paris 1935; R. C. Cobb, „Politique et Subsistances au Havre", in: *Terreur et Subsistances,* a.a.O., S. 251.

53 Bibl. Chanoine Deslandes, Bayeux: Korrespondenz der bischöflichen Vikare, Jahr V - Jahr VII.

54 Arch. Dépt. Calvados, „Comptes décadaires", 19. Thermidor des Jahres V.

55 Zur Beteiligung der Frauen am weißen Terror und zu Fällen persönlicher Blutrache, die von Frauen über Generationen weitergegeben wurden, vgl. R. C. Cobb, *The Police and the People,* a.a.O., S. 146.

Jacob A. Riis, „Elizabethan Street Police Station – Women Lodgers 1893" (Detail). Aus: Alexander Alland (Hrsg.), *Jacob A. Riis. Photographer and Citizen*, London 1975 (Gordon Fraser).

Dorothy Thompson
Spurensicherung. Frauen in der frühen englischen Arbeiterbewegung

Historikerinnen der Frauenemanzipationsbewegung haben auf die beträchtliche Kluft hingewiesen, die zwischen den Zielen der Frauenrechtlerinnen aus der Mittelschicht und denen der Frauen der unteren sozialen Schichten der viktorianischen Gesellschaft bestand. Eine der vielen Heucheleien konservativen viktorianischen Denkens bestand darin, die Frau als zerbrechliches, zartfühlendes und dekoratives Wesen zu etikettieren, aber gleichzeitig zu tolerieren, ja davon abhängig zu sein, eine riesige Zahl von Frauen bei jeder Art mühsamer und erniedrigender Arbeit – vom Bergbau bis hin zur Prostitution – auszubeuten. Diese Frauen, Arbeiterinnen und Dienstboten, mußten nicht um das Recht auf Arbeit kämpfen, denn hätte man sie am Arbeiten gehindert, wäre die Gesellschaft nicht lebensfähig gewesen. Ihre Arbeit wurde gesellschaftlich kaum anerkannt und schlecht bezahlt. Stabile Organisationen zur Verbesserung und zum Schutz ihrer Löhne und Arbeitsbedingungen wurden erst gegen Ende des 19. Jahrhunderts gebildet. Wenn gesetzliche Änderungen ihrer Arbeitsbedingungen durchgesetzt wurden, waren diese eher das Ergebnis von Kampagnen der Arbeiterbewegung oder humanitärer Vereinigungen als die Folge von Organisationsversuchen der betroffenen Frauen selbst. Diese Kampagnen befaßten sich ebensosehr mit dem sittlichen Wohlergehen der weiblichen Werktätigen und der Stabilität der Arbeiterfamilie wie mit der Verbesserung des Status der Frauen als Arbeiterinnen.

Die Expansion britischer Manufakturen und die rapide Industrialisierung des späten 18. und frühen 19. Jahrhunderts bedeuteten nicht etwa den Eintritt der Frauen in die Manufakturindustrie. Sie hatten schon in der vorindustriellen Gesellschaft einen wesentlichen Teil der Arbeitskräfte gebildet. Was sich jedoch in einigen Schlüsselindustrien änderte, war der Arbeitsplatz. Das Auftreten der unabhängigen Industriearbeiterin, ob Frau oder Kind, die außer Haus arbeitete, aber in ihr Heim zurückkehrte und immer noch für dieses verantwortlich und abhängig davon war, stellte in dem Ausmaß, wie es in den frühen dreißiger Jahren des 19. Jahrhunderts in den Textilzentren existierte, ganz bestimmt eine neue Erscheinung dar.

Möglicherweise wird die ökonomische ‚Unabhängigkeit' dieser Frauen überschätzt: Ihre Löhne wurden eher als Beitrag zum Familieneinkommen betrachtet, und es wurde weniger angenommen, daß eine unabhängige Arbeiterin damit ihren Lebensunterhalt allein bestreiten würde.[1] Dennoch haben wahrscheinlich die Arbeit außer Haus und Seite an Seite mit anderen Angehörigen des eigenen Geschlechts sowie ein regelmäßiger Lohn – wenn er auch legal Eigentum des Ehemannes war – ein aktiveres Bewußtsein für ökonomische und politische Fragen und allgemein für öffentliche Angelegenheiten unter den Frauen der Arbeiterklasse hervorgerufen. Ziel dieses Aufsatzes ist es, das Ausmaß aufzuzeigen, in dem sich Frauen an der frühen Arbeiterbewegung beteiligten. Im beschriebenen Zeitraum verknüpfte der Radikalismus der Arbeiterklasse traditionelle Aktionsformen – wie Massendemonstrationen, Umzüge, offene politische Aktivitäten, an denen ganze Familien und Gemeinden teilnahmen – mit frühen Spielarten entwickelterer Organisationsformen, die zum Grundmuster der Politik des späten 19. Jahrhunderts werden sollten.

Die Kulmination von fünfzig Jahren politischer und industrieller Aktivität unter der britischen Arbeiterschaft stellte der Chartismus dar. In jenen Jahren reagierten die Fabrikregionen in unterschiedlicher Weise auf die rapiden Veränderungen von Arbeitsrhythmus und Arbeitsbedingungen: einige Reaktionsweisen waren defensiv, andere aktiv und bestimmt. Eine lange Reihe von Streiks und Arbeitsniederlegungen in den Hauptindustriezweigen – Woll- und Leinenweberei, Wollkämmerei, Näh- und Schumachergewerbe – endete mit einer Niederlage der Streikenden und einem Aufschwung der Mechanisierung. Die Beibehaltung alter Arbeitsweisen und -sitten und alter Entlohnungsmethoden konnte offensichtlich nicht durch Aktivitäten innerhalb einzelner Gewerbe erreicht werden. Deshalb wandten sich die Arbeiter der politischen Aktion und dem Gewerkschaftswesen zu und versuchten, das Lohnniveau auf allgemeinerer Ebene zu verteidigen und das Tempo der Mechanisierung unter ihre politische Kontrolle zu bekommen. In jenen Jahren waren politische und industrielle Fragen eng miteinander verknüpft. Konfrontiert mit neuen industriellen Technologien, suchten die Arbeiter nach Möglichkeiten, um eine Arbeitslosigkeit von in alten Techniken geschulten und daher überflüssig gewordenen Männern zu verhindern. Gleichzeitig wollten sie den Einsatz von Frauen- und Kinderarbeit, die die Arbeit von Männern in den neuen Fabriken ersetzen sollte, kontrollieren. Auf der Suche nach Alternativen zur unkontrollierten Einführung von Maschinen wurden unterschiedliche Vorschläge gemacht. Die Argumente der Owenisten sowie anderer radikaler und sozialistischer Denker zeigten Möglichkeiten auf, nach denen die neuen Maschinen Segen bringen könnten und keine Bedrohung sein müßten. Andere radikale Alternativen schlugen übereinstimmend eine andere industrielle Organisation vor, nach der der neugeschaffene Reichtum gleichmäßiger verteilt und ein Anteil davon für Kindererziehung, Kranken- und Altenpflege genutzt werden sollte. Sie sprachen sich für bessere Lebensbedingungen sowohl für die Industriearbeiter als auch für die Eigentümer und Händler aus.

Die Bandbreite radikalen Denkens reichte um die dreißiger Jahre des 19. Jahrhunderts von einem allgemeinen defensiven Denkmuster, in dem Werte der alten hausindustriellen Gemeinschaften hochgehalten wurden – wie elterliche Gewalt über die Kinder, die Vorrangstellung des Mannes als Familienoberhaupt und Haupternährer, die Achtung alter nichtmechanisierter Fertigkeiten –, über aggressivere Forderungen nach dem Recht auf Organisation zum Schutz von Löhnen und Arbeitsbedingungen sowie nach dem Recht auf Zugang zum politischen System durch das Wahlrecht bis hin zur vollständigen Ablehnung des privatunternehmerischen Industriekapitalismus und zur Befürwortung einer vernünftigeren Organisierung der Industrie, in der Wettbewerb zugunsten von Kooperation aufgegeben werden sollte. Noch war die industrielle Produktion im großen Stil ein unbedeutender Sektor der Gesamtwirtschaft, und die Möglichkeit, diese Form der Produktion zu bändigen und zu kontrollieren, wurde in diesem Stadium noch nicht von vielen als völlig ausgeschlossen erachtet.

1832 gewährte die *Reform Bill* den Mittelschichten das Wahlrecht. Das alte, starre und irrationale System politischer Repräsentanz machte – wohl unter Druck, aber nicht infolge eines bewaffneten Aufstands – einem einheitlichen System Platz, das Kapitaleigentümern ohne Grundbesitz einen Ort in der politischen Landschaft zuwies. Ein Teil des Drucks, der die Reform bewirkt hatte, war von der Arbeiterklasse in London und den Provinzen ausgeübt worden. Doch als klar wurde, daß die neue Interessenkonstellation sowohl das Ende der Reformbestrebungen als auch die gesetzliche Verankerung der Forderungen der Mittelklasse nach effektiverer Disziplinierung der Arbeiterschaft bedeutete – was durch den *Poor Law Amendment Act* und durch eine Reihe antigewerkschaftlicher Prozesse exemplifiziert wurde –, reagierte die Arbeiterklasse mit Angst vor einem direkten Angriff der Machthaber auf ihre Institutionen und Werte. Gleichzeitig gab es ein starkes, hoffnungsvolles Wiederaufleben politischer Aktivitäten mit dem Ziel, das Wahlrecht zu erweitern. Trotz des stark defensiven Elements, das der Chartismus enthielt, war er doch im Grunde eine optimistische Bewegung. Die Chartisten und ihre Anhänger glaubten wirklich, daß sie das Wahlrecht bekommen würden und daß daraufhin den Bedürfnissen der arbeitenden Bevölkerung

wesentlich mehr Aufmerksamkeit von den Machthabern zuteil werden würde. Sie glaubten an die Möglichkeit grundlegender Veränderungen in der Macht- und Autoritätsstruktur der britischen Gesellschaft, die ein egalitäreres und menschlicheres System zur Folge hätten. In diesem anderen System würden die Frauen eine gleichberechtigtere Rolle spielen als in der gegenwärtigen Gesellschaft.
Die Existenz dieses Optimismus kann umfangreich belegt werden und läßt sich insbesondere an der Geschichte der Beteiligung der Frauen am Chartismus ablesen. Schwerer verständlich ist, warum dieses Element irgendwann im Verlauf der vierziger Jahre des 19. Jahrhunderts aus dem radikalen Denken und Handeln verschwand. Arbeiterfrauen scheinen sich irgendwann um die Mitte des Jahrhunderts wieder ins Heim zurückgezogen zu haben. Aber bis zu diesem Zeitpunkt existieren Beweise für ihre Beteiligung an der Politik der Arbeitergemeinden.
In einigen Fabrikregionen, besonders unter den Baumwollarbeitern in Lancashire, nahm die Agitation für die Reform, die nach dem Ende der Napoleonischen Kriege wiederauflebte, einen massenhaften Umfang an. Samuel Bamford hat in seiner Autobiographie eine lebhafte Schilderung der Erfahrung eines lokalen Anführers in diesen Jahren hinterlassen. Er behauptet, persönlich für die formale Zulassung der Frauen zu den Sitzungen der Reformer verantwortlich gewesen zu sein.

„Auf einem dieser Treffen, das in Lydgate, Suddleworth, stattfand, [...] bestand ich während einer Rede auf dem Recht und der Billigkeit, daß Frauen, die auf solchen Zusammenkünften anwesend waren, mit Handzeichen für oder gegen Resolutionen stimmen könnten. Dies war eine neue Idee, und die Frauen, die zahlreich auf jenem kahlen Berg vertreten waren, waren hierüber hocherfreut. – Und da die Männer keineswegs anders über diese Resolution dachten, hoben die Frauen unter viel Gelächter ihre Hände; seit dieser Zeit stimmten die Frauen auf radikalen Zusammenkünften immer mit ab.“[2]

Wie groß auch immer die persönliche Verantwortung Bamfords für dieses Phänomen gewesen sein mag, es besteht kein Zweifel, daß die Reformbewegung viele Frauen einschloß und daß auch politische Frauenverbände mit eigenen Komitees und Ämtern gebildet wurden. Viele Frauen nahmen teil, als die Reformer aus den Webergemeinden ihre Reihen formierten und nach Manchester marschierten, um am 16. August 1819 auf den St. Peters Fields an der größten Demonstration teilzunehmen, die bis dahin für eine Parlamentsreform stattgefunden hatte. Die von Bamford angeführte Gruppe aus Middleton machte sich auf den Weg, mit

„hundert oder zweihundert Frauen, meist jungen Ehefrauen, an der Spitze, und meine Frau war unter ihnen. Hundert oder zweihundert unserer hübschesten

Mädchen – die Liebsten der Burschen, die bei uns mitmachten – tanzten zur Musik oder stimmten bekannte Lieder an."[3]

In seine eigene lebendige Schilderung der Ereignisse jenes Tages fügte Bamford auch die Erinnerungen seiner Frau ein, die in der riesigen Menge von ihm getrennt worden war. Fünfundsechzig Jahre später nahmen die Radikalen von Failsworth, als sie zur Zeit der dritten *Reform Bill* eine Demonstration gegen das House of Lords organisierten, eine Gruppe von zehn Altradikalen mit, die alle bei dem Massaker von Peterloo dabeigewesen waren und die die Fahne, die sie 1819 getragen hatten, mit sich führten. Vier der zehn waren Frauen.[4]

Für die Frauen, wie auch für viele Männer der Fabrikregionen, war Politik etwas Neues. Aber ebenso wie die Männer hatten sie Erfahrungen mit anderen Formen des Protests. Es gibt umfangreiches Beweismaterial dafür, daß Frauen sich an den *food riots* und an anderen Protestkundgebungen des 18. und 19. Jahrhunderts beteiligten. Southey berichtet von der großen Kampflust der Handschuhmacherinnen aus Worcester:

„Vor drei oder vier Jahren entschlossen sich die englischen Ladies, seidene Handschuhe zu tragen; die Nachfrage nach ledernen Handschuhen stoppte sofort, und die Frauen, deren Arbeit es war, diese herzustellen, wurden entlassen. So erging es vielen Hunderten hier in Worcester. In solchen Fällen beklagen sich die Männer für gewöhnlich und fügen sich dann. Aber Frauen sind mehr zum Meutern veranlagt; sie haben weniger Angst vor dem Gesetz, teils aus Unwissenheit, teils weil sie auf die Privilegien ihres Geschlechts pochen; und deshalb sind sie in allen öffentlichen Tumulten bei Gewalt und Grausamkeit die ersten. Bei dieser Gelegenheit trugen sie ihre Sache an Ort und Stelle aus. Es war gefährlich, mit seidenen Handschuhen auf den Straßen dieser Stadt zu erscheinen, und eine Lady, die es dummerweise oder aus Unwissenheit wagte, in dieser verbotenen Aufmachung hier herumzulaufen, wurde angeblich von den Frauen ergriffen und verprügelt."[5]

Etwa zur gleichen Zeit führte Lady Ludd in Nottingham eine Demonstration gegen einen Bäcker an, der den Mehlpreis um zwei Pence pro Stone erhöht hatte:

„Einige Frauen malten in der Turn-Calf Alley einen Laib Brot zu einem halben Penny rot an und banden ein Stück schwarzen Krepp darum, um ihm das Aussehen von mit Sacktuch geschmückter blutiger Not zu geben. Dann steckten sie ihn auf die Spitze einer Angelrute. Damit und mit Hilfe von drei Schellen, die von zwei Frauen und einem Jungen geläutet wurden, sammelten sie bald eine ansehnliche Menge von Frauen, Mädchen und Knaben um sich."[6]

Auf einer weniger spontanen Aktionsebene gibt es in den frühsten Jahren des 19. Jahrhunderts viele Beispiele für vereinsartige Zusammenschlüsse von Frauen. Sie boten Hilfe bei Krankheit und Tod und müssen auch als soziale Organisationen fungiert haben. Viele hatten Regeln, die den Alkoholgenuß verboten und anständiges Verhalten forderten, was in mindestens einem Fall zu Sanktionen gegen Mitglieder führte, die sexuelle Beziehungen zu Ehemännern anderer Mitglieder hatten. Es ist wenig Detailliertes über diese Vereine bekannt oder über das Ausmaß, in dem sie Funktionen übernahmen, die gewerkschaftlichen Aktivitäten zu Zeiten der Illegalität von Gewerkschaften verwandt waren, so wie sie offenbar viele männliche Vereinigungen praktizierten. Aber sie wurden eindeutig von Frauen organisiert und betrieben, und zwar nicht nur von unverheirateten. Es gab auch Frauengruppen innerhalb von Männervereinen, wie z. B. bei den *Rechabites*, den *Druids, Oddfellows* und anderen.[7]

Die Beteiligung der Frauen in den frühen Gewerkschaften war in den unterschiedlichen Gewerben verschieden. In den meisten Gewerben erschwerten die Probleme, die mit den niedrigeren Löhnen für Frauenarbeit zusammenhingen, eine regelmäßige Zusammenarbeit mit Männern. Allerdings scheint es bei den Webern gleiche Lohnzumessungen (die natürlich Stückraten waren) gegeben zu haben, und die Mitgliedschaft in der Gewerkschaft stand beiden Geschlechtern offen. Als James Burland 1829 in Barnsley an einem Treffen streikender Leinenweber teilnahm und etwas über einen der Redner wissen wollte, wandte er sich an seine Nachbarin, „eine große, knochige, männlich wirkende alte Frau mit einer Pfeife im Mund", um sie über den Redner und den Streik zu befragen.[8] 1832 berichtete der *Leeds Mercury:*

„Die Wollkämmerer in der Umgebung von Scholes und Hightown, hauptsächlich Frauen, hielten in Peep Green ein Treffen ab, an dem sich rund 1.500 Personen beteiligten und auf dem beschlossen wurde, keine Karden mehr für weniger als einen halben Penny pro Tausend zu betätigen."

Es folgt der vermutlich ironische Kommentar:

„Schwarzseher mögen diese Anzeichen weiblicher Unabhängigkeit als eine größere Bedrohung für die etablierten Institutionen erachten denn die ‚Erziehung der unteren Stände'."[9]

Als sich im Sommer 1834 die radikale und die Gewerkschaftsbewegung zur kurzlebigen *Grand National Consolidated Trades Union* zusammenschlossen, waren Frauen in den Reihen der *Operative Bonnet Makers*, der *Female Tailors* und einfach der *Women of Great Britain and Ireland* vertreten.[10]

Frauen spielten also im Arbeitsprozeß und bei den sozialen und öffentlichen Aktivitäten der Gemeinden eine wichtige Rolle. Als man sich in den dreißiger Jahren mehr politischen Aktionsformen zuwandte, waren Männer und Frauen gemeinsam an diesen Aktionen beteiligt. Die illegalen ungestempelten Zeitungen der Kampagne gegen die Zeitungssteuer während der frühen dreißiger Jahre wurden sowohl von Frauen als auch von Männern verbreitet. Als Brady aus Sheffield von einer Gefängnisstrafe, die er für den Verkauf des *Poor Man's Guardian* absitzen mußte, nach Hause zurückkehrte, empfingen und begleiteten ihn die lokalen Radikalen mit Laternen und einer Musikkapelle durch Barnsley. Brady war einem Bericht zufolge

„der Held der Stunde. Aber nicht weniger Heldin war Mrs. Lingard, denn sie war mit einem Armvoll ungestempelter Zeitungen dabei, die sie öffentlich zum Verkauf anpries und für die es ihr, das müssen wir wohl kaum erwähnen, nicht an Kunden mangelte."[11]

Mrs. Lingard war die Frau des radikalen Schuhmachers Joseph Lingard aus Barnsley, der Zeitungshändler geworden war, und die Mutter von Thomas, einem späteren Führer der Chartisten von Barnsley. Die Lingards sind eines von vielen Beispielen radikaler Familien, in denen sich beide Geschlechter und mehr als eine Generation führend an der lokalen Politik beteiligten. Zur gleichen Zeit war in Leeds Alice Mann eine führende Figur bei der Herstellung, dem Verkauf und der Verteilung ungestempelter Zeitungen.[12]

Während der Aufstände, Unruhen und Demonstrationen der dreißiger Jahre des 19. Jahrhunderts wurde die Anwesenheit von Frauen in der Menge von allen Beobachtern vermerkt. An der Bewegung gegen das Neue Armengesetz von 1834, die 1837 die Fabrikregionen des Nordens erfaßte, beteiligten sich Frauen und Mädchen ebenso wie an den öffentlichen Demonstrationen der Komitees für Arbeitszeitverkürzung.[13] Lawrence Pitkeithly, ein Führer der Bewegung für Arbeitszeitverkürzung und gegen das Armengesetz, schrieb 1838 aus Yorkshire an seinen radikalen Mitstreiter James Broyan aus Nottingham und ermahnte ihn:

„Ich hoffe, daß Ihr Eure Frauen dazu bringt, all die Lumpen, die für Arbeitshäuser sind und sich jetzt schon in Eurer Stadt aufhalten oder noch dorthin kommen, an den Pranger zu stellen – seid beharrlich, und Ihr werdet siegen, seid zahm, und es wird nichts als Arbeitshäuser für Euch geben ..."[14]

Die Anwesenheit von Frauen bei diesen gewalttätigen Demonstrationen, und zwar als regelrechte Stoßtrupps, ist bis mindestens 1842 gut belegt, als F. H. Grundy bei der Beschreibung seiner Erfahrung in der Menge während der *plug riots* eine Konfrontation zwischen ermüdeten Demonstranten und Truppen schildert:

„Alle waren hungrig, der Abend brach herein, und obwohl einige Steine geworfen wurden, *natürlich* von Frauen, zerstreute sich die Menge diesmal friedlich, als der oberste Polizeirichter auftauchte und den *Riot Act* verlas."[15]

Zu Beginn der Periode des Chartismus hatten die Fabrikgebiete von

Lancashire, Yorkshire, Nottingham, Schottland, Südwales, Newcastle und West Midlands eine festgefügte Tradition radikaler und industrieller Aktivitäten, die jüngeren Ursprungs, aber vielleicht weiter verbreitet waren als die älteren jakobinischen Traditionen der Städte. Bis in die dreißiger Jahre gab es in den meisten Gebieten radikale Familien, in denen mehr als eine Generation Traditionen, Überzeugungen und radikale Volksgeschichte an Kinder und politische Neulinge weitergab. Viele Erinnerungen von Chartisten beziehen sich auf eine Kindheit oder Jugend, die in enger Anlehnung an diese Tradition stand. Benjamin Wilson, Chartist aus Halifax und späterer Historiker der Bewegung in seiner Stadt, erinnerte sich 1887, wie er in Skircoat Green, „einem Dorf, das seit langem für seine Radikalität bekannt war", aufwuchs.

„Die Frauen blieben in ihrer Freiheitsliebe nicht weit hinter den Männern zurück, denn ich habe meine Mutter von regelmäßigen Treffen und Lesungen erzählen hören, die sie im Haus des Schuhmachers Thomas Washington abhielten, [...] sie beteiligten sich auch [zur Zeit von Peterloo] an den Trauerfeierlichkeiten und gingen in der Prozession mit, wobei Tommys Frau eine Freiheitsmütze auf einer Stange mit sich trug."

Als Wilson zu seinem Onkel zog, um als Klöppeldreher und Lagergehilfe zu arbeiten, war es seine Tante, „eine bekannte Politikerin, Chartistin und große Bewunderin von Feargus O'Connor", die ihn in die Politik einführte.[16] Peterloo spielte bei der Prägung der Chartisten aus Yorkshire und Lancashire eine wichtige Rolle. Wilson wurde im gleichen Jahr geboren und erfuhr von dem Massaker bereits, als er eben erst sprechen gelernt hatte. Isaac Johnson aus Stockport machte großen Eindruck auf den Gefängnisinspektor Ihrer Majestät, als er wegen chartistischer Aktivitäten 1839 im Gefängnis saß.

„Ein kluger Mann – ein Republikaner aus Prinzip, wie ich annehme. Er ist ungebildet, was er damit begründet, daß er, obwohl er sechs Preise gewann, aus der Schule ausgeschlossen wurde, nachdem sein Vater ihn gezwungen hatte, zur Zeit von Peterloo mit einem weißen Hut mit Krepp und grünem Band zur Schule zu gehen. Dafür wurde er hinausgeworfen."[17]

W. E. Adams, späterer Herausgeber des *Newcastle Weekly Chronicle*, war als junger Mann in Cheltenham ein glühender Chartist:

„Ich glaube, nur wenige Männer, die jetzt noch am Leben sind, wurden früher mit dem Chartismus vertraut gemacht als ich. Obwohl es in meiner Familie keinen Mann gab, bestand sie sämtlich aus Chartisten oder zumindest an der Chartistenbewegung Interessierten. Wenn sie den ‚Heiligen Monat' nicht einhielten, dann deshalb, weil sie glaubten, die Einstellung der Arbeit durch einige wenige arme Wäscherinnen werde keinen Einfluß auf die Politik des Landes haben. Sie enthielten sich aber für einige Zeit des Gebrauchs von besteuerten Waren."[18]

Ein anderer Chartist, William Atkin, Weber, Schulmeister und sein Leben lang ein Radikaler, erinnerte sich an die Frauen, die ihn als jungen Mann in Ashton-under-Lyne, einem der radikalsten Gebiete in Lancashire, mit Politik bekannt gemacht hatten:

„Meine frühesten Erinnerungen an den Radikalismus beziehen sich auf die Einladungen zu ‚Owd Nancy Clayton' in Charlestown. Dort wurde am 16. August stets des Massakers von Peterloo gedacht und in feierlichem Schweigen ‚auf die unsterbliche Erinnerung an Henry Hunt' getrunken. [...] Die alte Nancy und ihr Ehemann waren beide in Peterloo dabeigewesen, und ich glaube, daß sie beide verwundet wurden; auf jeden Fall aber war die alte Frau verwundet worden. An jenem denkwürdigen Tag trug sie einen schwarzen Unterrock, den sie dann später in eine schwarze Fahne umfunktionierte. Am 16. August wurde diese Fahne stets draußen zusammen mit einer grünen Freiheitsmütze aufgehängt. 1838 wurde eine neue Freiheitsmütze angefertigt und am Jahrestag des Massakers von Peterloo mit der schwarzen Fahne nach draußen gehängt. Diese schrecklichen, abstoßenden Symbole des Aufruhrs alarmierten die damaligen Machthaber, und der damalige Chief Constable – kein Freund der Demokratie – wurde vom Polizeihauptmann beauftragt, eine Menge Spezialbeamter und alle verfügbaren staatlichen Mittel in Bewegung zu setzen, um diese gemeinen Symbole der Anarchie und niederen Revolution zu ergreifen und ihrer habhaft zu werden. Also marschierten sie los [...] Aber die Frauen aus diesem Teil der Stadt bekamen Wind von dem geplanten Überfall auf ihre geliebten Embleme, zogen sie durch die Fenster herein und versteckten sie. Die Gruppe stattlicher und tapferer Männer kam also an die Haustür der armen alten Nancy Clayton und postierte sich dort herausfordernd in militärischer Ordnung, während der Chief Constable mit einem Untergebenen nach oben ging und unter den dort versammelten Frauen meine alte Freundin 'Riah Witty antraf, die mir das Folgende schilderte. Wie es dem Führer einer solch noblen Truppe bei einer so gerechten Sache geziemt, forderte er gebieterisch die Herausgabe der schwarzen Fahne und der Freiheitsmütze. Meine alte Freundin 'Riah sagte:
‚Was habt Ihr mit einer Freiheitsmütze zu schaffen? Ihr habt die Freiheit nie gewollt, also soll sie Euch auch nicht gehören!'
Jedoch, die Kammer wurde durchsucht und die arme schwarze Fahne unter dem Bett aufgefunden und beschlagnahmt. [...] Das Haus wurde von oben bis unten nach der Mütze durchkämmt, aber weder durch das Genie des Anführers noch durch das der Untergebenen konnte das fehlende Symbol der Revolution aufgefunden werden. Also zog sich die Gruppe tapferer Männer mit dem Unterrock der armen alten Nancy wieder zurück – und die schwarze Fahne schmückte nie wieder ein radikales Festmahl aus Kartoffelkuchen und selbstgebrautem Ale. [...]
Am Sonntag nach dieser großartigen Aktion traf 'Riah Witty den Chief Constable und rief ihm zu:
‚Na, Ihr habt die Freiheitsmütze wohl nicht gefunden, oder?'
‚Nein, 'Riah', sagte er, ‚habe ich nicht, wo war sie denn?'
Und sie sagte:
‚Ich wußte, Ihr würdet sie nicht finden können; sie war dort, wo Ihr Euch nicht trautet, nach ihr zu suchen.'"[19]

Radikale Frauenorganisationen, die während der zwanziger und dreißiger Jahre längerfristig Bestand hatten, sind selten, aber während der Demonstration gegen das *Poor Law* im Jahre 1837 war in einer

Reihe von Gebieten ein Zuwachs an oder ein Wiederaufleben von Frauenvereinigungen zu verzeichnen. Weibliche Radikale hielten während der vor-chartistischen Periode im kleinen Wollindustriestädtchen Elland im West Riding von Yorkshire Zusammenkünfte ab, bei denen Frauen als Rednerinnen auftraten. Nach einem solchen Treffen wurde Elizabeth Hanson von der Zeitung *Globe* wegen ihres Angriffs auf das *New Poor Law* und wegen ihres mangelnden Verständnisses für die Gesetze der politischen Ökonomie zur Rede gestellt. Ihre Antwort war recht geistreich:

„Sir, ich bin überrascht, daß Ihr mit Eurem Scharfsinn als Politiker und Erzieher der Öffentlichkeit die Bedeutung meiner Äußerungen über das Elend, die ich auf dem öffentlichen Treffen der Frauen in Elland getan habe, nicht versteht. Ihr fragt zu diesem Problem, ob nicht die Schärfe meines weiblichen Verstandes mir hätte zeigen sollen, daß das Elend sich unter dem alten *Poor Law* abspielte. Sir, das wußte ich ebensogut wie Ihr. In dem Moment, in dem ich sprach, wußte ich, was jeder, der gesunden Menschenverstand besitzt, wissen muß: daß weder das alte noch das neue *Poor Law* irgend etwas mit der Schaffung des Elends zu tun haben.
Das Elend, Sir, ist die Folge der schlechten Ordnung der Gesellschaft; dann aber ist das *Poor Law,* welches doch sicherlich ein Kennzeichen dieser Ordnung ist, nichts als ein Linderungs- oder Beschönigungsmittel. [...]
Ihr sagt, wir müssen unseren Handel ausweiten. Wir haben den ganzen bewohnbaren Erdball geplündert. Wenn Ihr einen Weg zum Mond fändet, dann könnten wir vielleicht unter Zuhilfenahme von Papier unsere Konkurrenz noch ein wenig länger fortsetzen; aber wenn Ihr die Lebensbedingungen der Arbeiterklassen verbessern wollt, dann müßt Ihr unsere Regierung veranlassen, Gesetze zu machen, die Maschinen mit Handarbeit zusammenwirken und als Hilfsmittel oder Ergänzung dienen lassen, nicht als Konkurrenten.“[20]

Elizabeth Hanson scheint ebenfalls einer radikalen Familie angehört zu haben; möglicherweise war sie die Frau des Webers und Laienpredigers Abraham Hanson und Mutter von Feargus O'Connor Hanson, der 1837 geboren wurde. In diesen Jahren war es üblich, Kinder beiderlei Geschlechts nach führenden Radikalen zu benennen. 1849 berichtete ein Korrespondent des *Morning Chronicle:*

„Ein kurioser Hinweis auf die vorherrschende radikale politische Richtung im Ort [Middleton, Lancashire] findet sich im Ortsregister: die Leute haben eine Vorliebe dafür, ihre Kinder nach dem jeweiligen Held der Stunde zu taufen. So waren etwa eine Generation zurück Henry Hunts genauso verbreitet wie Brombeeren, dann wurden sie durch eine Anzahl Feargus O'Connors abgelöst, und seit kurzem gibt es einige Sprößlinge mit dem Namen Ernest Jones.“[21]

Vorsitzende der Zusammenkunft, auf der Elizabeth Hanson ihre Rede hielt, war Mary Grassby, die vom *Globe* gleichfalls wegen ihrer unziemlichen Handlungsweise attackiert wurde. Auch sie antwortete mit einer scharfsinnigen Verteidigungsrede. Die weiblichen Radikalen aus Elland behielten ihre öffentlichen Aktivitäten bei und feierten im Frühjahr 1838 in einer Begrüßungsrede die Rückkehr der Arbeiter von Dorchester. In dieser Rede beglückwünschten sie die Männer zu ihrer Freilassung, drängten sie aber gleichzeitig, sich an der Amnestiekampagne für die Baumwollspinner aus Glasgow zu beteiligen, die 1837 wegen Verschwörung verurteilt worden waren. Dies war der zweite wichtige Fall der Verfolgung gewerkschaftlicher Aktivitäten in der unmittelbar vor-chartistischen Zeit.[22] Die Frauen von Elland waren offene Anhängerinnen Richard Oastlers und Gegnerinnen des *New Poor Law,* ebenso wie die Frauen aus Staleybridge, Lancashire, von denen im Februar 1838 berichtet wurde, daß sie eine Petition gegen das *New Poor Law* verfaßt hätten, um die Petition der Männer zu unterstützen, die bereits einige tausend Unterschriften zusammengebracht hatte.[23]

Im Juni 1838 erschien im *Northern Star* ein Brief an die schottischen Frauen, der von „einer wahren Demokratin" unterzeichnet war. Er begann folgendermaßen:

„Schottinnen, ich wende mich als einfache arbeitende Frau an Euch – als Weberin aus Glasgow. Ihr könnt nicht erwarten, daß mein Ausdruck grammatisch richtig ist, weil ich wie viele meiner Mitschwestern nicht die Bildung erhielt, die ich hätte erhalten sollen und auf die jeder Mensch ein Anrecht hat. [...] Das Recht jeder Frau ist es, bei der Gesetzgebung ihres Landes ihre Stimme abzugeben, und das ist es um so mehr, als wir jetzt eine Frau an der Spitze der Regierung haben."[24]

Dies ist einer der seltenen Fälle dieser Jahre, bei dem die Forderung nach dem Frauenwahlrecht spezifisch von Arbeiterfrauen geäußert wird. Meist sind ihre Forderungen mehr sozialer Natur und allgemeiner, wie etwa die der radikalen Frauen aus Rochdale, die 1839 ihre eigene Gesellschaft gründeten, „entschlossen, der Welt öffentlich zu zeigen, daß sie ihre Rechte kennen und verteidigen werden".[25]

Frauen scheinen also in der Zeit nach der *Reform Bill* entweder durch die Gründung eigener Organisationen oder durch die Teilnahme an Kundgebungen und Aktionen gemeinsam mit ihren Ehemännern und Familien eine radikale Position eingenommen zu haben. So wie die radikale Bewegung in den Jahren 1837, 1838 und 1839 einen Aufschwung nahm, so besteht auch kein Zweifel daran, daß Frauen eine treibende Kraft dabei waren.

Henry Vincent, der als Gesandter der *London Working Men's Association* den West Riding von Yorkshire besuchte, um die Bildung regionaler Gruppen anzuregen, war von dem Empfang, der ihm bereitet wurde, nahezu überwältigt. Er schrieb aus Huddersfield, dem Heimatort von Richard Oastler und Lawrence Pitkeithly:

„Unser Treffen wurde für vier Uhr nachmittags einberufen. Am Ortseingang empfingen uns einige Freunde, die uns zu einem Gasthof brachten, wo wir den

Tee zu uns nahmen. Dann wurden wir unter entzückenden, lebhaften Beifallsbekundungen durch die Stadt geführt. Die Leute des Ortes, Landarbeiter und Bauern, kamen mit ihren Frauen und Töchtern sämtlich aus ihren kleinen Häusern und strömten mit uns zu der Versammlung. Diese fand in einem Hohlweg direkt am Ortseingang statt, der von allen Seiten durch grüne Hänge begrenzt wurde; die Männer standen in dem Hohlweg, während die hübschen Mädchen und Frauen mit ihren weißen Schürzen und grün geschmückten Hauben im Umkreis auf den Hängen lagerten. Ich habe nie in meinem Leben einen erfreulicheren Anblick gesehen."[26]

Vincent bereiste England in den Jahren 1837 und 1838 und war von der Tatsache beeindruckt, daß viele Frauen nicht nur an sämtlichen öffentlichen Zusammenkünften teilnahmen, auf denen er sprach, sondern an einigen Orten offensichtlich über unabhängige Organisationen verfügten. In Trowbridge (Wilts.) schenkten ihm die Frauen einen „hübschen Anzug", dem die Weberinnen aus Tiverton eine „wunderschöne selbstgewebte Weste" hinzufügten.[27] In Birmingham bestand die riesige Menge, die Vincent und den örtlichen Rednern zu einem Treffen unter freiem Himmel auf Holloway Head folgte, ebenso aus Frauen wie aus Männern – „so weit das Auge reichte, sah man eine prächtige Vielfalt an männlicher und weiblicher Schönheit, [...] an die 50 000 Frauen, alle ordentlich und sauber gekleidet".[28] In Hull war der neue Saal „zum Bersten gefüllt – und die Galerie war erfreulicherweise mit Frauen geschmückt".[29] Im Oktober 1839 organisierte Vincent ein Treffen nur für Frauen.

„Spätabends am Samstag unterschrieb ich einen Aufruf, der bekanntgab, daß ich die Larkenhall Gardens, etwa eine Meile außerhalb der Stadt gelegen, zur Verfügung gestellt bekommen hatte, und lud die Damen für drei Uhr ein. [...] Gestern nachmittag war die ganze Straße, die zum Ort des Treffens führt, mit hochehrbaren Frauen angefüllt, einige von ihnen waren zu Fuß, andere in Kutschen und verschiedensten anderen Gefährten zum Ort der Zusammenkunft unterwegs – die Gardens, die mindestens 5 000 Menschen fassen können, waren hoffnungslos überfüllt – kein Mann außer Mr. Kissock [...], Mr. Young [...] und mir durfte hinein. Draußen lagerten Hunderte, die keinen Platz mehr gefunden hatten."[30]

In Blandford, Dorset, „konnte man die Landburschen und -mädchen aus allen Richtungen über Felder und Hügel" zum Treffpunkt außerhalb der Stadt „strömen sehen". Als die Redner auf der Bühne anlangten, erhielten sie „die übliche freundliche Begrüßung; die Männer jubelten uns zu, und die Frauen klatschten in die Hände und winkten mit ihren Taschentüchern".[31]

Im ganzen Land, in allen Gebieten mit einer Geschichte offener radikaler Aktivität scheinen die Frauen zusammen mit den Männern zum Chartismus gestoßen zu sein. Oft bildeten sie ihre eigenen Organisationen, wobei sie von den Männern für gewöhnlich Hilfe und Ermutigung erhielten. In Newcastle-on-Tyne wurde das erste Treffen der

Female Chartist Association von James Ayr, einem bekannten örtlichen Radikalen, geleitet. Männer wurden gegen einen Eintrittspreis von zwei Pence zu dem Treffen zugelassen, für Frauen war der Eintritt frei.[32] Andere Orte, wie etwa Bath, hatten von Anfang an ihre eigenen Führerinnen. In Bath hatte Mrs. Bolwell das Treffen geleitet, auf dem Vincent seine Rede hielt, und sie habe, so sagte er, eine sehr gute Rede gehalten. Aber sie hatte, wie auch die Frauen von Elland und wie Mrs. Anna Pepper, die die weiblichen Chartisten von Bradford im Dezember 1840 an die politischen Aufgaben der Frauen erinnerte, vor einer rein weiblichen Zuhörerschaft gesprochen. Vor gemischtem Publikum scheinen Frauen keine Leitung einer Veranstaltung übernommen und keine Reden gehalten zu haben, obwohl Männer manchmal vor einer rein weiblichen Zuhörerschaft fanden.
Ein Bericht im *Northern Star* begann mit einem „Hurra den Frauen":

„Letzten Mittwoch besuchte Mr. Reeves aus Sunderland diesen Ort [New Durham], um ein Treffen zur Unterstützung der Charta zu organisieren. Ein Raum wurde gefunden, und Mr. Reeves begab sich zur festgesetzten Zeit dorthin, aber zu seiner Überraschung war jeder Teil des großen Raumes, Fensterbänke und alles andere, anstatt von Männern (die keine Zeit gehabt hatten, so früh dorthin zu kommen, weil sie gerade erst von der Arbeit zurückgekehrt waren) von den klugen Frauen dieses Ortes besetzt. Das war eine angenehme Überraschung für Mr. Reeves, und, ob er wollte oder nicht, es blieb ihm nichts anderes übrig, als zu den Frauen zu sprechen, denn sie schafften ihn in den Raum, verriegelten die Tür, setzten ihn auf das Podest und erklärten, daß er nicht wieder wegkäme, bevor er nicht eine Frauenorganisation gegründet hätte. So geschah es, und am nächsten Morgen lief ein halbes Dutzend dieser patriotischen Frauen mit Kleistereimern und Plakaten in der Stadt herum, um ein neues Treffen für den folgenden Samstag anzukündigen."[33]

Die radikalen Frauenvereine, von denen mehr als zwanzig in den ersten zwei Jahren des formalen Bestehens des Chartismus vom *Northern Star* erwähnt werden, verfolgten neben öffentlichen Treffen eine Vielzahl anderer Aktivitäten. Unter Führung von Mrs. Peter Foden sammelten sie in Sheffield die Namen sympathisierender Frauen und schärften ihnen ein, „ihren Kindern die Prinzipien des Chartismus beizubringen".[34] Sie gingen zu Treffen und Kundgebungen, fertigten Fahnen und Flaggen an und schmückten die Säle und die Wagen der Redner. Sie organisierten gesellige Zusammenkünfte, vom radikalen Gastmahl aus „Kartoffelkuchen und selbstgebrautem Ale" der Nancy Clayton bis zu ehrgeizigeren Soirées und Musikabenden, die in anderen Regionen durchgeführt wurden. Sie waren oft führend an lokalen Bildungsbestrebungen beteiligt, kümmerten sich um die chartistischen und demokratischen Gemeinden, unterhielten Sonntagsschulen und manchmal sogar Tagesschulen. All diese Einrichtungen konnten nur dank der aktiven Unterstützung der Frauen

Erfolg haben, ebenso wie die wichtigste Form der Einflußnahme von seiten der Arbeiter: das *exclusive dealing.* Die das 10-Pfund-Wahlrecht besaßen, waren in Bezirken mit überwiegender Arbeiterbevölkerung hauptsächlich Ladenbesitzer und Gastwirte. Viele von ihnen waren für ihren Lebensunterhalt direkt von Arbeiterkundschaft abhängig, und daher war es zu Zeiten offener Wahlen möglich, einen nicht zu unterschätzenden Druck zumindest auf eine kleine Zahl von Wählern auszuüben. Anfang 1839 sammelten die Chartisten von Barnsley Geld für die „Chartist National Rent" und für den Verteidigungsfonds, der dem verhafteten Führer Joseph Rayner Stephens gesetzliche Unterstützung ermöglichen sollte. Sie beschlossen:

„Diejenigen, die die Ladenbesitzer der Stadt zu Spenden für die National Rent und den Verteidigungsfonds für Stephens aufgefordert haben, werden gebeten, eine Liste derer zu erstellen, die dieser Aufforderung Folge geleistet haben. Diese Liste soll dann jeden Abend vom Leiter oder Sekretär vor der eigentlichen Tagesordnung des Treffens verlesen werden und als Hinweis für das *exclusive dealing* dienen."[35]

Ben Wilson erinnerte sich an mehrere Händler in Halifax, die an ihrer chartistischen Kundschaft reich geworden waren, wie etwa James Haigh Hill, ein Metzger aus den Shambles, der als der Chartistenmetzger bekannt war und einen ehemaligen Krempler namens Boden beschäftigte, der ein Führer der Bewegung und einer der besten Redner in Halifax war.

„Ich habe Massen von Leuten Samstag abends vor seinem Geschäft gesehen, und bei einer Gelegenheit hatte er sogar eine Musikkapelle dort."[36]

Die Tausende kleiner Einkäufe der Arbeiterhaushalte konnten, wenn sie organisiert wurden, eine ansehnliche finanzielle Macht bedeuten. Gegner der Chartisten oder Händler, die gegen chartistische Gefangene vor Gericht ausgesagt hatten, fanden in mehr als einem Zentrum des Chartismus heraus, daß ein solches Verhalten von Nachteil war.[37] Die Kaufkraft der Arbeiterklasse konnte auch genutzt werden, um Führer der Bewegung in kleineren Geschäftszweigen zu unterstützen oder um Versuche mit kooperativem Handel zu beginnen. All diese Aktivitäten erforderten die Zustimmung und aktive Mitarbeit der Frauen in den Gemeinden und wurden in Gebieten, in denen sich Männer und Frauen gemeinsam daran beteiligten, erfolgreich durchgeführt.

Eine Demonstrationsform, die in einigen Zentren auftrat, war die friedliche Besetzung der Gemeindekirche am Sabbat durch eine große Zahl von Chartisten. Sie saßen auf Kirchenstühlen, die sie nicht gemietet hatten, und bestanden oft darauf, daß der Pfarrer aus einem Text ihrer Wahl predigte, wie beispielsweise: „Der da nicht arbeitet, der soll auch nicht essen" oder „Wohlan nun, ihr Reichen, weinet und klaget über das Elend, das über euch kommen wird" und ähnliches mehr. Einige Geistliche benutzten die Gelegenheit zu einer antichartistischen Predigt, und einer, Reverend Francis Close, Pfarrer an der Cheltenham Parish Church, veröffentlichte seine beiden Predigten, die er an die chartistischen Besetzer gerichtet hatte, die erste an die Männer, die zweite an die Frauen der *Female Chartists of Cheltenham*. Er klagte:

„Es wäre schon schlimm genug, wenn sie ihren Einfluß nur benutzten, um bei ihren Männern, Brüdern und Vätern Uneinigkeit zu entfachen, den Geist des Aufruhrs zu schüren und die schlechten Leidenschaften derer, mit denen sie zusammen leben, anzustacheln, anstatt sie zu besänftigen – doch weh uns in diesen bösen Zeiten, diesen für britischen Boden so fremdartigen Zeiten! Die Frauen sind damit allein nicht zufrieden, sie werden Politikerinnen, sie verlassen Spinnrocken und Spindel, um den Lehrern des Aufruhrs zu lauschen, sie geben ihren Herd und ihre häuslichen Pflichten zugunsten politischer Treffen auf, sie vernachlässigen ihr ehrbares Gewerbe, um aufrührerische Zeitungen zu lesen! Und sie sind so bar jedes Sinnes für weiblichen Anstand, weibliche Bescheidenheit und Demut, daß sie selbst zu politischen Agitatoren – weiblichen Diktatoren – weiblichem Pöbel – weiblichen Chartisten werden!"[38]

Obwohl sich der Chartismus von vorangegangenen Bewegungen durch sein Ausmaß und seine Verbreitung unterschied, war die Politik der frühen Jahre dennoch in ihren Grundzügen traditionellen Formen des Protestes und der Agitation verhaftet. Forderungen, sogar die Forderung nach dem allgemeinen Wahlrecht, wurden oft in Begriffe gekleidet, die eher die Wiederherstellung verlorener als die Etablierung neuer Rechte andeuteten. Die Verteidigung ihrer Kinder vor Fabrikarbeit, ihrer eigenen Arbeit und der ihrer Männer vor wachsender Ausbeutung – wobei die Mechanisierung nur ein Aspekt war – und der Widerstand gegen die Übergriffe eines immer zentralistischer werdenden Staates, die durch das strenge *New Poor Law* und durch die Vorschläge zu einer Erweiterung der Polizeikräfte exemplifiziert wurden, dies alles bildete genügend starke Motivationen, um Frauen dazu zu bringen, aktiven Anteil an chartistischer Politik zu nehmen. Es gab jedoch auch einige Männer und Frauen, die weitergingen und grundlegende gesellschaftliche Veränderungen vorschlugen. Dazu gehörten die Owenisten, die die traditionellen Institutionen von Ehe und Kernfamilie als Hindernisse für die Entwicklung einer echten kooperativen Gemeinschaft ansahen. Diese Anhänger des „Social System" attackierten regelmäßig die Scheidungs- und Ehegesetze und produzierten genüßlich Beweise für die Ungerechtigkeit und Inhumanität der bestehenden Regelungen; diese reichten von Mord- und Gewaltgeschichten wie die einer Frau, die in einer unglücklichen Ehe von ihrem Mann umgebracht worden war – „Die Christen können wahrhaftig das Ehesystem der Sozialisten gut beschimpfen, denn ihr eigenes ist ohne Makel!" –, bis hin zu fröhlicheren Vorfällen wie jenem, bei dem ein antisozialistischer Redner in einem Angriff gegen die sozialistischen Vorstellungen über die Ehe auf einem öffentlichen Treffen in Liverpool von seiner eigenen Frau unterbrochen wurde, die er verlassen hatte. Sie hatte die Ankündigung des Treffens gelesen und war gekommen, „um ihn zu sehen und eine kleine Aussprache über bestimmte wichtige Punkte mit ihm zu führen. So sieht ein Gegner des ‚Social System' aus".[39]

Die Owenisten hatten Frauen unter ihren Rednern und beteiligten sie an ihren Kommuneprojekten. B. Warden aus der Ortsgruppe von East London wandte sich in einem Aufruf an die Kommune von Cambridgeshire besonders an die Frauen:

„Schwestern der Kommune! Ihr, die Ihr alles zu gewinnen und nichts zu verlieren habt, die Ihr vom Gesetz für politisch tot gehalten wurdet, deren Rechte außer im ‚Social System' noch nie anerkannt wurden, ich sage, denkt daran, daß Ihr Euch Wissen aneignen müßt. Von Euch hängt in der Hauptsache der Charakter unserer Jugend ab und hauptsächlich von Euch auch Friede und Glück des Kommunekreises. Ohne Euch wäre der Überbau unvollendet; Ihr, der wichtigste Grundstein, den die Erbauer zurückgewiesen haben, seid zum Bollwerk unseres Friedens und unserer Einheit geworden."[40]

Viele Owenisten waren auch Chartisten, denn die reine Doktrin des owenistischen Sozialismus befaßte sich nicht mit Tagespolitik. Diejenigen, die Owens allgemeine Kritik des Wettbewerbskapitalismus akzeptierten, sich aber dennoch auch in der gegenwärtigen Politik engagieren wollten, beteiligten sich an der Agitation für das Wahlrecht.

Obwohl sich Frauen unzweifelhaft an der Arbeit der wenigen owenistischen Kommunen[41] und in noch kleineren sozialistischen Gruppen, wie etwa bei den englischen Saint-Simonisten (die mit jedem Exemplar der *New Christianity or the Religion of St Simon* „ein farbiges Portrait einer saint-simonistischen Frau" anpriesen)[42], beteiligten, tauchen in den Äußerungen der weiblichen Chartisten kaum Belege für solch fortschrittliches Denken auf. Die Proteste der Frauen gleichen im allgemeinen mehr oder weniger denen, die im Februar 1839 von der *Female Political Union of Newcastle-upon-Tyne* so formuliert wurden:

„Wir haben erlebt, daß die Frau, weil der Lohn des Ehemannes seine Familie nicht ernähren konnte, gezwungen war, ihr Heim zu vernachlässigen und zusammen mit ihren kleinen Kindern einer Arbeit nachzugehen, die sie an Leib und Seele erniedrigte. [...] Jahrelang haben wir darum gekämpft, unser Heim gemütlich erhalten zu können. Unsere Herzen sagten uns, daß unsere Ehemänner nach ihrer ermüdenden Arbeit so empfangen werden sollten. Jahre um Jahre sind vergangen, und selbst heute haben unsere Wünsche keine Aussicht auf Verwirklichung. Unsere Männer sind abgearbeitet, unsere Häuser halb möbliert, unsere Familien schlecht ernährt und unsere Kinder ungebildet."[43]

An den gewalttätigen Aufständen im Sommer 1839 waren Männer und Frauen gleichermaßen beteiligt. In Llanidloes befreiten die örtlichen Massen eine Gruppe von Chartisten, die von der eigens zu diesem Zweck dorthin verlegten Metropolitan Police verhaftet worden waren. Die aktive Teilnahme der Frauen wurde übereinstimmend bezeugt:

„Einige der Frauen, die in der Menge dabei waren, stachelten beständig die Männer zum Angriff auf das Haus an – ein altes Mannweib schwor, daß sie eher kämpfen werde, bis sie knietief im Blut wate, als daß die Cockneys die Gefangenen aus der Stadt bringen würden. Sie und ihre Geschlechtsgenossinnen trugen große Haufen Steine zusammen, die sie dann benutzten, um das Gebäude, in dem die Gefangenen festgehalten wurden, zu verunstalten und zu beschädigen."[44]

Der Aufstand von Llanidloes war einer der wenigen Fälle während der chartistischen Periode, bei denen Frauen wegen ihrer Teilnahme verhaftet und verurteilt wurden. Im allgemeinen scheint es die Politik der Machthaber gewesen zu sein, eine beträchtliche Zahl von Personen zu verhaften, aber nur einen geringen Teil der Verhafteten vor Gericht zu stellen; selten waren Frauen darunter.

Die Beteiligung der Frauen ist auch bei den sogenannten Plug Riots im Sommer 1842, die vielleicht das letzte bedeutende Beispiel der alten offenen Politik der Arbeitergemeinden in den Industriegebieten darstellen, gut belegt. Frank Peel, ein Augenzeuge der Ereignisse, erinnerte sich an die Szenen, als Tausende Fabrikarbeiter über die Penninen in Yorkshire einmarschierten:

„Eine nicht unbeträchtliche Zahl der Aufrührer waren Frauen, und – so merkwürdig es auch scheinen mag – letztere waren wahrhaftig die gewalttätigeren innerhalb der Menge. [...]

Die wohlsituierten Einwohner betrachteten die Tausende streikender Frauen mit einigem Mitleid, denn viele von ihnen waren ärmlich gekleidet, und nicht wenige gingen barfuß. Nachdem der Riot Act verlesen und die Aufständischen angewiesen worden waren, sich in ihre Häuser zu begeben, erklärten viele jener Frauen, die direkt vor dem Polizeirichter und dem Militär standen, laut, daß sie kein Heim hätten, und sie forderten die Beamten auf, sie zu töten, wenn sie Lust dazu hätten. Darauf stimmten sie die Gewerkschaftshymne an:

‚Our little ones shall learn to bless
Their fathers of the union,
And every mother shall caress
Her hero of the Union.
Our plains with plenty shall be crowned,
The sword shall till the fruitful ground,
The spear shall prune our trees around,
To bless a nation's union' "[45]

Ein anderer Augenzeuge, F. H. Grundy, war von der Tatsache beeindruckt, daß die Massen in Halifax, die die Streikenden empfingen – Arbeiter aus der Gegend, welche sich keinesfalls in derselben ökonomischen Notlage befanden wie die Streikenden aus Lancashire –, viele Frauen enthielten. Einer der brutalsten Zusammenstöße während der gesamten Episode ereignete sich, als die Menge in Halifax einige Gefangene zu befreien versuchte, die unter militärischer Bewachung abtransportiert werden sollten. Grundy schrieb, daß am Morgen, als die Befreiung stattfinden sollte, die Straße in Halifax aussah

„wie eine Straße zum Jahrmarkt oder zum Pferderennen. [...] Ich war über die Vielzahl von Menschen erstaunt, die sich in der Nachbarschaft versammelt hatten. Sie redeten heftig daher, rannten aber alle – Frauen ebenso wie Männer – durch die verschiedenen Gassen. [...] Arme und Schürzen waren voll mit Steinen, die von den Schotterhaufen bei den Gleisen neben der Hauptstraße stammten.“[46]

Die Steine wurden dazu benutzt, eine Gruppe Soldaten aus dem Hinterhalt zu überfallen. Grundy und andere Augenzeugen bestanden darauf, daß die Angreifer Leute aus der Gegend und keine Auswärtigen waren.

Frauen spielten also im allgemeinen Tumult chartistischer Politik ihre Rolle. Sie beteiligten sich an Protesten und Aktionen gegen die Polizei, die etablierte Kirche, gegen die Ausbeutung durch Unternehmer und die Übergriffe des Staates. Manchmal artikulierten sie ihre Beschwerden in allgemeinen politischen Begriffen und beriefen sich zur Verteidigung ihrer Sache auf frühere Gesetze und auf Naturrechte, manchmal verwendeten sie ethische oder religiöse Begriffe, wobei sie sich zur Legitimation ihres Protestes auf die Bibel beriefen. („Ich weiß“, klagte Reverend Close, „daß dieses geheiligte Buch für alle möglichen hochverräterischen Zwecke mißbraucht wurde. [...] Die alten Verdrehungen und Auslegungen der Schrift, die schon in den Tagen Oliver Cromwells so verbreitet waren, leben wieder auf [...] und werden gegen die Friedfertigen in diesem Land gerichtet.“[47]) Im Verlauf der Chartistenbewegung entstanden jedoch neue Formen politischer Organisationen und neue politische Formulierungen. Inwieweit wirkten sich diese auf die Frauen aus?

In der zentralen Frage, der Zulassung der Frauen zum Wahlrecht, war die chartistische Haltung immer widersprüchlich. Elizabeth Pease schrieb 1842:

„Ich glaube, daß die Chartisten im allgemeinen die Doktrin gleicher Rechte für Frauen vertreten – aber ich bin unsicher, ob sie nicht denken, daß die politischen Rechte einer Frau, wenn sie heiratet, in denen ihres Ehemannes aufgehen.“[48]

R. S. Richardson, der sein Pamphlet *The Rights of Woman*[49] 1840 im Kerker von Lancaster verfaßte, vertrat sicherlich diesen Standpunkt, zum Teil deswegen, weil er wie viele chartistische Autoren bemüht war, innerhalb des bestehenden gesetzlichen Rahmens zu argumentieren. Er vertrat jedoch die Ansicht, daß unverheiratete und verwitwete Frauen volle soziale und politische Rechte, einschließlich des Wahlrechts, genießen sollten. Er argumentierte vom Standpunkt eines Arbeiters aus dem Norden des Landes, der Frauen als Erzieherinnen in der Familie und als Arbeiterinnen in der lokalen Industrie sah. Auf dieser Sichtweise beruhte seine Unterstützung der Rechte der Frauen. Die ‚anspruchsvolleren' politischen Argumentationen einiger Londoner Chartisten scheinen dagegen *tatsächlich* auf einer generell niedrigeren Einschätzung der Frauen zu beruhen.

In seiner Autobiographie beschreibt William Lovett die Sorgfalt, mit der er seiner Frau politische Fragen erklärte:

„Ich versuchte, das Interesse meiner Frau an all diesen Dingen zu erwecken, indem ich ihr vorlas oder ihr die verschiedenen Themen, die sich uns aufdrängten, wie auch die politischen Ereignisse des Tages erklärte. Ich versuchte sie auch davon zu überzeugen, daß wir über das Vergnügen hinaus, das das Wissen einem selbst bereitete, die Pflicht hätten, es weise für andere einzusetzen. [...] Wenn ich auf diese Zeit zurückblicke, wie oft habe ich nicht Grund zur Zufriedenheit gefunden, daß ich dieses Ziel verfolgte. Denn das Verständnis meiner Frau für meine bescheidenen Bemühungen war stets die schönste Hoffnung und die beste Hilfe bei den Schwierigkeiten und Sorgen, denen ich in meiner politischen Laufbahn begegnet bin."[50]

Es ist jedoch Lovett oder seinen Mitangehörigen der *London Working Men's Association* allem Anschein nach nie eingefallen, Frauen zu ihren politischen Beratungen heranzuziehen oder sie auch nur als Mitglieder in irgendeine der Organisationen aufzunehmen, die sie unterstützten. Lovett schätzte sich glücklich, daß er seiner Frau gestatten konnte, zum halben Lohn seine Stelle zu übernehmen, als es sich die *First London Cooperative Trading Association* nicht mehr leisten konnte, ihn als Lagermeister zu bezahlen. Wie es scheint, ist es ihm jedoch nie in den Sinn gekommen, daß sie oder irgendeine andere Frau den Räten der Organisation irgend etwas zu bieten hätte. Die von Lovett vorgebrachte Klage über den Mangel an Interesse von seiten der Ehefrauen von Mitgliedern am Einkauf im Laden der Kooperative hätte vielleicht vermieden werden können, wenn sie einen größeren Anteil an Planung und Führung der Läden gehabt hätten. Lovett berichtet, daß er und einige andere Mitglieder des Komitees, das die ursprüngliche Volkscharta ausarbeitete, den Wunsch geäußert hatten, das Frauenwahlrecht unter den Hauptpunkten zu nennen. Sie wurden aber überstimmt, weil „mehrere Mitglieder glaubten, daß die Aufnahme dieses Punktes in die Bill das Wahlrecht der Männer verzögern könnte".[51] In den meisten Äußerungen der Chartisten wurde die Angelegenheit in der Schwebe gelassen. Zweifellos stand für die Mehrheit der Chartisten beiderlei Geschlechts das Klassenproblem im Vordergrund. Wenn die Männer der Arbeiterklasse erst politische Macht erlangt hätten, würde dies für die ganze Klasse von großem Nutzen sein, und es konnte wohl erwartet werden, daß dann die Ausdehnung politischer Rechte auch auf die Frauen auf der Grundlage natürlicher Gerechtigkeit folgen werde. Darüber hinaus dachten vermutlich viele, daß diese Reform, wie andere vor ihr, durch eine zu frühe Verwirklichung Nachteile bringen könnte. In einer Gesellschaft, die in besitzende und besitzlose Klassen gespalten war, konnte die Garantie des Wahlrechts für die Frauen der besitzenden Klasse, noch bevor es den Männern der Arbeiterklasse zugestanden war, lediglich als eine weitere Stärkung der existierenden Machthaber gesehen werden. Dennoch tauchte das Thema des Frauenwahlrechts von Zeit zu Zeit in schriftlichen Äußerungen der Chartisten auf. In ihrer *Gazette* erklärte die *National Association*, die von Lovett und anderen nach seiner Entlassung aus dem Gefängnis gebildet worden war, daß sie beabsichtige, die Rechte der Frauen „ebenso wie die Rechte der Männer im Auge zu behalten und zu verteidigen". Die *Gazette* stellte fest, daß

„zumindest in dieser Hinsicht die werktätigen Männer angeklagt werden müssen, den Frauen gegenüber dieselbe kleinliche Haltung einzunehmen, die andere Klassen ihnen gegenüber einnehmen. Die Mittelklasse wird aus Furcht, die Abschaffung des Corn Law zu gefährden, oder aus Angst vor einem Haushaltswahlrecht das allgemeine Wahlrecht nicht unterstützen; und die arbeitenden Männer werden die Zulassung der Frauen zu den politischen Vertretungen nicht befürworten, aus Furcht, ihre eigene könne dadurch verzögert werden."[52]

Doch worauf lief dies hinaus? Einige wenige Chartistinnen schrieben an die *Gazette*. Eine Zuschrift lautete:

„Als Angehörige des Geschlechts, dessen Rechte Sie erklärtermaßen hochhalten, werden Sie mir, so hoffe ich, einen Platz in Ihrer Zeitung nicht verweigern, damit ich meine Meinung zu einem Thema äußern kann, das vielleicht in den eigentümlichen Urteilsbereich einer Frau fällt.
Letzten Montag nahm ich teil am großen Aufmarsch, welcher die ‚National Petition' zum House of Commons brachte. Und wenn ich auch hocherfreut war über das allgemeine Benehmen der Leute, so mußte ich doch leider bemerken, wie viele schmutzige Männer und Frauen darunter waren. Sir, ganz bestimmt hätte es eine solche Gelegenheit jedem arbeitenden Mann und jeder arbeitenden Frau, was immer ihre gewöhnliche Beschäftigung sein möge, zur Pflicht machen müssen, ordentlich und sauber zu erscheinen. Ein wenig Seife und Wasser muß vorhanden gewesen sein; und mag auch die Kleidung zerlumpt sein, das Gesicht und die Hände hätten nicht schmutzig sein müssen. Ich übertreibe nicht, wenn ich sage, daß mir Hunderte aufgefallen sind, die aussahen, als hätten sie sich seit einer Woche nicht mehr gewaschen! Das war mir recht unangenehm, Sir, dessen versichere ich Sie."[53]

Andere Zuschriften von Frauen lauteten ähnlich. Ein Vergleich dieser

Frauen mit den zerlumpten Streikenden von Lancashire 1842 oder mit Mary Holberry, die mit ihrem Mann 1840 in Sheffield wegen Mittäterschaft an einer bewaffneten Verschwörung verhaftet, jedoch später wieder freigelassen wurde, oder mit Mrs. Adams, der Frau des Sekretärs der Chartisten von Cheltenham, die verhaftet wurde, weil sie die verbotene Freidenkerzeitschrift *Oracle of Reason* zum Verkauf feilgeboten hatte, während ihr Mann eine einmonatige Gefängnisstrafe für deren Verkauf absaß, erhellt die große Bandbreite an politischen Erfahrungen und Einstellungen innerhalb des Chartismus. Die weitreichenden Unterschiede hinsichtlich Kultur und Weltanschauung waren bei den Frauen ebenso groß, wenn nicht größer als bei den Männern.

Während des Jahrzehnts von 1838 bis 1848, in dem die sozialen und industriellen Bestrebungen der Arbeiter sich hauptsächlich im Chartismus äußerten, gab es zahlreiche Veränderungen innerhalb der Bewegung. Die Gründung der *National Charter Association (NCA)* 1840 1840 und anderer weniger bedeutender Vereinigungen im nationalen Rahmen brachte mehr Formalismus in die Politik ein. Demgegenüber wurden durch die Entwicklung stabilerer Formen gewerkschaftlicher Organisation und kooperativer Versuche die Energien vieler örtlicher Chartisten in neue Formen kontinuierlicher Aktivität gelenkt. Das unmittelbare Krisenbewußtsein der frühen Jahre ließ nach, und es wurden variablere und weniger defensive Strategien politischer Aktion und sozialer Rekonstruktion diskutiert. Das war die Zeit, in der die Führer der Chartistenbewegung an Diskussionen über den europäischen Sozialismus teilnahmen, in der sie Kontakte zu fortschrittlichen Denkern in Europa und Amerika knüpften und 1848 ein Grußwort an die Provisorische Regierung von Paris übermittelten. Dies ist aber auch die Zeit, in der die Frauen, mit Ausnahme einiger wenigen Regionen, aus der Politik der Arbeiterklasse verschwanden.

Von Zeit zu Zeit tauchen einige weibliche Sektionen der *NCA* in den Listen auf, die in den frühen vierziger Jahren veröffentlicht wurden. Aber aus diesen wurden keine weiblichen Abgeordneten in lokale oder nationale Komitees benannt, auch gibt es keinen Hinweis darauf, daß irgendwelche Frauen nach der Formalisierung der chartistischen Organisationen jemals ein Amt bekleidet hätten. Als während der allgemeinen Wahlen von 1847 in Gebieten mit starker chartistischer Basis, wie etwa Nottingham oder Halifax, das *exclusive dealing* wieder praktiziert wurde, kann aus dem Erfolg abgeleitet werden, daß es von Frauen unterstützt wurde. Tatsächlich waren die Frauen in Halifax bei den Feierlichkeiten nach dem Triumph von Ernest Jones beim Wahlkampf (und seiner unvermeidlichen Niederlage bei der Wahl) in der Überzahl. Auf der Tea Party, auf der dem Kandidaten eine goldene Uhr überreicht werden sollte, waren die Frauen entschlossen, die radikale Farbe gut zu vertreten. Ben Wilson war beim ersten Treffen dabei,

„das überwiegend von Frauen besucht wurde. Einige hatten ihre Hauben wunderschön mit grünen Bändern geschmückt, andere hatten grüne Taschentücher, und manche trugen sogar grüne Kleider. Ich war schon auf vielen Tea Parties, aber eine wie diese habe ich noch nie erlebt."[54]

Freilich ist dies ein seltener Fall. In der späteren chartistischen Zeit treten die Frauen kaum noch in Erscheinung. 1856 erklärte Benjamin Deacon:

„Es ist für mich schon lange ein Thema ernsthafter Überlegungen, warum die chartistische Vereinigung die Mitarbeit von Frauen nicht in größerem Umfang sucht als bisher. Wenn sich schon die Priesterschaft ihre Dienste sichern kann, um die Welt in geistigem Dunkel zu halten, warum sollten wir dann nicht ihre Hilfe suchen, um bei der Parteinahme für die Sache der Freiheit unsere Podeste zu zieren?"[55]

Selbst Ernest Jones, der sich stets mit den Rechten der Frauen befaßte und in seinen letzten Lebensjahren Organisationen der Mittelschicht von Manchester angehörte, welche das Frauenwahlrecht befürworteten, weiß über diese Frage in seinen chartistischen Schriften wenig zu sagen. Dies sicher nicht, weil er sich des Problems nicht bewußt gewesen wäre. Im Vorwort zu einem ausgesprochenen Sensationsroman, den er in seinen *Notes to the People* 1851-52 in Serie veröffentlichte, erklärte er:

„Die Gesellschaft betrachtet in ihren Institutionen die Frau als ein Nichts und läßt sie doch den größten Teil der Leiden tragen, die ein System erzeugt, in welchem sie keine Stimme besitzt! Brutale Gewalt erlegte ihr zuerst das Gesetz auf – und moralische Macht zwingt sie nun dazu, es zu befolgen."[56]

Aber es gibt in der Zeitschrift kaum einen Hinweis darauf, daß Jones oder irgendein anderer Chartist dieser Zeit danach strebte, die Frauen der Arbeiterklasse in politische Aktivitäten einzubeziehen, um ihre Situation zu verbessern. Die einzige Zuschrift an die *Notes,* die einen Anhaltspunkt dafür liefert, daß überhaupt noch Frauen, die am organisierten Chartismus interessiert waren, übriggeblieben waren, erschien, als Jones eine Kampagne gegen den Brauch durchführte, chartistische Zusammenkünfte in Pubs und Bierkneipen abzuhalten. Es war ein Brief der Sekretärin der *Women's Rights Association* von Sheffield, den Jones mit einer begrüßenden Notiz einleitete:

„Die Stimme der Frau wird in diesem Land nicht genügend gehört und nicht genügend respektiert. An der Wertschätzung der Frau und an ihrem Einfluß auf die Gesellschaft können Aufgeklärtheit und Zivilisiertheit eines Volkes gemessen werden. Die Frau hat in diesem Land eine wichtige Mission zu erfüllen, und unsere lieben Freundinnen aus Sheffield haben sich dieser Aufgabe würdig erwiesen."

Der Brief, der „im Namen aller Teilnehmerinnen des Treffens" von Abadiah Higginbotham unterzeichnet ist, begrüßt Jones' Artikel „Raising the Charter from the Pot-House" mit einem Ausdruck des Dankes und fordert ihn auf, die Kampagne fortzusetzen. Weiter heißt es:

„Wenn unsere Brüder uns nur das Recht zugestehen würden, die politischen Privilegien, nach denen sie streben, ebenfalls zu genießen, dann würden sie einen Zustrom von Anhängern weiblichen Geschlechts feststellen. Diese würden nicht nur die Charta aus dem Sumpf von Ehrlosigkeit und Laster ziehen, der so viele von uns betrübt, sondern sie würden auch mit weiblichem Stolz den Makel zu tilgen versuchen, der durch die Dummheit unserer Brüder auf den Chartismus gekommen ist. Sie würden dies nicht nur durch die Ausübung ihres Einflusses außerhalb des Heims erreichen, sondern vor allem dadurch, daß sie ihren Kindern eine gute, gefestigte politische Bildung vermittelten. Dies, Sir, wird nie geschehen, solange die Männer weiterhin Bierkneipen befürworten oder sich in ihnen treffen, ihr Geld ausgeben und uns um unseren Anteil an ihrer politischen Freiheit bringen."[57]

Dieser letzte Satz mag in der Tat den Schlüssel zu einer der Ursachen für den Rückgang der weiblichen Beteiligung liefern. In früheren Jahren scheint das Trinken die Geschlechter nicht in dem Maße getrennt zu haben, wie dies zweifellos im späten 19. Jahrhundert der Fall war. Als die Chartisten von Barnsley 1839/40 im Gefängnis saßen, hatten die Radikalen der Stadt deren Familien geholfen, indem sie sie bei ihren kleinen Geschäften unterstützten; und eine der führenden Chartistinnen, Mrs. Hoey, hatte einen Bierladen betrieben, während ihr Mann Peter im Gefängnis saß. Die Drohung der Stadtverwaltung, ihr die Lizenz zu entziehen, falls sie dort weiterhin radikale Treffen zuließe, deutet darauf hin, daß dies zum Brauch geworden war. Als die Zahl der aktiven Chartisten zurückging und nur noch wenige Orte in der Lage waren, ihre eigenen Lokale zu halten, bot sich die Kneipe als natürlicher Treffpunkt an. Wenn diese Tendenz mit dem zunehmenden Einfluß der Antialkoholbewegung auf die Arbeiterfrauen sowie mit ihrem Rückzug aus Arbeitsbereichen außerhalb des Hauses zusammenfiel, mag dies sehr wohl die Abkehr der Frauen gefördert haben, obwohl es nicht die alleinige Ursache gewesen sein kann.

Die Tatsache, daß sich die Frauen der Arbeiterklasse aus öffentlichen Aktivitäten zurückzogen, ist unbestreitbar. Der Grund oder die Gründe hierfür sind keineswegs klar. Die Erklärung mag teilweise in der ‚Modernisierung' der Politik der Arbeiterklasse liegen. Mit der zunehmenden Ausprägung einer industriekapitalistischen Gesellschaft entwickelten wichtige Teile der Arbeiterklasse relativ komplexe Organisationen, Gewerkschaften, politische Interessengruppierungen, kooperative Gesellschaften und Bildungsinstitutionen. Diese versetzten sie in die Lage, ihre Löhne und Arbeitsbedingungen zu verteidigen und einen gewissen Anteil des wachsenden Reichtums des Landes für sich zu beanspruchen. In den späten vierziger Jahren hatte ein bedeutender Teil der besser bezahlten Arbeiter das Zensuswahlrecht für die lokalen Regierungen in den Wahlkreisen; sie waren in der Lage, sich an der lokalen Regierung zu beteiligen und in manchen Fällen eine erfolgreiche Kampagne gegen örtliche Korruption durchzuführen. Sie waren fähig, in unterschiedlicher Weise Mittel zur Sicherung ihrer Position in einem zunehmend stabiler werdenden System zu finden. Sie ließen die Massenpolitik des frühen 19. Jahrhunderts hinter sich, die eine direktere Bedrohung für das gesamte System des Industriekapitalismus in einem Stadium dargestellt hatte, in dem er weit weniger sicher und etabliert gewesen war. Indem sie dies taten, ließen die Facharbeiter sowohl die ungelernten Arbeiter wie die Frauen zurück, deren Lebensweise es ihnen nicht gestattete, sich an den strukturierteren politischen Formen zu beteiligen. Denn für eine solche Teilnahme waren nunmehr eine regelmäßige Arbeitszeit und ein regelmäßiges Einkommen erforderlich. Das kann allerdings nicht die ganze Erklärung sein, da selbst die Ehefrauen der Facharbeiter wenig formalen Anteil an den Kooperativen und Bildungsorganisationen nahmen, mit denen sich ihre Männer beschäftigten. Vielmehr scheint es eine Wandlung in den Erwartungen der Frauen und in ihren Vorstellungen über ihren Platz in der Gesellschaft gegeben zu haben. In Anbetracht all der gräßlichen Geschichten von unsachgemäßer Kinderbetreuung und Überarbeitung von Frauen und Kindern in den Fabrikregionen des frühen 19. Jahrhundert brauchen die positiven Auswirkungen der wachsenden Tendenz verheirateter Mütter, zu Hause zu bleiben und sich um ihre Kinder zu kümmern, nicht besonders betont zu werden. Doch als Kehrseite dieses Gewinns scheinen die Arbeiterfrauen ein Selbstbild akzeptiert zu haben, das sowohl die Ausrichtung auf das Heim wie das Bewußtsein ihrer eigenen Minderwertigkeit beinhaltete. Ihre Lebensweise gestattete es ihnen nicht, jene dekorative und nutzlose Rolle zu spielen, welche die reicheren Klassen den Frauen zu jener Zeit auferlegten, aber sie scheinen einige Implikationen dieser Rolle übernommen zu haben. Die viktorianische Sentimentalisierung des Heims und der Familie, in der alle wichtigen Entscheidungen vom Oberhaupt, dem Vater, getroffen und unterwürfig und gehorsam von den rangunteren Familienmitgliedern gebilligt wurden, umfaßte und beeinflußte alle Klassen. Die Gewinne, die die chartistische Periode an Bewußtsein und Selbstvertrauen gebracht hatte, die Bewegung hin zu einer gleichberechtigteren und kooperativeren Art politischer Aktivität von Männern und Frauen gingen sämtlich in den Jahren kurz vor der Jahrhundertmitte verloren. Wie es von Zeit zu Zeit in der Geschichte geschieht, folgte einer Periode der Offenheit und Experimentierfreudigkeit, in der die Menschen bereit zu sein schienen, sich für neue Ideen zu begeistern, eine Periode der Reaktion, des Einschränkens von Erwartungen und Forderungen. In der viktorianischen Periode bewirkte dieser Prozeß unter anderem den Verlust der Möglichkeit, daß die Frauen der Arbeitergemeinden einen Beitrag zur Politik und zum Gesellschaftsleben im allgemeinen leisten konnten.

Aus dem Englischen übersetzt von Barbara Becker und Iris Klose.

Anmerkungen

1 Eher überbetont wird die Unabhängigkeit arbeitender Frauen in dieser Periode von Neil McKendrick, „Home Demand and Economic Growth: a New View of the Role of Women and Children in the Industrial Revolution", in: *Historical Perspectives: Studies in English Thought and Society in Honour of J. H. Plumb*, London 1974.
2 Samuel Bamford, *Passages in the Life of a Radical*, 1844 (Cass Reprint 1967), S. 164.
3 Ebd., S. 200.
4 Vgl. Percival Percival, *Failsworth Folk and Failswoth Memories*, Failswoth 1901, Bildtafel.
5 Don Manuel Alvarez Espriella (R. Southey), *Letters from England*, 1808, S. 46-47.
6 *Nottingham Review*, 11. Sept. 1812. Beispiele für die Beteiligung von Frauen an *food riots* im 18. Jahrhundert und eine Diskussion ihrer Bedeutung finden sich in E. P. Thompson, „Die ‚sittliche Ökonomie' der englischen Unterschichten im 18. Jahrhundert", in: D. Puls (Hrsg.), *Wahrnehmungsformen und Protestverhalten*, Frankfurt a. M. 1979, S. 13-80.
7 Vgl. Wanda F. Neff, *Victorian Working Women*, London 1929, S. 35. Beispiele von Frauenvereinen und radikalen Frauenorganisationen in zwei Industriegebieten jener Zeit finden sich in zwei Dissertationen der Universität Birmingham: K. Corfield, *Some Social and Radical Organizations among Working-Class Women in Manchester and District 1790-1820*, 1971; E. Nicholson, *Working-Class Women in Nineteenth-Century Nottingham 1815-1850*, 1974.
8 James Burland, *Annals of Barnsley*, Ms., Barnsley Public Library.
9 John Wade, *History of the Middle and Working Classes*, zitiert nach Wanda F. Neff, *Victorian Working Women*, a.a.O., S. 32. Das Wollkämmen wurde hauptsächlich von Frauen und Kindern verrichtet. Benjamin Wilson (vgl. *The Struggles of an Old Chartist*, Halifax 1887, S. 13) verdiente in den zwanziger Jahren des 19. Jahrhunderts 1/2 Penny pro 1.500 Karden.
10 „Ortsgruppen von Arbeiterinnen sollen in jedem Gebiet, in dem dies durchführbar erscheint, gebildet werden; diese Ortsgruppen sollen in jeder Hinsicht als zugehöriger Teil der GNCTU betrachtet werden." Paragraph XX der „Rules and Regulations of the GNCTU", zitiert nach S. und B. Webb, *History of Trade Unionism*, London 1920, S. 725.

11 Aus der Todesanzeige für Thomas Lingard, in: *Barnsley Chronicle*, 7. Nov. 1875.
12 *Demagogue*, 5. Juli 1834; William Lovett, *The Life and Struggles of William Lovett* (1877), Fitzroy 1967, S. 50; Joel Weiner, *The War of the Unstamped*, Ithaca – London 1969.
13 Vgl. Cecil Driver, *Tory Radical, a Biography of Richard Oastler*, London 1946, als beste Darstellung beider Bewegungen.
14 Pitkeithly an Broyan, 28. Dez. 1838, HO/40/47.
15 F. H. Grundy, *Pictures of the Past*, London 1879, S. 98 (Hervorhebungen der Autorin).
16 Benjamin Wilson, *The Struggles*, a.a.O., S. 1-3.
17 HO/20/10.
18 W. E. Adams, *Memoirs of a Social Atom*, London 1903, S. 163. Mit „Heiligem Monat" wurde der Vorschlag, der in den frühen Tagen der Chartistenbewegung gemacht worden war, für einen Generalstreik von einem Monat Dauer bezeichnet. Tatsächlich wurden die Chartisten nie aufgerufen, ihn zu befolgen, da diese Idee von der Führung wieder aufgegeben worden war. In seinem Aufsatz „Abstumpfung und Fügsamkeit. Arbeiterfrauen in Großbritannien, 1890-1914" (in diesem Band, S. 188 ff.) weist Peter Stearns auf die Tatsache hin, daß nur in wenigen Arbeiterautobiographien um die Wende zum 20. Jahrhundert die Mutter des Autors erwähnt wird. Für die chartistische Periode ist genau das Gegenteil der Fall. Die Verfasser von Autobiographien scheinen in diesen früheren Jahren des 19. Jahrhunderts sämtlich von verwitweten Müttern oder anderen weiblichen Verwandten erzogen worden zu sein.
19 *Ashton Reporter*, 30. Jan. 1869.
20 *London Dispatch*, 1. April 1838.
21 C. Aspin (Hrsg.), *Angus Benthune Reach. Manchester and the Textile Districts in 1849*, Helmshore 1972, S. 107. Im Juli 1848 ließ der Sekretär der Untergruppe Hyde der *Land Company*, John Gaskell, die Geburt seiner Zwillingstöchter Mary Mitchell und Elizabeth Frost registrieren, *Northern Star*, 15. Juli 1848.
22 Vgl. *Northern Star*, 19. März 1838 und passim.
23 Ebd., 3. Febr. 1838.
24 Ebd., 23. Jan. 1838.
25 Ebd., 13. April 1839.
26 Henry Vincent an John Minikin, 4. Sept. 1837 (handschriftliche Briefe in der Transport House Collection).
27 Henry Vincent an John Minikin, 10. Juni 1838.
28 Henry Vincent an John Minikin, 18. Juni 1838.
29 Henry Vincent an John Minikin, 17. Aug. 1837.
30 Henry Vincent an John Minikin, 2. Okt. 1838.
31 Henry Vincent an John Minikin, 17. Nov. 1838.
32 Vgl. *Northern Liberator*, 5. Jan. 1839.
33 *Northern Star*, 30. März 1839.
34 *Sheffield Telegraph*, 6. April 1839.
35 *Northern Star*, 3. Febr. 1839.
36 Benjamin Wilson, *The Struggles*, a.a.O., S. 8.
37 Wie z. B. die beiden Ladenbesitzer in Ashton-under-Lyne, die 1839 gegen Joseph Rayner Stephens aussagten und durch den darauffolgenden Boykott ihrer Geschäfte aus dem Handel vertrieben wurden.
38 Reverend F. Close AM, *A Sermon to the Female Chartists of Cheltenham*, 1839, S. 21.

39 *Social Pioneer*, 16. März 1839.
40 Ebd., 6. April 1839.
41 Die beste Darstellung des Owenismus ist J. F. C. Harrisons *Robert Owen and the Owenites*, London 1969.
42 *Social Pioneer*, 30. März 1839.
43 *Northern Star*, 2. Febr. 1839. (Die gesamte Rede ist in Dorothy Thompson, *The Early Chartists*, London 1972, abgedruckt.) Die chartistische Forderung „Keine Frauenarbeit außer im Haus und in der Schule" scheint weitgehend akzeptiert worden zu sein.
44 Edward Haymer, *A Brief Account of the Chartist Outbreak in Llanidloes*, Llanidloes 1867, Reprint in Dorothy Thompson, *The Early Chartists*, a.a.O.
45 Frank Peel, *The Rising of the Luddites, Plug-Drawers and Chartists*, 1880, Frank Cass [4]1968, S. 333-334.
46 F. H. Grundy, *Pictures*, a.a.O., S. 100.
47 Reverend F. Close AM, *A Sermon*, a.a.O., S. 23.
48 Handschriftlicher Brief von Elizabeth Pease an Wendell und Ann Phillips, 29. März 1842 (in Library of Society of Friends, London).
49 R. J. Richardson, *The Rights of Woman*, 1840, Reprint in Dorothy Thompson, *The Early Chartists*, a.a.O.
50 William Lovett, *The Life and Struggles*, a.a.O., S. 32.
51 Ebd., S. 141 f.
52 *The National Association Gazette*, 12. März 1842.
53 Ebd., 7. Mai 1842.
54 Benjamin Wilson, *The Struggles*, a.a.O., S. 9-10.
55 *People's Paper*, 29. Nov. 1856.
56 *Notes to the People*, 1851-52 (Reprint 1967), Bd. II, S. 515.
57 Ebd., S. 709.

II. Sanfte Subversion und Gegenwelten

Caspar David Friedrich, Frau am Fenster. Nationalgalerie, Berlin.

Carroll Smith-Rosenberg
Weibliche Hysterie. Geschlechtsrollen und Rollenkonflikt in der amerikanischen Familie des 19. Jahrhunderts

Die Hysterie war eine der klassischen Krankheiten des 19. Jahrhunderts. Sie war ein Leiden mit vielen Gesichtern, dem so unterschiedliche Symptome wie beidseitige Lähmung, Stimmlosigkeit, einseitige Unempfindlichkeit und heftige epilepsieartige Anfälle zugerechnet wurden. Die Ärzte des 19. Jahrhunderts ordneten dem weitgefaßten Begriff der Hysterie Fälle zu, die heute vielleicht als Neurasthenie, Hypochondrie, Depression, Konversionssymptome oder schubweise Schizophrenie diagnostiziert würden. Sie faszinierte und frustrierte etliche der hervorragendsten Kliniker des Jahrhunderts. Durch ihre Neudefinition erlangte Freud Weltruhm, während das enorme Ansehen Charcots dahinschwand. Historisch gesehen, kann die Psychoanalyse das Kind der hysterischen Frau genannt werden.

Die Hysterie war nicht nur ein weitverbreitetes und für die Geschichte der Medizin – bedeutsames Leiden, sie ist bis zum heutigen Tag eine frustrierende und sich ständig ändernde Krankheit geblieben. Was im 19. Jahrhundert als Hysterie diagnostiziert wurde, hat nicht unbedingt etwas mit dem hysterischen Charakter zu tun, wie ihn das 20. Jahrhundert definierte, noch mit dem, was die Griechen unter Hysterie verstanden, als sie vor zweitausend Jahren der Krankheit ihren Namen gaben. In dieser wandlungsreichen Geschichte ist allein die Tatsache konstant geblieben, daß es zu jeder Zeit in der westlichen Kultur eine klinische Einheit gegeben hat, die man Hysterie nannte: ein Zustand, den man vor allem mit der weiblichen Erfahrung verband und der fast immer negative Wertungen beinhaltete.

Seit mindestens einem halben Jahrhundert ist die Hysterie in Amerika in Begriffen der individuellen Psychodynamik definiert worden. Ärzte und Psychologen haben die Hysterie als „Neurose“ oder Charakterstörung, als das Produkt eines ungelösten Ödipuskomplexes betrachtet. Hysterische Frauen, die ihre sexuellen Regungen fürchten – so wurde argumentiert – leiten diese Energie in psychosomatische Erkrankungen um. Charakteristischerweise zeigen sie sich unfähig, befriedigende und stabile Beziehungen einzugehen.[1] Vor kurzem haben Psychoanalytiker wie Elizabeth Zetzel diese Freudschen

Hypothese verfeinert, indem sie die Hysterie auf eine für Frauen typische, enorm ambivalente präödipale Beziehung zur Mutter und auf die daraus resultierenden Komplikationen bei der Ausprägung und Lösung des Ödipuskomplexes zurückführten.[2] Der Psychologe David Shapiro hingegen hat den impressionistischen Denkstil der hysterischen Frau betont.[3] All diese Interpretationen konzentrieren sich ausschließlich auf die individuelle Psychodynamik und die Beziehungen innerhalb einzelner Familien.

Die Hysterie ist jedoch auch ein gesellschaftlich anerkanntes Verhaltensmuster und gehört als solches in den weiteren Bezugsrahmen kultureller Werte und Rollenbeziehungen. Jahrhundertelang hat man die Hysterie für typisch weiblich gehalten und die hysterische Frau für die Verkörperung einer perversen Hyperweiblichkeit.[4] Warum ist das so gewesen? Warum haben so viele Frauen die Charakterzüge der Hysterie ‚gewählt', um Unbehagen, Unzufriedenheit, Ärger oder Schmerz auszudrücken?[5] Zur Beantwortung dieser Frage müssen wir zunächst die weibliche Rolle und die Sozialisation in diese Rolle untersuchen. Gewiß, nicht alle Frauen waren Hysterikerinnen; dennoch ist die Parallele zwischen hysterischem Verhalten und stereotyper Weiblichkeit zu eng, um sie als rein zufällige abtun zu können. Wird die Hysterie in einer solchen gesellschaftlichen Perspektive untersucht, müssen notwendigerweise die komplexen Beziehungen erforscht werden, die zwischen kulturellen Normen und individuellem Verhalten, zwischen der gesellschaftlichen Definition von Pathologie und der von Normalität bestehen.

Die amerikanischen Verhältnisse im 19. Jahrhundert dienen als Fallstudie[6], wobei die Hysterie auf mindestens zwei Ebenen der sozialen Interaktion untersucht werden soll. Zuerst wird die Hysterie als gesellschaftliche Rolle innerhalb der Familie des 19. Jahrhunderts analysiert. In dieser Zeit führte der sozialstrukturelle Wandel zu Spannungen innerhalb der Familie, in der es zudem nur wenige, engumrissene häusliche Rollenalternativen für den einzelnen gab. Von daher kann die Hysterie als eine mögliche alternative Rollenwahl für bestimmte Frauen angesehen werden, die ihre Lebenssituation nicht zu akzeptieren vermochten. Die Hysterie dient so als ein wichtiger Indikator sowohl für die häuslichen Spannungen als auch für die Taktiken, mit denen einige Individuen diese Spannungen zu lösen suchten. Anhand einer Analyse der Funktion der Hysterie innerhalb der Familie sowie der Interaktion der Hysterikerin mit ihrer Familie und dem intervenierenden – und interagierenden – Arzt hoffe ich zudem, die weibliche Rolle und die Frau/Mann-Beziehungen im umfassenderen Kontext der amerikanischen Gesellschaft des 19. Jahrhunderts erhellen zu können. Danach werde ich auf einige Fragen im Zusammenhang mit der weiblichen Rollensozialisation, der möglichen weiblichen Persönlichkeitsentwicklung und dem Wesen hysterischen Verhaltens eingehen.[7]

I.

Zu Beginn sollen kurz drei relativ bekannte Themenbereiche berührt werden: die Rolle der Frau in der amerikanischen Gesellschaft des 19. Jahrhunderts; die Symptome, die hysterische Frauen aufwiesen und die die Definition der Krankheit bestimmten; schließlich die Reaktion männlicher Ärzte auf ihre weiblichen Patienten.

Die ideale amerikanische Frau des 19. Jahrhunderts sollte sanft und kultiviert, empfindungsfähig und liebevoll sein. Sie war Hüterin der Religion und Bewahrerin der Sittlichkeit. Ihre Aufgabe war es, den weltlicheren und häufiger der Versuchung ausgesetzten Mann an den Strudeln von Atheismus und unkontrollierter Sexualität vorbeizugeleiten. Ihr Wirkungskreis waren Heim und Kinderstube; hier sollte sie Liebe und Fürsorge, Frieden und Glück spenden. Dem amerikanischen Mädchen wurde zu Hause, in der Schule und in der zeitgenössischen Literatur beigebracht, daß Aggression, Unabhängigkeit, Selbstbehauptung und Wißbegier männliche Charakterzüge seien, dem schwachen Geschlecht und seinem beschränkten Wirkunsbereich unangemessen. Ihr ganzes Leben lang abhängig, sollte sie ihre männlichen Beschützer mit Zuneigung und Unterwürfigkeit belohnen. Niemals sollte sie in irgendeinem Bereich Erfolg haben, der von den Männern für wichtig erachtet und deshalb gesellschaftlich hoch bewertet wurde. Kurz, sie sollte eine Kindfrau bleiben, die nie die Stärken und Fähigkeiten eines selbständigen Erwachsenen entwickelt. Das Mittelschichtsideal der gefühlsbetonten, frommen, passiven und nährenden Frau wurde im Laufe des neunzehnten Jahrhunderts immer rigider, immer stereotyper.[8]

Es gab entscheidende Diskontinuitäten und Widersprüche zwischen derartigen Idealvorstellungen weiblicher Sozialisation und der realen Welt, in der die amerikanische Frau zu leben hatte. Widersprüchlich war vor allem der Bruch zwischen idealer Frau und idealer Mutter. Die ideale Frau war gefühlsbetont, abhängig und sanftmütig: die geborene Dienerin. Von der idealen Mutter hingegen erwartete man – damals wie heute –, daß sie stark sei, voll Selbstvertrauen, beschützend, tüchtig in der Sorge für Kinder und Heim. Sie mußte die tägliche Finanzplanung des Haushalts regeln, Lebensmittel zubereiten, Kleider herstellen, Arzneimittel zusammenstellen, der Familie als Krankenschwester dienen – in ländlichen Gegenden auch als Ärztin.[9] Gerade im 19. Jahrhundert mit seinen immer noch primitiven Entbindungspraktiken und hohen Kindersterblichkeitsraten mutete man ihr zu, schwersten körperlichen Leiden, Krankheiten und auch dem Tod zu trotzen – und dennoch für die emotionale Unterstützung und Stärkung der Familie dazusein.[10] Wie S. Weir Mitchell, der bedeutende Neurologe aus Philadelphia, in den achtziger Jahren schrieb:

„Es ist sicher, daß unsere Töchter eher irgendwann einmal mit dem schrecklichen Problem Schmerz konfrontiert sein werden als die Burschen, die an ihrer Seite heranwachsen. [...] Für die meisten Frauen [...] kommt eine Zeit, in welcher der Schmerz zum erbarmungslosen Begleiter ihres Lebens wird."

Und doch waren es – wie Mitchell unterstrich – die Knaben, denen die Gesellschaft von früher Kindheit an beibrachte, Schmerzen stoisch zu ertragen, während die Mädchen darin bestärkt wurden, auf Schmerz und Streß mit Tränen und der Hoffnung auf ausführliche Sympathiebezeugungen zu reagieren.[11]

In den siebziger, achtziger und neunziger Jahren stellten Zeitgenossen dauernd fest, daß die amerikanischen Mädchen schlecht vorbereitet wären, um die Verantwortung und die schwere Belastung von Ehe, Mutterschaft und Erwachsenenalter auf sich zu nehmen. Häufig klagten Frauen, besonders verheiratete Frauen mit Kindern, über Isolation, Einsamkeit und Depression. Die Ärzte verzeichneten eine weite Verbreitung von nervösen und hysterischen Leiden unter Frauen, denen die Bürde häufiger Schwangerschaften, die Anforderungen der Kinderpflege, die täglichen Mühen der Haushaltsführung und die Sorge um die Familie zuviel wurden.[12] Die Realitäten des Erwachsenenlebens gestatteten ihnen nicht länger, die Rolle des schwachen, feinfühligen und abhängigen Kindes auszubauen oder auszunutzen.

Die viktorianische Frau war nicht nur immer schlechter auf die Anforderungen von Niederkunft und Kindererziehung vorbereitet; es gab zudem Veränderungen in einem breiteren gesellschaftlichen Rahmen, die ihre spezifische Sozialisation zunehmend unangemessen werden ließen. Sinkende Geburten- und Sterblichkeitsraten, eine wachsende Bevölkerungskonzentration in Großstädten, Kleinstädten und selbst in ländlichen Gegenden, ein neues, hochmobiles Wirtschaftssystem wie auch neuentstandene Wünsche in der Mittelklasse – all das reichte bis in die Familie hinein, veränderte diese Institution, beeinflußte die häuslichen Beziehungen und vermehrte das normale Quantum innerfamilialer Spannungen.[13] Die Frauen lebten länger, heirateten später und seltener. Sie verbrauchten immer weniger Zeit mit der Erstverarbeitung von Nahrungsmitteln, Stoff und Kleidung.

In zunehmendem Maße nahmen Mittel- und Unterschichtsfrauen bis zu ihrer Ehe eine Arbeit außer Haus an oder sie arbeiteten ein Leben lang, wenn es ihnen nicht gelang, einen Ehemann zu ergattern.[14] Nach dem Bürgerkrieg war die Familienplanung – und die damit Hand in Hand gehende Veränderung häuslicher Rollen und Beziehungen – zu einer realen Wahlmöglichkeit im Rahmen des Entscheidungsprozesses jeder Familie geworden.[15]
Trotz derartiger grundlegender sozialer, ökonomischer und demographischer Veränderungen blieben Familien- und Geschlechtsrollensozialisation relativ unflexibel. Wahrscheinlich wurden viele Frauen von beachtlichen Ängsten befallen, als sie sich diesen Veränderungen konfrontiert sahen und sich irgendwie anpassen sollten. So war vielleicht die Hysterie ein Ausweg oder eine Taktik, die einzelnen Frauen die Chance gab, ihren Platz in der Familie neu zu definieren oder umzumodeln, wenn sie anders nicht auf diese Veränderungen reagieren konnten.
Bislang haben diese Ausführungen über Sozialisation und Streß hauptsächlich das Unbehagen und die Unzufriedenheit der Mittelschichtsfrau betont. Nur ein heimlicher Romantizismus jedoch erlaubt die Annahme, daß die Unterschichts- und Bauersfrauen den Gefühlen von Frustration, Konflikt und Verwirrung entgehen konnten, weil ihre ökonomischen Funktionen in der Familie lebensnotwendiger waren als die ihrer dekorativen und wirtschaftlich abgesicherten städtischen Schwestern. Die normativen Vorschriften eines geziemenden weiblichen Verhaltens sind sicher von vielen ärmeren Frauen internalisiert worden. Der Wunsch zu heiraten und die Überzeugung, daß der soziale Status einer Frau nicht auf eigenen Fähigkeiten und Anstrengungen beruht, sondern auf ihrer Geschicklichkeit, einen tüchtigen männlichen Beschützer zu fesseln, waren bei der Unterschichts- und Bauersfrau genauso allgemein verbreitet wie bei der städtischen Mittel- und Oberschichtsfrau. Für einige dieser Frauen – wie für ihre städtischen Schwestern aus der Mittelschicht – erwies sich die traditionelle Frauenrolle als funktional, weil sie ihnen materielle und psychische Vorteile erbrachte. Aber für andere tat sie das nicht. Der Bruch zwischen der Rolle als Kind und der Rolle als erwachsene Frau, außerdem die Unfähigkeit, eine stabile Ich-Stärke zu entwickeln, waren Phänomene, die alle Klassen- und geographischen Schranken überschritten – wie es auch die Hysterie selbst tat. Ärzte, die Verbindung zu Armenhäusern und später im Jahrhundert zu städtischen Krankenhäusern und Polikliniken hatten, berichteten häufig über Hysterie bei Immigrantinnen und Frauen, die in Mietskasernen wohnten.[16] Unterschiedliche Entwicklungen aufgrund von Geschlecht und Klasse haben in der amerikanischen Sozialgeschichte

eine wichtige Rolle gespielt; dennoch scheint die Hysterie einer psychischen Bruchlinie gefolgt zu sein, deren Ursprung eher im Geschlechts- als im Klassenunterschied lag.
Wie sahen nun vor diesem Hintergrund möglicher Rollenkonflikte und Diskontinuitäten die Symptome der weiblichen Hysterikerin aus? Obschon sich die Ärzte darüber einig waren, daß Personen beiderlei Geschlechts (bis Ende des 19. Jahrhunderts war der männliche Hysteriker ein anerkannter klinischer Fall), aller Altersgruppen und ökonomischer Schichten an Hysterie erkranken konnten, berichteten sie doch, daß dieses Leiden am häufigsten bei fünfzehn- bis vierzigjährigen Frauen aus der städtischen Mittel- und oberen Mittelschicht vorkomme. Die Symptome waren sehr unterschiedlicher Natur. Bereits im 17. Jahrhundert bemerkte Sydenham:

„Das häufige Auftreten der Hysterie ist nicht weniger bemerkenswert als die Vielfalt der äußeren Formen, die sie annimmt. Es gibt kaum eine Krankheit, die sie nicht nachahmt; welchen Teil des Körpers sie auch immer befällt, sie wird stets das diesem Körperteil angemessene Symptom hervorbringen."[17]

Die Ärzte des 19. Jahrhunderts konnten dem nur beipflichten. Es wurde über Nervosität, Depression, die Neigung in Tränen auszubrechen, chronische Erschöpfung sowie arbeits- und lebensunfähig machende Schmerzen geklagt. Nicht wenige derartig heimgesuchte Frauen zeigten ein bemerkenswertes Einverständnis, sich einer schmerzhaften Langzeittherapie zu unterziehen: Elektroschocks, dem Auflegen von Zugpflastern, vielfältigen Operationen, ja sogar Amputationen.[18] Das charakteristischste und dramatischste Symptom aber war der hysterische Anfall. Einem epileptischen Anfall ähnelnd, traten diese Ausbrüche oft mit erschreckender Plötzlichkeit auf. Andere Male entwickelten sie sich langsam, kündigten sich mit einem allgemeinen Gefühl der Depression und Nervosität, mit Weinen und Mattigkeit an. Derartigen Anfällen – darin waren die Ärzte sich einig – gingen eine plötzliche oder tiefempfundene Gefühlsregung, Angst, ein Schock, ein plötzlicher Tod, eheliche Enttäuschung oder ein psychisches Trauma voraus. Es begann mit Schmerzen und Spannungen, am häufigsten im „uterinen Bereich". Die befallene Person schluchzte und lachte abwechselnd, klagte über Herzklopfen, fuhr mit den Händen zum Hals, als sei sie am Ersticken, und verlor manchmal schlagartig das Hör- und Sprechvermögen. Eine todesartige Trance mochte folgen, die Stunden, sogar Tage andauerte. Ein anderes Mal schüttelten starke Krämpfe – manchmal begleitet von Halluzinationen – ihren Körper.[19]

„Der Leser stelle sich vor", so schrieb der New Yorker Arzt E. H. Dixon in den 1840er Jahren, „wie die Patientin sich wie eine Schlange am Boden windet, ihre Kleidungsstücke in Fetzen reißt, sich ganze Händevoll Haare ausrupft und mit aller Macht auf sich einschlägt – mit verzerrtem und verschwollenem Gesicht und starren Augen allen Beschwichtigungsversuchen Anwesender Widerstand leistend."[20]

Schließlich klang der Anfall ab; die Patientin, erschöpft und wundgeschlagen, fiel in einen beruhigenden Schlaf.

Während der ersten Hälfte des 19. Jahrhunderts beschrieben die Ärzte die Hysterie hauptsächlich, wenn auch nicht ausschließlich, als eine Abfolge solcher Episoden. Symptome wie Lähmungen und Kontrakturen glaubte man von den Anfällen verursacht und ordnete sie den Anfallsymptomen zu. Seit Mitte des Jahrhunderts jedoch wurden die Ärzte zunehmend flexibel in ihrer Diagnose der Hysterie, und der Anfall verlor langsam seine Bedeutung als ein die Krankheit kennzeichnendes Symptom.[21] Der Engländer Dr. Robert Carter, eine häufig gelesene Kapazität auf dem Gebiet der Hysterie, beharrte 1852 darauf, daß mindestens ein hysterischer Anfall aufgetreten sein müsse, damit die Diagnose Hysterie zu rechtfertigen sei. Allerdings, so räumte er ein, könne dieser Anfall möglicherweise so unbedeutend gewesen sein, daß er sogar der Aufmerksamkeit der Patientin selbst entgangen sei; weitere Anfälle seien nicht erforderlich.[22] Dies war eindeutig eine Übergangsposition. Im letzten Drittel des 19. Jahrhunderts war der Anfall nicht länger das zentrale Phänomen, das die Hysterie auszeichnete; die Ärzte hatten die hysterischen Symptome aufgelistet – im Grunde genommen befand sich jede bekannte menschliche Krankheit darunter. Die Symptome umfaßten die Gefühllosigkeit eines Teils, des halben oder ganzen Körpers, den Verlust des Tast-, Geruchs-, Gehörsinns oder des Sehvermögens, Empfindungslosigkeit der Haut, Schluckbeschwerden, Übelkeit, Kopfschmerzen, Schmerzen in der Brust, den Knien, der Hüfte, dem Rückgrat oder Hals, wie auch Kontrakturen oder Lähmungen jedweder Extremität.[23]

Hysterische Symptome blieben nicht auf Körperliches beschränkt. In der medizinischen Fachliteratur des 19. Jahrhunderts begann sich langsam eine hysterische weibliche Charakterstruktur abzuzeichnen, eine Charakterstruktur, die sich eher von Interpretationen des Gefühlszustands und des Wesens ableitete als von einzelnen körperlichen Symptomen – ein Charakter, der mehr und mehr den Definitionen der „hysterischen Persönlichkeit" des 20. Jahrhunderts ähnelte. Gewöhnlich beschrieben die Mediziner hysterische Frauen als sehr empfänglich für Eindrücke aller Art, als leicht beeinflußbar und narzißtisch. Labil wie sie waren, änderte sich ihre Gefühlslage urplötzlich, dramatisch und aus scheinbar unlogischen Gründen. Die Mediziner bemängelten, daß die hysterischen Frauen extrem egozentrisch seien, ihre Beziehungen zu anderen stets sprunghaft und ober-

flächlich. Obwohl die hysterische Frau den Ärzten und Verwandten als sexuell erregbar oder attraktiv erscheinen mochte, sei sie, so lehrten die Mediziner, im wesentlichen asexuell und nicht selten frigid.[24]
Auch die Depression ist ein häufig wiederkehrendes Thema. Nicht selten folgten hysterische Symptome auf einen Todesfall in der Familie, auf eine Fehlgeburt, auf irgendeinen finanziellen Rückschlag, der die Patientin dazu zwang, selbst für sich aufzukommen; oder die Patientin – eine erschöpfte Lehrerin, eine Mutter, die mit den Anforderungen einer großen Familie nicht zurechtkam – brachte ihre Symptome in Zusammenhang mit einer langfristig nicht befriedigenden Lebenssituation.[25] Viele dieser Frauen flüchteten sich mit Schmerzen, Lähmungserscheinungen oder allgemeiner Schwäche ins Krankenbett. Einige blieben dort jahrelang.
Der ärztliche Stand reagierte auf die Hysterikerin bestenfalls ambivalent. Viele Mediziner – und in der Tat ein Großteil der Gesellschaft im allgemeinen – neigten dazu, die hysterische Frau mit Sarkasmus zu behandeln, wenn nicht gar zu bestrafen. Diese Gehässigkeit scheint zwei Gründe zu haben: Erstens die unverständliche und schwer zu fassende Natur der Hysterie selbst; und zweitens die Beziehung, die in den Köpfen der Ärzte zwischen ihrer Kategorisierung der Hysterie als Krankheit und der Rolle bestand, die die Frauen in der Gesellschaft spielen sollten. Diese Patientinnen funktionierten nicht so, wie sie zu funktionieren hatten, und der behandelnde Arzt fühlte sich, wie wir noch sehen werden, sowohl als Angehöriger seines Berufsstandes wie auch als zurückgestoßenes männliches Wesen bedroht. Er war der Therapeut, dessen Pläne durchkreuzt, das Kind, das nicht umsorgt, der Ehemann, dem Pflege und Sex verweigert wurden.
Mit der neuen Bazillentheorie und den Entdeckungen von Anatomie und Neurologie in der zweiten Hälfte des 19. Jahrhunderts wurde es erstmals zu einem *sine qua non* wissenschaftlicher Seriosität, auf klar umrissenen Krankheitsbildern zu bestehen. Die Neurologie hatte gerade damit begonnen, sich als Spezialgebiet Anerkennung zu verschaffen, und war darauf angewiesen, festumrissene Krankheitsbilder auf somatischer Basis nachweisen zu können.[26] Wenn die Hysterie wirklich eine *Krankheit* war und nicht – wie häufig behauptet wurde – ein Täuschungsmanöver von sich selbst bemitleidenden Frauen, die größte Anstrengungen unternahmen, um ihrer traditionellen Rolle und Verantwortung zu entgehen, dann mußte sie eine spezifische Ätiologie und einen vorhersagbaren Verlauf haben. Besonders in der Zeit von 1870 bis 1900 hielt man sie für eine Krankheit, die von einer spezifischen organischen Funktionsstörung herrühre.
Natürlich gab es für die Hysterie keine solchen Krankheitsmerkmale. Kontraktur und Paralyse konnten ohne Muskellähmung oder Verän-

derung in der Hauttemperatur auftreten. Die Symptome der Hysterikerin konnten einer Tuberkulose, einem Herzanfall, einer Erblindung oder einem Hüftleiden täuschend ähnlich sein, während Lungen, Herz, Augen und Hüftgelenke absolut gesund blieben.[27] Der Arzt konnte sich nur auf die Aussagen seiner Patientin stützen, daß sie sich nicht rühren könne oder außer sich sei vor Schmerzen. War er besorgt um sie und voller Mitgefühl, dann stand er vor einem verwirrenden Dilemma. Wie George Preston 1897 in seiner Monographie über Hysterie schrieb:

„Untersucht man die [...] hysterischen Störungen, so bereitet die Tatsache, daß die Symptome rein subjektiver Natur sind, größte Schwierigkeiten. [...] Es gibt nur die Aussage der Patientin [...]. Bestätigende Symptome bieten sich nicht an, [...] und das Erscheinungsbild der befallenen Körperteile liefert den Gegenbeweis zu den Worten der Patientin."[28]

Gleichermaßen frustrierend und medizinisch unerklärlich waren die plötzlichen Veränderungen in den Symptomen der Hysterikerin. Die Lähmung oder die Empfindungslosigkeit konnten von einem Teil des Körpers in einen anderen ziehen, von einem Glied zum anderen. Kopfschmerzen ersetzten die Kontraktur eines Gliedes, Stimmverlust trat an die Stelle des Unvermögens zu schmecken. Wie konnte ein Arzt gegen derartig kurzlebige Symptome etwas verordnen?

„Wenige praktische Ärzte wünschen sich die Behandlung von Hysterikerinnen", schrieb ein bedeutender Gynäkologe, Samuel Ashwell, im Jahr 1833, „ihre Symptome sind so unterschiedlicher Natur und so mehrdeutig, so widersprüchlich und veränderlich, und wenn durch Zufall mehrere davon oder auch nur ein einziges behoben werden können, dann treten plötzlich zahllose andere auf."[29]

Ein halbes Jahrhundert später wiederholte Charles K. Mills warnend Ashwells entmutigende Einschätzung:

„Die Hysterie ist in den meisten Fällen chronisch. Trügerische Besserungserscheinungen bei hysterischen Symptomen führen den unachtsamen Arzt häufig in die Irre. Manchmal erklärt er einen Fall für geheilt, wenn sich schlicht und einfach das Erscheinungsbild der Krankheit geändert hat. Die Hysterie ist eine Erkrankung, bei der man sich auf schwankendem Boden bewegt, wenn man sie für besiegt erklärt."[30]

Trotzdem wurden praktische Ärzte, besonders neu niedergelassene Neurologen mit städtischen Praxen, von Patientinnen geradezu bestürmt: dem äußeren Anschein nach ernsthafte, achtbare Frauen, die heftig unter Schmerzen, Lähmungserscheinungen und unkontrollierbaren „nervösen Anfällen" litten. S. Weir Mitchell, Amerikas führender Experte auf dem Gebiet der Hysterie, schrieb 1885:

„Es ist wohl wenig weise, wenn wir diesen Schmerzen jegliche Existenzberechtigung absprechen."[31]

Obwohl viele Ärzte geneigt waren, die hysterische Patientin voll Verachtung fortzuschicken, wenn sie keine organischen Schäden feststellen konnten, hatten Neurologen wie Mitchell, George M. Beard oder Charles L. Dana Verständnis für diese Patientinnen und versuchten, ihre Symptome zu lindern.
Diese bahnbrechenden Spezialisten fanden sich in einer zwiespältigen Position, nämlich die Hysterie als rechtmäßige Krankheit und die hysterische Frau als leidend definiert zu haben und sich gleichzeitig schmerzlich bewußt zu sein, daß bislang noch keine organische Krankheitsursache gefunden worden war. Vorsichtig versuchten sie, die Hysterie in geeigneten mechanistischen Begriffen formal zu definieren. Einige Ärzte des späten 19. Jahrhunderts, die noch immer in traditioneller Manier betonten, die Hysterie entstehe im Uterus, führten aus, sie sei eine „Folgeerscheinung uteroovarieller Entzündungen".[32] Andere, die sich auf George M. Beards Arbeiten über Neurasthenie stützten, definierten die Hysterie als eine Funktionsstörung, verursacht „durch Veränderungen in den Zellen des Zentralnervensystems, die entweder von Stoffwechselstörungen oder falscher Ernährung herrührten". Wieder andere schrieben sie einer Fehlfunktion der Großhirnrinde zu.[33] Alle diese hypothetischen Erklärungen aber waren nichts anderes als ein Ausdruck des tastenden Suchens nach einer organischen Ursache – eine Notwendigkeit, solange sie die Hysterie als richtige Krankheit ausweisen wollten.[34]
Die Befürchtung, daß die Hysterie am Ende doch nur eine funktionelle oder eingebildete Erkrankung sei – „nur als Idee vorhanden" *(ideational)*, um einen Begriff des 19. Jahrhunderts zu gebrauchen - und daher überhaupt keine richtige Krankheit, durchzieht die meisten Aufsätze über Hysterie und prägte auch die Einstellung der Ärzte ihren Patientinnen gegenüber. Es hätte ja sein können, daß diese hysterischen Frauen eben doch nur geschickte Schwindlerinnen waren und Aufsehen erregen wollten – ohne innere Zucht und unbequem für den Arzt. Es überrascht nicht, daß in den Abhandlungen vieler Ärzte über Wesen und Ätiologie der Hysterie ein kompensatorisches Gefühl der Überlegenheit und Feindseligkeit mitschwingt. Außer wenn eine hypothetische organische Ätiologie von ihnen gefordert wurde, sahen die Ärzte die Ursache der Hysterie entweder in dem trägen, inhaltslosen und eitlen Leben der feinen Mittel- und Oberschichtsfrau oder in dem unwissenden, anstrengenden und wollüstigen Leben der Frau aus Unterschicht und Arbeiterklasse. Beides waren nicht gerade schmeichelhafte Lehren von der Krankheitsursache. In beiden wurde

der Hysterikerin das Mitgefühl versagt, das man all denjenigen zugestand, die unter unbestreitbar organisch bedingten Beschwerden litten.

In jeder allgemeinen Beschreibung der Charaktermerkmale einer wohlhabenden Hysterikerin wurden ihr Müßiggang betont, ihr Selbstmitleid, ihre Hinterlist und ihre „Gier nach Zuneigung". Von den Eltern verhätschelt und verwöhnt, von vorne bis hinten bedient, hatte ihr niemand beigebracht, sich zusammenzunehmen und ihre Gefühle und Wünsche zu zügeln.[35] Ganz gewiß war sie nicht darauf vorbereitet, die anstrengenden und notwendigen Pflichten des Frauen- und Mutterdaseins auf sich zu nehmen.

„Junge Weibspersonen, die im Luxus und oft im Müßiggang aufgewachsen sind", so dozierte ein Arzt Ende des 19. Jahrhunderts, „von denen nie verlangt worden ist, den Härten des Lebens zu trotzen, die sich nie Selbstverleugnung angewöhnt haben, die über reichlich Zeit und Gelegenheit verfügen, das Emotionale und Sinnliche zu pflegen, in Empfindsamkeit zu schwelgen, die oft nur für eine verschwommene und schrankenlose Vorstellung von Vergnügen leben, sie fallen am häufigsten der Hysterie zum Opfer."[36]

Eine vernünftige Erziehung, nach außen gerichtete Interessen wie wohltätige Werke und gute Taten, eine sittliche Erziehung, systematische sportliche Betätigung im Freien und die Trennung von einer übermäßig einfühlsamen Familie, das alles waren die am häufigsten empfohlenen Behandlungsformen. Konsequenterweise wurde den Müttern empfohlen, ihre Töchter zu Selbstdisziplin, zur Hingabe an die Bedürfnisse der Familie und zum Abscheu vor unkontrollierter Emotionalität zu erziehen.[37]

In der Vorstellung des Laien wie auch in der des Mediziners zeichneten emotionale Nachgiebigkeit, sittliche Schwäche und Mangel an Willenskraft die Hysterikerin aus. Die Hysterie, so warnte S. Weir Mitchell, trete bei Frauen auf, die sich keine Zurückhaltung angewöhnt und keine „vernünftige Fähigkeit zur Ausdauer" entwickelt hätten, die früh ihre Fähigkeit zur „Selbstbeherrschung" verloren hätten.[38] 1895 schrieb Charles Lockwood:

„Üble Gewohnheiten zerrütten Geist und Körper. Krankhafte Gedanken und Regungen durchzucken das arme, schwache, widerstandslose Gehirn, bis jegliche geistige Kontrolle dahin ist und die arme Kranke [...] den schlechten und maßlosen Leidenschaften und Trieben, den krankhaften Gedanken und Regungen [...] ganz und gar ausgeliefert ist."[39]

Zu einer Zeit, in der Willenskraft, Selbstkontrolle und harte Arbeit grundlegende gesellschaftliche Werte waren, enthielten diese Hypothesen notwendigerweise eine negative Einschätzung der an Hysterie Erkrankten. Man beschrieb diese Frauen als schwach, kapriziös und, was vielleicht am wichtigsten war, als in krankhafter Weise beeinflußbar.[40] Ihre intellektuellen Fähigkeiten waren dürftig, ihre Konzentrationsfähigkeit durch jahrelanges Sichgehenlassen und die narzißtische Beschäftigung mit sich selbst verdorben.[41] Hysterische Frauen waren in der Tat Kinder, und zwar schwierige Kinder mit schlechten Manieren.

„Tatsächlich", schrieb Robert Carter, „sind sie psychisch so instabil wie Kinder und besitzen gleichzeitig die Laster und Leidenschaften der Erwachsenen."[42]

Viele Kritiker im 19. Jahrhundert glaubten, diese emotionale Regression und Instabilität seien vom eigentlichen Wesen der Frau abzuleiten. Das weibliche Nervensystem, so behaupteten die Mediziner, sei physiologisch anfälliger und daher schwerer mit dem Willen zu steuern. Auch nahmen einige Ärzte an, das Blut der Frauen sei „dünner" als das des Mannes, was zu einer unzureichenden Ernährung des Zentralnervensystems führe und es ihr unmöglich mache, Nervenenergie zu speichern – eine körperliche Schwäche, so betonte Mary Putnam Jacobi, die Frauen mit Kindern gemein hätten. Allgemein nahm man an, daß der emotionale Zustand der Frau im allgemeinen und die Hysterie im besonderen äußerst eng mit dem Monatszyklus verknüpft seien.[43] Die Hysterie fing in der Pubertät an und endete mit der Menopause, und so unterschiedliche Leiden wie Menstruationsschmerzen oder Unregelmäßigkeiten der Menses, ein nach vorne geneigter oder gekippter Uterus, ein Tumor im Uterus, vaginale Infektionen, Ausfluß und Sterilität konnten alle – davon waren die Mediziner überzeugt – Hysterie verursachen. In der Tat war die erste Frage, die routinemäßig hysterischen Frauen gestellt wurde: „Ist Ihr Zyklus regelmäßig?"[44] Eine Frau war so bereits physiologisch und anatomisch zur Hysterie prädisponiert; diese sei, wie Thomas Laycock es formulierte, „der natürliche Zustand" bei einer Frau, ein „krankhafter Zustand" bei einem Mann.[45] Zu einer Zeit also, da alles Sexuelle widerstreitende Gefühle und zwiespältige Reaktionen hervorrief, sahen Arzt und Patientin die Hysterie als eine Krankheit an, die sowohl eigentümlich weiblich als auch eigentümlich sexuell war.
Die Hysterie konnte aber auch von einer heimlichen und weniger verzeihlichen Form der Sexualität herrühren. Während des ganzen 19. Jahrhunderts hielten die Ärzte die Masturbation für weit verbreitet unter den amerikanischen Frauen und für eine häufige Ursache von Hysterie und Geisteskrankheit. Bereits 1846 berichtete E. H. Dixon, daß die Masturbation Hysterie verursache, „selbst bei Frauen aus der Gesellschaft, wo man doch meinen könnte, körperliche und geistige Bildung würden hier die stärksten Schranken gegen derlei Versuchungen errichten". Damit übereinstimmend berichteten andere Ärzte, die

barsche Reaktion von Öffentlichkeit und Medizinern auf hysterische Frauen habe oft ihren Grund in der Annahme, deren hysterisches Verhalten sei auf Masturbation zurückzuführen.[46]
Onanie war nur eine Form der sexuellen Ausschweifung. Ziemlich viele Ärzte glaubten, die Hysterie der Unterschichtsfrau resultiere aus der Sinneslust, die diese Klasse der herrschenden Meinung nach auszeichnete. Diese in Mietskasernen wohnenden Frauen, so berichteten die Ärzte, „geben sich zügellos [...] ‚niedrigsten Begierden' hin und halten nichts von Selbstbeherrschung, da sie erbärmlich wenig Sinn für Anstand und Schicklichkeit haben". Laut einem anderen Arzt traten Fälle von Hysterie häufig bei Prostituierten auf, und eigentlich alle Ärzte waren übereinstimmend der Meinung, daß sogar in der Ehe sexuelle Exzesse leicht zu Hysterie führen können.[47]
Die Reaktion vieler Ärzte auf ihre hysterischen Patientinnen zeichnete sich denn auch durch bewußten Ärger und offene Feindseligkeit aus. Ein New Yorker Neurologe bezeichnete die Hysterikerin als halsstarrige, zügellose, narzißtische Person, die zynisch ihre Symptome manipuliere. „Für sie", so klagte er, „gibt es nur eine wichtige Person auf der ganzen Welt – sie selbst –, dagegen ist die übrige Menschheit ein Nichts." Ärzte gestanden, daß sie häufig versucht seien, zur Beschreibung der Hysterikerin und ihrer Symptome Begriffe wie „halsstarrig" und „schlecht", „übelgelaunt" und „ungeduldig" zu verwenden.[48] Sogar der besorgte und freundliche S. Weir Mitchell, überzeugt von seinen bemerkenswerten Heilerfolgen bei Hysterie, schilderte hysterische Frauen als „Plage vieler Haushalte".

„Sie treiben die Ärzte zur Verzweiflung und liefern ärgerliche Beispiele despotischer Selbstsucht, indem sie Krankenschwestern und treu ergebene Verwandte körperlich zugrunde richten und in bewußter oder nur teilweise bewußter Hemmungslosigkeit das Wohlbefinden aller um sie herum zerstören."

Er schloß, indem er das beißende Urteil von Oliver Wendell Holmes zitierte:

„Eine hysterische Frau ist ein Vampir, der den Gesunden in seiner Umgebung das Blut aussaugt."[49]

Als chronische, dramatische und gesellschaftlich anerkannte Krankenrolle konnte die Hysterie also eine gewisse Entlastung von Widersprüchen und Spannungen bieten. Aber die Hysterikerin bezahlte ihre Flucht vor den emotionalen und – häufig – vor den sexuellen Ansprüchen nur mit Schmerzen, Behinderungen und einer Verstärkung der traditionellen weiblichen Passivität und Abhängigkeit. In der Tat bestand eine komplexe Wechselwirkung zwischen den Charakterzügen, die man den Frauen in der viktorianischen Gesellschaft zuschrieb, und den charakteristischen Symptomen der Hysterikerin im

19. Jahrhundert: Abhängigkeit, Empfindlichkeit, Emotionalität, Narzißmus. (Schließlich hat man die Hysterie im vorigen und in diesem Jahrhundert ein Zerrbild der Weiblichkeit genannt.) Es überrascht nicht, daß die besondere passive Aggression der Hysterikerin und ihre ausbeuterische Abhängigkeit häufig eine entsprechende Feindseligkeit bei jenen Männern hervorriefen, die für sie sorgten oder mit ihr lebten. Ob Vater, Ehemann oder Arzt, sie reagierten mit Ambivalenz und in vielen Fällen mit Feindseligkeit auf ihre aggressiven und endlosen Forderungen.

II.

Welche Bedeutung hat nun diese Beschreibung der Hysterie und der Einstellung der Ärzte zu ihren Patientinnen für unser Verständnis der Frauenrolle und der Beziehung zwischen den Geschlechtern? Was sagt sie uns über die Art von Spannung und Spannungsabbau in der Kernfamilie des 19. Jahrhunderts?

Da die traditionelle Medizinerweisheit die Hysterie als Krankheit definiert hatte, konnten die daran Erkrankten damit rechnen, daß man sie als Kranke behandeln und in bestimmter Weise auf sie reagieren würde. Sie hatten das Recht, von einem Arzt untersucht und behandelt zu werden, sie durften im Bett bleiben und wurden auf diese Weise ihren gewöhnlichen Alltagsverpflichtungen enthoben, sie konnten die besonderen Vorrechte, die Nachsicht und Sympathiebekundungen genießen, die die Krankenrolle mit sich brachte. So ermöglichte die Hysterie konventionellen Frauen, ihre Unzufriedenheit mit einem oder mehreren Aspekten ihres Lebens auszudrücken, auch wenn dies meist unbewußt geschah.

Die Hysterie hatte auf die Familie und die traditionelle Rollenteilung eine außerordentlich brisante Wirkung. Im Grunde genommen hörte die hysterische Frau auf, im Rahmen der Familie zu funktionieren. Sie widmete sich nicht länger den Bedürfnissen der anderen und spielte nicht mehr die sich aufopfernde Ehefrau, Mutter oder Tochter. Mit ihrer Hysterie konnte sie die anderen zwingen, diese Funktionen zu übernehmen. Das Hauswesen wurde den Bedürfnissen der hysterischen Frau angepaßt. Die Kinder wurden zum Schweigen gebracht, die Zimmer verdunkelt, niemand wurde mehr eingeladen, eine treue Krankenschwester wurde besorgt. Es kam vor, daß ein Vermögen für Arztrechnungen oder für Medikamente und Operationen ausgegeben wurde. Ärger und Sorgen belasteten den Ehemann schwer; sein Heim war plötzlich ein Krankenhaus geworden und er eine Krankenschwester. Mit ihrer Krankheit dominierte die bettlägerige Frau ihre Familie in einem Maß, das man bei einer gesunden Frau für unangemessen, ja für boshaft gehalten hätte. Der Rückzug ins Krankenbett, besonders wenn das Leiden dramatische und stets sichtbare Symptome aufwies, könnte auch eine Art passiver Aggression gewesen sein, vor allem in einem Milieu, in dem Schwäche belohnt wurde und Frauen von Kindheit an gelernt hatten, keine offenen Aggressionen zu zeigen. Bewußt oder unbewußt hatte sich die Kranke damit gegen ihre traditionelle Rolle entschieden.

Die Frauen konnten diese Neudefinition der häuslichen Rollen nicht ohne die Hilfe der Männer in ihrer Familie zustande bringen. Die Ärzte erläuterten, daß Ehemann und Familie die Hysterikerin für ihre Symptome häufig – und unglücklicherweise – mit ausführlichen Mitleidsbezeugungen belohnten. Mitte des Jahrhunderts bemerkte ein scharfsinniger Kliniker:

„Der Ruf, daß jemand eine Hysterikerin sei, wird normalerweise von jenen zuerst begründet, die zumindest den Wunsch haben, ihr zu glauben.“[50]

Das waren nicht nur Ehemänner und Väter, auch der Arzt spielte oft eine komplexe und in gewisser Weise emotional kompromittierende Rolle, indem er das Verhalten der Hysterikerin rechtfertigte. Als Experte und unvoreingenommener Beobachter besaß er die Autorität zu beurteilen, ob eine bestimmte Frau das Recht habe oder nicht, sich von ihren sozialen Pflichten zurückzuziehen. Gleichzeitig hielten diese Ärzte die Struktur der viktorianischen Familie und die in ihr herrschende Geschlechtsrollenteilung für richtig, ja für biologisch unumgänglich. Der Arzt entschuldigte die Frau in der Überzeugung, daß sie krank sei und alle Anstrengungen unternehmen werde, gesund zu werden und ihre angestammte Rolle wiederaufzunehmen. Die Krankheit würde vorübergehen und schien unvermeidlich, und das allein machte die Krankenrolle für Familie und Arzt als eine alternative Form weiblichen Verhaltens annehmbar.[51]

Seine Rolle als Komplize innerhalb der Familie mag sehr wohl die ambivalenten Gefühle des Arztes gegenüber der hysterischen Frau verstärkt haben, eine Art Haßliebe, die – wie wir bereits gesehen haben – von seiner professionellen und geschlechtlichen Unsicherheit herrührte. Daher ärgerten ihn auch der sprunghafte Verlauf der Krankheit, deren chronische Natur, das Fehlen einer bestimmbaren organischen Ätiologie und die scheinbar mangelhafte Willenskraft der Patientin so sehr. Selbst wenn diese nicht bewußt simulierte, konnte sie doch schuldig sein, weil sie sich gehenließ und ihre Pflichten vergaß. Indem der Arzt ihr Leiden als Krankheit diagnostizierte, knüpfte er ein festes Band zwischen sich und der hysterischen Frau bzw. gestattete ihr, das zu tun. Innerhalb der Familienkonstellation hatte er sich gegen ihren Mann oder andere männliche Familienmitglieder auf ihre Seite geschlagen – gegen Männer, mit denen er sich normalerweise identifizierte.[52]

Daß die Hysterie im Kern sexueller Natur war, machte eine rein professionelle Haltung des Arztes noch schwieriger. Eine hysterische Patientin mag als Frau sehr wohl alle jene ambivalenten Gefühle eines Arztes mobilisiert haben, die dieser gegenüber der Sexualität empfand. In etlichen Fällen übernahm der Arzt zudem die Rolle der ödipalen Vaterfigur für die Kindfrau-Patientin, und dann war er nicht nur Komplize in moralischer und intellektueller Hinsicht, sondern auch in sexueller. Diese Ärzte waren Teil einer häuslichen Dreiecksbeziehung geworden: Rivalen des Gatten, väterliche Freunde der Tochter. Diese intrafamiliale Rolle erklärt viel von dem besonders schrillen und argwöhnischen Ton, der die meisten klinischen Abhandlungen über die Hysterie auszeichnete. Mit therapeutischem Geschick und wachsam gegenüber Täuschungsmanövern und Hemmungslosigkeiten mußte der Arzt die hysterische Frau daran hindern, ihre Krankheit auszunutzen, um ihre weiblichen Pflichten zu vernachlässigen. Er mußte aber auch verhindern, daß sie ihn in ihrer Abweichung zum ahnungslosen Komplizen machte. War er auch als Arzt, der ihre Rolle als Kranke legitimierte, an sie gebunden, so mußte er doch seine Unabhängigkeit bewahren.

Zwar ist diese Interpretation größtenteils spekulativ, doch scheinen Ton und Inhalt der zeitgenössischen medizinischen Reaktionen auf die Hysterikerin diese Schlußfolgerungen zu bestätigen. Die Ärzte hatten sich mit der Macht auseinanderzusetzen, die eine chronische Krankheit wie die Hysterie einer Frau über ihre Familie verlieh; sie konnten dem nicht entrinnen, auch wenn sie es verurteilten. Viele Frauen, so stellten die Ärzte verärgert fest, genossen diese Macht und zeigten keinerlei Anzeichen von Besserung. Die meisten Kapazitäten des 19. Jahrhunderts waren sich denn auch einig, daß, damit überhaupt an Heilung zu denken sei, die Hysterikerin zuerst einmal von ihrer Familie getrennt werden müsse.[53]

Der Arzt mißbilligte nicht nur den starken Einfluß, den die Hysterikerin auf ihre Familie ausübte, er spürte auch deutlich, daß sie eine Bedrohung für sein eigenes Prestige und seine Autorität darstellte. Aus ihren Schriften geht eindeutig hervor, daß viele Ärzte sich mit ihren hysterischen Patientinnen in einen Machtkampf verstrickt fühlten. Diese Frauen, so behaupteten die Mediziner, benutzten ihre Symptome als Waffen, um ihre Autonomie gegenüber dem Arzt zu behaupten; ihr Sieg lag im andauernden Kranksein. Den Ärzten erschienen diese hysterischen Frauen als ungewöhnlich widerspenstig, eigensinnig und anmaßend. Obgleich Patientinnen und Frauen, nahmen sie sich das Recht heraus, jede Handlung ihres männlichen Arztes zu beurteilen und zu bewerten. Tatsächlich beschäftigte sich ein großer Teil der medizinischen Literatur ausschließlich damit, den Ärzten zu zeigen, wie sie diesen Willenskampf gewinnen könnten. Die Ärzte glaubten, sie müßten den Willen der Hysterikerin brechen: Nur auf diese Weise, so schrieben sie, sei eine dauerhafte Heilung zu erzielen. „Bilden Sie sich ja nicht ein [...], daß Sie einen leichten Sieg erringen werden", erklärte Dr. L. C. Grey einer Klasse von Medizinstudenten im Jahr 1888:

„Im Gegenteil, Sie müssen davon ausgehen, daß Ihre seelische Verfassung, Ihr Geschick und Ihre Nervenkraft in einer Weise auf die Probe gestellt werden, wie das nicht einmal die größten Operationen tun. Ich behaupte, daß der Mann, der die Nervenkraft und das Taktgefühl besitzt, um mit einigen dieser schweren Fälle von Hysterie fertig zu werden, auch die Nerven und das Taktgefühl besitzt, die großen ernsthaften Ereignisse des Lebens zu meistern. Sie müssen Ihre Patientin Tag für Tag belehren [...], mit gleichbleibend resoluter, unerschütterlicher Entschlossenheit und mit Taktgefühl – mit der ‚eisernen Faust unter dem Samthandschuh', wie der Franzose sagt."[54]

„Treten Sie mit einer Autorität auf, die an sich schon zur Fügsamkeit zwingt", so empfahl Robert Carter. „Wenn eine Patientin [...] dem Arzt in die Rede fällt, dann muß er ihr sagen, sie solle still sein und ihm zuhören; und dies nicht nur mit Worten, die weder Ungeduld noch Verärgerung verraten, sondern in einem Tonfall, der keinen Widerspruch und Ungehorsam duldet."[55]

Die meisten Behandlungsmethoden der Hysterie sind in ihrer drakonischen Strenge Ausdruck des ärztlichen Bedürfnisses, Kontrolle auszuüben oder, wenn dies mißlang, zu bestrafen. Häufig empfahlen die Mediziner, hysterischen Frauen die Luft abzuschnüren, bis ihre Anfälle aufhörten, sie mit feuchten Handtüchern über Gesicht und Körper zu schlagen, sie lächerlich zu machen und vor Familie und Freunden bloßzustellen, sie mit eisigem Wasser zu duschen.

„Um dieser merkwürdigen Krankheit Einhalt zu gebieten", schrieb ein Arzt, der an einer großen Nervenklinik tätig war, „ist es notwendig, die Kranke einem starken und plötzlichen seelischen Eindruck zu unterziehen [...], dem zwingendsten aller Gefühlseindrücke: der Angst. [...] Bei einer empfindsamen Frau ist Lächerlichmachen ein starkes Mittel [...], aber nichts gleicht der Wirkung von Angst und der Androhung körperlicher Züchtigung. [...] Sie werden sogleich auf die Stimme der Autorität hören."[56]

Wenn sich die hysterische Patientin aber umgänglich zeigte, die Anfälle und Lähmungserscheinungen nachließen und sie den Arzt als Retter und moralische Leitfigur akzeptierte, mußte er nicht länger als strafender Vater auftreten. Dann konnte er mit Zärtlichkeit, Mitgefühl und Lob auf seine hysterische Patientin reagieren. Sie kam ihm nicht länger mit „Launen, Tränen, Tricks und Wutanfällen" *(„Temper, Tears, Tricks and Tantrums")* in die Quere – diesen Titel hatte ein Doktor seiner Studie über Hysterie gegeben.[57] Ihre Heilung zeigte, daß er ihren Körper gezähmt, ihren Willen besiegt hatte. Wieder hatte der vatergleiche praktische Arzt eine widerspenstige Frau mit Erfolg ihren familiären Verpflichtungen zurückgegeben. Thomas Addis Emmett, einer der ersten spezialisierten Gynäkologen, erinnert sich mit naiver Offenheit daran, wie er Hysterikerinnen zu behandeln pflegte:

„Die Patientin [...] war ein Kind in meinen Händen. In gewisser Weise war die so erlangte Macht der über ein wildes Tier nicht unähnlich, nur beruht die Herrschaft über letzteres wohl eher auf der Furcht, während es bei meinen Patientinnen in der Regel der Wunsch war, mir zu gefallen und sich durch die Anstrengung, ihre Selbstkontrolle wiederzuerlangen, meine Anerkennung zu verdienen. Manchmal bedrückte mich die Verantwortung, die mir aus der unumschränkten Macht erwuchs, die ich oft über die mir unterstellten nervösen Frauen habe gewinnen können."[58]

Es ist nicht weiter verwunderlich, daß S. Weir Mitchell eine seiner Abhandlungen über die Hysterie mit der Bemerkung schloß, Ärzte, die all die kleinen Schwächen der Frauen kennen und verstehen, sie lenken und ihnen vergeben könnten, würden die besten Ehemänner abgeben.[59] Der die hysterische Frau behandelnde Arzt war offensichtlich außerstande, sich den in der Gesellschaft des 19. Jahrhunderts herrschenden Geschlechtsrollenmustern zu entziehen.

III.

Die hysterische Frau wird daher in den im wesentlichen von Männern verfaßten medizinischen Werken des 19. Jahrhunderts als ‚Kindfrau' geschildert, als leicht beeindruckbar, labil, oberflächlich sexualisiert, exhibitionistisch, mit einer Neigung zu dramatischer Körpersprache und großen Gesten, mit starkem Abhängigkeitsbedürfnis und eindeutiger Ich-Schwäche. In vielem ähnelt sie dem Persönlichkeitstyp, den Guze 1967 „hysterische Persönlichkeit" und Kernberg 1968 „infantile Persönlichkeit" genannt haben.[60] Faktisch aber waren diese Charakterzüge der Hysterikerin nur Wildwucherungen von Merkmalen und Verhaltensweisen, die gewöhnlich bei Mädchen gefördert wurden. Zu einer Zeit, als die amerikanische Gesellschaft Demokratie und freie Willensäußerung als fundamentale gesellschaftliche Werte propagierte, war die Sozialisation der Frauen dennoch routinemäßig auf eine soziale Rolle ausgerichtet, in der sie schwach, abhängig und enorm eingeschränkt waren. Der Mut wurde ihnen genommen,

sich auf so ,maskulinen' Gebieten wie körperlicher Geschicklichkeit, Stärke und Tapferkeit oder bei akademischen und kommerziellen Tätigkeiten als konkurrenzfähig und tüchtig zu erweisen. Statt dessen wurden sie ermuntert, ein kokettes, unterhaltsames, unbedrohliches und umsorgendes Verhalten an den Tag zu legen. Offene Unmutsäußerungen und Gewalttätigkeit wurden als unweiblich und vulgär untersagt. Eine solche Sozialisation sollte Frauen eine niedrige Selbsteinschätzung lehren, sie dazu bringen, ihren Ehrgeiz auf Bereiche mit wenig Prestige zu beschränken, von anderen abhängig zu sein und altruistisch nicht den eigenen Erfolg in der Welt zu suchen, sondern den der Männer, von denen sie unterhalten wurden.
Im Grunde erreichten also viele Frauen im 19. Jahrhundert das Erwachsenenalter mit einem schwach entwickelten Ich, was meines Erachtens auf eine enge Beziehung zwischen diesem Sozialisationsmuster und der ,Wahl' hysterischen Verhaltens durch einzelne Individuen hinweist. Etliche Frauen mögen sich vor Spannungen aus persönlicher Unzufriedenheit, Überforderung oder aus situationsgebundenen Ängsten dadurch geschützt haben, daß sie in die kindische Hyperweiblichkeit der Hysterie regredierten. Der Bruch zwischen der Rolle einer hofierten Frau und der einer Schmerzen ertragenden, aufopferungsbereiten Gattin und Mutter, eine unglückliche Ehe, die Einsamkeit und der Kummer eines Lebens als alte Jungfer, all das mögen Gründe gewesen sein, die den wehleidigen Infantilismus und die narzißtische Selbstanmaßung der Hysterikerin für jene Frauen zu einer notwendigen Rollenalternative machten, die sich um die ihnen versprochene Rolle in der Gesellschaft betrogen fühlten und zuwenig Kraft besaßen, einen anderen Ausweg zu suchen. Diese Regression war gesellschaftlich insofern vorgezeichnet, als immer wieder Wert auf ebenjene emotionalen Züge gelegt wurde, die das stereotype Frauenbild charakterisierten und ihr Zerrbild in der Symptomatologie der Hysterikerin fanden. Diese zeigte aber auch ein bedeutsames Quantum Feindseligkeit, Aggression und Wut, was wiederum zu Depressionen und selbstbestrafender psychosomatischer Erkrankung geführt haben mag. In verschiedenster Hinsicht kann so die hysterische Frau als Produkt ihrer Kultur und zugleich als Anklage gegen diese Kultur verstanden werden.
Ich muß mit einer Einschränkung schließen. Weshalb einzelne Personen das Verhalten zeigten, das die Ärzte des 19. Jahrhunderts „Hysterie" genannt haben, muß im Einzelfall strittig bleiben. Hier sollte aufgezeigt werden, weshalb bestimmte Symptome verfügbar waren und weshalb besonders Frauen dazu neigten, sich ihrer zu bedienen. Es wurde zudem versucht, anhand der zeitgenössischen Reaktionen die realen Verhältnisse zwischen den Geschlechtern und innerhalb

der Familie des 19. Jahrhunderts zu erhellen. Die Hysterie wurde als soziale Rolle behandelt, die in bestimmten gesellschaftlichen Verhältnissen entstanden war und im Rahmen dieser Verhältnisse eine spezifische Funktion erfüllt hatte.

Aus dem Amerikanischen übersetzt von Sibylle Koch-Grünberg.

Anmerkungen

1 Eine Übersicht über die neuere Diskussion der Hysterie in der Psychiatrie geben Aaron Lazare, ,,The Hysterical Character in Psychoanalytic Theory: Evolution and Confusion", in: *Archives of General Psychiatry,* XXV, 1971, S. 131-137; Barbara Ruth Easser und S. R. Lesser, ,,Hysterical Personality: A Reevaluation", in: *Psychoanalytic Quarterly,* XXXIV, 1965, S. 390-405; Marc H. Hollander, „Hysterical Personality", in: *Comments on Contemporary Psychiatry,* I, 1971, S. 17-24.

2 Elizabeth Zetzel, *The Capacity for Emotional Growth. Theoretical and Clinical Contributions to Psychoanalysis, 1943-1969,* London 1970, Kap. I: „The So-Called Good Hysteric".

3 David Shapiro, *Neurotic Styles,* New York 1965.

4 Dagegen kann angeführt werden, daß auch bei Männern Fälle von Hysterie vorkommen und die Krankheit daher nicht ausschließlich auf die weibliche Lebenserfahrung zurückzuführen sei. In diesem Zusammenhang möchte ich kurz vier Punkte festhalten. Erstens: Bis zum heutigen Tag wird die Hysterie für ein hauptsächlich weibliches ,,Leiden" bzw. Verhaltensmuster gehalten. Zweitens: Die Ärzte sehen gewöhnlich in einem an Hysterie erkrankten Mann einen Menschen mit irgendwie abweichenden Zügen. Heutzutage ist es eine Binsenwahrheit, daß Hysterie bei Männern am häufigsten unter Homosexuellen vorkommt; im neunzehnten Jahrhundert stammten Männer, bei denen Hysterie diagnostiziert wurde, fast ausschließlich aus einer niedrigeren sozioökonomischen Schicht als die sie behandelnden Ärzte, es waren Immigranten, besonders ,,Neueinwanderer", Bergarbeiter, Eisenbahnarbeiter, Schwarze. Drittens: Da die Hysterie gesellschaftlich als Frauenleiden definiert war, ist anzunehmen, daß sich die Männer, die ein hysterisches Verhalten zeigten, zu einem gewissen Grad mit Frauen identifizierten. Und schließlich: Wir sollten nicht vergessen, daß die männliche Hysterie gewöhnlich als Erschöpfungsanzeichen im Krieg oder als Bombenschock auftrat. Ich möchte Erving Goffman für den Hinweis danken, daß ein Soldat sich, was seine Autonomie und seinen Einfluß betrifft, in einer ähnlichen Lage befindet wie eine Frau.

5 Das Wort ,wählen' ist sogar in Anführungszeichen nicht wertfrei. Ich möchte damit nicht sagen, daß die hysterischen Frauen bewußt dieses Verhalten an den Tag legten. Ich glaube, daß drei komplexe Faktoren zusammenspielten, um die Hysterie zu einer realen Möglichkeit weiblichen Verhaltens zu machen: 1. die verschiedenen Erfahrungen, die dazu beitrugen, daß die erwachsene Frau ein schwach entwickeltes Ich hatte; 2. bestimmte Sozialisationsmuster und kulturelle Werte, die den Frauen den Zugang zum alternativen Verhaltensmuster Hysterie erleichterten; und 3. daß die

Rolle der Hysterikerin einen Nebengewinn besaß: sie vergrößerte den Einfluß der Frau in der Familie. Das je unterschiedliche Verhältnis dieser Faktoren zueinander soll in diesem Aufsatz diskutiert werden.

6 Die Hysterie im 19. Jahrhundert hat recht viele Wissenschaftler interessiert: Zwei der bedeutendsten sind Henry F. Ellenberger, *The Discovery of the Unconscious,* New York 1970, und Ilza Veith, *Hysteria: The History of a Disease,* Chicago 1965. Ellenberger und Veith untersuchen die Hysterie vorwiegend in geistesgeschichtlicher Perspektive. Eine Besprechung von Veith bei Charles E. Rosenberg, „Historical Sociology of Medical Thought", in: *Science,* CL, 1965, S. 330. Zwei Studien, die die Hysterie im 19. Jahrhundert stärker soziologisch angehen, sind Esther Fischer-Homberger, „Hysterie und Misogynie: Ein Aspekt der Hysteriegeschichte", in: *Gesnerus,* XXVI, 1969, S. 117-127, und Marc H. Hollander, „Conversion Hysteria: A Post-Freudian Reinterpretation of Nineteenth-Century Psychosocial Data", in: *Archives of General Psychiatry,* XXVI, 1972, S. 311-314.

7 Ich möchte Renée Fox, Cornelia Friedman, Erving Goffman, Charles E. Rosenberg und Paul Rosenkrantz dafür danken, daß sie diesen Aufsatz gelesen und kritisch beurteilt haben. Ebenso möchte ich meinen klinischen Kollegen Philip Mechanick, Henry Bachrach, Ellen Berman und Carol Wolman vom Fachbereich Psychiatrie der University of Pennsylvania für entsprechende Unterstützung danken.

8 Es ist schwierig, in Kürze auf die vielfältigen Quellen zu verweisen, auf die sich dieser Absatz stützt. Dieses Rollenmodell taucht in praktisch jeder Frauenzeitschrift aus dem 19. Jahrhundert auf, in zahllosen Ratgebern für junge Mädchen und Ehefrauen sowie in Büchern über gute Umgangsformen. Eine grundlegende Sekundärquelle ist: Barbara Welter, „The Cult of True Womanhood", in: *American Quarterly,* XVIII, 1966, S. 151-174. Ein ausgezeichneter historischer Bericht über Frauen in Amerika ist: Eleanor Flexner, *Hundert Jahre Kampf. Die Geschichte der Frauenrechtsbewegung in den Vereinigten Staaten,* Frankfurt a. M. 1978.

9 Über den Alltag der amerikanischen Hausfrau im 19. Jahrhundert siehe *The Maternal Physician: By an American Matron,* New York 1811, Neuauflage New York 1972; Hugh Smith, *Letters to Married Ladies,* New York 1827; John S. C. Abott, *The Mother at Home,* Boston 1833; Lydia S. Sigourney, *Letters to Mothers,* New York 1841; Mrs. C. A. Hopkinson, *Hints for the Nursery or the Young Mother's Guide,* Boston 1836; Catherine Beecher und Harriet Beecher-Stowe, *The American Woman's Home,* New York 1869. Ein ausgezeichneter Sekundärbericht über das häusliche Leben der Frauen in den Südstaaten ist: Anne Firor Scott, *The Southern Lady,* Chicago 1970.

10 Medizinische Ratgeber für den Hausgebrauch, gynäkologische Lehrbücher und Monographien über Frauenleiden vermitteln ein detailliertes Bild weiblicher Leiden und Krankheitserwartungen.

11 S. Weir Mitchell, *Doctor and Patient,* Philadelphia 1887, S. 84, 92.

12 Siehe u. a. Edward H. Dixon, *Woman and Her Diseases,* New York 1846, S. 135-136; Alice Stockham, *Tokology: A Book for Every Woman,* Chicago 1887, S. 83; Sarah A. Stevenson, *Physiology of Women,* Chicago [2]1881, S. 91; Henry Pye Chavasse, *Advice to a Wife and Counsel to a Mother,* Philadelphia 1891, S. 97. Ein Arzt aus Missouri berichtet über den Fall einer achtundzwanzigjährigen Mittelschichtsfrau mit zwei Kindern. Kurz nach der Geburt ihres zweiten Kindes setzte ihre Periode aus, sie glaubte sich zum dritten Mal schwanger, und es kam zu hysterischen

Symptomen: Depression, Kopfschmerzen, Erbrechen und Anfälle. Ihr Arzt schloß daraus, sie habe eine Erkrankung des Uterus, die sich durch die Schwangerschaft verschlimmert habe. Er führte eine Abtreibung durch und vermerkte am folgenden Tag ihre völlige Wiederherstellung. George J. Engelmann, „A Hystero-Psychosis Epilepsy Dependent upon Erosions of the Cervix Uteri", in: *St. Louis Clinic Record,* 1878, S. 321-324. Ähnliche Fälle bei: A. B. Arnold, „Hystero-Hypochondriasis", in: *Pacific Medical Journal,* XXXIII, 1890, S. 321-324, und George J. Engelmann, „Hysteroneurosis", in: *Transactions of the American Gynecological Association,* II, 1877, S. 513-518.

13 Yasukichi Yasuba, *Birth Rates of the White Population in the United States, 1800-1860,* Baltimore 1962, und J. Potter, „American Population in the Early National Period", in: *Proceedings of Section V of the Fourth Congress of the International Economic History Association,* hrsg. v. Paul Deprez, Winnipeg 1970, S. 55-69, untersuchen die sinkende Geburtenrate in Amerika im 19. Jahrhundert.

14 Vgl. E. Flexner, *Hundert Jahre Kampf,* a.a.O.

15 Zu der Geburtenkontrolle und ihre Auswirkung auf die häuslichen Beziehungen siehe C. Smith-Rosenberg und C. E. Rosenberg, „The Female Animal: Medical and Biological Views of Women in Nineteenth-Century America", in: *Journal of American History,* LIX, 1973, S. 331-356.

16 William A. Hammond, *On Certain Conditions of Nervous Derangement,* New York 1881, S. 42; S. Weir Mitchell, *Lectures on the Diseases of the Nervous System, Especially in Women,* Philadelphia ²1885, S. 114, 110; Charles K. Mills, „Hysteria", in: *A System of Practical Medicine by American Authors,* hrsg. v. William Pepper unter Mitarbeit von Louis Starr, Bd. V, *Diseases of the Nervous System,* Philadelphia 1883, S. 213; Charles E. Lockwood, „A Study of Hysteria and Hypochondriasis", in: *Transactions of the New York State Medical Association,* XII, 1895, S. 340-351. E. H. Van Deusen, Direktor des Michigan Asylum for the Insane, berichtet, daß nervöse Störungen, Hysterie und Neurasthenie bei Farmersfrauen weit verbreitet waren. Seines Erachtens waren diese Leiden Ergebnis der gesellschaftlichen und geistigen Deprivation ihres Lebens in der Isolation. Van Deusen, „Observations on a Form of Nervous Prostration", in: *American Journal of Insanity,* XXV, 1869, S. 447. Es ist von Bedeutung, daß die meisten englischen und amerikanischen Autoritäten auf dem Gebiet der Hysterie einer Medizinerelite angehörten. Sie wurden in ihrer Privatpraxis von den Wohlhabenden konsultiert und versorgten die Armen bei ihrer Arbeit in Krankenhaus oder Poliklinik. Folglich stammten die Beobachtungen der Hysterie in unterschiedlichen Gesellschaftsschichten oft von ein und demselben Arzt.

17 Thomas Sydenham, „Epistolary Dissertation", in: *The Works of Thomas Sydenham, M. D. ... with a Life of the Author,* hrsg. v. R. G. Latham, 2 Bde., London 1850, Bd. 2, S. 85.

18 Einige Frauen, bei denen Hysterie diagnostiziert wurde, legten ein recht seltsames Verhalten an den Tag, einschließlich Selbstverstümmelung und Halluzinationen. Zweifellos würde heute bei einem gewissen Prozentsatz dieser Frauen der Befund auf Schizophrenie lauten. Die Mehrzahl der Frauen jedoch, die nach Meinung der Ärzte hysterisch waren, zeigte keine derartigen Symptome. Nach ihrem Krankenblatt scheinen sie eine ähnliche Persönlichkeitsstruktur gehabt zu haben wie jene, die auch von den Psychiatern Mitte des 20. Jahrhunderts hysterisch genannt werden.

19 Drei typische Beschreibungen derartiger Anfälle bei: Buel Eastman, *Practical Treatise on Diseases Peculiar to Women and Girls*, Cincinnati 1848, S. 40; Samuel Ashwell, *A Practical Treatise on the Diseases Peculiar to Women*, London 1844, S. 210-212; William Campbell, *Introduction to the Study and Practice of Midwifery and the Diseases of Children*, London 1833, S. 440-442.

20 E. H. Dixon, a.a.O., S. 133.

21 Für Beispiele von hysterischen Symptomen aus der Mitte des Jahrhunderts siehe Colombat de L'Isère, *A Treatise on the Diseases and Special Hygiene of Females*, Philadelphia 1845, S. 522, 527-530; Gunning S. Bedford, *Clinical Lectures on the Diseases of Women and Children*, New York 1855, S. 373.

22 Robert B. Carter, *On the Pathology and Treatment of Hysteria*, London 1853, S. 3.

23 Siehe z. B. F. C. Skey, *Hysteria*, New York 1867, S. 66, 71, 86; Mary Putnam Jacobi, „Hysterical Fever", in: *Journal of Nervous and Mental Disease*, XV, 1890, S. 373-388; Landon Carter Grey, „Neurasthenia: Its Differentiation and Treatment", in: *New York Medical Journal*, XLVIII, 1888, S. 421.

24 Siehe z. B. George Preston, *Hysteria and Certain Allied Conditions*, Philadelphia 1897, S. 31, 53; Charles E. Lookwood, a.a.O., S. 346; Buel Eastman, a.a.O., S. 39; Thomas Moore Madden, *Clinical Gynecology*, Philadelphia 1895, S. 472.

25 Siehe W. Symington Brown, *A Clinical Handbook on the Diseases of Women*, New York 1882; Charles L. Dana, „A Study of the Anaesthesias of Hysteria", in: *American Journal of the Medical Sciences*, 1890, S. 1; William S. Playfair, *The Systematical Treatment of Nerve Prostration and Hysteria*, Philadelphia 1883, S. 29.

26 Wie wichtig die Entwicklung von organischen Ätiologien war, um eine wachsende Zahl solcher ‚funktioneller' Krankheiten legitimieren zu können, erörtert Charles E. Rosenberg, „The Place of George M. Beard in Nineteenth-Century Psychiatry", in: *Bulletin of the History of Medicine*, XXXVI, 1962, S. 245-259. Siehe auch Owsei Temkin, der in seiner klassischen Geschichte der Epilepsie (*The Falling Sickness*, Baltimore ²1971) zeigt, daß die Neurologen es im 19. Jahrhundert für sehr wichtig hielten, zwischen Epilepsie und Hysterie zu unterscheiden.

27 William Campbell, a.a.O., S. 440-441; Walter Channing, *Bed Case: Its History and Treatment*, Boston 1860, S. 41-42, 49; Charles L. Mix, „Hysteria: Its Nature and Etiology", in: *New York Medical Journal*, LXXII, 1900, S. 183-189.

28 George Preston, a.a.O., S. 96-97.

29 Samuel Ashwell, a.a.O., S. 226.

30 Charles K. Mills, a.a.O., S. 258.

31 S. Weir Mitchell, *Lectures on the Diseases of the Nervous System*, a.a.O., S. 66.

32 Thomas Moore Madden, a.a.O., S. 474. Während des 18. und 19. Jahrhunderts war die wohl verbreitetste Auffassung die, daß die Hysterie von einer Erkrankung des Uterus herrühre. Einige Ärzte hielten das für die einzige Ursache, andere Ärzte hielten es für eine der wichtigsten Ursachen. Drei typische Beispiele für diese Auffassung sind: Alexander Hamilton, *A Treatise on the Management of Female Complaints and of Children in Early Infancy*, Edinburgh 1792, S. 51-53; George H. Engelman, „Hystero-

Neurosis", a.a.O.; Augustus P. Clarke, „Relations of Hysteria to Structural Changes in the Uterus and its Adnexa", in: *American Journal of Ostetrics*, XXXIII, 1894, S. 477-483. Ende des 19. Jahrhunderts wurde die Uterus-Theorie in zunehmendem Maße angefochten. Siehe Hugh J. Patrick, „Hysteria; Neurasthenia", in: *International Clinics*, III, 1898, S. 183-184; F. C. Skey, a.a.O., S. 68.

33 Robert Barnes, *Medical and Surgical Diseases of Women*, Philadelphia 1874, S. 101; S. D. Hopkins, „A Case of Hysteria Simulating Organic Disease of the Brain", in: *Medical Fortnightly*, XI, 1897, S. 327; C. K. Mills, a.a.O., S. 218; J. Leonard Corning, *A Treatise on Hysteria and Epilepsy*, Detroit 1888, S. 2; August A. Eshner, „Hysteria in Early Life", Vortrag vor der Philadelphia County Medical Society, 23. Juni 1897.

34 Vgl. A. A. King, „Hysteria", in: *The American Journal of Obstetrics*, XXIV, 1891, S. 513-515; Marshall Hall, *Commentaries Principally on the Diseases of Females*, London 1830, S. 118; C. L'Isère, a.a.O., S. 530.

35 Robert B. Carter, a.a.O., S. 140; J. L. Corning, a.a.O., S. 70; Mills, a.a.O., S. 218.

36 Preston, a.a.O., S. 36.

37 Siehe z. B. Mitchell, *Lectures on the Diseases of the Nervous System*, a.a.O., S. 170; Rebecca B. Gleason, M.D., aus Elmira, New York, zitiert in M. L. Holbrook, *Hygiene of the Brain and Nerves and the Cure of Nervousness*, New York 1878, S. 270-271.

38 S. Weir Mitchell, *Fat and Blood*, Philadelphia 1881, S. 30-31.

39 Lockwood, a.a.O., S. 342-343; praktisch jede Autorität auf dem Gebiet der Hysterie äußerte derartige Gefühle.

40 Alexander Hamilton, a.a.O., S. 52; Dixon, a.a.O., S. 142-143; Ashwell, a.a.O., S. 217; Mills, a.a.O., S. 230.

41 Walter Channing, a.a.O., S. 28.

42 Robert B. Carter, a.a.O., S. 113.

43 Mary P. Jacobi, a.a.O., S. 384-388; M. E. Dirix, *Woman's Complete Guide to Health*, New York 1869, S. 24; E. B. Foote, *Medical Common Sense*, New York 1864, S. 167.

44 Reuben Ludlum, *Lectures, Clinical and Didactic, on the Diseases of Women*, Chicago 1872, S. 87; Robert Barnes, a.a.O., S. 247. 1847 hatte der bekannte Gynäkologe aus Philadelphia, Charles D. Meigs, seiner Klasse von angehenden Medizinern die rhetorische Frage gestellt: „Wie ist es mit ihrer Erotik bestellt? Welches sind die von einer Überempfindlichkeit der Reproduktionsorgane hervorgerufenen vielgestaltigen Äußerungen der Lebenskraft, die wir Hysterie nennen?" Meigs, *Lectures on the Distinctive Characteristics of the Female*, Vortrag vor einer Klasse des Jefferson Medical College, 5. 1. 1847, Philadelphia 1847, S. 20.

45 Thomas Laycock, *Essay on Hysteria*, a.a.O., S. 76, 103, 105. Siehe auch Graham J. Barker-Benfield, *The Horrors of the Half-Known Life*, New York 1976, und Ann Douglas Wood, „The Fashionable Diseases: Women's Complaints and Their Treatment in Nineteenth Century America", in: *Journal of Interdisciplinary History*, 4, 1973, S. 25-42.

46 Dixon, a.a.O., S. 134; J. Leonard Corning, a.a.O., S. 70; William Murray, *A Treatise on the Emotional Disorders of the Sympathetic System of the Nerves*, London 1866. Es gibt aus dem 19. Jahrhundert eine umfassende Literatur über Masturbation. Z. B. Samuel Gregory, *Facts and Important Information for Young Women on the Self-Indulgence of the Sexual Appetite*, Boston 1857, und Calvin Cutter, *The Female Guide: Containing*

Facts and Information upon the Effects of Masturbation, West Brookfield 1844. Die meisten allgemeinen Abhandlungen über das Thema erwähnen die Masturbation bei Frauen.

47 Preston, a.a.O., S. 37; Carter, a.a.O., S. 46, 90. Die Ärzte des 19. Jahrhunderts konnten sich nicht eindeutig für eine sexuelle Ätiologie der Hysterie entscheiden. Jede Unregelmäßigkeit konnte ihrer Meinung nach Hysterie oder Geisteskrankheit verursachen: gewohnheitsmäßige Masturbation, zu lange Jungfräulichkeit, übermäßige Genußsucht, Prostitution oder Sterilität.

48 Skey, a.a.O., S. 63.

49 Mitchell, *Lectures on the Diseases of the Nervous System,* a.a.O., S. 266; S. Weir Mitchell, *Fat and Blood,* a.a.O., S. 37.

50 Carter, a.a.O., S. 58.

51 Vgl. E. Goffman, „Die Verrücktheit des Platzes", in: Basaglia, Foucault u. a., *Befriedungsverbrechen,* Frankfurt a. M. 1980, S. 189-236.

52 Derartige Beschwerden sind in der medizinischen Fachliteratur gang und gäbe. Siehe Mitchell, *Lectures,* S. 67; Mitchell, *Doctor and Patient,* a.a.O., S. 117; Robert Thornton, *The Hysterical Women: Trials, Tears, Tricks and Tantrums,* Chicago 1893, S. 97-98; Channing, a.a.O., S. 35-37; L'Isère, a.a.O., S. 534.

53 Weitere Spannungen und Ambiguitäten brachte die Tatsache mit sich, daß der Arzt von der Frau bzw. ihrer Familie um seine Dienste gebeten und dafür bezahlt wurde, und das in einer Zeit, als in dem Beruf ein viel größerer Wettbewerb herrschte und er ökonomisch viel unsicherer war als Mitte des 20. Jahrhunderts.

54 Channing, a.a.O., S. 22; Thomas A. Emmett, *Principles and Practices of Gynecology,* Philadelphia 1879, S. 107; L. C. Grey, „Clinical Lecture", a.a.O., S. 132.

55 Carter, a.a.O., S. 119; Ashwell, a.a.O., S. 227.

56 Skey, a.a.O., S. 60.

57 Robert Thornton, a.a.O.

58 Thomas A. Emmett, *Incidents of My Life,* New York 1911, S. 210. Dies sind Emmetts Erinnerungen am Ende eines langen Lebens. Es ist interessant, daß Emmett Jahrzehnte früher bei der Diskussion der Behandlung hysterischer Frauen in feindseliger Frustration zugegeben hatte, daß „der Arzt tatsächlich hilflos ist".

59 Mitchell, *Doctor and Patient,* a.a.O., S. 99-100.

60 Samuel Guze, „The Diagnosis of Hysteria: What are We Trying to Do?", in: *American Journal of Psychiatry,* CXXIV, 1967, S. 494-498; Otto Kernberg, „Borderline Personality Organization", in: *Journal of the American Psychoanalytical Association,* XV, 1967, S. 641-685.

Daniel Scott Smith
Geburtenbeschränkung, Sexualkontrolle und häuslicher Feminismus im viktorianischen Amerika

Die Geschichte der Frauen ist unlösbar mit der sozialen Entwicklung der Familie verknüpft. Das Wiederaufleben der amerikanischen Frauenbewegung und das verstärkte Interesse der professionellen Historiker an der Sozialgeschichte seit einem Jahrzehnt haben die Untersuchung der Stellung der Frau in der Familie zu einem wichtigen Anliegen werden lassen. Die zentrale Erkenntnis der neuen Frauenbewegung – die der problematischen Beziehung zwischen Familienstruktur und familialen Rollen auf der einen und den Möglichkeiten einer vollen Partizipation der Frau an der Gesamtgesellschaft auf der anderen Seite – gab den unmittelbaren Anstoß für eine historische Untersuchung dieser Beziehung. Es ist allerdings weitaus einfacher, eine zentrale historische Problemstellung begrifflich zu isolieren, als sie empirisch zu untersuchen. Frauen, die in Familien leben, fertigen keine schriftlichen Dokumente an, in denen sie ihre Alltagserfahrungen beschreiben. So ist es problemloser, Vorstellungen über die ‚richtige' Rolle der Frau in der Geschichte zu beschreiben, als zu bestimmen, wie in einem spezifischen Zeitraum die Rolle der Frau tatsächlich ausgesehen hat. Nur durch sorgfältige lokalhistorische Forschung, systematisches Studium persönlicher Dokumente, in denen Alltagsverhalten beschrieben wird, und durch eine Rekonstitution weiblicher Biographien anhand der Rohdaten von Volkszählungen läßt sich diese Lücke in der Geschichtsschreibung über die amerikanische Frau allmählich schließen.[1]

Eine Untersuchung von drei relativ zuverlässigen quantitativen Indikatoren (siehe Tabellen 1, 2 und 3), die das Verhältnis aller Amerikanerinnen zur Familie aufzeigen, legt die Hypothese nahe, daß im Durchschnitt die Frau im Laufe des 19. Jahrhunderts immer mehr Macht und Autonomie *innerhalb* der Familie gewann. Der wichtige Beitrag, den Ehefrauen zum drastischen Absinken der Geburtenrate leisteten, liefert den zentralen Beleg für diese These. Empirische Daten über die Einzelheiten von Familienplanung und Geburtenkontrolle im 19. Jahrhundert sind bedauerlicherweise rar. Allerdings unterstützt eine Analyse der Sexualideologie des 19. Jahrhunderts die These, daß

Frauen sich zunehmend Einfluß auf Sexualität und Reproduktion in der Ehe verschafften. Die Hypothese vom zunehmenden Einfluß der Frauen in der Familie des 19. Jahrhunderts steht auch im Einklang mit solch wichtigen Phänomenen wie der geringen sozialen Basis der Frauenbewegung in Amerika vor Ende des 19. Jahrhunderts, der Vielzahl der Frauengruppen gegen das Frauenwahlrecht sowie der zentralen Stellung, die die Bekämpfung von Aspekten der männlichen Kultur in Bewegungen wie der Antialkohol-Kampagne einnahm.
Eine Langzeitperspektive ist von grundlegender Bedeutung, um die Geschichte der Frauen in der Familie zu verstehen. Ich werde im folgenden zu zeigen versuchen, wie sich die Situation der Frauen in drei Zeiträumen veränderte: in der vorindustriellen (17. und 18. Jahrhundert), in der industriellen (19. Jahrhundert) und in der postindustriellen (jüngsten) Phase der amerikanischen Geschichte.
Von der Kolonialzeit bis zur Gegenwart *war die überwiegende Mehrheit der Amerikanerinnen* (89 bis 96 %), *die älter als 45 Jahre wurden, verheiratet* (Tabelle 1). Der Anteil derer, die nie heirateten, war bei den Frauen am größten, die während der letzten vier Jahrzehnte des 19. Jahrhunderts geboren wurden. Geringe prozentuale Abweichungen stehen natürlich für Tausende von Frauen. Während also die Ehe die typische Erfahrung für eine überwältigende Mehrheit der amerikanischen Frauen war, lebte ungefähr ein Drittel aller Frauen vor dem 20. Jahrhundert nicht lange genug, um ins heiratsfähige Alter zu kommen.[2] Zusätzlich hatte die zahlenmäßig winzige Minderheit, die alleinstehend blieb, eine weitaus größere historische Bedeutung, als ihr prozentualer Anteil vermuten ließe. So waren im Jahre 1940 30,1 % der in Amerika geborenen weißen Frauen mit College-Abschluß im Alter von 45 bis 49 Jahren ledig.[3] Vor dem merklichen Anstieg der Lebenserwartung im späten 19. und frühen 20. Jahrhundert heiratete die durchschnittliche Amerikanerin im Alter von Anfang bis Mitte zwanzig, lebte ungefähr drei Jahrzehnte mit ihrem Ehemann und, wenn ihr Mann vor ihr starb, noch etwa ein Jahrzehnt als Witwe.[4]
Die Implikationen, die diese Zahlen für die historische Frauenforschung haben, liegen auf der Hand, müssen aber dennoch hervorgehoben werden. Historiker der Arbeiterbewegung haben mittlerweile realisiert, daß die meisten Arbeiter nicht gewerkschaftlich organisiert waren; Historiker der Schwarzenbewegung sind sich bewußt, daß die meisten Schwarzen nicht in Bürgerrechtsorganisationen waren, und Stadthistoriker haben herausgefunden, daß nicht nur Politiker und Eliten die Städte bevölkern. Die Erforschung der Geschichte ‚anonymer' Amerikaner konzentriert sich im allgemeinen auf jene Bevölkerungsgruppen, die im einen oder anderen Sinne als ‚soziales Problem' definiert wurden. Über diese Gruppen gibt es zumindest einige

Informationen, eingebettet in zeitgenössische Mythen und Vorurteile. Es wird schwieriger sein, die Geschichte der durchschnittlichen oder typischen Amerikanerin zu schreiben, einer Person, die William Graham Sumners „Forgotten Man" eng verwandt ist. 1880 beispielsweise war sie eine weiße 38jährige Ehefrau eines Farmers, die acht Meilen südwestlich von Cincinnati wohnte und Mutter von fünf oder sechs Kindern war.[5] Intensives Studium lokaler Dokumente könnte möglicherweise ein überraschendes Maß sozialer Partizipation in Kirchen und freiwilligen Organisationen, vielleicht auch die Erfüllung weiterer Rollen enthüllen. Der primäre Status der typischen Frau aber war der einer Ehefrau und Mutter.

Während fast alle Amerikanerinnen verheiratet waren, *arbeiteten verheiratete amerikanische Frauen vor dem 20. Jahrhundert nicht außerhalb des Heims.* Der eigentliche Zuwachs in der Erwerbstätigkeit verheirateter Frauen erfolgte erst nach 1940. 1890 wurde nur eine von vierzig verheirateten weißen Frauen den Berufstätigen zugerechnet; 1940 nur eine von sieben (Tabelle 2); offiziellen Angaben zufolge arbeiten heute zwei Fünftel aller verheirateten Frauen.[6] Die Teilnahme lediger Frauen am Arbeitsprozeß im 20. Jahrhundert ist dagegen weniger dramatisch gestiegen. Allgemeiner gesehen, weisen viele Indikatoren auf die Entstehung eines neuen, postindustriellen Familienmusters seit dem Zweiten Weltkrieg hin. Anzeichen dafür sind: die Zunahme von Einpersonenhaushalten bei Jüngeren und Verwitweten, das Verschwinden von Untermietern und Kostgängern, das sinkende Heiratsalter, die Zunahme vorehelichen Geschlechtsverkehrs, die Legalisierung der Abtreibung sowie der Scheidungen ohne Schuldspruch. Diese entscheidende Wandlung der Familie hat für die Periodisierung der Geschichte der Frauen weitreichende Implikationen.

Der nunmehr sichtbar gewordene statistische Trend verweist auf ein interessantes Problem: Im 19. Jahrhundert heirateten etwa 90 % aller Frauen, über 95 % der Verheirateten waren nicht außerhalb des Heims beschäftigt, und *dennoch brachten die Frauen immer weniger Kinder zur Welt.* Die durchschnittliche Kinderzahl einer weißen Frau, die das Klimakterium erreichte, verringerte sich von 7,4 im Jahr 1800 auf 6,14 im Jahr 1840, auf 4,24 im Jahr 1880 und schließlich auf 3,56 im Jahr 1900 (Tabelle 3). Derselbe Rückgang wird auch aus Daten der amerikanischen Volkszählungen über die Gesamtfruchtbarkeit ersichtlich.[7] Die Fruchtbarkeitsrate verringerte sich zwischen 1800 und 1900 um die Hälfte. Gegen Ende des 19. Jahrhunderts war Frankreich das einzige europäische Land, dessen Fruchtbarkeitsrate niedriger als die amerikanische war.[8] Trotz der demographischen Auswirkungen eines höheren Heiratsalters und einer größeren Zahl ledig gebliebener Frauen kann man 50 bis 75 % des Geburtenrückgangs im

19. Jahrhundert der Verminderung ehelicher Fruchtbarkeit zuschreiben.[9]

Der Geburtenrückgang in der Ehe ist zur Bestimmung der Möglichkeiten, die der durchschnittlichen Frau offenstanden, von entscheidender Bedeutung. Ein fünfzehn- bis zwanzigjähriger Zyklus von Schwangerschaft-Geburt-Stillen-Entwöhnung-Schwangerschaft (der nicht selten von Verschüttungen und Fehlgeburten unterbrochen wurde) in der Phase des aktiven Erwachsenenalters begrenzt zweifellos die Möglichkeiten zu sozialer und ökonomischer Partizipation wie zu persönlicher Entfaltung. Kindererziehung muß zu diesem beschwerli-

Tabelle 1
Prozentsatz amerikanischer Frauen, die unverheiratet blieben

Datum der Volkszählung bzw. Erhebung	Jahrgangs-kohorten	Alter zur Zeit der Zählung	Nie verheiratet %
1910	1835-38	70-74	7,3
	1840-44	65-69	7,1
	1845-49	60-64	8,0
	1850-54	55-59	7,7
	1855-59	50-54	8,9
	1860-64	45-49	10,0
1940	1865-69	70-74	11,1
	1870-74	65-69	10,9
	1875-79	60-64	10,4
	1880-84	55-59	8,7
	1885-89	50-54	8,8
	1890-94	45-49	8,6
1950	1895-99	50-54	7,7
	1900-04	45-49	8,0
1960	1905-09	50-54	7,6
	1910-14	45-49	6,5
1965	1915-19	45-49	4,8
1969	1921-25	45-49	4,5
	1926-30	40-44	5,0

Quelle: Errechnet aus Angaben bei: Irene B. Taeuber, „Growth of the Population of the United States in the Twentieth Century", in: Charles F. Westoff und Robert Parke, Jr. (Hrsg.), *Demographic and Social Aspects of Population Growth*, U.S. Commission on Population Growth and the American Future, Washington D.C., Government Printing Office, 1972, Bd. 1, Tabelle 11, S. 40.

chen Zyklus noch hinzugerechnet werden. Der Übergang zu einer neuen Form der Fruchtbarkeit ist ein zentrales Ereignis in der Geschichte der Frauen. Eine der vorherrschenden Meinungen in der Geschichtsschreibung lautet, Frauen hätten ihr Leben nicht selbst gestaltet. Frauen wird etwas angetan, sie tun es nicht selbst. Daher ist es wichtig herauszufinden, in welchem Maße Frauen im 19. Jahrhundert Kontrolle über ihre reproduktiven Funktionen gewannen.

Es waren sicher viele Kräfte am Werk (die später noch erwähnt werden sollen), die zum Absinken der Geburtenrate beitrugen; doch verdient die Macht der Ehefrau, ihren Mann zur Empfängnisverhütung zu überreden oder zu zwingen, Beachtung. Obwohl Frauen im 19. Jahrhundert empfängnisverhütende Methoden anwandten (vor allem die Vaginaldusche und den Schwamm), erforderten die gängigsten Praktiken – Koitus interruptus und Enthaltsamkeit – eine Kontrolle der männlichen Sexualität.[10] Im Anschluß an Kraditors treffende Definition des Feminismus als der Forderung nach Autonomie kann die sexuelle Kontrolle des Ehemanns durch die Frau gut als ‚häuslicher Feminismus' bezeichnet werden.[11]

Tabelle 2
Weibliche Erwerbstätigkeit (in Prozenten)

		Weiße		In Amerika geborene Weiße, Alter: 35-44	
Jahr	Total	ledig	verheiratet	ledig	verheiratet
1830*	(7)	–	–	–	–
1890*	12,1	35,2	2,5	39,3	2,3
1940*	26,9	47,9	14,6	73,6	17,9
1960*	34,1	45,5	29,6	76,5	29,9

	Alle Frauen			Alter: 35-44		
	ledig	verheiratet, mit Ehemann lebend	verwitwet, geschieden, getrennt lebend	ledig	verheiratet, mit Ehemann lebend	verwitwet, geschieden, getrennt lebend
1950**	50,5	23,8	37,8	83,6	28,5	65,4
1960**	44,1	30,5	40,0	79,7	36,2	67,4
1972**	54,9	41,5	40,1	71,5	48,6	71,7

* Stanley Lebergott, *Manpower in Economic Growth*, New York 1964, Tabelle A-10, S. 519.

** Bureau of Labor Statistics, zusammengefaßt in: *The New York Times*, 31. Januar 1973, S. 20.

Tabelle 3
Fruchtbarkeitsraten (FR) bei Weißen, 1800-1968

Jahr	FR	Jahr	FR	Jahr	FR
1800	7,04	1860	5,21	1920	3,17
1810	6,92	1870	4,55	1930	2,45
1820	6,73	1880	4,24	1940	2,19
1830	6,55	1890	3,87	1950	3,00
1840	6,14	1900	3,56	1960	3,52
1850	5,42	1910	3,42	1968	2,36

Quellen: Für 1800-1960, Ansley J. Coale und Melvin Zelnik, *New Estimates of Fertility and Population in the United States*, Princeton 1963, Tabelle 2, S. 36; für 1968 errechnet aus Angaben bei: Irene B. Taeuber, „Growth of the Population of the United States in the Twentieth Century", in: Charles F. Westoff und Robert Parke, Jr. (Hrsg.), *Demographic and Social Aspects of Population Growth*, U.S. Commission on Population Growth and the American Future, Washington D.C., Government Printing Office, 1972, Bd. 1, Tabelle 7, S. 33.

Bevor jedoch empirische Daten als Beleg für die erstarkende Position der Frau in der Familie des 19. Jahrhunderts angeführt werden können, ist es notwendig, einige Fehleinschätzungen der Stellung der Frau in der industriellen und vorindustriellen Periode zu behandeln. Viele neuere Interpretationen der Geschichte amerikanischer Frauen haben sich einer Autopsie des ‚Mißerfolgs' der Frauenwahlrechtsbewegung gewidmet. Kraditor zufolge wurden die Amerikanerinnen gegen Ende des 19. und zu Beginn des 20. Jahrhunderts konservativ und vom allgemeinen *Progressive Movement* vereinnahmt.[12] Nach Deglers Meinung fehlte den Frauen eine Ideologie, die ihrem Ringen um Anerkennung als vollwertige Menschen eine klare Richtung hätte geben können.[13] Für O'Neill lag der ‚Mißerfolg' der Bewegung in ihrer Weigerung, Ideologie und Wirklichkeit von Ehe und Familie anzugreifen, welche die untergeordnete Position der Frau verewigten.[14] Dieser „Was-lief-falsch?"-Ansatz unterstellt die Unveränderlichkeit der weiblichen Rolle in der Familie und, was noch schlimmer ist, interpretiert Verhaltens- und Reaktionsweisen der Frauen als Abweichungen von einer festgelegten Norm und nicht als Reaktionen auf ihre tatsächliche Situation. Die Hinwendung zum Konservatismus unter den Führerinnen der amerikanischen Frauenbewegung wird beispielsweise als ein taktischer Fehler angesehen, nicht als Resultat der Interaktion zwischen den Führerinnen und ihrer weiblichen Anhängerschaft.
Der winzige Anteil verheirateter Frauen an der Gesamtzahl der Erwerbstätigen im 19. Jahrhundert weist darauf hin, daß der Gegensatz von Häuslichkeit und gesellschaftlicher Partizipation für eine Interpre-

tation der Geschichte der Frauen in der industriellen Periode wenig hilfreich ist. Wenn die durchschnittliche Frau im vergangenen Jahrhundert ihre Situation nicht aus feministischer Perspektive im modernen Sinne sehen konnte, heißt dies nicht, daß sie nicht ihre Autonomie vergrößerte, mehr Macht ausübte oder sogar Glück in der häuslichen Sphäre fand. Statt die viktorianische Kultur und insbesondere ihr Kernstück, die viktorianische Familie, aus der Perspektive des 20. Jahrhunderts zu untersuchen, ist es nützlicher und aufschlußreicher, die Wertvorstellungen und Institutionen des 19. Jahrhunderts mit ihren Vorläufern aus der vorindustriellen Zeit zu vergleichen.
Falsche Auffassungen über die Frauen in der vorindustriellen Familie passen haarscharf zu den pessimistischen Ansichten über die viktorianische Zeit, die von der modernen feministischen Sichtweise herrühren. Wird das 19. Jahrhundert als die für Frauen finsterste Periode dargestellt, müssen folgerichtig alle anderen Zeiträume vergleichsweise positiv erscheinen. Um zu zeigen, daß Frauen nicht unbedingt an die Familie gefesselt sein müssen, schien es wichtig zu betonen, daß irgendwo oder irgendwann Status und Rolle der Frau anders gewesen sind. Obgleich sich dieses Argument durch Vergleiche mit anderen Kulturen angemessen stützen läßt, scheinen Folgerungen aus nur zweihundert Jahren amerikanischer oder europäischer Kulturgeschichte überzeugender zu sein. Die Historiker aber sind zu Recht vorsichtig gewesen und haben ein goldenes Zeitalter für die in der vorindustriellen Zeit lebende Amerikanerin allerhöchstens angedeutet. Sicher besteht ein klarer Unterschied zwischen der vorindustriellen und der industriellen Familie und den jeweils entsprechenden Positionen der Frau. Jene Kernfamilie, in der das Ehepaar die zentrale Position einnimmt (im Gegensatz zur Familie mit Dominanz der Generationenfolge), entwickelte sich in den Vereinigten Staaten während des frühen 19. Jahrhunderts.[15]
Diese Entwicklung hatte für die Frauen Folgen komplexer Natur. Der konventionelle Glaube an die durchschnittlich bessere Position der Frau in der vorindustriellen Gesellschaft beruht auf drei Annahmen: auf der einer Vertraulichkeit und Komplementarität der Geschlechtsrollen in einer undifferenzierten Ökonomie; auf Ariès' These, daß die Grenze zwischen vorindustrieller Familie und Gesellschaft sehr durchlässig war; schließlich, im Fall von Amerika, auf den für Frauen positiven Auswirkungen des relativen Frauen- und Arbeitskräftemangels in den Neusiedlungsgebieten.
Das erste Argument läßt sich mit George Fitzhughs Verteidigung der Sklaverei vergleichen, nichtsdestoweniger sind für äußerste Unterordnung und Überordnung nicht unbedingt eine hochdifferenzierte Wirtschaft und Gesellschaft erforderlich. Gerade die fehlende Komplexität

der vorindustriellen Familie trug zweifellos zur Unterordnung der Frau bei. Das Zusammenfallen von Arbeitsplatz und Wohnort in einer agrarischen Ökonomie bedeutete zwar unweigerlich, daß Frau und Mann sich gewisse produktive Arbeiten teilten, doch in Anbetracht der vorherrschenden ideologischen und kulturellen Werte hielt die männliche Präsenz die Frau davon ab, ein Gefühl von Autonomie zu entwickeln. Zwar war die Definition der Geschlechtsrollen weniger rigide als in der viktorianischen Zeit, dafür war aber auch das Ansehen der Ehefrauen und Mütter geringer als im 19. Jahrhundert. In der hierarchischen Struktur der vorindustriellen Gesellschaft war das soziale Prestige einer Frau von der Position ihrer Familie abhängig. Töchter und Ehefrauen hatten Teil an der Ehrerbietung, die wichtigen Familien gezollt wurde. Als dieses System im 19. Jahrhundert zusammenbrach, erfuhren Frauen aus hochangesehenen Familien einen beträchtlichen Statusverlust im Vergleich zu ähnlich situierten Frauen der Kolonialzeit. Frauen, die in bescheidenere Verhältnisse hineingeboren worden waren, gewannen allerdings an Ansehen, da Ehrerbietung und Statuszuschreibung an Bedeutung verloren.
Obwohl Ariès wenig über Frauen zu sagen hat, ist seine These, daß es keine scharfe Grenze zwischen der westlichen vorindustriellen Familie und der Gemeinde gab, hier von Bedeutung.[16] Es gibt vereinzelt Belege für nichtfamilienbezogene Aktivitäten von Frauen aus der vorindustriellen Zeit, etwa ihre Teilnahme an Abstimmungen, Geschäftstätigkeiten usw. Nicht erforscht sind bislang das Vorkommen nichtfamilialer Aktivitäten von Frauen über längere Zeiträume, deren Verhältnis zu Familie und konventionellen Geschlechtsrollen, schließlich deren Bedeutung innerhalb der Sozialstruktur im allgemeinen. Die vorliegende sozialhistorische Forschung über Frauen in der Kolonialzeit hat mit Erfolg nachgewiesen, daß Partizipation in größerem Umfang nicht unbekannt war.[17] Die Einzelheiten solcher außerfamilialen Partizipation sind für die Kolonialzeit weitaus eingehender untersucht worden als für das 19. Jahrhundert. Alleinstehende Frauen gehörten im vorindustriellen Amerika höchstwahrscheinlich eher zu den Randgruppen, wurden als abweichender empfunden als im 19. Jahrhundert. Nur Witwen, die über Eigentum verfügten, mögen sich in einer besseren Position befunden haben. Obgleich Gesetzesänderungen im kolonialen Amerika einer verheirateten Frau gewisse Rechte zusprachen, bezogen sich diese Neuerungen hauptsächlich auf ihre Funktion als Stellvertreterin eines Ehemannes.[18] Indem diese Gesetzesmodifikationen die Auswirkungen (durch Reisen oder Tod bedingter) männlicher Abwesenheit aufhoben, machten sie die Familie zu einer effizienteren ökonomischen Einheit. Historiker sollten nicht die Reaktionen auf hohe Sterblichkeit und schlechte Transportmöglich-

keiten mit normativer Unterstützung weiblicher außerfamilialer Aktivitäten verwechseln. Tatsächlich muß außerfamiliale Partizipation vorindustrieller Frauen im allgemeinen als Ersatz für Aktivitäten abwesender Ehemänner angesehen werden: die Tätigkeit einer Frau außerhalb der vorindustriellen Familie bedeutete in Wirklichkeit die Erfüllung *familialer* Pflichten.

Es gibt kaum systematische Forschung, die die Stellung der Frau in der vorindustriellen Phase der amerikanischen Gesellschaft mit der in der industriellen vergleicht; bereits erbrachte Belege deuten auf die vergleichsweise ungünstige Position der Frauen in der früheren Phase hin. Um ein Beispiel zu nennen: Bei den meisten Völkern leben Frauen beträchtlich länger als Männer. In vier von den fünf neuenglischen Gemeinden des 17. Jahrhunderts, die bis jetzt untersucht worden sind, war dies jedoch nicht der Fall (Andover, Hingham, Plymouth und Salem). Nur in Ipswich hatte im 17. Jahrhundert das typische Muster der längeren Lebensdauer erwachsener Frauen Gültigkeit.[19] Außerdem besteht in Hingham während des 18. Jahrhunderts nur bei verheirateten Frauen, nicht aber bei ihren Männern oder Kindern, eine negative Korrelation zwischen Familienbesitz und Sterblichkeit.[20] Alphabetisierung ist ein guter Indikator der Möglichkeit, komplexe Aufgaben zu erfüllen. Vereinzelte Daten über die Häufigkeit von Unterschriften auf Dokumenten weisen darauf hin, daß im Lauf des 18. Jahrhunderts die Kluft zwischen Männern und Frauen, die lesen und schreiben konnten, kleiner wurde, sie schloß sich aber erst im 19. Jahrhundert.[21] Der Geschlechtsunterschied im Grad der Alphabetisierung ist natürlich auch ein Klassenunterschied. In der vorindustriellen Zeit waren die Lebensbedingungen für Frauen, insbesondere für die aus der Unterschicht, wesentlich härter als für Männer. Endlich ist auch die Ähnlichkeit des Sexualakts zum Hobbesschen Naturzustand aufschlußreich für diese Zeit. Der eheliche Sexualverkehr, von Shorter bündig zusammengefaßt als „simples Auf und Ab, Mann oben, Frau unten, wenig Vorspiel, schnelle Ejakulation, männliches Desinteresse am weiblichen Orgasmus"[22], spiegelte vielleicht die umfassenderen sozialen Beziehungen zwischen Männern und Frauen wider.

Es ließe sich argumentieren, Amerika sei nicht Europa und die relative Stärke der amerikanischen Frauenbewegung im 19. Jahrhundert könne der Verschlechterung der Lage im Vergleich zur Kolonialzeit zugeschrieben werden. Protest freilich ist nicht einfach ein Zeichen von Unterdrückung, sondern eher ein Maßstab für die Widersprüchlichkeiten und Schwächen des Kontrollsystems. Es ist nicht ohne Ironie, daß Turners Frontiertheorie – durch ihre emphatische Betonung männlicher Erfahrungen keineswegs vorurteilsfrei – sich im Bereich der historischen Frauenforschung am hartnäckigsten hält.[23] Wie jedoch

Domar gezeigt hat, sind Arbeitskräftemangel und freies Land eng mit den Institutionen der Sklaverei und Leibeigenschaft verbunden.[24] Der ökonomische Faktor, der zur außergewöhnlichen Freiheit weißer amerikanischer Männer gehörte, war eine Vorbedingung für die ebenso außergewöhnliche Unterdrückung der Schwarzen. Will eine Gruppe von günstigen ökonomischen Bedingungen profitieren, muß sie imstande sein, aus dem Marktmechanismus Nutzen zu ziehen. Traf dies auch für alleinstehende Frauen im 19. Jahrhundert (doch nicht in der vorindustriellen Phase) zu, so galt dies auf keinen Fall für verheiratete Frauen. Ehefrauen verfügten nicht über die Freiheit, einen besseren Handel mit einem neuen Partner abzuschließen. Ob es eine Wende hin zur Freiheit oder zur Unterdrückung der schwachen Gruppe gibt, dafür scheinen die Ideologien und Werte der herrschenden Gruppe entscheidend zu sein.[25] Weder die Stellung der Arbeiter noch die der Frauen können mechanistisch auf simple ökonomische Faktoren reduziert werden.[26]

Es gibt wenig empirisches Material, das eine Einschätzung der Bedeutung der Frontier in der Geschichte der Frauen gestatten würde. Zumindest in den Neusiedlungsgebieten des 19. Jahrhunderts war die zahlenmäßige Übermacht der Männer ein kurzes Übergangsphänomen.[27] Innerhalb der Gesamtbevölkerung verringerte die hohe natürliche Zuwachsrate während der Kolonialzeit schnell das zahlenmäßige Mißverhältnis der Geschlechter, das eine Folge der Einwanderung gewesen war.[28] Das Körnchen Wahrheit, das im Frontierargument steckt, ist ebenfalls voll Ironie. Unbestreitbar gab es das Frauenwahlrecht im Westen früher. Wie Grimes feststellte, reflektierte diese Entwicklung jedoch eher die potentielle Nützlichkeit weiblicher Wähler im Rahmen des konservativen Ehefrau/Mutter-Syndroms als eine wirkliche Anerkennung der Frauen als Bürgerinnen.[29] Farbers interessante Analyse der Unterschiede in den Eheverbotsbestimmungen im Osten und im mittleren Westen verweist auf eine stärkere Betonung der ehezentrierten Familie in den jüngeren Gebieten des Landes. Die Staaten des mittleren Westens tendieren dazu, nur die Ehen zwischen Cousins zu verbieten, während im Osten und Süden verschiedene Formen von Verwandtschaftsehen illegal sind.[30] Der Gewinn, den Frauen aus der Frontier und den allgemein noch wenig entwickelten sozialen Institutionen in Amerika zogen, bestand also vor allem in einer Aufwertung der Gattenbeziehung innerhalb der Familie.

Die Mehrheit der Frauen des 19. Jahrhunderts hatte guten Grund, ihre Situation für besser als die ihrer vorindustriellen Ahninnen zu halten. Diese Verschiebung betraf nicht nur das materielle Niveau, sondern, wichtiger noch, die Qualität sozialer und familialer Beziehungen. Da nun das Dasein einer Ehefrau und Mutter positiver bewertet wurde, spürten die Frauen eine Verbesserung innerhalb ihrer ‚Sphäre' und richteten deshalb ihre Bemühungen auf die Familieneinheit und nicht nach außen. Es überrascht nicht, daß zeitgenössische und spätere Kritiker der viktorianischen Familie diese als ‚patriarchalisch' bezeichneten, da dies die ältere Form war, die nun abgelöst wurde. Wenn es denn unbedingt ein Adjektiv lateinischen Ursprungs sein muß, wäre ‚maritarchalisch' für die Familie des 19. Jahrhunderts angemessener. Männer hatten innerhalb der viktorianischen Familie übermäßige Macht – aber als Ehemänner, nicht als Väter. Die konservative Auffassung der Rolle der Frau bezog sich schließlich eher auf die unterwürfige Gattin als auf die unterwürfige Tochter.[31] Die Frauen des 19. Jahrhunderts unterhielten nach ihrer Heirat keine starken Bindungen zu ihren Ursprungsfamilien; eine Ehe verband Einzelpersonen und nicht deren Familien.[32]

Wenn auch die hier vorgebrachte Interpretation als Erklärung für den Geburtenrückgang im 19. Jahrhundert die Bedeutung der neuen Autonomie der Frauen in der Familie hervorhebt, soll damit nicht die Wichtigkeit ökonomischer, instrumenteller oder ‚männlicher' Erwägungen bestritten werden. Der Rückgang der Landwirtschaft, die Auslagerung der Produktion aus der Familie, die Urbanisierung der Bevölkerung und das Wegfallen von Kinderarbeit durch die Schulpflicht trugen zweifellos auch ihren Teil dazu bei. Die Forderung der Ehefrau nach einer kleineren Familie war vielleicht gerade deshalb so erfolgreich, weil sie zum rationalen Kalkül ihres Mannes nicht im Widerspruch stand. Da der Geburtenrückgang ein nationales Phänomen war und Stadt- und Landregionen gleichermaßen betraf, sind offensichtlich Einstellungen und Werte ebenso relevant wie strukturelle Faktoren.[33] Der romantische Kindheitskult etwa mag eine Abwendung der Eltern von quantitativen hin zu qualitativen Zeugungszielen bewirkt haben.

Die gesellschaftlichen Begleiterscheinungen niedriger Geburtenraten, wie sie in modernen Populationen gefunden werden, sind für das Verständnis der Geschichte der amerikanischen Geburtenraten von Bedeutung. Ein häufiges Ergebnis internationaler Studien ist beispielsweise die starke Negativbeziehung zwischen Geburtenrate und weiblicher Erwerbstätigkeit.[34] Diese Theorie findet allerdings durch die amerikanische Geschichte wenig Unterstützung. Zwischen 1830 und 1890 nahm die Erwerbstätigkeit verheirateter Frauen wahrscheinlich nur in sehr geringem Maße zu, und doch sank die eheliche Geburtenrate ständig.[35] Sowohl während des Babybooms nach dem Zweiten Weltkrieg als auch in der Zeit des Geburtenrückgangs seit 1957 erhöhte sich der Anteil verheirateter Frauen an den Berufstätigen.[36] Für das Sinken der Geburtenrate ist die Bedeutung wichtig, die Frauen sich selbst und ihrer Arbeit, innerhalb oder außerhalb des Heimes, beimessen.[37] Da für Frauen Arbeit mit einer traditionalistischen Orientierung vereinbar ist[38], könnte freilich auch der umgekehrte Fall zutreffen. Und schließlich könnte die starke Beziehung zwischen niedriger Fruchtbarkeitsrate und weiblichem Bildungsniveau mehr ausdrücken als nur ein Streben der besser ausgebildeten Frau nach höheren finanziellen Einkünften aus nichtfamilialen Tätigkeiten.[39] Bildung ist möglicherweise ein indirekter Indikator für das Ausmaß, in dem eine Frau ihr Leben nach ihren eigenen Bedürfnissen und nicht nach denen anderer gestaltet.

Ein Vergleich des Geschlechtsverhältnisses bei den letztgeborenen Kindern [Anzahl Knaben dividiert durch Anzahl Mädchen] in kleinen und großen Familien sowie eine Analyse der Geschlechterzusammensetzung sehr kleiner Familien in Hingham, Massachusetts, liefern quantitative Belege für die Hypothese, daß die Ehefrau im 19. Jahrhundert in entscheidendem Maße die Familienplanung kontrollierte. Die meisten Studien deuten an, daß Männer und Frauen einen Jungen einem Mädchen vorziehen.[40] Wird ein Rest patriarchalischer Vorurteile in den Wertvorstellungen des 19. Jahrhunderts vorausgesetzt, dann ist es keine unwahrscheinliche Annahme, daß Frauen eher als Männer mit einem weiblichen Kind zufrieden waren. Diese These wird durch eine anregende psychologische Studie unterstützt. Bei einer Befragung schwedischer Frauen, die ihr erstes Kind erwarteten, fand man heraus, daß diejenigen, die sich einen Jungen wünschten, ein geringeres persönliches Autonomiegefühl besaßen. Von den elf der insgesamt einundachtzig Frauen des Samples, die sich selbst als dominant in ihren Ehen erachteten, wünschten sich lediglich zwei Frauen Söhne. Die Frauen der Kategorie „keine Präferenz" waren psychologisch ausgeglichener und schnitten bei Intelligenztests besser ab.[41] Kurz, je weniger autonom und stabil eine Frau ist, um so eher wird sie sich als erstes Kind einen Jungen wünschen.

In den Ehen, die in Hingham zwischen 1821 und 1860 geschlossen wurden, war das letzte Kind in kleineren Familien eher ein Mädchen und in größeren Familien eher ein Junge (siehe Tabelle 4). Der Unterschied zwischen dem Geschlechtsverhältnis bei letztgeborenen Kindern in Familien mit ein bis vier Kindern bzw. in Familien mit fünf und mehr Kindern ist statistisch erst auf dem 0,1-Niveau signifikant: angesichts der Komplexität unserer Argumentation ein nicht gerade beeindruckendes Ergebnis. Bei kleinen Familien findet sich allerdings eine Tendenz zu ausschließlich weiblichen Kindern. 60 % der Einzelkinder waren Mädchen (21 von 35). 27 % der Familien mit zwei Kindern hatten zwei Mädchen (14), aber nur 17 % zwei Jungen (9). 14 % der Familien mit drei Kindern hatten nur Mädchen (9), bloß 6 %

Tabelle 4

Das Geschlechtsverhältnis bei letztgeborenen und anderen Kindern nach Stellung in der Geschwisterreihe und die Wahrscheinlichkeit, noch ein weiteres Kind zu haben (Progressionsrate), in Abhängigkeit vom Geschlecht des letztgeborenen Kindes: Frauen aus Hingham, die in vollständigen Familien lebten und vor ihrem 25. Lebensjahr heirateten, 1821-1860.

Stellung in der Geschwister-reihe	Geschlechtsverhältnis		Progressionsraten		Differenz
	Letztgeboren	Nicht letztgeboren	Letztgeborenes Kind männlich	Letztgeborenes Kind weiblich	
1	57 (22)	124 (242)	.994	.885	+.059
2	113 (32)	82 (211)	.848	.855	−.007
3	69 (49)	83 (165)	.789	.756	+.033
4	83 (42)	114 (124)	.776	.716	+.060
5	107 (31)	114 (94)	.758	.746	+.012
6	237 (22)	74 (66)	.596	.826	−.230
7	150 (20)	77 (46)	.625	.764	−.139
8+	124 (47)	105 (86)	.628	.667	−.039

Anmerkung: Samplegröße in Klammern. Chi-Quadrat (1 − 4) versus (5 und mehr) = 2.882, bei 0,1 signifikant.

Quelle: Daniel Scott Smith, *Population, Family and Society in Hingham, Massachusetts, 1635-1880,* unveröffentlichte Dissertation, Berkley 1973, S. 360.

nur Jungen (4). Die Wahrscheinlichkeit, daß diese Ergebnisse rein zufällig sind, ist kleiner als eins zu zehn bzw. eins zu vier bzw. eins zu zwanzig. Berücksichtigt man zudem die biologische Tatsache, daß junge Frauen ein wenig häufiger männliche Kinder gebären, dann legen diese Zahlen nahe, daß unterschiedliche Geschlechtspräferenzen von Männern und Frauen das Muster erklären könnten. Denn es sei noch darauf hingewiesen, daß Samples über das Geschlechtsverhältnis der Letztgeborenen in Familien des 20. Jahrhunderts entweder gar keinen Unterschied oder aber eine Tendenz hin zu männlichen Kindern zeigen.[42] Da es keine sehr ausgeprägten Unterschiede in den Präferenzen von Männern und Frauen gab, die Verhütungsmethoden im 19. Jahrhundert zudem mehr als ungenügend waren, können wir selbstverständlich kein allzu unausgewogenes Geschlechtsverhältnis bei den Kindern erwarten. Die tatsächliche Verschiebung zugunsten von Mädchen in kleineren Familien weist jedoch eher auf eine häuslich-feministische denn auf eine patriarchalische Orientierung der viktorianischen Familie hin.

Daß weibliche Kontrolle des ehelichen Sexualverkehrs existierte und als wünschenswert erachtet wurde, läßt sich der Eheberatungsliteratur des 19. Jahrhunderts entnehmen. „Eheliche Ausschweifung“, das heißt zu häufiger Geschlechtsverkehr, war ein stets wiederkehrendes Thema dieser Ratgeber. Obwohl konservative Autoren wie William Alcott forderten: „Als gehorsame Ehefrau sollten Sie alles für Ihren Mann tun, was Ihre Kräfte und eine angemessene Berücksichtigung Ihrer Gesundheit zulassen“[43], lehnten Frauen Unterwerfung ab. Dio Lewis behauptete, „eheliche Ausschweifung“ sei das von seinem weiblichen Publikum am besten aufgenommene Thema seiner Vortragsreise in den fünfziger Jahren des 19. Jahrhunderts gewesen. Die *Moral Education Society* verteidigte laut Lewis das Recht „einer Ehefrau auf die eigene Person, ihr heiliges Recht, den Gatten zurückzuweisen, wenn es sein muß, sowie selbst zu entscheiden, wie oft und wann sie Mutter werden will“.[44] Das Recht einer Ehefrau auf Kontrolle über ihren Körper und ihre Fruchtbarkeit war kein ungewöhnliches Thema.

„Es ist das Recht einer Frau, nicht ihr Privileg, die Hingabe ihrer Person zu kontrollieren. Sie sollte Lust haben oder sich verweigern, es sei denn, sie wünscht sich ein Kind.“[45]

Es muß betont werden, daß Ehemänner wie Ehefrauen gute (obwohl verschiedene) Gründe hatten, die Größe ihrer Familien zu begrenzen. Vielleicht wurden diese Entscheidungen in den meisten Ehen von den Gatten gemeinsam getroffen. Auch muß es nicht unbedingt stimmen, daß die Frau ihren Mann zur Enthaltsamkeit zwang. Der Koitus interruptus ist zwar das männliche Verhütungsmittel par excellence, aber die Ehefrau konnte ihren Mann „mit freiwilligen [allerdings nicht genauer bezeichneten] Anstrengungen“[46] unterstützen. Der Koitus interruptus war, laut Aussage eines Arztes,

„so weit verbreitet, daß man ihn als nationales Laster bezeichnen könnte, so häufig, daß es diejenigen, die ihn praktizieren, ohne Erröten zugeben, *für dessen Anwendung die Ehefrau ihren Mann lobt und wofür er von ihren Freundinnen Beifall erhält*“.[47]

In den Ehebüchern war der Koitus interruptus das am häufigsten verdammte Mittel der ehelichen Empfängnisverhütung, woraus man schließen kann, daß er auch die in der Praxis üblichste Methode war.

Es ist natürlich fraglich, inwiefern diese schriftlichen Quellen Rückschlüsse auf tatsächliches Verhalten zulassen. Selbst in den städtischen Mittelschichten (vermutlich die Hauptkonsumenten solcher Ratgeber und Traktate) wichen wahrscheinlich Realität und Ideologie beträchtlich voneinander ab. Die historische Variationsbreite der Sexualideologie ist zweifellos viel größer als die Veränderung des tatsächlichen Sexualverhaltens.[48] Wie dem auch sei, die sexualfeindlichen Äußerungen des 19. Jahrhunderts sollten darüber nicht vergessen werden. Diese Ideologie kann als das Produkt sozialer Umstände angesehen werden – sozusagen als die bewußte Spitze des verborgenen Eisbergs sexueller Konflikte. Während die Wirkung dieser Literatur schwer einzuschätzen ist, können ihre Funktionen untersucht werden. Es läßt sich die These vertreten, sexualfeindliche Themen hätten wenig mit Familienplanung zu tun. Auch wurde Verhütung von den ehrbaren Vertretern der öffentlichen Meinung keineswegs generell verurteilt. Im Juni 1869 meinte die Zeitung *Nation*, Familienplanung sei natürlich „nicht gerade das edelste Handlungsmotiv; aber etwas Menschliches ist doch daran".[49] Männliche sexuelle Selbstkontrolle war notwendig – so ist behauptet worden –, um ordentliche, disziplinierte Persönlichkeiten hervorzubringen, die sich unbarmherzig dem geschäftlichen Erfolg zuwenden konnten.[50] Die konventionelle Interpretation dieser sexualfeindlichen Themen lautet natürlich, daß die viktorianische Moral nichts als ein weiteres Mittel zur Unterdrückung der Frau gewesen sei. Das Problem ist bloß, daß man dann eher von den Männern als von den Frauen hätte erwarten sollen, daß sie diese Moral guthießen, unterstützten und verbreiteten.

Um die Funktion dieser Ideologie zu verstehen, müssen wir das Marktsystem, das den Austausch von Leistungen zwischen Frauen und Männern umfaßt, untersuchen. In der vorindustriellen hierarchischen Gesellschaft konzentrierte sich die männliche Kontrolle und Unterdrückung weiblicher Sexualität insbesondere auf die väterliche Kontrolle von Töchtern. Dieses Kontrollsystem war dazu da, Ehen herbeizuführen und die eigenen weiblichen Familienangehörigen an Verbindungen mit sozial niedriger gestellten Personen zu hindern. Sexuelle Restriktionen sind allerdings nicht unbedingt an direkte männliche Machtausübung gebunden. In einem System, in dem Männer einander gleichgestellt und Frauen der Zugang zu anderen ökonomischen Ressourcen verwehrt ist, wird sich eine sexuell restriktive Ideologie entwickeln. Die Wahl des Ehepartners war im 19. Jahrhundert ein mehr oder weniger autonomer, von Älteren unkontrollierter Prozeß. Amerikanische Frauen verfügten vor der Ehe – wie Tocqueville und andere beobachteten – über ein beträchtliches Maß an Freiheit. Da ihnen jedoch keine anderen ökonomischen Ressourcen zur Verfügung standen, konnten sie nur mit dem einzigen vorhandenen Gut handeln – ihrem Körper. Der Preis von Sexualität, wie der anderer Waren, ändert sich im umgekehrten Verhältnis zum Angebot. Da Ehemänner durch die Selbständigkeit alleinstehender Frauen in ihren Möglichkeiten, anderweitig sexuelle Befriedigung zu finden, eingeschränkt waren, dienten die sexuellen Restriktionen auch den Interessen verheirateter Frauen. Überdies konnten die Männer in einer demokratischen Gesellschaft nicht ohne Schwierigkeiten die Vorrechte ihnen gleichgestellter Männer verletzen, indem sie deren Frauen verführten. So diente die viktorianische Moral den Interessen alleinstehender wie verheirateter Frauen.[51] Verheiratete Frauen konnten aufgrund ihres tatsächlichen Monopols auf sexuelle Befriedigung den ‚Preis' erhöhen, da ihre Männer im allgemeinen noch immer ein althergebrachtes unkontrolliertes Verlangen nach Sexualität äußerten. Anstatt ‚besessen' zu werden, konnten Frauen jetzt feilschen. Freilich besagte die anständige Sexualideologie, die Männer sollten Sexualität durch Arbeit ersetzen; dies würde den Preis senken, den Frauen fordern könnten. Gleichzeitig galt der eheliche Verkehr als die ungefährlichste Form von Sexualität und, anders als Masturbation oder Prostitution, wurde ehelicher Geschlechtsverkehr positiv bewertet. Im Gegensatz zu dieser offiziellen Ideologie allerdings scheint die Prostitution im 19. Jahrhundert zugenommen zu haben. Ungewiß ist, ob die Prostitution ein Ersatz für eheliche Sexualität war oder lediglich Ausdruck der durch späte Heirat und hohe geographische Mobilität bedingten relativen Zunahme des Anteils ungebundener Männer. Diese kurze ökonomische Analyse von Angebot und Nachfrage nach Sexualität deutet zumindest auf die Möglichkeit hin, daß die viktorianische Moral insgeheim ausgesprochen feministische Züge trug.

Im Prinzip förderte die viktorianische Sexualideologie die Interessen einzelner Frauen. Inwieweit dies eine echte feministische Ideologie darstellte oder nicht, ist bis zu einem bestimmten Grad vom kollektiven Verhalten der Frauen als Gruppe abhängig. Für diesen Zusammenhang gibt es recht eindeutige Belege. Wenn es Frauen bloß um ihren individuellen Vorteil gegangen wäre, hätten sie die Abwertung männlicher außerehelicher Sexualität weitertreiben können, indem sie die Grenze zwischen ‚guten' und ‚schlechten' Frauen – der Lady und der Hure – schärfer gezogen hätten. Mögen Mütter dies auf individueller Ebene auch getan haben, indem sie etwa ihren Töchtern mit dem Verlust der Ehre als gefallene Mädchen drohten, so neigten Frauen im Kollektiv eher zur Sympathie mit der Prostituierten oder den gefallenen Mädchen und verdammten den männlichen Ausbeuter oder Verführer.[52] Die Aktivitäten der *New York Female Moral Reform Society* sind hierfür ein informatives Beispiel.[53]

Historiker/innen haben Schwierigkeiten mit der Interpretation der Sexualfeindlichkeit in der Geschichte der Frauen des 19. Jahrhunderts. Obwohl Carroll Smith-Rosenberg die Radikalität erkennt, die im Angriff auf die Doppelmoral und in der Forderung nach Umgestaltung männlichen Sexualverhaltens steckte, hält sie es doch für notwendig, die Sexualreformerinnen zu entschuldigen, weil sich diese dem ‚wahren' Feminismus – repräsentiert durch Sarah Grimkés feministisches Manifest – nicht angeschlossen hätten.[54] Schwerwiegender sind die Verzerrungen der zentralen Frage nach der Periodisierung der Geschichte der Frauen. Cotts Etikettierung der ersten Hälfte des 19. Jahrhunderts als „Häuslichkeitskult versus sozialer Wandel", Kraditors ähnliche Bestimmung des Problems als „Familie versus Autonomie" und Lerners Dichotomie „die Lady und das Fabrikmädchen" perpetuieren jene Halbwahrheit, daß die Familie nur als Quelle sozialer Stabilität gedient habe und Wandel für Frauen nur außerhalb der Ehe aufgetreten sei.[55] Ich vertrete hingegen das Argument, daß die häuslichen Rollen der Frau und die Sichtweisen, die sich aus diesen Rollen ergaben, nicht eine Alternative zu sozialem Wandel waren, sondern eine wichtige und positive Entwicklung für die Frauen des 19. Jahrhunderts darstellten.

Die Verknüpfung des ehelichen Geburtenrückgangs mit der wachsenden weiblichen Autonomie innerhalb der Familie – das Konzept des ‚häuslichen Feminismus' – steht im Widerspruch zu etlichen Theorien anderer Wissenschaftler. Betont man, wie es die Banks' in ihren Untersuchungen über England tun, daß die Frauenbewegung es versäumte, Familienplanung zu propagieren, dann läßt man die Möglichkeit eines parallelen häuslichen Feminismus außer acht. Es dürfte zutreffender sein, daß Antifeministen den öffentlich bekannten Feministinnen die Schuld an der Revolte gegen Mutterschaft und ehelichen Geschlechtsverkehr zuschoben.[56] J. A. und Olive Banks weisen darauf hin, daß einzelne Feministinnen vielleicht privat den Kampf um die Kontrolle ihrer eigenen reproduktiven Funktionen aufgenommen haben.[57] Die Neo-Malthusianer im 19. Jahrhundert und die Frauenbewegung hatten verschiedene Ziele: Erstere versuchten die Vermehrung ‚anderer', das heißt der Arbeiterklasse, zu kontrollieren, während letztere Reformen im eigenen Interesse anstrebte. Da mechanische Verhütungsmethoden mit außerehelicher, Frauen ausbeutender Sexualität assoziiert wurden, drückte der Widerstand der Frauen gegen diese Mittel eine tieferliegende Feindseligkeit gegenüber der Doppelmoral aus.

Ein ernsterer Einwand gegen den Vorschlag, die wachsende Macht und Autonomie der Frauen innerhalb der Familie als Feminismus zu bezeichnen, bezieht sich natürlich auf die Existenz der gleichzeitig bestehenden Tradition des ‚wahren' oder ‚öffentlichen' Feminismus. Diese Tradition – die Wollstonecraft, Seneca Falls*, Stanton, Anthony und Gilman verbindet – erkannte wenigstens teilweise, welche

---

* Die Versammlung von Seneca Falls im Jahre 1848 gilt als erster Höhepunkt in der Geschichte des öffentlichen Feminismus. In einer *Declaration of Principles,* die der amerikanischen Unabhängigkeitserklärung nachgebildet war, forderten die versammelten Frauen gleiche Rechte in allen gesellschaftlichen Bereichen – so auch zum ersten Mal das Wahlrecht für Frauen. (Anm. d. Hrsg.)

zentrale Bedeutung der Rolle und Stellung der Frau in der Familie für die allgemeine Unterdrückung der Frauen in der Gesellschaft zukam. Im Gegensatz dazu waren die Ziele des häuslichen Feminismus, zumindest in der Anfangsphase, gänzlich auf die Ehe ausgerichtet. Ganz sicher bedarf es einer Erklärung, weshalb es beide Richtungen des Feminismus gab. Eine mögliche Antwort bezieht sich auf die Entwicklung der Familie im Prozeß der Modernisierung. Mit der Demokratisierung der amerikanischen Gesellschaft verlor die Herkunft an Prestige. Frauen aus Familien mit hohem sozialen Status konnten ihr Ansehen nicht bewahren, wenn sie ledig blieben. Sogar wenn eine Frau einen ihr gleichgestellten Mann heiratete, sicherte seine Herkunft nicht unbedingt ihr Prestige; sein Status war von seinen Leistungen abhängig. Auch wenn die Ausübung der Ehefrauen- und Mutterrolle persönlich befriedigend und gesellschaftlich hoch bewertet war, konnte dies keinen Ersatz bieten für das Ansehen, das in der vorindustriellen Gesellschaft mit der Familienabstammung verbunden war. Demzufolge würde der öffentliche Feminismus für Frauen von hoher sozialer Herkunft am attraktivsten sein.[58] Die Idee von der Frau als autonomes Subjekt und Bürgerin war in Anknüpfung an die Aufklärung und deren Kampf gegen traditionelle soziale Fesseln entstanden. Die Erklärung von Seneca Falls, die sich an die Unabhängigkeitserklärung anlehnte, ist in dieser Hinsicht bezeichnend.[59]

Im liberalen Ursprung lagen Stärke und Schwäche des öffentlichen Feminismus. Da er auf klaren Gerechtigkeitsnormen bestand und die Bedeutung menschlicher Individualität hervorhob, befand er sich im Einklang mit den fundamentalen Werten der politischen Geschichte Amerikas. Doch war er als politische Ideologie insofern auch einengend, als er seine Rhetorik gegen fast schon obsolet gewordene soziale Einrichtungen wendete, die für die Erfahrung der durchschnittlichen Amerikanerin kaum Bedeutung hatten, das heißt gegen patriarchalische Verhaltensweisen und willkürliche männliche Autorität. Paradoxerweise war der öffentliche Feminismus gleichzeitig hinter seiner Zeit zurück und ihr voraus. Da er auf Vorstellungen des 18. Jahrhunderts beruhte, lief er der romantischen und sentimentalen Stimmung des 19. Jahrhunderts zuwider. Die gesellschaftliche Basis für die Anziehungskraft des öffentlichen Feminismus – die Möglichkeit der Ausübung sowohl familialer als auch sozialer Rollen durch verheiratete Frauen – war für die Durchschnittsfrau bis zur postindustriellen Periode nicht gegeben.

Demgegenüber war der häusliche Feminismus eine Schöpfung des 19. Jahrhunderts, hervorgebracht von der Entstehung der Kernfamilie und jenen sozialen Spannungen, die mit dem modernen Wirtschaftswachstum einhergingen. Anstatt die Frau als autonomes Subjekt in einer Konkurrenzgesellschaft zu begreifen, sah der häusliche Feminismus die Frau im Rahmen ihrer Beziehungen zu anderen. Durch ihre Definition der Familie als einer Gemeinschaft gestattete diese Ideologie den Frauen, so etwas wie eine Kritik an der männlichen, materialistischen, marktorientierten Gesellschaft zu üben und gleichzeitig Macht innerhalb der Familie zu erlangen. Frauen behaupteten sich innerhalb der Familie ähnlich wie ihre Männer dies außerhalb des Heims versuchten. Kritiker wie de Tocqueville folgerten, daß die viktorianische Familie in Wahrheit ein Ausdruck der Selbstsucht sei und eine Abwendung von der alten Idee der Gemeinschaft als Gemeinwesen *(community as place)* darstelle. Oder, wie es ein Anhänger der utopischen Kommunebewegung ausdrückte: Die grundsätzliche Frage der Stunde sei, „ob die Gattenfamilie vereinbar ist mit der Weltfamilie, die der Begriff ‚Kommunität' bedeutet".[60]

Gemeinschaft – „dieser mythische Zustand gesellschaftlicher Vollkommenheit, in dem jedes Mitglied seinen Platz hat und das Leben von Kooperation und nicht von Konkurrenz und Konflikt bestimmt wird"[61], ist historisch gesehen an keine bestimmte gesellschaftliche Institution gebunden. Vielmehr wurde, wie Kirk Jeffrey dargelegt hat, das Heim im 19. Jahrhundert als utopische Gemeinschaft aufgefaßt – Zufluchtsort, Schutz vor und Kritik an Staat und Öffentlichkeit in einem.[62] Allerdings ist sich Jeffrey über die Konsequenzen seiner Einsicht nicht voll bewußt. Zwar räumt er ein, daß die Literatur über das utopische Heim von den Ehemännern forderte, sie sollten ihre Frauen zu Rate ziehen, sexuelle Angriffe vermeiden und sogar bewußt dem vorbildlichen Verhalten ihrer Gattinnen nacheifern; dennoch bestehen für ihn „wenig Zweifel darüber, daß sie [die Frauen] merklich an Autonomie und sittlicher Kraft verloren haben in dem dreiviertel Jahrhundert, das auf die Gründung der Amerikanischen Republik folgte".[63] Er meint, daß Frauen, die sich mit Schreiben, sozialen Aktivitäten und politischer Reform beschäftigten oder in Rauschmittelkonsum und Krankheit flüchteten, aus der Häuslichkeit ‚ausgestiegen' seien. Diese Reaktionen spiegeln jedoch ganz im Gegenteil das neue Maß an freier Zeit und Autonomie wider, über das Frauen jetzt verfügten. Das romantische Ideal der Frau als Gattin und Mutter im Gegensatz zum Aufklärungsmodell der Frau als Person und Bürgerin hatte nicht durchweg negative Konsequenzen, schon gar nicht für die überwiegende Mehrheit der Amerikanerinnen, die nicht von der gesellschaftlichen Stellung ihrer Familien profitierten.

Diese Perspektive trägt zur Erklärung der geschichtlichen Tatsache bei, daß die Frauenwahlrechtsbewegung sich von der Vorstellung der Frau als Person löste und sich der Ideologie der Frau als Gattin und Mutter zuwandte. Auf den intuitiven Erkenntnissen aufbauend, die ihnen ihr Aufstieg in der Familie vermittelt hatte, traten Frauen schließlich um die Jahrhundertwende in großer Zahl in die Politik ein. Angesichts der Bedeutung, die Familienplanung und sexuelle Kontrolle im häuslichen Feminismus hatten, ist es nicht überraschend, daß Frauen sich in der Antialkoholbewegung und in allen möglichen Moralisierungskampagnen engagierten und diese tatkräftig unterstützten – Reformversuche, die insgeheim die männliche Kultur angriffen. Da diese männerfeindlichen Reaktionen und Einstellungen auf der familialen und sozialen Erfahrung der Frauen beruhten, scheint es abwegig, dieser Tendenz psychische Anormalität nachzusagen.[64]

In einem wichtigen Sinn vereinigten sich im Kampf für das Frauenwahlrecht im frühen 20. Jahrhundert die Traditionen des häuslichen mit denen des öffentlichen Feminismus. In einer 1913 vorgenommenen Untersuchung von Frauen der ‚Elite' fand Jensen heraus, daß Mütter das Frauenwahlrecht eher unterstützten als verheiratete Frauen ohne Kinder.[65] Frauen in Berufen, die mehr soziale Interaktion mit sich brachten, wie beispielsweise im medizinischen, juristischen oder administrativen Bereich, neigten stärker zu einer Befürwortung des Wahlrechts als Frauen mit eher privatistischen Beschäftigungen etwa in der Lehre, im literarischen oder künstlerischen Bereich.[66] Kurz, die Dichotomie zwischen den Frauen, die in der Ehe gefangen resp. unterdrückt waren, und den Frauen, die durch soziale Partizipation versuchten, mehr Freiheit zu gewinnen, verzerrt und vereinfacht die Geschichte der amerikanischen Frauen im 19. Jahrhundert.

Historiker müssen die sich verändernden Rollen und Verhaltensweisen der Frauen innerhalb der viktorianischen Familie ernst nehmen. Daß Frauen schließlich einen größeren Wirkungsbereich erlangten, war weniger eine Alternative zur Ehefrauen- und Mutterrolle als vielmehr eine Folge und eine Ausweitung des Fortschritts, der innerhalb der Familie selbst erzielt worden war. Zukünftige Forschung wird zweifellos die Argumentation des vorliegenden Aufsatzes modifizieren, wenn nicht gar überflüssig machen. Obgleich die Machtverhältnisse innerhalb gegenwärtiger Ehen von Sozialwissenschaftlern nur unzureichend begriffen werden, braucht dieses problematische Feld unbedingt eine historische Dimension.[67] Die historische Frauenforschung muß wesentliche Veränderungen in der Gesellschafts- und Familienstruktur berücksichtigen. Während der vorindustriellen Zeit übten Frauen (vor allem Witwen) stellvertretend für Männer Macht aus. In der Industrialisierungsphase des letzten Jahrhunderts erlangten Frauen Macht und eine gewisse Autonomie innerhalb der Familie. In der postindustriellen Ära besteht eindeutig die Möglichkeit für uneingeschränkte soziale Partizipation der Frauen. Eine solche Konstruktion historischer Stadien beruht unvermeidlich auf übermäßigen Vereinfachungen. Doch das Ziehen solcher Trennungslinien ermöglicht es dem Historiker, den heute üblichen Situationsdefinitionen zu entgehen. Erst wenn der langfristige Verlauf des sozialen Wandels klar ist, wird es möglich sein, bei der Analyse der Geschichte der Frauen mehr Subtilität aufzubringen und den Mechanismen des Wandels größere Aufmerksamkeit zu widmen.

Aus dem Amerikanischen übersetzt von Barbara Becker und Iris Klose.

Anmerkungen

1 Der Versuch, das Leben gewöhnlicher Frauen systematisch zu untersuchen, ist bereits gemacht worden; vgl. z. B. Theodore Hershberg, „A Method for the Computerized Study of Family and Household Structure Using the Manuscript Schedules of the U.S. Census of Population", in: *Family in Historical Perspective Newsletter*, 3, 1973, S. 6-20.

2 Für eine aufschlußreiche Illustration der Wirkung, die die veränderte Lebenserwartung für die Durchschnittsfrau hatte, siehe Peter R. Uhlenberg, „A Study of Cohort Life Cycles: Cohorts of Native-Born Massachusetts Women, 1830-1920", in: *Population Studies*, 23, 1969, S. 407-420.

3 Wilson H. Grabill, Clyde V. Kiser und Pascal K. Whelpton, *The Fertility of American Women*, New York 1958, Tabelle 67, S. 145.

4 Robert V. Wells, „Demographic Change and the Life Cycle of American Families", in: *Journal of Interdisciplinary History*, 2, 1971, Tabelle 2, S. 282.

5 Diese ‚typische' Frau wurde anhand folgender Daten konstruiert: Durchschnittsalter der Haushaltsvorstände (minus vier Jahre), vgl. U.S. Bureau of the Census, *Historical Statistics of the United States, Colonial Times to 1957*, Washington, D.C., Government Printing Office, 1960, Series A-263, S. 16; Ballungszentren der Bevölkerung, vgl. *U.S. Statistical Abstract*, 87. Ausgabe, 1966, Tabelle 11; durchschnittliche Kinderzahl (5,6) der auf dem Land angesiedelten Farmersfrauen in der nördlichen Zentralregion, die zwischen 1835 und 1844 geboren wurden und nur einmal heirateten, vgl. U.S. Bureau of the Census, Sixteenth Census, *Population: Differential Fertility 1940 and 1910, Women by Number of Children ever Born*, Washington, Government Printing Office, 1945, Tabelle 81, S. 237; und der Tatsache, daß 1880 51,3% der Arbeiterschaft in der Landwirtschaft arbeitete, vgl. Stanley Lebergott, *Manpower in Economic Growth*, New York 1964, Tabelle A-1, S. 510.

6 Einige der arbeitenden Frauen mögen als Hausfrauen in die Volkszählung aufgenommen worden sein. Stanley Lebergott, *Manpower in Economic Growth*, a.a.O., S. 70-73, begründet allerdings überzeugend, daß die statistischen Daten zutreffend seien.

7 Wilson H. Grabill, Clyde V. Kiser und Pascal K. Whelpton, *The Fertility of American Women*, a.a.O., Tabelle 9, S. 22.

8 Ansley J. Coale und Melvin Zelnik, *New Estimates of Fertility and Population in the United States*, Princeton 1963, S. 41.

9 Yasukichi Yasuba, *Birth Rates of the White Population in the United States, 1800-1860,* Baltimore 1961, Tabelle IV-9, S. 119; er ordnet 64,3 % des Geburtenrückgangs in Connecticut zwischen 1774 und 1890 und 74,3 % des Geburtenrückgangs in New Hampshire zwischen 1774 und 1890 der Veränderung der ehelichen Geburtenrate zu. Längere Zeiträume zwischen Geburten und eine frühere Beendigung der Gebärperiode trugen beide in annähernd gleichem Maß zum Geburtenrückgang in der Ehe bei. Vgl. auch Daniel Scott Smith, „Change in American Family Structure before the Demographic Transition: The Case of Hingham, Massachusetts", unveröffentlichtes Ms., 1972, S. 3.

10 Zur Bedeutung des Koitus interruptus in der Geschichte der europäischen Verhütungsmethoden vgl. D. V. Glass, *Population: Policies and Movements in Europe,* New York 1967, S. 46-50.

11 Siehe Aileen S. Kraditor, *Up from the Pedestal,* Chicago 1968, S. 5.

12 Aileen S. Kraditor, *The Ideas of the Woman Suffrage Movement,* New York 1971.

13 Carl N. Degler, „Revolution without Ideology: The Changing Place of Woman in America", in: *Daedalus,* 93, 1964, S. 653-670.

14 William L. O'Neill, *Everyone was Brave,* Chicago 1969.

15 Der Begriff ‚Kern- oder Gattenfamilie' meint in diesem Aufsatz mehr als nur die Zusammensetzung des Haushalts. Zur relativ konstanten Nuklearstruktur des Haushalts vgl. Peter Laslett (Hrsg.), *Household and Family in Past Time,* Cambridge 1972. Empirische Belege für die Art dieser Veränderungen bei: Daniel Scott Smith, „Parental Power and Marriage Patterns: An Analysis of Historical Trends in Hingham, Massachusetts", in: *Journal of Marriage and the Family,* 35, 1973.

16 Vgl. Philippe Ariès, *Geschichte der Kindheit,* München 1977.

17 Vgl. Julia Cherry Spruill, *Women's Life and Work in the Southern Colonies,* Chapel Hill 1938, und Elisabeth Anthony Dexter, *Colonial Women of Affairs,* Boston 1924.

18 Richard B. Morris, *Studies in the History of American Law,* Philadelphia ^{2}1959, S. 126-200.

19 Vgl. Maris Vinovskis, „Mortality Rates and Trends in Massachusetts before 1860", in: *Journal of Economic History,* 32, 1972, S. 198-199. Während des 18. Jahrhunderts lebten Frauen erstmals länger als Männer; wieder mit Ausnahme der Einwohner von Ipswich.

20 Daniel Scott Smith, *Population, Family and Society in Hingham, Massachusetts, 1635-1880,* unveröffentlichte Dissertation, Berkley 1973, S. 225-227.

21 Einzelne Angaben über Amerika finden sich in Lawrence A. Cremin, *American Education: The Colonial Experience, 1607-1783,* New York 1970, S. 526, 533, 540; vgl. auch Carlo M. Cipolla, *Literacy and Development in the West,* Baltimore 1969, Tabelle 1, S. 14. Professor Kenneth Lockridge von der Universität von Michigan, der an einer größeren Studie über die Alphabetisierung im frühen Amerika arbeitet, schrieb mir allerdings, daß Frauen, die nur mit einem Zeichen Unterschriften leisteten, eventuell lesen konnten.

22 Edward Shorter, „Capitalism, Culture and Sexuality: Some Competing Models", in: *Social Science Quarterly,* 53, 1972, S. 339.

23 David M. Potter, „American Women and the American Character", in: *History and American Society: Essays of David M. Potter,* hrsg. v. Don E. Fehrenbacher, New York 1973, S. 227-303.

24 Evsey D. Domar, „The Causes of Slavery or Serfdom: A Hypothesis", in: *Journal of Economic History*, 30, 1970, S. 18-32.
25 Edmund S. Morgan, „Slavery and Freedom: An American Paradox", in: *Journal of American History*, 59, 1972, S. 3-29.
26 Stanley Engerman, „Some Considerations Relating to Property Rights in Man", in: *Journal of Economic History*, 33, 1973, S. 56-65.
27 Jack E. Eblen, „An Analysis of Nineteenth Century Frontier Populations", in: *Demography*, 2, 1965, S. 399-413.
28 Vgl. Herbert Moller, „Sex Composition and Correlated Culture Patterns of Colonial America", in: *William and Mary Quarterly*, 2, 1945, S. 113-153, für Daten über das zahlenmäßige Verhältnis der Geschlechter.
29 Alan P. Grimes, *The Puritan Ethic and Woman Suffrage*, New York 1967.
30 Bernard Farber, *Comparative Kinship Systems*, New York 1968, S. 23-46.
31 Walter E. Houghton, *The Victorian Frame of Mind*, New Haven 1957, S. 348-353.
32 Vgl. Daniel Scott Smith, „Parental Power and Marriage Patterns", a.a.O.
33 Vgl. Wilson H. Grabill, Clyde V. Kiser und Pascal K. Whelpton, *The Fertility of American Women*, a.a.O., S. 16-19. Zu Unterschieden des Kind-Frau-Verhältnisses in der Bundesstatistik vgl. Yasukichi Yasuba, *Birth Rates of the White Population*, a.a.O., sowie Colin Forster und G. S. L. Tucker, *Economic Opportunity and White American Fertility Ratios, 1800-1860*, New Haven 1972. Für eine kurze Darstellung der strukturellen Argumentation vgl. Richard Easterlin, „Does Fertility Adjust to the Environment?", in: *American Economic Review*, 61, 1971, S. 394-407.
34 John D. Kasarda, „Economic Structure and Fertility: A Comparative Analysis", in: *Demography*, 8, 1971, S. 307-317.
35 Stanley Lebergott, *Manpower in Economic Growth*, a.a.O., S. 63.
36 Kingsley Davis, „The American Family in Relation to Demographic Change", in: Charles F. Westoff und Robert Parke, Jr. (Hrsg.), *Demographic and Social Aspects of Population Growth*, Washington D.C., Government Printing Office, 1972, S. 245.
37 Eine Studie über sieben lateinamerikanische Städte folgert tentativ, daß „die Motivation der Ehefrau zu arbeiten, ihre Bildung und die von ihr bevorzugte Rolle größeren Einfluß auf ihre Kinderzahl zu haben scheinen als ihre aktuelle Lage als Arbeitnehmerin oder Hausfrau". Paula H. Hass, „Maternal Role Incompatibility and Fertility in Urban Latin America", in: *Journal of Social Issues*, 28, 1972, S. 111-127.
38 Vgl. Virginia Yans McLaughlin, „Patterns of Work and Family Organization: Buffalo's Italians", in: *Journal of Interdisciplinary History*, 2, 1971, S. 299-314.
39 Zur Beziehung zwischen Kinderzahl und individuellen Charakterzügen vgl. das Sonderheft des *Journal of Political Economy*, 81, Teil II, 1973, über „Neue ökonomische Forschungsansätze zur Fruchtbarkeitsrate".
40 Vgl. die zusammenfassende Darstellung von Gerald E. Markle und Charles B. Nam, „Sex Determination: Its Impact on Fertility", in: *Social Biology*, 18, 1971, S. 73-82.
41 N. Uddenberg, P. E. Almgren und A. Nilsson, „Preference for Sex of Child among Pregnant Women", in: *Journal of Biosocial Science*, 3, 1971, S. 267-280.
42 In einer Studie über das *Who's Who*-Lexikon des frühen 20. Jahrhunderts, die von Markle und Nam zitiert wird, beträgt das Geschlechtsverhältnis bei letztgeborenen Kindern aus 5 466 Familien 117,4. Keine Unterschiede

ergeben sich bei Harriet L. Fancher, „The Relationship between the Occupational Status of Individuals and the Sex Ratio of their Offspring", in: *Human Biology*, 28, 1966, S. 316-322.

43 William A. Alcott, *The Young Man's Wife, or Duties of Women in the Marriage Role*, Boston 1837, S. 176.

44 Dio Lewis, *Chastity, or our Secret Sins*, New York 1888, S. 18.

45 Henry C. Wright, *Marriage and Parentage*, Boston 1853, S. 242-255.

46 Anonym, *Satan in Society*, Cincinnati 1875, S. 153.

47 Ebd., S. 152 (Hervorhebung von mir, D.S.S.).

48 Für eine Diskussion über den allmählichen Wandel des Sexualverhaltens vgl. Daniel Scott Smith, „The Dating of the American Sexual Revolution: Evidence and Interpretation", in: Michael Gordon (Hrsg.), *The American Family in Social-Historical Perspective*, New York 1973, S. 321-335.

49 Zitiert nach George Humphrey Napheys, *The Physical Life of Women*, Philadelphia 1882, S. 119.

50 Vgl. Peter C. Cominos, „Late Victorian Sexual Respectability and the Social System", in: *International Review of Social History*, 8, 1963, S. 18-48, 216-250.

51 Obwohl meine grundlegende Argumentation unabhängig formuliert wurde, waren Randall Collins, „A Conflict Theory of Sexual Stratification", in: *Social Problems*, 19, 1971, S. 3-21, sowie David G. Berger und Morton C. Wenger, „The Ideology of Virginity", Vortrag bei der Zusammenkunft des *National Council on Family Relations*, 1972, sehr hilfreich bei ihrer Entwicklung.

52 Über Einstellungen zur Prostitution vgl. Margaret Wyman, „The Rise of the Fallen Woman", in: *American Quarterly*, 3, 1951, S. 167-177, und Robert E. Riegel, „Changing American Attitudes Toward Prostitution", in: *Journal of the History of Ideas*, 29, 1968, S. 437-452.

53 Carroll Smith-Rosenberg, „Beauty, the Beast and the Militant Woman: A Case Study in Sex Roles in Jacksonian America", in: *American Quarterly*, 23, 1971, S. 562-584.

54 Ebd.

55 Vgl. Nancy F. Cott, *Root of Bitterness*, New York 1972, S. 11-14; Aileen S. Kraditor, *Up from the Pedestal*, a.a.O., S. 21; Gerda Lerner, „The Lady and the Mill Girl: Changes in the Status of Women in the Age of Jackson", in: *Midcontinent American Studies Journal*, 10, 1969, S. 5-14.

56 J. A. und Olive Banks, *Feminism and Family Planning in Victorian England*, Liverpool 1964, bes. S. 53-57.

57 Ebd., S. 125.

58 Page Smith vertritt in seinem Buch *Daughters of The Promised Land*, Boston 1970, die These, daß viele prominente Feministinnen dominante Väter hatten. Es könnte sein, daß, wenn überhaupt eine Beziehung existiert, diese zwischen öffentlichem Feminismus und Vätern mit hohem Sozialstatus besteht.

59 Vgl. Robert A. Nisbet, *The Sociological Tradition*, New York 1966, Kap. 3, bes. S. 47-51.

60 Zitiert nach John L. Thomas, „Romantic Reform in America, 1815-1865", in: *American Quarterly*, 17, 1965, S. 677.

61 Charles Abrams, *The Language of Cities*, New York 1971, S. 60.

62 Kirk Jeffrey entwickelt diesen Gedanken in: „The Family as Utopian Retreat from the City: The Nineteenth Century Contribution", in: Sallie

Teselle (Hrsg.), *The Family, Communes and Utopian Societies*, New York 1972, S. 21-41.

63 Ebd., S. 30.

64 Für eine psychologisch orientierte Interpretation siehe James R. McGovern, „Anna Howard Shaw: New Approaches to Feminism", in: *Journal of Social History*, 3, 1969-70, S. 135-153.

65 Vgl. Richard Jensen, „Family, Career, and Reform: Women Leaders of the Progressive Era", in: Michael Gordon (Hrsg.), *The American Family*, a.a.O., Tabelle 7, S. 277.

66 Ebd., Tabelle 2, S. 273.

67 Eine Analyse neuerer Literatur über dieses wichtige Thema findet sich in Constantina Safilios-Rothschild, „The Study of Family Power Structure: A Review 1960-1969", in: *Journal of Marriage and the Family*, 32, 1970, S. 539-552.

Carroll Smith-Rosenberg

»Meine innig geliebte Freundin!« Beziehungen zwischen Frauen im 19. Jahrhundert

Die Frauenfreundschaften im 19. Jahrhundert, diese langlebigen, innigen, zärtlichen Freundschaften zwischen zwei Frauen, sind ein ausgezeichnetes Beispiel für historische Phänomene, von denen die meisten Historiker etwas wissen, über die kaum jemand viel nachgedacht und faktisch niemand etwas geschrieben hat.[1] Sie sind ein Aspekt der weiblichen Erfahrung, den zu ignorieren wir uns – bewußt oder unbewußt – entschlossen haben. Und doch legt eine Flut von Geschriebenem den Eindruck nahe, daß enge emotionale Bindungen zwischen Frauen im 18. und 19. Jahrhundert gang und gäbe waren. Diese tiefempfundenen gleichgeschlechtlichen Freundschaften waren etwas Selbstverständliches, allem Anschein nach eine wesentliche Facette des gesellschaftlichen Lebens. Zu diesen Beziehungen zählten die Zuneigung zwischen Schwestern, die sich gegenseitig Halt boten, die Schwärmereien heranwachsender Mädchen und die sinnlichen Liebesschwüre reifer Frauen. Es war eine weibliche Welt, in der Männer nur ein schattenhaftes Dasein führten.[2]

Definition und Analyse gleichgeschlechtlicher Beziehungen stellen die Historikerin vor heikle Methoden- und Interpretationsprobleme. Und dies besonders, seit die Historiker unter dem Einfluß der Freudschen Triebtheorie solche Beziehungen fast ausschließlich im Rahmen der individuellen psychosexuellen Entwicklung beziehungsweise, um deutlicher zu sein, als Psychopathologie abhandeln.[3] Weil sie gleichgeschlechtliche Beziehungen in Termini einer Dichotomie von Normalität und Pathologie interpretieren, haben sie die Gründe für solch offensichtlich abweichendes Verhalten in Kindheits- oder Jugendtraumata gesucht und Anzeichen für eine ‚latente' Homosexualität im Leben derjenigen aufgespürt, die später ‚offen' homosexuell wurden, wie auch im Leben derjenigen, bei denen das nicht der Fall war. Die Theorien über Natur und Ursprung gleichgeschlechtlicher Beziehungen sind jedoch häufig widersprüchlich oder beruhen auf fragwürdigen und willkürlichen Daten. In den letzten Jahren haben Psychologen und andere Wissenschaftler diese Hypothesen kritisiert. Historiker, die mit einem psychologischen Begriffsapparat zu arbeiten versuchen, stehen daher vor zwei schwer zu beantwortenden Fragen: Gibt es vernünftige psychodynamische Theorien über Natur und Ursprung gleichgeschlechtlicher Beziehungen? Wenn ja, gibt es historisches Material, das die Anwendung von solchen dynamischen Modellen erlaubt?

Ich möchte vorschlagen, die Frauenfreundschaften theoretisch anders anzugehen, sie in ihrer kulturellen und sozialen Verankerung und nicht nur als Ausdruck einer individuellen psychodynamischen Entwicklung zu betrachten. Nur so werden wir die Angemessenheit einzelner psychodynamischer Interpretationen beurteilen können. Die innigen Freundschaften zwischen Mann und Mann, zwischen Frau und Frau entfalteten sich in einem weiteren Feld gesellschaftlicher Werte und sozialer Beziehungen. Um diese Freundschaften wirklich zu verstehen, müssen wir sie mit der Struktur der amerikanischen Familie in Beziehung setzen, mit der Geschlechtsrollentrennung und mit den Mann/Frau-Beziehungen in Familie und Gesellschaft. Die Frauenfreundschaft darf nicht isoliert betrachtet werden; sie muß als ein Aspekt der gesamten Beziehungen von Frauen untereinander analysiert werden. Die Bindungen zwischen Müttern und Töchtern, zwischen Schwestern, Kusinen und Freundinnen in allen Abschnitten des weiblichen Lebens bilden das anregendste Material, um eine historische Analyse der Intimität und Liebe zwischen Frauen zu beginnen. In einer solchen Analyse kommt den allgemeinen kulturellen Mustern eine größere Bedeutung zu als der inneren Dynamik einer bestimmten Familie oder Kindheit; sie sucht ihren Brennpunkt nicht mehr in der Erklärung abweichenden Verhaltens, sondern in der Bestimmung von Konfigurationen gesellschaftlich anerkannter Verhaltensmuster und -möglichkeiten.[4]

Das Ausgangsmaterial sind Briefe und Tagebücher von Frauen und Männern aus fünfunddreißig Familien aus der Zeit zwischen 1760 und 1880. Diese Familien, wenn es auch wenige sind, repräsentieren ein breites Spektrum der amerikanischen Mittelschicht: von sich mühsam durchschlagenden Pionierfamilien und verwaisten Mädchen bis zu Töchtern der intellektuellen und sozialen Elite. Familien aus den meisten geographischen Gebieten, vom Land und aus der Stadt, und eine Vielfalt protestantischer Religionsgemeinschaften, von Mormonen bis strenggläubigen Quäkern, sind in dieser Sammlung erfaßt. Obwohl kaum eine repräsentative Stichprobe der zunehmend heterogener werdenden amerikanischen Bevölkerung, vermittelt das Sample meines Erachtens ein genaues Bild der gebildeten Mittelschicht, auf die sich der mit Briefen und Tagebüchern arbeitende Historiker notwendigerweise beschränken muß. Die Analyse Tausender von Briefen an Freundinnen, Verwandte, Ehegatten, Brüder

und Kinder aus allen Lebensabschnitten, von der Jugend bis ins hohe Alter, war erforderlich. Einige Briefsammlungen umfassen praktisch ein ganzes Leben; eine enthält über 100 000 Briefe sowie Tage- und Rechnungsbücher. Eine Analyse von persönlichen Briefen und Tagebüchern, die nie für die Öffentlichkeit gedacht waren, gestattet meiner Meinung nach einen Einblick in eine sehr private emotionale Welt, die sowohl für das Leben der Frauen wie für die Mittelschichtsfamilie des 19. Jahrhunderts zentrale Bedeutung hatte.[5]
Das Thema der Frauenfreundschaften ist besonders schwer faßbar: Wir wissen so wenig oder haben vielleicht so viel vergessen. Heute als verwirrende und beinahe fremde Form menschlicher Beziehungen angesehen, gediehen sie in einem anderen sozialen Milieu und inmitten anderer sexueller Normen. Bevor der Versuch unternommen wird, ihren gesellschaftlichen Rahmen zu rekonstruieren, sollen zwei recht typische Freundschaften beschrieben werden. Diese beiden Freundschaften, intensiv, zärtlich und offen eingestanden, begannen in der Jugend der Frauen und dauerten, trotz Heirat und geographischer Trennung, ein Leben lang an. Beinahe ein halbes Jahrhundert besaßen diese Frauen füreinander eine zentrale emotionale Bedeutung, sie schrieben sich immer wieder von ihrer Liebe und ihrem Trennungsschmerz. Ihre Liebe scheint sowohl sinnlicher als auch platonischer Natur gewesen zu sein – ein Paradoxon für Menschen des 20. Jahrhunderts.
Sarah Butler Wister traf Jeannie Field Musgrove zum ersten Mal, als sie im Sommer 1849 mit ihren Eltern in Stockbridge, Massachusetts, Ferien machte.[6] Jeannie war zu dieser Zeit sechzehn, Sarah vierzehn. Während der zwei Jahre, die sie später zusammen im Internat verbrachten, entstand zwischen den beiden eine tiefe und innige Freundschaft. Sarah fing an, Blumensträuße vor Jeannies Porträt zu stellen, und beklagte sich in ihren Briefen, wie heftig und quälend ihre Zuneigung sei.[7] Beide jungen Frauen nahmen einen Nom de plume an, Jeannie einen weiblichen, Sarah einen männlichen; sie behielten diese Decknamen bis ins hohe Alter.[8] Oft schrieben sie über die Natur ihrer Gefühle:

„Sollte der Tag kommen", schrieb Sarah im Frühjahr 1861 an Jeannie, „an dem unsere Freundschaft – durch Deine oder meine Schuld – zu Ende geht, werde ich für immer der menschlichen Freundschaft entsagen."

Ein paar Monate später bemerkte Jeannie:

„Dankbarkeit ist ein Wort, das ich Dir gegenüber nie gebrauchen sollte. Vielleicht ist es ein Unglück, daß bei solcher Vertrautheit und Liebe alle Freundlichkeit als selbstverständlich erscheint, so selbstverständlich, wie wir sie immer empfunden haben, so natürlich wie die Umarmung, wenn wir uns treffen."[9]

Sarahs Heirat änderte nichts. Die Frauen schrieben sich genauso häufig und hatten noch immer den Wunsch, beieinander zu sein. 1864 schrieb Sarah, nunmehr neunundzwanzig Jahre alt, eine verheiratete Frau und Mutter, an Jeannie:

„Ich werde [die kommende Woche] ganz allein sein. Ich kann Dir gar nicht sagen, wie verzweifelt ich mich nach Dir sehnen werde."

Nach einem Besuch schrieb auch die noch ledige Jeannie, die damals in New York lebte, von ihrer Sehnsucht.

„Sarah, liebes Schätzchen! Was habe ich Dich so lieb, und wie glücklich bin ich gewesen! Du machst mein Leben froh. [...] Ich kann Dir gar nicht sagen, wie glücklich Du mich gemacht hast, noch wie sehr mich das alles ständig beschäftigt. [...] Mein Liebes, wie sehne ich mich nach dem Augenblick, wo ich Dich wiedersehen werde."

Nach einem anderen Besuch schrieb Jeannie:

„Bitte schreibe mir in Deinem nächsten Brief, ob ich wirklich Deine Liebste bin. [...] Ich zweifle nicht an Dir und bin auch nicht eifersüchtig, aber ich möchte es so gern noch einmal von Dir hören, und es scheint mir schon so lange her, seit ich Deine Stimme vernommen habe. So schreibe also eine Viertelseite voll mit Zärtlichkeiten und lieben Worten. Deine dumme Angelina."

Jeannie schloß einen Brief mit den Worten:

„Auf Wiedersehen, meine teuerste, teuerste Geliebte – auf immer Dein, Angelina."

Und einen anderen:

„Ich werde jetzt zu Bett gehen [... obwohl] ich die ganze Nacht schreiben könnte – tausend Küsse – ich liebe Dich von ganzem Herzen – Deine Angelina."

Als Jeannie 1870 im Alter von siebenunddreißig Jahren endlich heiratete, litt Sarah schwere Qualen. Zwei Tage vor Jeannies Hochzeit schrieb Sarah, zu der Zeit gerade in London, voll Verzweiflung:

„Liebster Schatz – was habe ich diese acht Tage an Dich gedacht – auch heute wieder den ganzen Tag – diese Unsicherheit, die Ferne, das lange Schweigen – all das sind neue Aspekte meiner Trennung von Dir, die schwer auszuhalten sind. [...] O Jeannie. Ich habe diese zwei Tage an Dich gedacht und gedacht und mich nach Dir gesehnt. Ich frage mich, bist Du jetzt verheiratet? Meine innigsten Grüße an Dich, wo immer Du bist und *wer* immer Du bist."[10]

Wie für viele Frauen aus unseren fünfunddreißig Familien brachte die Heirat für Sarah und Jeannie die physische Trennung; sie führte jedoch nicht zu einer gefühlsmäßigen Entfremdung. Obgleich sie sich anfänglich gefragt haben mögen, wie die Ehe ihr Verhältnis beeinflussen würde, blieb ihre gegenseitige Zuneigung ein ganzes Leben lang erhalten und wurde von ihrer Einsamkeit und ihrer Sehnsucht nacheinander noch verstärkt.[11]

Zur gleichen Zeit, als sich Jeannie und Sarah von ihrer Liebe und Sehnsucht schrieben, begannen zwei etwas jüngere Frauen eine ähnliche Odyssee von Liebe, Vertrauen und – schließlich – physischer, wenn auch nicht emotionaler Trennung. Molly und Helena trafen sich 1868, beide besuchten die Designerschule für Frauen am Cooper Institute in New York. Mehrere Jahre lang studierten die jungen Frauen zusammen, lernten miteinander die Stadt kennen, besuchten die Familie der anderen und gehörten zu einer größeren Gruppe von künstlerisch tätigen Frauen. Im Lauf der Jahre vertiefte sich ihre Freundschaft zu einer engen Bindung, die ein Leben lang andauerte. Der Ton der Briefe, die Molly an Helena schrieb, änderte sich in diesen Jahren. Erst hieß es: „Meine liebe Helena", und die Unterschrift lautete: „Deine Dir zugetane Freundin"; dann schrieb sie: „Meine liebste Helena", „Meine Liebste", „Meine Geliebte", und unterzeichnete mit: „Dein für immer" oder „Stets die Deine, Molly".[12]

Die Briefe dieser ersten fünf Jahre ermöglichen es, etwas von ihrer Beziehung wiederzufinden. In einem ihrer frühen Briefe schrieb Molly:

„Ich habe nicht viele Worte darüber verloren, wie glücklich ich während dieser wenigen, so unglaublich kurzen Wochen mit Dir war, aber sicher braucht es keine Worte für das, was Du einfach wissen mußt. Diese zwei, drei äußerlich so trüben, innerlich aber so strahlend warmen und zufriedenen Tage mit Dir werden mir immer ein Beweis dafür sein, daß wir zumindest für eine gewisse Zeit – ich meine sogar, eine ziemlich lange Zeit – einander völlig genügen könnten. Wir wissen, daß wir uns viele Mußestunden verkürzen können, und jetzt wissen wir, daß wir auch miteinander arbeiten können. Und das will viel heißen, meinst Du nicht auch?"

Sie schloß mit den Worten:

„In ein paar Tagen werde ich zurückkommen. In Gedanken küßt Dich eine Freundin, die Dich so sehr liebt."

Die Stärke, ja die physische Natur von Mollys Liebe klingt in vielen Briefen an, die sie in den nächsten Jahren schrieb, etwa in diesen knappen Zeilen des Dankes für ein kleines Geschenk:

„Laß Dich in Gedanken ein dutzendmal küssen, mein Liebes. Vielleicht ist es ganz gut für Dich, daß wir so weit auseinander sind. Du könntest meine Dankesbekundungen etwas überwältigend finden. Ich habe das wunderbare Gefühl, daß es keine Rolle spielt, was ich sage oder wie ich es sage, denn bald werden wir uns sehen, und ich werde augenblicklich vergessen haben, daß wir je getrennt waren. [...] Bald werde ich Dich sehen und zufrieden sein."[13]

Ende des fünften Jahres jedoch kam es zu einer Krise. Zumindest in seiner intensiven Form ging das Verhältnis zu Ende, obgleich Molly und Helena auch die nächsten fünfzig Jahre eine innige und komplexe Beziehung unterhielten. Was genau diese Krise auslöste, ist nicht ganz klar, doch scheint Mollys Entschluß, nicht mit Helena zusammenzuziehen – wie sie es ursprünglich geplant hatten –, sondern auf Betreiben der Eltern zu Hause wohnen zu bleiben, eine Rolle gespielt zu haben. Molly war jetzt Ende zwanzig. Helena reagierte verärgert, und Molly geriet außer sich bei dem Gedanken, Helena könnte die Beziehung abbrechen. Obwohl sie bestürzte Briefe schrieb und verzweifelte Anstrengungen unternahm, Helena zu sehen, wurde das Verhältnis nie wieder so intensiv wie zuvor – vielleicht weil Molly einen Verehrer hatte.[14] Innerhalb von sechs Monaten hatte sich dann Helena entschlossen, einen Mann zu heiraten, der – zufällig – Mollys Freund und Verleger war. Zwei Jahre später heiratete Molly schließlich selbst. Die Briefe gegen Ende dieser Periode erörtern den Schritt beider Frauen, sich einem männlichen Geliebten verbunden zu haben, wobei Molly viel Zeit darauf verwendet, Helena zu trösten, die über das Ende ihrer Beziehung und die bevorstehende Hochzeit deprimiert scheint.[15]

Hundert Jahre später und aus der Sicht einer postfreudianischen Kultur ist es schwierig, die komplexe Natur des Verhältnisses zwischen Molly und Helena zu entschlüsseln. Gewiß liebten sich Molly und Helena – wenn nicht körperlich, so von ganzem Herzen. Die Gefühlsintensität und das Pathos ihrer Liebe drücken etliche Briefe aus, die Molly während der Krisenzeit an Helena schrieb:

„Ich würde so gern meine Arme um das beste aller Mädchen legen und ihm sagen [...] Ich liebe Dich wie eine Frau ihren Mann liebt, wie ein *Freund*, der sein Leben lang zum anderen hält – und ich glaube an Dich, wie ich an meinen Gott glaube. [...] Liebte ich Dich nicht, meinst Du denn, es würde mir auch nur das geringste ausmachen, und ich hätte diese lächerlichen Befürchtungen und Ängste und würde mich wie eine alte Närrin betragen, die es wahrhaftig besser wissen müßte? Ich werde Dir auch weiterhin am Rockzipfel hängen [...]. Du kannst [meiner] Liebe nicht entrinnen.“

Oder wie sie nach Helenas Entschluß zu heiraten schrieb:

„Du weißt, liebe Helena, ich war wirklich verliebt in Dich. Es war eine Leidenschaft, wie ich sie nicht gekannt hatte, bis ich Dich sah. Ich fürchte, es war nicht die edelste Art, Dich zu lieben.“

In einem Brief an den Mann, den Helena heiraten sollte, äußert sich Molly noch einmal zum Thema der tiefen Frauenliebe.

„Wissen Sie, mein Herr, ich glaube, bis Sie auftauchten, war sie mir beinahe so zugetan wie ein Mädchen ihrem Geliebten. *Ich weiß, daß ich sie so liebte.* Wundern Sie sich nicht, daß ich Ihren Anblick überhaupt ertragen kann?“

Das stand in einem Brief, der den beiden zur bevorstehenden Hochzeit gratulierte![16]
Die wesentliche Frage ist nicht, ob diese Frauen Geschlechtsverkehr miteinander hatten und so als hetero- oder homosexuell definiert werden können. Die Tendenz des 20. Jahrhunderts, Liebe und Sexualität im Rahmen einer dichotomisierten Welt von abweichendem und normalem Verhalten, von genitaler und platonischer Liebe zu sehen, ist den Gefühlen und Einstellungen des 19. Jahrhunderts fremd und vermittelt ein von Grund auf verzerrtes Bild von den emotionalen Beziehungen dieser Frauen. Diese Briefe sind wichtig, weil sie uns zwingen, solche Liebesbeziehungen in einem bestimmten historischen Kontext zu situieren. Alles deutet darauf hin, daß für diese vier Frauen, ihre Männer und Familien – alle außerordentlich respektabel und konservativ – eine solche Zuneigung gesellschaftlich annehmbar und mit der heterosexuellen Ehe vereinbar war. Ihre heterosoziale und ihre homosoziale Welt ergänzten sich in emotionaler wie kognitiver Hinsicht.
Es läßt sich einwenden, diese Briefe seien nichts weiter als ein Beispiel für die rhetorischen Floskeln, die nach den Vorstellungen des 19. Jahrhunderts zu einer romantischen Freundschaft gehörten. Sie strahlen jedoch eine emotionale Intensität, eine sinnliche und physische Präsenz aus, die nicht kurzerhand abgetan werden können. Jeannie sehnte sich danach, Sarah in den Armen zu halten; Molly beklagte ihre physische Trennung von Helena. Obgleich vielleicht ein Phänomen des 19. Jahrhunderts, waren Mollys Liebe und Verehrung für Helena, die Gefühle, die Jeannie und Sarah füreinander hegten, für die viktorianische Zeit, in der sie entstanden, real. Eine Durchsicht der Briefe und Tagebücher von Frauen aus dem 18. und 19. Jahrhundert zeigt, daß die Handlungen und Empfindungen von Molly, Jeannie und Sarah durchaus als exemplarisch angesehen werden können.
Natürlich prägten individuelle Bedürfnisse, Persönlichkeitsstrukturen und das Kräftespiel in den Familien in entscheidender Weise die jeweiligen Beziehungen. Dennoch muß die Frage nach Verallgemeinerungsfähigkeit und Bedeutung der individuellen Aspekte der psychosexuellen Dynamik gestellt werden. Ist es nicht die vorrangige Aufgabe der Historiographie, eine Sozialstruktur und Weltanschauung genauer zu untersuchen, die intensive und bisweilen sinnliche Frauenliebe zu einer möglichen und sozial annehmbaren Gefühlsbindung gemacht haben? Wird so das gesellschaftliche Moment stärker betont, drängen sich neue und andersartige Fragen auf: Welche emotionale Funktion erfüllte diese Frauenliebe? Welche Bedeutung hatte sie im Rahmen der hetero- und homosozialen Welten, in denen die Frauen gleichzeitig lebten? Gab es bei der Wahl eines Liebesobjekts im 19. Jahrhundert

ein Spektrum von Möglichkeiten, das zumindest einige Individuen ausschöpfen konnten? Ohne Antwort auf diese Fragen werden sowohl die Sexualität wie die Familie im 19. Jahrhundert kaum zu verstehen sein.

Verschiedene Faktoren in der Entwicklung der amerikanischen Gesellschaft seit Mitte des 18. Jahrhunderts mögen dazu beigetragen haben, daß Frauen eine Vielzahl von engen Gefühlsbindungen zu anderen Frauen knüpfen konnten. Amerika zeichnete sich durch eine rigide Geschlechtsrollendifferenzierung in Familie und Gesellschaft aus, die dazu führte, daß Frauen und Männer sich gefühlsmäßig voneinander absonderten. Unmerklich und unvermeidlich gingen Tochter- und Mutterrolle ineinander über, und die biologischen Gegebenheiten wie häufige Schwangerschaften, Geburten, Stillen und Menopause schufen enge physische und emotionale Bande zwischen den Frauen. Genau in diesem gesellschaftlichen Kontext konnte sich meines Erachtens eine spezifisch weibliche Welt herausbilden, eine Welt, die auf den gattungsspezifischen, unbewußt selbstverständlichen Verhaltensmustern in gleichgeschlechtlichen, homosozialen Beziehungsnetzen beruhte. Diese tragenden Netze wurden institutionalisiert in sozialen Bräuchen und Riten, die jedes Ereignis im Leben einer Frau, von der Geburt bis zum Tod, begleiteten. Da parallel dazu freundschaftliche und vertraute Kontakte zwischen jungen Männern und Frauen gesellschaftlich stark eingeschränkt wurden, kam diesen Beziehungen häufig eine noch größere Bedeutung zu. Im Rahmen einer solchen emotional reichen und komplexen Welt war es eine mögliche und gesellschaftlich anerkannte Form menschlicher Interaktion, andere Frauen zu verehren und zu lieben.

Eine Fülle von gedruckten und handschriftlichen Quellen unterstützt diese Hypothese. Anstandsbücher, Ratgeber zur Kindererziehung, Predigten, Leitfäden für junge Männer und Frauen, medizinische Schriften und Lehrpläne von Schulen weisen darauf hin, daß die Amerikaner im späten 18. und fast das ganze 19. Jahrhundert hindurch der Auffassung waren, die Welt bestünde aus zwei klar abgrenzbaren Sphären, einer männlichen und einer weiblichen, die von den unwandelbaren Gesetzen Gottes und der Natur bestimmt seien.[17] Die unveröffentlichten Briefe und Tagebücher von Amerikanern aus dieser Zeit drücken das gleiche aus: Sie berichten ausführlich über die nach Geschlecht geschiedenen Welten, in denen Menschen mit unterschiedlichen Werthaltungen, Erwartungen und Persönlichkeitsstrukturen lebten. Die Kontakte zwischen Männern und Frauen zeichneten sich häufig durch eine dem Amerika des 20. Jahrhunderts recht fremde Förmlichkeit und Steifheit aus, die wir heute meist ‚viktorianisch' nennen. Die Frauen bildeten jedoch keine isolierte und unterdrückte

Subkategorie in der Männergesellschaft. Ihre Briefe und Tagebücher drücken eine der weiblichen Sphäre eigentümliche Integrität und Würde aus, die aus der gemeinsamen Erfahrung und gegenseitigen Zuneigung von Frauen erwuchsen. Und obwohl sich die amerikanische Sozialstruktur und die gesellschaftlichen Institutionen zwischen 1760 und 1870 stark veränderten, blieb sich diese Frauenwelt gleich, konnten Frauen weiterhin mit ihr rechnen. Wie eh und je dachten Frauen aneinander und bezogen sich aufeinander. Diese Frauenwelt zeichnete sich durch Kontinuität, nicht durch Diskontinuität aus. Molly Hallocks und Jeannie Fields Worte, Gefühle und Erfahrungen hatten direkte Parallelen in den sechziger und neunziger Jahren des 18. Jahrhunderts.[18] In der heutigen soziologischen und psychologischen Literatur gibt es Hinweise darauf, daß sich emotionale Nähe und gegenseitige Hilfe bis ins 20. Jahrhundert hinein erhalten haben – und zwar nicht nur bei ethnischen Minoritäten oder in der Arbeiterklasse, sondern auch in der Mittelschicht.[19]

Die meisten Frauen des 18. und 19. Jahrhunderts lebten in einer Welt, die beschränkt war auf den Haushalt, die Kirche und die gesellschaftlich fest verankerten gegenseitigen Besuche – Besuche, die sich Frauen scharenweise aus diesem oder jenem gesellschaftlichen Grund machten. Es war eine Welt, die nur aus Kindern und anderen Frauen bestand.[20] Die Frauen halfen einander bei den häuslichen Pflichten und in Zeiten von Krankheit, Kummer und Sorge. Manchmal wurden ganze Tage, ja Wochen beinahe ausschließlich mit anderen Frauen verbracht.[21] Die Stadtfrauen konnten sich faktisch jeden Tag gegenseitig besuchen, gemeinsam Tee trinken oder Einkäufe mit anderen Frauen machen. Bei den Landfrauen kam es zu ausgedehnteren Besuchen, die wochen- und manchmal monatelang dauerten und bei denen sogar die Ehemänner aus ihren Betten vertrieben wurden, damit die Freundinnen jede Stunde des Tages zusammensein konnten.[22] Waren die Ehemänner auf Reisen, so war es gang und gäbe, daß die Ehefrauen mit anderen Frauen zusammenzogen, Freundinnen zum Tee und Abendessen einluden, daß sie zusammensaßen und sich gegenseitig die Briefe von anderen guten Freundinnen vorlasen. Geheimnisse wurden ausgetauscht und gewahrt, und manches Mal sahen sie der Rückkehr des Gatten mit gemischten Gefühlen entgegen.[23]

Häufig wurden die Sommerferien so organisiert, daß gute Freundinnen sich in Badeorten treffen oder gemeinsam ein Landhaus mieten konnten. 1848 schrieb eine junge Frau begeistert ihrem Mann, wie entzückend es mit den fünf Freundinnen sei, die sie eingeladen hatte, den Sommer mit ihr zu verbringen; er blieb allein zu Hause und mußte der Hitze von Philadelphia und einer Choleraepidemie trotzen.[24] Ungefähr neunzig Jahre später äußerten sich zwei junge Quäkermädchen über die Ferien, die ihre Tante allein mit einer anderen Frau verbrachte; ihre Bemerkungen waren offen neidisch, und sie sagen uns etwas über die emotionale Qualität dieser Freundschaften:

„Ich höre, daß Tantchen mit der Freundin fort ist und erst in zwei Wochen zurückkommt; ich denke, die beiden Freundinnen haben es wirklich gut, daß sie sich so auf dem Lande vergnügen können; [...] kommen dazu noch in den Genuß dieser besonderen, feinen und lehrreichen Frauengespräche, während wir armen Mädchen das ganze Frühjahr zu Hause bleiben müssen. [...] Wie traurig, daß wir nicht zusammen sind.“[25]

Freundinnen bildeten keine isolierten Zweiergrüppchen, sondern gehörten normalerweise zu gut integrierten Freundeskreisen. Alle kannten sich, waren vielleicht miteinander verwandt und spielten so eine zentrale Rolle dabei, Gemeinden und Verwandtschaften zusammenzuhalten. Besonders als die Familien geographisch mobiler wurden, sorgten die langen gegenseitigen Besuche der Frauen und ihre häufigen Briefe, in denen sie Hochzeiten und Geburten, Krankheiten und Todesfälle erörterten, die heranwachsenden Kinder beschrieben und Erinnerungen an vergangene Zeiten und Menschen von früher austauschten, für ein wichtiges Gefühl von Kontinuität in einer sich schnell wandelnden Gesellschaft.[26] Ein innerer Kern von Verwandten machte das Herzstück dieser Frauenwelt aus. Die Bande zwischen Schwestern, Kusinen ersten Grades, Tanten und Nichten bildeten die Grundstruktur, auf der sich Freundinnengruppen und deren Beziehungsnetze zu weiblichen Verwandten aufbauten. Obwohl dem Anschein nach die meisten Frauen dieses Samples in isolierten Kleinfamilien lebten, waren doch die emotionalen Beziehungen zu den anderswo lebenden Verwandten eng und verbindlich und besaßen eine grundlegende existentielle Bedeutung im Leben der Frauen.[27] Zwanzig Jahre nachdem Parke Lewis Butler mit ihrem Mann nach Louisiana gezogen war, schickte sie ihre Töchter zurück nach Virginia; sie sollten dort zur Schule gehen, bei Großmutter und Tante wohnen und wieder in die Gesellschaft von Virginia integriert werden.[28] Der ständige Briefwechsel zwischen Maria Inskeep und Fanny Hampton, zwei Schwestern, die Anfang Zwanzig, als Maria mit ihrem Mann von New Jersey nach Louisiana zog, voneinander getrennt wurden, hielt ihre Familien zusammen und führte dazu, daß die Töchter sich dem Freundeskreis ihrer Kusinen zugehörig fühlten.[29] Die Ripley-Töchter, die zu Beginn des 18. Jahrhunderts in Westmassachusetts aufwuchsen, verbrachten jedes Jahr Monate bei den Schwestern ihrer Mutter und deren Familie im fernen Boston; die Kusinen und ihre Freundinnen schrieben sich Briefe mit dem neuesten Klatsch, und langsam entwickelten sich tiefe Beziehungen voll Liebe und Anhänglichkeit.[30]

Häufig verbrachten Frauen ihre Tage ausschließlich in einem solchen familiären Rahmen. Schwägerinnen besuchten einander , und sie verbrachten – zumindest in einigen Familien – anscheinend mehr Zeit miteinander als mit ihren Männern. Kusinen kümmerten sich um die Kleinkinder der anderen, in Zeiten von Krankheit oder Niederkunft wochen- oder sogar monatelang. Schwestern halfen sich gegenseitig bei der Hausarbeit, kauften ein oder nähten füreinander. Eine räumliche Trennung wurde nur schwer ertragen. War die eine Schwester nur eine oder zwei Wochen fort, so konnte das bei der anderen zu Verlassenheitsgefühlen und Depression führen und wurde gewöhnlich mit häufigen Briefen überbrückt. Die Eifersucht zwischen Geschwistern war keineswegs etwas Unbekanntes, jedoch bei Trennung oder Krankheit kamen die tiefe Zuneigung und Anhänglichkeit wieder zum Tragen.[31]

Die Beziehungen zwischen Schwestern hielten ein Leben lang. Im hohen Alter schrieb Martha Jefferis, eine würdige Quäkerin vom Lande, über ihre Halbschwester Phoebe folgendes an ihre Tochter Anne:

„Schwester Phoebe ist mir eine wirkliche Freundin – sie ist um mein Wohlbefinden bemüht und umsorgt mich wie ein Kind. [...] Sie ist außerordentlich freundlich, und in ihrem Haus (abgesehen von Deinem natürlich) würde ich am liebsten wohnen – das käme dem Zusammensein mit einer Tochter am nächsten."

Phoebes eigene Briefe bestätigen, daß Martha deren Gefühle richtig einschätzte.

„Du weißt, liebe Schwester", schrieb Phoebe, „es gibt niemanden, [...] der genauso für Dich empfindet wie ich; ich glaube, ich kann ohne Übertreibung sagen, daß ich nur Dich wirklich liebe."[32]

Diese Frauen, ob nun miteinander befreundet oder verwandt, besaßen füreinander eine zentrale emotionale Bedeutung im Leben. In ihren Tagebüchern und Briefen schrieben sie, wie froh und zufrieden sie sich in der Gesellschaft der anderen fühlten, wie allein und unglücklich, wenn sie getrennt waren. Die Regelmäßigkeit ihrer Korrespondenz unterstreicht, daß sie ihre Worte wirklich ernst meinten. Die Frauen gaben ihren Töchtern den Namen der Freundin und versuchten, gute Freundinnen in ihr Eheleben zu integrieren.[33] So schrieb eine junge Braut kurz nach ihrer Hochzeit an eine langjährige Freundin:

„Ich möchte Dich sehen und mit Dir reden und spüren, daß uns dieselbe Sympathie und dieselbe Geistesverwandtschaft wie immer vereint."[34]

Nach jahrelangen freundschaftlichen Beziehungen schrieb eine alternde Frau über eine andere:

„Die Zeit kann an der Faszination ihres Wesens für mich nichts ändern, [...] ihre Stimme ist Musik in meinen Ohren."[35]

Die Frauen fertigten ausgesuchte Geschenke füreinander an, von den Pasteten und Broten der Quäker bis zu bemalten Samttaschen und Sträußen aus Kunstblumen.[36] Starb eine Freundin, so waren sie tieftraurig. Drei Wochen lang konnte Martha Jefferis ihrer Tochter nicht schreiben, so sehr war sie über den Tod ihrer Freundin betrübt. Eine solche Verzweiflung war nichts Ungewöhnliches. Eine Generation zuvor füllte eine junge Farmersfrau aus Massachusetts Seite um Seite ihres Tagebuches mit ihrem Kummer über den Tod der „teuersten Freundin" und mit der Abschrift von Kondolenzbriefen, die andere Frauen ihr geschickt hatten. Jedes Jahr kennzeichnete sie den Jahrestag von Rachels Tod in ihrem Tagebuch; sie blieb der Freundin treu – im Gegensatz zu Rachels Mann, der bald wieder heiratete.[37]
Diese Frauenfreundschaften hatten eine Reihe von emotionalen Funktionen. Im Rahmen dieser sicheren Welt voll Mitgefühl konnten die Frauen einander – in der festen Überzeugung, daß andere Frauen ähnliche Erfahrungen gemacht hatten – Sorgen, Ängste und Freuden mitteilen. In einem Brief an ihre Tochter äußert sich eine Landfrau über diesen besonderen Aspekt von Freundschaften zwischen Frauen folgendermaßen:

„Eine Freundin zu haben, die so ist wie du selbst, die du verwöhnen und lieben kannst – und alle ihre kleinen Sorgen kennenlernen und ihr ohne Scheu alle eigenen Freuden und Leiden ausschütten –, eine solche Freundin würde mancher müden Stunde die Langeweile nehmen."

Eine Generation später unterstrich Molly in einem Brief an Helena weniger förmlich denselben Aspekt:

„Wenn ich jetzt vorbeikäme [...] [und] einen beschaulichen Sonntag mit Dir verbrächte", schrieb sie, „dann könnten wir die ganze Zeit miteinander reden, bis Du all Deine jüngsten Sorgen los wärest und ich die meinen."[38]

Häufig waren dies Sorgen, die offenbar kein Mann verstehen konnte. Kurz nach ihrer Hochzeit schrieben Anne Jefferis Sheppard und ihre ältere Schwester Edith (die zu der Zeit bei Anne wohnte) ausführlich über ihre starken Depressionen und Ängste an ihre Mutter. Moses Sheppard, Annes Ehemann, unterschrieb den Brief der Schwestern, den er eindeutig nicht gelesen hatte, und fügte muntere Bemerkungen hinzu, wie zufrieden Anne und Edith seien. Sie teilten eine emotionale Welt miteinander, zu der er kaum Zugang hatte.[39]

Es war zudem eine Frauenwelt, in der Feindseligkeit und Kritik an anderen Frauen mißbilligt wurden, und daher ein Milieu, in dem die Frauen ein Gefühl von innerer Sicherheit und Selbstachtung entwikkeln konnten. So schrieb eine junge Frau an die Mutter ihrer langjährigen Freundin:

„Ich kann Dir gar nicht genug danken für die freundliche gleichbleibende Zuneigung und Nachsicht, die Du mir gegenüber immer gezeigt hast und die Du in Worten und Taten zum Ausdruck gebracht hast. [...] Was wäre es so gut, wenn alle Welt mich so sehen würde wie Du – durch die Brille von Freundlichkeit und Geduld."[40]

Sie schätzten einander. Frauen, deren Stellenwert und Einfluß in der weiten Welt der Männergeschäfte nur gering waren, besaßen Stellenwert und Einfluß im Leben und in der Welt der anderen Frauen.[41]
Den innersten Kern dieser Frauenwelt bildete die innige Beziehung zwischen Mutter und Tochter. Die Tagebücher und Briefe von Müttern und Töchtern zeugen davon, wie nahe sie sich waren und wie stark emotional voneinander abhängig. In selbstverständlicher Weise besprachen die Töchter die Gesundheit und die Aktivitäten ihrer Mütter mit ihren eigenen Freundinnen, äußerten, war die Mutter gesundheitlich angegriffen, ihre Befürchtungen und die Sorge darum, ob sie auch richtig gepflegt werde.[42] Feindselige Äußerungen, die wir heute von Müttern und Töchtern für gang und gäbe halten, scheint es in der Tat kaum gegeben zu haben. Im Gegenteil, diese Auswahl von Familien läßt vermuten, daß die Beziehung zwischen Mutter und Tochter normalerweise voll Sympathie und Verständnis war.[43] Nur Krankheit oder große geographische Entfernung erlaubten eine langfristige Trennung. Hatte die Heirat eine solche Trennung zur Folge, dann bereitete es beiden großen Kummer, fern voneinander zu sein.[44]
In einem Brief, den Sarah Alden Ripley im Alter von neunundsechzig Jahren ihrer jüngsten und frischverheirateten Tochter schrieb, kommt einiges von dieser Zuneigung und Liebe zwischen Mutter und Tochter zum Ausdruck:

„Du weißt gar nicht, wie sehr ich Dich vermisse. Nicht nur, wenn ich mit meinem alten Leib kämpfe, mir meinen nächtlichen Trunk zapfe oder Dir nicht mehr mit meinem greisenhaften Geschwätz in den Ohren liegen kann, nein, den lieben langen Tag grüble ich vor mich hin. Denn ich höre nicht mehr Deine Stimme, die mich an Deinen Freuden und Sorgen teilnehmen läßt [...] Du kannst Dir nicht vorstellen, wie ich Deine Zuneigungsbeweise vermisse."[45]

Ein Dutzend alternder Mütter in diesem Sample von fündunddreißig Familien äußert ebenfalls derartige Gefühle.
Ein Lehrverhältnis – so könnte man es vielleicht nennen – war in diesen Mutter/Tochter-Beziehungen von zentraler Bedeutung. In die-

sen Familien, in denen die Tochter der Mutter in ein Leben traditioneller Häuslichkeit folgte, bildeten die Mütter und andere ältere Frauen die Töchter sorgfältig in der Kunst der Haushaltsführung und Kindererziehung aus. Zweifellos wurden die Mädchen während ihrer gesamten Kindheit darin unterrichtet, jedoch in den Jahren nach Abschluß der Schule und vor der Heirat wurde diese Ausbildung geradezu rituell betrieben. Zu dieser Zeit kam das Mädchen entweder aus dem Internat zurück oder verbrachte seine Zeit nicht mehr länger teils in der Schule und teils zu Hause. Statt dessen widmete es sich ganz zwei Aufgaben: es lernte neue häusliche Fertigkeiten und beteiligte sich an den Besuchen und Geselligkeiten, die nötig waren, um einen Mann zu finden. Unter der sorgfältigen Aufsicht ihrer Mutter und älterer weiblicher Verwandter übernahmen diese Mädchen in der späten Adoleszenz zeitweilig die Haushaltsführung, versorgten junge Nichten und Neffen und halfen bei Geburt und Säuglingspflege. Erfahrungen dieser Art banden die Generationen in gemeinsamen Kenntnissen und emotionalem Austausch aneinander.[46]

Die Töchter wurden in eine Frauenwelt hineingeboren. Zu den ersten Tatsachen im Leben des heranwachsenden Mädchens gehörten die Erwartungen, die die Mutter an ihr eigenes Leben hatte, und der gleichgesinnte Kreis von Freundinnen und Verwandten. Solange die häusliche Rolle der Mutter relativ stabil blieb und es nur wenige lebbare Alternativen gab, neigten die Töchter dazu, die Welt ihrer Mutter zu akzeptieren und Unterstützung und Vertrautheit automatisch bei Frauen zu suchen. In dieser abgeschlossenen und intimen Frauenwelt wuchs das junge Mädchen zur Frau heran.

Es ließe sich lange darüber spekulieren, weshalb jene Feindseligkeit zwischen Mutter und Tochter fehlte, die heute für eine beinahe unumgängliche Voraussetzung beim Kampf der Heranwachsenden um Autonomie und Identität gehalten wird. Es ist möglich, daß die Tabus gegen weibliche Aggression und Feindseligkeit stark genug waren, um sogar die zwischen Müttern und heranwachsenden Töchtern zu unterdrücken. Und doch scheinen diese Briefe so bewußt, das Interesse der Töchter an den Angelegenheiten ihrer Mütter so lebendig und echt, daß ihre enge Beziehung nur schwerlich in Begriffen von Repression und Versagung zu interpretieren ist. Die funktionalen Bindungen, die Mütter und Töchter in einer Welt zusammenhielten, in der es nur wenige Alternativen zur Häuslichkeit gab, mögen sehr wohl zu einer gegenseitigen Anhänglichkeit und einem gegenseitigen Vertrauen geführt haben, die es in Gesellschaften nicht gibt, in denen die Töchter mehr Entscheidungsmöglichkeiten haben als die Mütter. Überdies mag im weiteren Rahmen enger Beziehungen zu anderen Frauen – den festen Bindungen einer Tochter zu ihren älteren Schwestern, ihren Kusinen und Tanten – sehr wohl eine Diffusion und Entspannung der Mutter/Tochter-Identifikation möglich gewesen sein, die einer Tochter in ihrem Bemühen um Identität und Autonomie geholfen haben. Keine dieser Erklärungen schließt die andere aus; alle diese Punkte mögen mit dazu beigetragen haben, den hohen Grad an gegenseitigem Einfühlungsvermögen zu entwickeln, der aus diesen Briefen und Tagebüchern klar zutage tritt.

Irgendwann in der Adoleszenz fing das junge Mädchen an, sich langsam aus der Geborgenheit der mütterlichen Freundinnengruppe zu lösen, um einen eigenen Kreis aufzubauen. Zumindest in der Mittelschicht scheint dieser Übergang in eine beschränkte Freiheit, die zugleich eine Wiederholung des mütterlichen Lebens war, meist mit dem Schulbesuch des Mädchens zusammengefallen zu sein. In der Tat scheint die schulische Erziehung im Leben der meisten Frauen dieser Studie eine entscheidende Rolle gespielt zu haben. Sogar unter den Töchtern relativ armer Familien war ein Schulbesuch für einige Monate, ein Jahr oder länger üblich; die Mädchen der Mittelschicht verbrachten in der Regel mindestens ein Jahr im Internat.[47] Diese Schuljahre markierten gewöhnlich die erste Trennung eines Mädchens von der Familie. Sie dienten dazu, die Tochter ihrer Familie zu entwöhnen, sie die wesentlichen guten Umfangsformen zu lehren, und schließlich dazu, sie auf dem Heiratsmarkt einzuführen. Nicht selten war es ein schwer zu bewältigendes Erlebnis für Mutter und Tochter.[48]

Während dieser Übergangsphase, in der das Mädchen ein Heim verließ und sich an ein anderes anpaßte, spielten die Freundinnen und Verwandten der Mutter eine entscheidende Rolle. Gewöhnlich übernahm eine dieser älteren Frauen die Rolle der Vizemutter; sie überwachte das Betragen des jungen Mädchens, achtete auf seine Gesundheit und machte es mit ihrem eigenen Kreis von Freundinnen und Verwandten bekannt.[49] Häufig richteten die Frauen – selbst Freundinnen von Schulzeit an – es so ein, daß ihre Töchter auf dieselbe Schule geschickt wurden, damit die Mädchen ähnliche Bande knüpfen konnten. Jahrelang schrieben Molly und Helena über das Treffen ihrer Töchter und machten sich Gedanken um die Kinder der anderen. Als Molly schließlich ihre Tochter im Osten zur Schule brachte, war das erste, was sie bei ihrem Eintreffen in New York tat, Helena und ihren Töchtern einen Besuch abzustatten. Elizabeth Bordley Gibson adoptierte praktisch die Töchter ihrer Schulfreundin Eleanor Custis Lewis. Bald schrieben die Lewis-Töchter Briefe mit der Anrede ‚Liebste Mutter' an Elizabeth Gibson. Eleuthera DuPont, die ungefähr zur gleichen Zeit im Internat in Philadelphia war wie die Lewis-Mädchen, entwickelte eine ähnliche Beziehung zur Freundin

ihrer Mutter, Elizabeth McKie Smith. Eleuthera besuchte dieselbe Schule und wurde eine gute Freundin der Smith-Mädchen; schließlich heiratete sie deren Vetter. Während dieser Zeit nannte sie Mrs. Smith immer ‚Mutter'. Tatsächlich wurde ihr der Gedanke, zwei Mütter zu haben, so vertraut, daß sie ihren Schwestern von ‚Mamas' Besuchen bei ihrer ‚Mutter' schrieb – das heißt bei Mrs. Smith.[50]
Noch wichtiger als die mütterlichen Freundinnen waren für diesen Reifungsprozeß jene Freundschaften, die die jungen Frauen selbst im Internat knüpften. Die jungen Mädchen halfen einander, das Heimweh zu überwinden und die Krisen der Adoleszenz zu überstehen. Sie schwatzten über ihre Kavaliere, nahmen einander in ihren Kreis auf, veranstalteten und besuchten zusammen Teegesellschaften und Bälle. Ältere Mädchen im Internat ‚adoptierten' jüngere, von denen sie ‚Mutter' genannt wurden.[51] Zwischen guten Freundinnen konnte dieses Muster von Adoption und Bemuttern ein Leben lang bestehen bleiben. Gewöhnlich übernahm die eine Frau die Rolle der sorgenden Vizemutter, die andere war die abhängige Tochter. Die Vizemutter verrichtete für die andere Frau all die kleinen Dienste, die wir normalerweise mit dem Muttersein verbinden. Sie mühte sich in geradezu übertriebener Weise ab, Dinge zu besorgen, die ihre ‚Tochter' auch von woanders hätte bekommen können, sie gab gute Ratschläge, und sie hatte in der Phantasie der ‚Tochter' die Funktion einer idealisierten Mutterfigur. Helena spielte für Molly eine solche Rolle, ebenso Sarah für Jeannie. Elizabeth Bordley Smith kaufte beinahe alles, was Eleanor Parke Custis Lewis brauchte – von Schuhen und Korsetthüllen bis zu Bettzeug und Harfensaiten –, und schickte es von Philadelphia nach Virginia, was manchmal monatelang dauerte. Häufig bat Eleanor Elizabeth darum, ihre Einkäufe zurückzunehmen, sie umzutauschen oder mit den Geschäftsleuten über die Preise zu verhandeln. Ohne groß darüber nachzudenken, wurden diese Gefälligkeiten erbeten und genauso auch erledigt. Anne Jefferis Sheppard betonte kurz nach ihrer Heirat – sie fühlte sich über die Trennung von ihrer Mutter deprimiert – die Analogie zwischen Mutter und ‚Vizemutter':

„Mary Paulen ist wirklich lieb, sie ist beinahe wie eine Mutter zu mir und versucht mir zu helfen und *mich zu trösten* und mir auch *meine neuen Pflichten zu erleichtern.*"[52]

Ein Vergleich der Verweise auf Männer und auf Frauen in diesen Briefen ist verblüffend. Bei den ausführlichen Werberitualen, auf die sich die Mädchen einließen, waren junge Männer natürlich unerläßlich. In diesen Teenagerbriefen und -tagebüchern jedoch erscheinen die jungen Männer als ferne und abgewehrte Gestalten – ein Ergebnis des Zusammengehörigkeitsgefühls der Mädchen und des hochentwickelten und abwertenden Gespöttels über die Männer. Die Mädchen machten ihre Scherze über Eitelkeit, Unansehnlichkeit oder Affektiertheit ihrer Freier. Nur selten, besonders im 18. und frühen 19. Jahrhundert, wurde etwas Wohlwollendes über sie geäußert. Feindseligkeiten gegen andere Frauen und Kritik an ihnen waren so selten, daß sie beinahe tabuisiert scheinen; gegenüber den Männern ihrer Peer-group indessen erlaubten sich die Mädchen ein sehr hohes Maß an Ablehnung und Feindseligkeit.[53] Erschienen unannehmbare Freier, kam es sogar vor, daß die Mädchen sich miteinander verbündeten, um sie zu ärgern. Als einer dieser Unglücklichen kam, um Sophie DuPont den Hof zu machen, versteckte sich diese in ihrem Zimmer, schickte erst einmal ihre Schwester Eleuthera zu seiner Unterhaltung vor und sandte dann dringende Zeilen an ihre Schwägerinnen und Kusinen in der Nachbarschaft und an eine Freundin, die gerade zu Besuch war; alle kamen sie Sophie zur Hilfe. Darauf tollten die jungen Frauen ausgelassen umher, und das Ganze endete erst, als Sophie an eine Tür rannte, sich die Nase anstieß und sich darauf mit ihrer Weiberschar ins Bett zurückzog. Ihr Bruder und der wahrscheinlich eher fassungslose Freier blieben allein zurück. Dies waren keine Teenagerstreiche – die Frauen waren Anfang und Mitte Zwanzig.[54]

Sogar wenn junge Männer als Freier annehmbar waren, schrieben Mädchen nur förmlich oder indirekt von ihnen: „Letzte Woche bekam ich unerwartet Nachricht von der Ankunft eines Freundes in Boston", bemerkte Sarah Ripley in ihrem Tagebuch bezüglich des jungen Mannes, mit dem sie seit Jahren verlobt war und den sie in Kürze heiraten sollte. Während der drei Jahre vor ihrer Hochzeit schrieb Harriet Marigault emsig an einem lebendigen und unterhaltsamen Tagebuch, doch sie ließ nicht eine Bemerkung über ihre Verlobung fallen noch schrieb sie gar den geringsten persönlichen Satz über ihren Verlobten – der nie als solcher bezeichnet wird, sondern immer nur als Mr. Wilcox auftaucht.[55] Es ist nicht so, daß diese Frauen junge Männer abgelehnt hätten. Weit davon entfernt; sie suchten Ehe und Häuslichkeit. Und doch erscheinen die Männer in diesen Briefen und Tagebüchern als einer anderen Gruppe oder Out-group zugehörig; sie besuchten ihre eigenen Schulen, hatten ihren Männerkreis von Freunden und Verwandten, der sie unterstützte, wurden zu einem anderen Verhalten erzogen und bekamen eingedrillt, bei der Werbung um eine Frau die angemessene Form zu wahren. Folglich fehlten den Beziehungen zwischen jungen Männern und Frauen häufig jene Spontaneität und emotionale Nähe, die die Bindungen zwischen den jungen Mädchen auszeichneten.

In deutlichem Gegensatz zu ihrem distanzierten Verhältnis zu jungen

Männern hatten junge Frauen untereinander sehr enge Beziehungen, die oft voll Ausgelassenheit und Zärtlichkeit waren und überraschend lange anhielten. Sie schickten sich geheime Briefe, verbrachten lange Tage zu zweit, kuschelten sich nachts im Bett aneinander, um sich Träume und Geheimnisse zuzuflüstern.[56] 1862 beschrieb eine junge Frau Anfang Zwanzig einer fernen Freundin eine solche Szene:

„Ich bin bis Mitternacht aufgeblieben und habe mir die Geheimnisse von Constance Kinley angehört. Ein Stuhl neben einem Bett spätabends, das ganze Haus schläft, und nur du selbst und deine Vertraute sind noch wach: diese bezauberndste aller Situationen hat sie mitteilsam gemacht. Sie hat mir also ihre ganzen Liebesgeheimnisse erzählt und versucht, dafür auch von mir ein paar Vertraulichkeiten zu erfahren; aber da ich fünf oder sechs Jahre älter bin als sie, war ich so dumm nicht ..."[57]

Elizabeth Bordley und Nelly Parke Custis, Ende des 18. Jahrhunderts Teenager in Philadelphia, verzogen sich jeden Tag regelmäßig in Nellys Mansarde, wo jede an einem Roman über die andere schrieb.[58] Ziemlich viele junge Frauen führten Tagebücher, und es war ein Zeichen besonderer Freundschaft, sich gegenseitig die Tagebücher zu zeigen. Die Bemerkungen eines jungen Mädchens, das im Grenzgebiet von Ohio aufwuchs, werfen ein Licht auf die Art von Gefühlen, die ein solcher Austausch hervorrief:

„Die Schwestern CW und RT führen ein Tagebuch, und ich darf zu meiner unermeßlichen Freude diese Tagebücher lesen, und sie sehen sich dafür meins an – aber die Schamröte steigt mir ins Gesicht, wenn ich daran denke; ihres ist so viel besser als meins, und das einfach jedesmal. Dann denke ich wohl, jetzt *werde* ich meins aber verbrennen; doch wenn ich genauer darüber nachdenke, so würde mich das ja der Freude berauben, ihres zu lesen, was ich in der Tat für ein großes Privileg halte, zudem ist es mir auch sehr förderlich. Wenn wir unsere Herzen einander öffnen, steigert das unsere Zuneigung und läßt uns auch die süße und beruhigende Freundschaft schätzen und aufrechterhalten, und das macht uns einander teuer."[59]

Es war die Regel, daß Mädchen in einem Bett schliefen, sich küßten und in die Arme nahmen. Ja, während die ansonsten leichtsinnige und hochmodische Harriet Manigault das Walzertanzen mit jungen Männern schockierend fand, erschien ihr das Walzertanzen mit anderen jungen Frauen nicht nur annehmbar, sondern geradezu angenehm.[60]

Der Adoleszenz folgte die Ehe. Immer häufiger bedeutete sie im 19. Jahrhundert auch die traumatische Trennung eines Mädchens von seiner Mutter und deren Freundeskreis. Sie machte auch die Anpassung an einen Ehemann notwendig, der – weil er ein Mann war – mit einer unterschiedlichen Weltsicht und völlig anderen Erfahrungen in die Ehe kam. Es überrascht nicht, daß die Eheschließung ein Ereignis war, das von stützenden, beinahe rituellen Praktiken begleitet wurde. (Die Hochzeit ist eines der letzten Frauenrituale, die es im 20. Jahrhundert in Amerika noch gibt.) In der Regel verbrachten junge Frauen die Monate vor ihrer Heirat beinahe ausschließlich mit Frauen – bei Nähkränzchen in der Nachbarschaft oder auf einer Besuchsrunde bei außerhalb wohnenden Freunden und Verwandten. Angeblich gingen sie dorthin, um sich bei den praktischen Vorbereitungen für ihr neues Heim, etwa beim Nähen der Aussteuer, helfen zu lassen; von gleicher Wichtigkeit war aber, daß sie offenbar emotional gestützt und beruhigt wurden. Sarah Ripley verbrachte vor ihrer Hochzeit mehr als einen Monat bei Freunden und Verwandten in Boston und Hingham; Parke Custis Lewis machte in ganz Virginia Gegenbesuche bei Tanten und Kusinen.[61] Anne Jefferis, die nur widerstrebend heiratete, verbrachte praktisch ein halbes Jahr mit unzähligen Besuchen bei Kusinen, Tanten und Freundinnen. Obwohl diese sie beruhigten und ihr zur Seite standen, wollte sie Moses Sheppard nicht heiraten, bis ihre Schwester Edith und ihre Kusine Rebecca in das Haus des Bräutigams zogen, seine Freunde kennenlernten und sich über seine Persönlichkeit ein Urteil bildeten.[62] Die Hochzeit fand erst statt, als Edith an Anne schrieb:

„Ich kann wahrhaftig sagen, daß ich absolut nichts dagegen habe, wenn Du ihn heiratest – sogar wenn Du ihm in die Dünen von Jersey folgen müßtest. Denn ich glaube, wenn Du in Zukunft nicht glücklich bist, dann wird das auf keinen Fall seine Schuld sein."[63]

Schwestern, Kusinen und Freundinnen begleiteten häufig das frischverheiratete Paar auf der Hochzeitsreise, die oft weitere Familienbesuche mit sich brachte. Diese ausgedehnten Besuche dienten wahrscheinlich dazu, die Tochter ihrer Familie zu entwöhnen, und lösten oft ambivalente Gefühle aus. Nelly Custis beispielsweise berichtete über Heimweh und Verlassenheitsgefühle auf ihrer Hochzeitsreise.

„Ich habe meine geliebte und verehrte Großmama mit dem größten Bedauern verlassen", schrieb sie an Elizabeth Bordley. „Es hat eine ganze Weile gedauert, bis ich mich damit abfinden konnte, ohne sie zu reisen."

Vielleicht hatten diese Reisen auch den Zweck, der jungen Frau, ihren Freundinnen und Verwandten darüber Beruhigung zu verschaffen, daß die Ehe die alten innigen und vertrauten Freundschaftsbande nicht zerstören würde – auch wenn sie sie möglicherweise veränderte.[64]

Auch das Eheleben wurde durch eine Vielzahl von Frauen-Ritualen strukturiert. Die Geburt, besonders die des ersten Kindes, war praktisch ein Rite de passage: Die Frau lebte vor und nach der Niederkunft überaus lange in Zurückgezogenheit, ihr Betätigungsfeld war stark eingeschränkt, und schließlich wurde ihre Rückkehr aus der Abgeschiedenheit dramatisch in Szene gesetzt.[65] Schwestern, Mütter und fürsorgliche Freundinnen überwachten die Zurückgezogenheit. Beim Stillen und bei der Entwöhnung waren Rat und Beistand von Freundinnen und Verwandten nötig, ebenso bei einer Fehlgeburt.[66] Das Sterben – wie das Gebären – wurde von ausführlichen eingeschlechtlichen Ritualen begleitet. Als Nelly Parke Custis Lewis herbeieilte, um ihre schwerkranke Tochter zu pflegen, wurde sie nicht von ihrem Ehemann unterstützt, der auf der Plantage zurückblieb, sondern von ihrer alten Schulfreundin Elizabeth Bordley. Elizabeth half Nelly, ihre sterbende Tochter zu versorgen, kümmerte sich um Nellys andere Kinder, beteiligte sich entscheidend an den aufwendigen Vorbereitungen für die Beerdigung (an der der Vater nicht teilnahm) und besuchte auf Bitten der Mutter häufig das Grab des Mädchens. Jahrelang blieb Elizabeth die Vertraute Nellys bei deren qualvollen Erinnerungen an die Tochter. Diese Erinnerungen, das machen Nellys Briefe deutlich, waren ausschließlich für Elizabeth bestimmt. „Mr. L. weiß nichts davon", war eine häufig wiederkehrende Bemerkung.[67] Praktisch jede Sammlung von Briefen und Tagebüchern enthält Hinweise darauf, daß Frauen beieinander Trost gesucht haben, waren sie mit den im 18. und 19. Jahrhundert häufigen und unvermeidlichen Todesfällen konfrontiert.[68] Als Sophie DuPont um ihren toten Vater trauerte, erhielt sie eine Menge Kondolenzbriefe und -besuche – alle von Frauen. Kein einziger Mann schrieb oder besuchte Sophie, um ihr sein Mitgefühl anläßlich des Todes ihres Vaters auszudrücken.[69] Bei den auf dem Lande lebenden Pennsylvania Quakers nahmen Todes- und Trauerrituale eine sogar noch extremere Form an; Männern bzw. Frauen war der Zugang zum Totenbett des anderen Geschlechts größtenteils untersagt. Weibliche Verwandte und Freundinnen schliefen bei der Sterbenden, pflegten sie und machten die Leiche für die Beerdigung zurecht.[70]

Die Frauen im 18. und 19. Jahrhundert lebten so in großer emotionaler Nähe zueinander. Freundschaften und der vertraute Umgang miteinander richteten sich nach den biologischen Gezeiten des Frauenlebens. Ehe und Schwangerschaft, Geburt und Entwöhnung, Krankheit und Tod brachten physische und psychische Traumata mit sich, die sich mit dem Trost und Mitgefühl anderer Frauen leichter ertragen ließen. Zwischen den Frauen, die diese spannungsreichen Momente in gegenseitiger Hilfe und Zuneigung zusammen durchlebten, bestanden innige Bande von Freundschaft und Liebe.

Diese Bande waren oft physischer und emotionaler Natur zugleich. Nicht selten zeichnete eine unbestreitbar romantische und sogar sinnliche Note diese Frauenbeziehungen aus. Dieses in allen Stadien eines Frauenlebens bedeutsame Thema tauchte erstmals in der Adoleszenz auf. So schrieb 1808 ein Teenager aus einer sich mühsam durchkämpfenden Pionierfamilie im Ohio Valley in ihr Tagebuch:

„Ich lag bei meiner geliebten R[ebecca], und wir haben bis gegen 4 [Uhr morgens] ganz herrlich geredet – o wie sehr ich sie *liebe* ..."[71]

Nur wenige Jahre später schnitzte Eunice Callender aus Boston ihre und Sarah Ripleys Initialen mitsamt einem Gelübde ewiger Liebe in ihren Lieblingsbaum und wartete dann in atemloser Spannung darauf, daß Sarah ihre Liebeserklärung finden und auf sie reagieren würde. Offensichtlich war die Reaktion positiv.[72] Ein halbes Jahrhundert später äußerte sich die weltgewandte und erfahrene Katherine Wharton über das Treffen mit einer alten Schulfreundin folgendermaßen:

„In der Schule ist sie mein ganzer Liebling gewesen , und als ich ihre zierliche Figur betrachtete, dachte ich daran, wie oft ich sie in meinen Armen gehalten habe – wie lieb ich sie einmal hatte."

Mit einem anderen Mädchen unterhielt Katie eine lange innige Freundschaft. Als ein junger Mann sich ernsthaft um diese Freundin bewarb, bemerkte Katie in ihrem Tagebuch, sie habe sich nie klargemacht, „wie tief ich Eng liebe und wie stark dieses Gefühl ist". Wieder und wieder in dieser Eintragung schrieb sie: „Wahrhaftig, ich liebe sie!", und nur äußerst zögernd verließ sie in jenem Sommer die Stadt, da das auch bedeutete, Eng mit ihrem neuen Bewerber allein zu lassen.[73]

Peggy Emlen, eine junge Quäkerin in Philadelphia um 1760, äußerte ähnliche Gefühle für ihre Kusine Sally Logan. Die Mädchen schickten sich Liebesgedichte (ähnlich denen, die Elizabeth Bordley eine Generation später an Nelly Custis schrieb), machten lange einsame Spaziergänge zusammen und irrten gar durch das Haus der anderen, war diese verreist. Peggy war wirklich sehr unglücklich, wenn Sally nicht in der Stadt war. Peggys Gefühle waren so stark, daß ihre Brüder sie mit ihrer Zuneigung zu Sally aufzuziehen begannen und – zur großen Beunruhigung beider Mädchen – drohten, Sallys Briefe zu stehlen. In einem Brief, den Peggy an die ferne Sally schrieb, geht sie ausführlich auf Tiefe und Natur ihrer Gefühle ein:

„Ich kann gar nicht sagen, wie sehr ich es erwarte, meine liebe Kusine wiederzusehen; was würde ich jetzt nicht alles für eine Stunde süßer Konversation mit ihr geben; ich habe Dir wohl tausenderlei zu erzählen, doch wenn ich Dich endlich wiedertreffe, werde ich vor lauter Freude alles andere vergessen [...] Einigen Mädchen bin ich sehr freundschaftlich zugetan, doch eine Trennung von ihnen beunruhigt mich nicht so stark wie die von Dir. [Laß uns doch] an unserem Plätzchen dort unten einen Tag miteinander verbringen und uns ungestört aneinander erfreuen!"[74]

Zwischen Sarah Alden Ripley, einer jungen Frau mit einer hervorragenden Schulbildung, und einer anderen, etwas älteren Frau entstand eine ähnlich intensive Beziehung. Daß sie sich sofort freundschaftlich zugetan waren, beruhte zunächst auf den ungewöhnlich stark ausgeprägten wissenschaftlichen Interessen beider, doch bald spielten tiefe Gefühle mit eine Rolle, zumindest von seiten Sarahs. Sie schrieb an Mary Emerson:

„Hurtig spinnt die Freundschaft die seidenen Fäden der Abhängigkeit um ihre willige Gefangene. Diese Abhängigkeit ist so süß, wer würde ihr um des Einerleis der Unabhängigkeit willen entsagen?"

Die darauf folgenden Briefe hatten einen sehr viel emotionaleren, beinahe verschwörerischen Ton. Mary besuchte Sarah heimlich in deren Zimmer, oder die jungen Frauen schlichen sich von Verwandten und Freunden davon, um sich in einem nahegelegenen Wald zu treffen. Sarah wurde eifersüchtig auf Marys andere junge Freundinnen. Auch Marys Reisen, die sie aus Boston wegführten, ließen Sarah zeitweilig in qualvolle Depressionen verfallen. Interessanterweise wurden die Briefe, die ihre Liebe detailliert beschreiben, nicht vernichtet; sie wurden aufbewahrt und sogar in einer Sarah Alden Ripley in den Himmel hebenden Biographie abgedruckt.[75]

Zärtliche Briefe zwischen erwachsenen Frauen, Zugeständnisse von Einsamkeit und emotionaler Abhängigkeit waren keine Eigenheit von Sarah Alden, Peggy Emlen oder Katie Wharton. Sie sind überall in den Briefen der fünfunddreißig untersuchten Familien zu finden. Eine Parallele dazu sind natürlich heutzutage die Gefühlsergüsse vieler heranwachsender Mädchen. Diese Frauenfreundschaften dauerten jedoch mit unverminderter, tatsächlich oft zunehmender Intensität ein ganzes Leben lang. Sarah Alden Ripley nannte ihr erstes Kind nach Mary Emerson. Nach ihrer Heirat liebte Nelly Custis Lewis Elizabeth Bordley noch mehr und war noch abhängiger von ihr. Eunice Callender war jahrelang in ihre Kusine Sarah Ripley verliebt und hielt es für unmöglich – wie eine andere Frau nahelegte –, daß ihre Liebe eines Tages vergehen könnte.[76] Sophie DuPont und Clementina Smith, die seit ihrer Kinderzeit befreundet waren, schickten sich vierzig Jahre lang Briefe voller Beteuerungen ihrer gegenseitigen Liebe und Anhänglichkeit. Und eine andere gute Freundin von Sophie, Mary Black Couper, schrieb, ihr hätte geträumt, sie selbst, Sophie und deren Mann seien in einer Ehe vereint. Marys Briefe an Sophie enthalten Liebesschwüre über Liebesschwüre, und alle Anzeichen sprechen dafür, daß sie für ihren Mann eher ambivalente Gefühle hegte. Elizabeth Schlatter, eine weitere Vertraute Sophies, schrieb ihr in einer Zeit der Krise:

„Ich wünschte, ich könnte jetzt bei Dir sein, wie es schon meine Seele und mein Herz sind – ich würde *Deinen guten Mann aus dem Bett schmeißen* – und mich an Dich kuscheln, und wir würden lange miteinander reden, wie früher in Pine Street – ich möchte Dir so vieles sagen, was sich *nicht schreiben* läßt."[77]

Solche gegenseitige Abhängigkeit und tiefe Zuneigung waren ein wesentliches Element im Leben der Frauen und gaben der weiblichen Welt der Liebesdienste und Rituale ihre besondere Tönung. Bei Katie, Sophie und Eunice – wie bei Molly, Jeannie und Sarah – verschmolz das Bedürfnis nach Nähe und Unterstützung mit dem heftigeren Wunsch nach einer Liebe, die gleichzeitig emotional und sinnlich war. Die vielleicht eindeutigste Äußerung über die lebenslangen Freundschaften zwischen Frauen findet sich in einem Brief, den die Abolitionistin und Reformerin Mary Grew etwa zur selben Zeit schrieb und in dem sie sich auf ihre Zuneigung zu ihrer geliebten Freundin und Lebensgefährtin Margaret Burleigh bezieht. Als Antwort auf einen Kondolenzbrief, den ihr eine andere Frau zu Burleighs Tod geschickt hatte, schrieb Grew:

„Was Du über meine geliebte Freundin geschrieben hast, rührt mich tief. Offensichtlich [...] verstehst und schätzt Du, wie nur wenige, [...] die Natur der Beziehung, die zwischen ihr und mir bestand und noch besteht. Auch ihre einzige noch lebende Nichte [...] versteht das. Mir scheint, es war eine engere Gemeinschaft als die meisten Ehen. Wir wissen, daß es andere derartige Gemeinschaften zwischen Männern und auch zwischen Frauen gegeben hat. Und warum auch nicht? Liebe ist etwas Seelisches, nur die Leidenschaft ist geschlechtlich."[78]

Wie also können wir letzten Endes diese langen innigen Frauenfreundschaften interpretieren und mit unserem Verständnis der viktorianischen Sexualität in Einklang bringen? Die mehrdeutigen und romantischen Worte, in denen diese Freundschaften ihren Ausdruck fanden, stellen uns vor ein elementares Rätsel: Welches ist das Verhältnis von Liebe, Sinnlichkeit und Sexualität im Spektrum menschlicher Gefühle?

Wie ich bereits bemerkt habe, liegt die Versuchung nahe, die Beziehungen von Molly, Peggy oder Sophie mit den Freundschaften zu vergleichen, die im 20. Jahrhundert üblicherweise heranwachsende Mädchen zueinander entwickeln – enge Freundschaften von großer emotionaler Intensität. Helene Deutsch und Clara Thompson betrachten diese Freundschaften als eine emotionale Voraussetzung für die psychosexuelle Entwicklung eines Mädchens. Aber derartige Freundschaften können, so geben sie zu bedenken, in eine adoleszente oder postadoleszente Homosexualität übergehen.[79]

Es lassen sich Vermutungen darüber anstellen, daß im 20. Jahrhundert eine Reihe von kulturellen Tabus entstanden sind, die die homosozialen Bindungen der Mädchenzeit beschneiden und die sich langsam zur Frau entwickelnden Dreizehn- und Vierzehnjährigen in heterosexuelle Beziehungen zwingen sollen. Die amerikanische Gesellschaft des 19. Jahrhunderts dagegen tabuisierte die engen Beziehungen zwischen Frauen nicht; sie wurden vielmehr als gesellschaftlich lebensfähige Form menschlicher Beziehungen anerkannt und als solche während des ganzen Lebens einer Frau gebilligt. Tatsächlich waren es nicht diese homosozialen Bindungen, die eingeschränkt wurden, sondern die heterosexuellen Neigungen. Während die Beziehungen zwischen Frauen sich durch Nähe, freie Äußerung von Gefühlen und uneingeschränkten Körperkontakt auszeichneten, galt meist das Gegenteil für die Beziehungen zwischen Mann und Frau. Es läßt sich also behaupten, daß es in einer solchen Frauenwelt mit ihrer gegenseitigen Unterstützung, ihrer Intimität und ihren Ritualen naheliegend war, daß sich erwachsene Frauen vertrauens- und liebevoll einander zuwandten. Dieses Verhalten hatten sie von Kindheit an beobachtet und gelernt. Die Gefühlswelt des 19. Jahrhunderts war eine andere; in ihr war es der natürliche Gang der Dinge, daß Molly und Helena Liebe füreinander empfanden.

Aufgrund dieser Überlegungen können wir auch besser verstehen, und das scheint mir ebenso wichtig zu sein, was es im 19. Jahrhundert hieß, eine heterosexuelle Ehe einzugehen. Da Männer und Frauen, wie wir gesehen haben, in relativ homogenen und voneinander abgeschlossenen eingeschlechtlichen Gruppen aufwuchsen, bedeutete die Ehe für sie ein grundsätzliches Anpassungsproblem. Aus dieser Sicht läßt sich ein Großteil der emotionalen Steifheit und Distanz, die wir mit der viktorianischen Ehe verbinden, als strukturelle Konsequenz der damaligen Geschlechtsrollendifferenzierung und Geschlechtsrollensozialisation deuten. Bei der Eheschließung mußten Mann und Frau sich auf ein Leben mit einem Menschen einstellen, der im Grunde aus einer fremden Gruppe stammte.

Bislang habe ich die emotionalen Bindungen zwischen Frauen in kultureller und psychosozialer und nicht in psychosexueller Hinsicht interpretiert. Doch enthält dieses Modell psychosexuelle Implikationen, die ich nicht verschweigen möchte. Obwohl Sigmund Freud darauf bestand, daß wir alle bisexuell seien, und trotz des kürzlichen Entscheids der *American Psychiatric Association* über die Homosexualität neigen gegenwärtig viele Psychiater – explizit oder implizit – dazu, Homosexualität als völlig abartiges und pathologisches Verhalten anzusehen, als grundverschieden von der Heterosexualität. Ich vermute, daß sie im wesentlichen zu einem Erklärungsmodell greifen, das dem in der Diskussion der Schizophrenie verwendeten gleicht. So können die Psychiater sagen, die Schizophrenie und die schizoide

Borderline-Persönlichkeit seien ganz und gar verschieden von der normalen oder der neurotischen Persönlichkeit; genauso stellen sie sich auch die Homosexualität und die latente Homosexualität als etwas von der Heterosexualität völlig Verschiedenes vor. Bei diesem schnell zu Dichotomien neigenden theoretischen Modell wird die ‚latente Homosexualität' zum Indiz für eine schleichende psychische Erkrankung – Keim eines pathologischen Zustandes, der die tatsächliche Heterosexualität eines Individuums verleugnet.

Und doch wissen wir gleichzeitig ganz genau, daß kulturelle Werte mit entscheiden, welches Geschlecht der Sexualpartner hat, den eine Person sich wählt. Wir beispielsweise erachten die homosexuelle Objektwahl bei Männern im Gefängnis, an Bord eines Schiffes oder im Internat nicht unbedingt als ausreichendes Zeichen eines pathologischen Zustandes. Ich möchte dringend raten, dieses relativierende Modell auszuweiten und davon auszugehen, daß eine Reihe von Kulturen sehr wohl mannigfaltige sexuelle und nichtsexuelle Beziehungen dulden und sogar unterstützen. Aufgrund meiner Studien über die innigen Beziehungen zwischen Frauen im 19. Jahrhundert möchte ich des weiteren vorschlagen, daß wir – anstatt eine unüberbrückbare Kluft zwischen normalem und abnormem Verhalten anzunehmen – die sexuellen und emotionalen Impulse als Teil eines Kontinuums oder Spektrums von Affektabstufungen betrachten, die von kulturellen Normen und Gegebenheiten geprägt werden – eines Kontinuums, das teilweise von beobachtetem und damit erlerntem Verhalten beeinflußt wird. Am einen Ende des Kontinuums liegt die ausgeübte Heterosexualität, am anderen die zu keinem Kompromiß bereite Homosexualität; dazwischen gibt es eine große Bandbreite von Gefühlen und sexuellen Regungen. Gewisse Kulturen und Milieus gestatten dem einzelnen eine große Bewegungsfreiheit im Rahmen dieses Spektrums. Ich meine, im 19. Jahrhundert bestand ein solches kulturelles Milieu. Das heißt, das vermeintlich repressive und destruktive Sexualethos der viktorianischen Zeit war vielleicht flexibler und hat möglicherweise den Bedürfnissen bestimmter Individuen besser entsprochen als dasjenige Mitte des 20. Jahrhunderts.

Aus dem Amerikanischen übersetzt von Sibylle Koch-Grünberg.

Anmerkungen

1 Die bemerkenswerteste Ausnahme von dieser Regel liegt bereits elf Jahre zurück: William R. Taylor und Christopher Lasch, „Two ‚Kindred Spi-

rits': Sorority and Family in New England, 1839-1846", in: *New England Quarterly*, 36, 1963, S. 25-41. Taylor hat mit seinem Konzept der „schwesterlichen" Beziehungen einen wertvollen Beitrag zur Geschichte von Frauen und zur Geschichte der Familie geleistet. Indessen lasse ich die These von Taylor-Lasch nicht gelten, daß die Frauenfreundschaften Mitte des 19. Jahrhunderts aufgrund der geographischen Mobilität und des Auseinanderfallens der kolonialen Familie entstanden sind. Ich habe festgestellt, daß es diese Freundschaften genauso häufig auch im 18. Jahrhundert gegeben hat, und vermute, daß die geographische Mobilität Mitte des 19. Jahrhunderts sie langsam zerstört hat, wie das auch mit so vielen anderen traditionellen gesellschaftlichen Institutionen geschehen ist. Helen Vendler (in ihrer Rezension von *Notable American Women, 1607-1950*, hrsg. v. Edward James und Janet James, in: *New York Times*, 5. 11. 72) weist auf die Bedeutung dieser Freundschaften hin.

2 Ich möchte nicht abstreiten, daß die Beziehungen von Frauen zu einzelnen Männern von Bedeutung waren. Ganz offensichtlich hatten Frauen ein enges Verhältnis zu Brüdern, Ehemännern, Vätern und Söhnen. Dennoch gibt es Belege dafür, daß die Beziehungen zwischen Männern und Frauen sich trotz dieser Nähe in ihrer emotionalen Beschaffenheit und Häufigkeit von denen zwischen Frauen unterschieden. Obgleich sie eine zentrale Rolle in der amerikanischen Familie und Gesellschaft spielten, sind die Beziehungen zwischen Frauen so selten von Sozialhistorikern und Familienhistorikern untersucht worden, daß ich in diesem Aufsatz einfach nur ihre Natur untersuchen und darlegen möchte, welche Implikationen sie für unser Verständnis sozialer Beziehungen und der Gesellschaftsstruktur haben. Einige Aspekte der Mann/Frau-Beziehungen habe ich in zwei Artikeln erörtert: „Puberty to Menopause: The Cycle of Femininity in Nineteenth-Century America", in: *Feminist Studies*, 1, 1973, S. 58-72, und, mit Charles E. Rosenberg, „The Female Animal: Medical and Biological Views of Women in 19th Century America", in: *Journal of American History*, 59, 1973, S. 331-356.

3 Siehe Freuds klassischen Aufsatz über Homosexualität, „Drei Abhandlungen zur Sexualtheorie" (1905), in: *GW*, 5, S. 83 ff. Prof. Roy Shafer, Fachbereich Psychiatrie der Yale University, hat darauf hingewiesen, daß Freuds Sicht des Sexualverhaltens stark von der Evolutionstheorie des 19. Jahrhunderts geprägt war. In Freuds schematischer Darstellung kennzeichnete eine genitale Heterosexualität die höchste Stufe menschlicher Entwicklung (Schafer, „Problems in Freud's Psychology of Women", in: *Journal of the Psychoanalytic Association*, 22, 1974, S. 459-485).

4 Für eine neuartige und wichtige theoretische Darstellung von Verhaltensnormen und -möglichkeiten und deren Anwendung bei der Untersuchung der menschlichen Sexualität siehe Charles Rosenberg, „Sexuality, Class and Role", in: *American Quarterly*, 25, 1973, S. 131-153.

5 Siehe z. B. die Briefe Peggy Emlens an Sally Logan, 1768-72, Wells Morris Collection, Box 1, Historical Society of Pennsylvania; und die Eleanor Parke Custis Lewis Letters, Historical Society of Pennsylvania, Philadelphia.

6 Sarah Butler Wister war die Tochter von Fanny Kemble und Pierce Butler. 1859 heiratete sie einen Arzt aus Philadelphia, Owen Wister. Der Romanautor Owen Wister ist ihr Sohn. Jeannie Field Musgrove war die Tochter des Verfassungsrichters David Dudley Field, eines republikanischen Politikers; sie war Halbwaise. Ihre Korrespondenz (1855-98) befindet sich in

den Sarah Butler Wister Papers, Wister Family Papers, Historical Society of Pennsylvania.

7 Sarah Butler, Butler Place, S.C., an Jeannie Field, New York, 14. 9. 1855.

8 Siehe z. B. Sarah Butler Wister, Germantown, Pa., an Jeannie Field, New York, 25. 9. 1862, 21. 10. 1863; oder Jeannie Field, New York, an Sarah Butler Wister, Germantown, 3. 7. 1861, 23. 1. und 12. 7. 1863.

9 Sarah Butler Wister, Germantown, an Jeannie Field, New York, 5. 6. 1861, 29. 2. 1864; Jeannie Field an Sarah Butler Wister, 22. 11. 1861, 4. 1. und 14. 6. 1863.

10 Sarah Butler Wister, London, an Jeannie Field Musgrove, New York, 18. 6. und 3. 8. 1870.

11 Siehe z. B. zwei von Sarahs Briefen an Jeannie, 21. 12. 1872 und 16. 6. 1878.

12 Dies ist der von 1868-1920 geführte Briefwechsel zwischen Mary Hallock Foote und Helena, einer Freundin aus New York (die Mary Hallock Foote Papers befinden sich in der Manuscript Division, Stanford University). Wallace E. Stegner hat eine Biographie in Romanform über Mary Hallock Foote verfaßt (*Angle of Repose*, Garden City 1971). Siehe ebenfalls ihre Autobiographie: Mary Hallock Foote, *A Victorian Gentlewoman in the Far West: The Reminiscences of Mary Hallock Foote*, hrsg. v. Rodman W. Paul (San Marino 1972). In vieler Hinsicht sind diese Briefe typisch für die Briefe, die Frauen an andere Frauen schrieben. Frauen begannen häufig Briefe aneinander mit Anreden wie „Liebste", „Meine Allerliebste", „Du Herzensmädchen" und unterschrieben sie mit „herzlichst" oder „meine teure, teure liebe Freundin, auf Wiedersehen". Ohne die geringste Befangenheit bezeichnete eine Frau ihren Mann in ihren häufigen Briefen an eine Freundin als „meine andere Liebe". Das war keineswegs ein Einzelfall. Siehe z. B. Annie an Charlene Van Vlevk Anderson, Appleton, Wis., 10. 6. 1871, Anderson Family Papers, Manuscript Division, Stanford University; Maggie an Emily Howland, Philadelphia, 12. 6. 1851, Howland Family Papers, Phoebe King Collection, Friends Historical Library, Swarthmore College; Mary Jane Burleigh an Emily Howland, Sherwood, N.Y., 27. 3. 1872, Howland Family Papers, Sophia Smith Collection, Smith College; Mary Black Couper an Sophia Madeleine DuPont, Wilmington, Del., undatiert [1834], (zwei Briefe), Samuel Francis DuPont Papers, Eleutherian Mills Foundation, Wilmington, Del.; Phoebe Middleton, Concordiville, Pa., an Martha Jefferis, Chester County, Pa., 22. 2. 1848; siehe auch die gesamte Korrespondenz (1838-49) zwischen Rebecca Biddle aus Philadelphia und Martha Jefferis, Chester County, Pa., Jefferis Family Correspondence, Chester County Historical Society, West Chester, Pa.; Phoebe Bradford, Tagebuch, 7. 6. und 13. 7. 1832, Historical Society of Pennsylvania; Sarah Alden Ripley an Abba Allyn, Boston, undatiert [1818-20]; und Sarah Alden Ripley an Sophia Bradford, 30. 11. 1854, in der Sarah Alden Ripley Correspondence, Schlesinger Library, Radcliffe College; Fanny Canby Ferris an Anne Biddle, Philadelphia, 11. 10. und 19. 11. 1811, 26. 12. 1813, Fanny Canby an Mary Canby, 27. 5. 1801, Mary R. Garrigues an Mary Canby, fünf undatierte Briefe [1802-08], Anne Biddle an Mary Canby, zwei undatierte Briefe, 16. 5. 13. 7. und 24. 11. 1806, 14. 6. 1807, 5. 6. 1808, Anne Sterling Biddle Family Papers, Friends Historical Society, Swarthmore College; Harriet Manigault Wilcox, Tagebuch, 7. 8. 1814, Historical Society of Pennsylvania. Siehe auch die Korrespondenz zwischen Harriet Manigault Wilcox' Mutter, Mrs. Gabriel

Manigault, Philadelphia, und Mrs. Henry Middleton, Charleston, S. C., zwischen 1810 und 1830, Cadwalader Collection, J. Francis Fisher Section, Historical Society of Pennsylvania. Die Basis und das Wesen dieser Freundschaften wird aus den Bemerkungen Sarah Alden Ripleys an ihre Schwägerin und langjährige Freundin Sophia Bradford ersichtlich: „Die Nachricht, daß es Dir nicht gutgeht, läßt mich daran denken, was es heißen würde, Dich nicht mehr liebevoll um mich zu haben. Wir sind ein langes Stück auf dem mühsamen Lebensweg Seite an Seite gegangen. Wir haben dieselben Menschen geliebt und miteinander an ihren Gräbern geweint." (Mrs. O. J. Wister und Miss Agnes Irwin (Hrsg.), *Worthy Women of Our First Century*, Philadelphia 1877, S. 195)

13 Mary Hallock [Foote] an Helena, undatiert [1869-70], undatiert [1871-72], Folder 1, Mary Hallock Foote Letters, Manuscript Division, Stanford University.

14 Mary Hallock [Foote] an Helena, 15. 9. und 23. 9. 1873, undatiert [Oktober 1873], 12. 10. 1873.

15 Mary Hallock [Foote] an Helena, undatiert [Januar 1874], undatiert, [Frühjahr 1874].

16 Mary Hallock [Foote] an Helena, 23. 9. 1873; Mary Hallock [Foote] an Richard, 13. 12. 1873. Mollys und Helenas Beziehung dauerte bis an ihr Lebensende. Mollys Briefe sind voller zärtlicher und vertrauter Bemerkungen. So schrieb sie zwanzig Jahre später und aus 2000 Meilen Entfernung: „Ich liebe Dich nicht, weil Du gut bist – ich liebe Dich um Deines Wesens willen, so wie ich einen schönen Duft liebe" (undatiert [1890er?]).

17 Ich arbeite gerade an einer umfassenderen Studie über Geschlechtsrollen für Erwachsene und Geschlechtsrollensozialisation in Amerika, 1785 bis 1895. Eine Erörterung der gesellschaftlichen Vorstellungen von angemessenen Männer- und Frauenrollen bei: Barbara Welter, „The Cult of True Womanhood: 1820-1860", in: *American Quarterly*, 18, 1966, S. 151-74; Ann Firor Scott, *The Southern Lady: From Pedestal to Politics, 1830 bis 1930,* Chicago 1970, Kap. 1-2.

18 Siehe z. B. die Briefe von Peggy Emlen an Sally Logan, 1768-72, Wells Morris Collection, Box 1, Historical Society of Pennsylvania; und die Eleanor Parke Custis Lewis Letters, Historical Society of Pennsylvania.

19 Siehe bes. Elizabeth Botts, *Family and Social Network,* London 1957; Michael Young und Peter Wilmott, *Family and Kinship in East London*, Baltimore 1964.

20 Dieses Modell hatte anscheinend klassenübergreifende Gültigkeit. Ein Brief, den eine irische Hausangestellte in den dreißiger Jahren des 19. Jahrhunderts schrieb, enthält siebzehn Einzelverweise auf Frauen, aber nur sieben auf Männer, von denen die meisten Verwandte und zwei kleine Brüder waren, die bei der Mutter lebten und im Zusammenhang mit dieser erwähnt wurden (Ann McGrann, Philadelphia, an Sophie M. DuPont, Philadelphia, 3. 6. 1834, Sophie Madeleine DuPont Letters, Eleutherian Mills Foundation).

21 Harriett Manigault, Tagebuch, 28. 6. 1814 und ff.; Jeannie Field, New York, an Sarah Butler Wister, Germantown, 19. 4. 1863; Phoebe Bradford, Tagebuch, 30. 1., 19. 2., 4. 3., 11. 8. und 14. 10. 1832, Historical Society of Pennsylvania; Sophie M. DuPont, Brandywine, an Henry DuPont, Germantown, 9. 7. 1827, Eleutherian Mills Foundation.

22 Martha Jefferis an Ann Jefferis Shepparrd, 9. 7. 1843; Anne Jefferis Sheppard an Martha Jefferis, 28. 6. 1846; Anne Sterling Biddle Papers,

passim, Biddle Family Papers, Friends Historical Society, Swarthmore College; Eleanor Parke Custis Lewis, Virginia, an Elizabeth Bordley Gibson, Philadelphia, 24. 11. und 4. 12. 1820, 6. 11. 1821.

23 Phoebe Bradford, Tagebuch, 13. 1., 16.-19. 11. 1832, 26. 4. und 7. 5. 1833; Abigail Brackett Lyman an Mrs. Catling, Litchfield, Conn., 3. 5. 1801, Privatsammlung; Martha Jefferis an Anne Jefferis Sheppard, 28. 8. 1845.

24 Lisa Mitchell, Tagebuch, 1860er, passim, Manuscript Division, Tulane University; Eleanor Parke Custis Lewis an Elizabeth Bordley [Gibson], 5. 2. 1822; Jeannie McCall, Cedar Park, an Peter McCall, Philadelphia, 30. 6. 1849, McCall Section, Cadwalader Collection, Historical Society of Pennsylvania.

25 Peggy Emlen an Sally Logan, 3. 5. 1769.

26 Erstklassige Beispiele dieser Art Briefe: Eleanor Parke Custis Lewis an Elizabeth Bordley Gibson, passim; Fanny Canby an Mary Canby, Philadelphia, 27. 5. 1801; Sophie DuPont, Brandywine, an Henry DuPont, Germantown, 4. 2. 1832.

27 Der Wohnort ist nicht die einzige bedeutsame Variable bei der Charakterisierung von Familienstrukturen. Starke emotionale Bindungen, häufige Besuche und ein Briefwechsel können Familien vereinen, die nicht unter einem Dach leben. Demographische Studien, die nur auf der Struktur des Haushalts basieren, können derartige emotionale und sogar ökonomische Bindungen zwischen Familien nicht wiedergeben.

28 Eleanor Parke Custis Lewis an Elizabeth Bordley Gibson, 20. 4. und 25. 9. 1848.

29 Mary Inskeep an Fanny Hampton, Korrespondenz, 1823-60, Inskeep Collection, Tulane University Library.

30 Eunice Callender, Boston, an Sarah Ripley [Stearns], 24. 9. und 29. 10. 1803, 16. 2. 1805, 29. 4. und 9. 10. 1806, 26. 5. 1810.

31 Sophie DuPonts Briefe an ihren jüngeren Bruder Henry (sie war beauftragt, ihm während seines Aufenthalts im Internat zu schreiben) sind voller Berichte von Familienbesuchen (siehe z. B.: 13. 12. 1827, 10. 1. und 9. 3. 1828, 4. 2. und 10. 3. 1832; ebenso Sophie DuPont an Victorine DuPont Bauday, 26. 9. und 4. 12. 1827, 22. 2. 1828; Sophie DuPont, Brandywine, an Clementina B. Smith, Philadelphia, 15. 1. 1830; Eleuthera DuPont, Brandywine, an Victorine DuPont Bauday, Philadelphia, 17. 4. 1821, 20. 10. 1826; Evelina DuPont [Biderman] an Victorine DuPont Bauday, 18. 10. 1816). Weitere Beispiele aus der Historical Society of Pennsylvania sind: Harriet Manigault [Wilcox], Tagebuch, 17. 8., 8. 9., 19. und 20. 10., 22. 12. 1814; Jane Zook, Westtown School, Chester County, Pa., an Mary Zook, 13. 11., 7. und 11. 12. 1870, 26. 2. 1871; Eleanor Parke Custis [Lewis] an Elizabeth Bordley [Gibson], 30. 3. 1796, 7. 2. und 20. 3. 1798; Jeannie McCall an Peter McCall, Philadelphia, 12. 11. 1847; Mary B. Ashew, Tagebuch, 11. und 13. 7., 17. 8., Sommer und Oktober 1858; und, aus einer Privatsammlung, Edith Jefferis an Anne Jefferis Sheppard, November 1841, 5. 4. 1842; Abigail Brackett Lyman, Northhampton, Mass., an Mrs. Catling, Litchfield, Conn., 13. 5. 1801; Abigail Brackett Lyman, Northhampton, an Mary Lord, 11. 8. 1800. Mary Hallock Foote machte mit ihrer Schwester, deren Kindern, ihrer Tante und einer Kusine im Sommer 1874 Ferien; die Kusinen besuchten häufig die Farm der Hallocks in Milton, N.Y. In späteren Jahren gründeten Molly und ihre Schwester Bessie einen gemeinsamen Haushalt in Boise, Idaho (Mary Hallock Foote an Helena, Juli [1847?] und passim). Jeannie Field, die anfangs

ihre Schwägerin Laura nicht mochte, kam ihr sehr nahe, nannte sie „meine kleine Schwester" und verbrachte manchmal praktisch den ganzen Tag mit ihr (Jeannie Field [Musgrove], New York, an Sarah Butler Wister, Germantown, 1., 8. und 15. 3. und 9. 5. 1863).

32 Martha Jefferis an Anne Jefferis Sheppard, 12. 1. 1845; Phoebe Middleton an Martha Jefferis, 22. 2. 1848. Viele andere Frauen blieben ein langes Leben der Schwester oder Schwägerin nahe (Phoebe Bradford, Tagebuch, 7. 6. 1832, und Sarah Alden Ripley an Sophia Bradford, zit. in Wister und Irwin, a.a.O., S. 195).

33 Rebecca Biddle an Martha Jefferis, 1838-49, passim; Martha Jefferis an Anne Jefferis Sheppard, 6. 7. 1846; Anne Jefferis Sheppard an Rachael Jefferis, 16. 1. 1865; Sarah Foulke Farquhar [Emlen], Tagebuch, 22. 9. 1813, Friends Historical Library, Swarthmore College; Mary Garrigues an Mary Canby [Biddle], 1802-08, passim; Anne Biddle an Mary Canby [Biddle], 16. 5., 13. 7. und 24. 11. 1806, 14. 6. 1807, 5. 6. 1808.

34 Sarah Alden Ripley an Abba Allyn, undatiert, Schlesinger Library.

35 Phoebe Bradford, Tagebuch, 13. 7. 1832.

36 Mary Hallock [Foote] an Helena, 23. 12. [1868 oder 1869]; Phoebe Bradford, Tagebuch, 8. 12. 1832; Martha Jefferis an Anne Jefferis, alle Briefe.

37 Martha Jefferis an Anne Jefferis Sheppard, 3. 8. 1849; Sarah Ripley [Stearns], Tagebuch, 12. 11. 1808, 8. 1. 1811. In den Tagebucheintragungen Sarah Ripleys ist ein interessanter Ton von Feindseligkeit bzw. Rivalität zu spüren. Offensichtlich verübelte Sarah es dem Ehemann sehr, daß er so schnell wieder heiratete.

38 Martha Jefferis an Edith Jefferis, 15. 3. 1841; Mary Hallock Foote an Helena, undatiert [1874-75?]; siehe auch Jeannie Field, New York, an Sarah Butler Wister, Germantown, 5. 5. 1863; Emily Howland, Tagebuch, Dezember 1879, Howland Family Papers.

39 Anne Jefferis Sheppard an Martha Jefferis, 29. 9. 1841.

40 Frances Parke Lewis an Elizabeth Bordley Gibson, 29. 4. 1821.

41 Mary Jane Burleigh, Mount Pleasant, S. C., an Emily Howland, Sherwood, N.Y. 27. 3. 1872, Howland Family Papers; Emily Howland, Tagebuch, 16. 9. 1879, 21. 1. und 23. 1. 1880; Mary Black Couper, New Castle, Del., an Sophie M. DuPont, Brandywine, 7. 4. 1834.

42 Harriet Manigault, Tagebuch, 15., 21. und 23. 8. 1814, Historical Society of Pennsylvania; Polly [Simmons] an Sophie Madeleine DuPont, Februar 1822; Sophie Madeleine DuPont an Victorine Bauday, 4. 12. 1827; Sophie Madeleine DuPont an Clementina Beach Smith, 24. 7. 1828, 19. 8. 1829; Clementina Beach Smith an Sophie Madeleine DuPont, 29. 4. 1831; Mary Black Couper an Sophie Madeleine DuPont, 24. 12. 1828, 21. 7. 1834. Dies traf anscheinend für alle gesellschaftlichen Klassen zu. Als eine frühere Mitschülerin aus der Sonntagsschule (die Tochter eines Arbeiters in der Fabrik ihres Vaters) an Sophie DuPont schrieb, erörterte sie ganz selbstverständlich die Gesundheit und die Aktivitäten ihrer Mutter (Ann McGrann an Sophie Madeleine DuPont, 25. 8. 1832). Siehe auch Elizabeth Bordley an Martha, undatiert [1797]; Eleanor Parke Custis [Lewis] an Elizabeth Bordley [Gibson], 13. 5. 1796, 1. 7. 1798; Peggy Emlen an Sally Logan, 8. 1. 1786. Bis auf die zwischen Emlen und Logan befinden sich alle Briefe in der Eleanor Parke Custis Lewis Correspondence, Historical Society of Pennsylvania.

43 Mrs. S. S. Dalton, *Autobiography*, (Circle Valley, Utah 1876), S. 21-22,

Bancroft Library, University of California, Berkeley; Sarah Foulke Emlen, Tagebuch, April 1809; Louisa G. Van Vleck, Appleton, Wis., an Charlena Van Vleck Anderson, Göttingen, undatiert [1875]; Harriet Manigault, Tagebuch, 16. 8. 1814, 14. 7. 1815; Sarah Alden Ripley an Sophy Fisher, [frühe sechziger Jahre], zit. in: Wister und Irwin, a.a.O., S. 212. Die Familiendokumente der Jefferis enthalten eine Menge einfühlsamer Briefe zwischen Martha und ihren Töchtern Anne und Edith. Siehe z. B. Martha Jefferis an Edith Jefferis, 26. 12. 1836, 11. 3. 1837, 15. 3. 1841; Anne Jefferis Sheppard an Martha Jefferis, 17. 3. 1841, 17. 1. 1847; Martha Jefferis an Anne Jefferis Sheppard, 17. 4. 1848, 30. 4. 1849. Typisch ist der Brief vom 9. März 1837 von Edith an Martha: „Ich kann aus ganzem Herzen auf die Worte meiner innig geliebten Mutter antworten, daß die Trennung unsere Zuneigung zueinander nicht vermindert, sondern – falls das überhaupt noch möglich ist – die Bande verstärkt hat, die uns einen, und ich muß doch noch einmal festhalten, in welch inniger Kameradschaft wir haben zusammensein können, und daß uns das gestärkt hat, die Bürde der anderen mit zu tragen."

44 Abigail Brackett Lyman, Boston, an Mrs. Abigail Brackett (Tochter an Mutter), undatiert [1797], 3. 6. 1800; Sarah Alden Ripley schrieb ihrer Tochter, Sophy Ripley Fisher, nach deren Verheiratung wöchentlich (Sarah Alden Ripley Correspondence, passim); Phoebe Bradford, Tagebuch, 25. 2. 1833, passim, 1832-33; Louisa G. Van Vleck an Charlena Van Vleck Anderson, 15. 12. 1873, 4. 7., 15. 8. und 29. 8., 19. 9., 9. 11. 1875. Der lange Briefwechsel von Eleanor Parke Custis Lewis mit Elizabeth Bordley Gibson enthält Anzeichen dafür, daß sie verschiedene Male in ihrer Jugend und bei ihrer Eheschließung Angst davor hatte, das Haus ihrer Stiefmutter zu verlassen, und daß sie sich nach ihren Töchtern sehnte, die beide verheiratet und nach Louisiana gezogen waren (Eleanor Parke Custis [Lewis] an Elizabeth Bordley [Gibson], 13. 10. 1795, 4. 11. 1799, passim, 1820er und 1830er). Anne Jefferis Sheppard empfand beträchtliche Angst, als sie anläßlich ihrer Verheiratung zwei Tagesreisen von ihrer Mutter wegzog. Diese Einsamkeit und das Gefühl von Isolation blieben während ihrer Ehe weiterbestehen, bis sie – schließlich verwitwet – wieder zu ihrer Mutter zurückkehrte, um bei ihr zu leben (Anne Jefferis Sheppard an Martha Jefferis, April 1841, 16. 10. 1842, 2. 4., 22. 5. und 12. 10. 1844, 3. 9. 1845, 17. 1. 1847, 16. 5., 3. 6. und 31. 10. 1849; Anne Jefferis Sheppard an Susanna Lightfoot, 23. 3. 1845, und an Joshua Jefferis, 14. 5. 1854). Offensichtlich schliefen Töchter häufig mit ihrer Mutter in einem Bett – und das, bis sie erwachsen waren (Harriet Manigault [Wilcox], Tagebuch, 19. 2. 1815; Eleanor Parke Custis Lewis an Elizabeth Bordley Gibson, 10. 10. 1832). Oft fragten Töchter ihre Mutter auch, ob diese bei ihnen leben wolle, und waren entzückt, wenn sie das dann tat. Siehe z. B. Sarah Alden Ripleys Worte an George Simmons, 6. 10. 1844, zit. in Wister und Irwin, a.a.O., S. 185: „Jetzt heißt es nicht mehr ‚Mutter und Charles kamen für einen Tag heraus und fuhren am nächsten Tag wieder nach Hause', denn Mutter lebt jetzt bei uns: sie hat das innerste Heiligtum betreten, ist in die Mysterien der Hausgötter eingeweiht worden. [...] Sie unterhält sich damit, Strümpfe zu stopfen, [...] Laken und Servietten zu bleichen [...] und am Abend mit mir einen Spaziergang zu machen, wobei wir uns über unsere Kinder unterhalten, unsere Erfahrungen miteinander vergleichen, das, was wir gelernt und was wir gelitten haben; und ganz zuletzt vervollständigt sie mit Birnen und Melonen den munteren Kreis um

die Lampe." Wir haben ein paar Ausnahmen von diesem Glück zwischen Mutter und Tochter gefunden (M. B. Ashew, Tagebuch, 19. 11. 1857, 10. 4. und 17. 5. 1858). Sarah Foulke Emlen hatte zu ihrer Stiefmutter anfangs ein sehr feindseliges Verhältnis (Sarah Foulke Emlen, Tagebuch, 9. 8. 1807), aber später entwickelten sie eine warme, sich gegenseitig stützende Freundschaft.

45 Sarah Alden Ripley an Sophy Thayer, undatiert [1861].

46 Mary Hallock Foote an Helena [Winter 1873] (Nr. 52); Jossie, Stevens Point, Wis., an Charlena Van Vleck [Anderson], Appleton, Wis., 24. 10. 1870; Pollie Chandler, Green Bay, Wis., an Charlena Van Vleck [Anderson], Appleton, undatiert [1870]; Eleuthera DuPont an Sophie DuPont, 5. 9. 1829; Sophie DuPont an Eleuthera DuPont, Dezember 1827; Sophie DuPont an Victorine Bauday, 4. 12. 1827; Mary Gilpin an Sophie DuPont, 26. 9. 1827; Sarah Ripley Stearns, Tagebuch, 2. 4. 1809; Jeannie McCall an Peter McCall, 27. 10. [späte vierziger Jahre]. Der Briefwechsel von Eleanor Parke Custis Lewis mit Elizabeth Bordley Gibson beschreibt anschaulich ein derartiges Lehrverhältnis über zwei Generationen hinweg – das ihrer eigenen Kindheit und das ihrer Töchter. Eleanor Lewis' eigene Lehrzeit war sogar ziemlich formal geregelt. Sie wurde bewußt von ihrer Pflegemutter getrennt, um einen Winter des häuslichen Lebens mit ihrer verheirateten Schwester und ihrer wiederverheirateten Mutter zu verbringen. Das Heim der Pflegemutter (Martha Washington) in der Hauptstadt wurde eindeutig nicht für den rechten Ort gehalten, um häusliche Fähigkeiten zu entwickeln (13. 10. 1795, 30. 3., 13. 5. und [Sommer] 1796, 18. 3. und 27. 4. 1797).

47 Nicht nur die Töchter der Wohlhabenden erhielten eine Schulbildung. Sarah Foulke Emlen, die Tochter eines Grenzfarmers im Ohio Valley, besuchte beispielsweise Anfang des 19. Jahrhunderts einige Jahre lang die Schule. Sarah Ripley Stearns, die Tochter eines Ladenbesitzers, ging nur drei Monate lang in ein Internat, doch scheint es ein sehr wichtiges Erlebnis für sie gewesen zu sein. Mrs. S. S. Dalton, eine Mormonin aus Utah, besuchte eine Reihe von schlechten Landschulen und schätzte diese ihre Möglichkeit hoch ein; sie empfand jedoch auch erhebliche Schuldgefühle über die Opfer, die ihre Mutter brachte, um ihre Erziehung zu ermöglichen (Sarah Foulke Emlen Journal, Sarah Ripley Stearns Diary, Mrs. S. S. Dalton, *Autobiography*, a.a.O.).

48 Mary Revere an ihre Mutter [Mrs. Paul Revere], 13. 6. 1801, Paul Revere Papers, Massachusetts Historical Society. In einem Brief an Elizabeth Bordley Gibson vom 28. 3. 1847 beschreibt Eleanor Parke Custis Lewis aus Virginia die Angst, die ihre Tochter empfand, als deren Töchter von zu Hause weggingen, um das Internat zu besuchen. Eleuthera DuPont hatte großes Heimweh, als sie in den frühen zwanziger Jahren des 19. Jahrhunderts in Philadelphia zur Schule ging (Eleuthera DuPont, Philadelphia, an Victorine Bauday, Wilmington, Del., 7. 4. 1821; Eleuthera DuPont an Sophie M. DuPont, Wilmington, Del., Februar u. 3. 4. 1821).

49 Elizabeth Bordley Gibson, eine ältere Dame aus Philadelphia, übernahm bei den Töchtern und Nichten ihrer lebenslangen Freundin Eleanor Parke Custis Lewis, der Ehefrau eines Plantagenbesitzers aus Virginia, eine solche Rolle (Eleanor Parke Custis Lewis an Elizabeth Bordley Gibson, 29. 1. 1833, 19. 3. 1826 und passim). Die Ehefrau von Thomas Gurney Smith spielte eine ähnliche Rolle für Eleuthera und Sophie DuPont (siehe z. B. Eleuthera DuPont an Sophie Madeleine DuPont, 22. 5. 1825; Rest Cope

an Philema P. Swayne [Nichte], West Town School, Chester County, Pa., 8. 4. 1829, Friends Historical Library, Swarthmore College). Einen Überblick darüber, wie sich dieses gesellschaftliche Muster über drei Generationen hinweg hielt, geben die Briefe und Tagebücher dreier Generationen von Frauen der Manigaults in Philadelphia: Mrs. Gabrielle Manigault, ihre Tochter Harriet Manigault Wilcox und ihre Enkelin Charlotte Wilcox McCall. Leider befinden sich die Schriftstücke der drei Frauen nicht in der Familiensammlung (Mrs. Henry Middleton, Charleston, S.C., an Mrs. Gabrielle Manigault, undatiert [ungefähr 1805]; Harriet Manigault, Tagebuch, Bd. 1, 1. 12. 1813, 28. 6. 1814; Charlotte Wilcox McCall, Tagebuch Bd. 1, 1842, passim. Alle in der Historical Society of Philadelphia).

50 Frances Parke Lewis, Woodlawn, Va., an Elizabeth Bordley Gibson, Philadelphia, 11. 4. 1821, Lewis Correspondence; Eleuthera DuPont, Philadelphia, an Victorine DuPont Bauday, Brandywine, 8. 12. 1821, 31. 1. 1822; Eleuthera DuPont, Brandywine, an Magaretta Lammont [DuPont], Philadelphia, Mai 1823.

51 Sarah Ripley Stearns, Tagebuch, 9. 3. und 25. 3. 1810; Peggy Emlen an Sally Logan, März und 4. 7. 1769; Harriet Manigault [Wilcox], Tagebuch, Bd. 1, 1. 12. 1813, 28. 6. und 18. 9. 1814, 10. 8. 1815; Charlotte Wilcox McCall, Tagebuch, 1842, passim; Fanny Canby an Mary Canby, 27. 5. 1801, 17. 3. 1804; Deborah Cope, West Town School, an Rest Cope, Philadelphia, 9. 7. 1828, Chester County Historical Society, West Chester, Pa.; Anne Zook, West Town School, an Mary Zook, Philadelphia, 30. 1. 1866, Chester County Historical Society, West Chester, Pa.; Mary Gilpin an Sophie Madeleine DuPont, 25. 2. 1829; Eleanor Parke Custis [Lewis] an Elizabeth Bordley [Gibson], 27. 4., 2. 7. und 8. 9. 1797, 30. 6. 1799, 29. 12. 1820; Frances Parke Lewis an Elizabeth Bordley Gibson, 20. 12. 1820.

52 Anne Jefferis Sheppard an Martha Jefferis, 17. 3. 1841.

53 Peggy Emlen an Sally Logan, März 1769, Mount Vernon, Va., Eleanor Parke Custis [Lewis] an Elizabeth Bordley [Gibson], Philadelphia, 27. 4. 1797, 30. 6. 1799; Jeannie Field, New York, an Sarah Butler Wister, Germantown, 3. 7. 1861, 16. 1. 1863; Harriet Manigault, Tagebuch, 3. und 11.-13. 8. 1814; Eunice Callender, Boston, an Sarah Ripley [Stearns], Greenfield, 4. 3. 1809. Ich bin bei diesem Verbot von Feindseligkeit zwischen Frauen auf eine Ausnahme gestoßen. Und zwar im Tagebuch der Charlotte Wilcox McCall, Philadelphia (siehe z. B. ihren Tagebucheintrag vom 23. 3. 1842).

54 Sophie M. DuPont und Eleuthera DuPont, Brandywine, an Victorine DuPont Bauday, Philadelphia, 25. 1. 1832.

55 Sarah Ripley [Stearns], Tagebuch, und Harriet Manigault, Tagebuch, passim.

56 Sophie Madeleine DuPont an Eleuthera DuPont, Dezember 1827; Clementina Beach Smith an Sophie Madeleine DuPont, 26. 12. 1828; Sarah Foulke Emlen, Tagebuch, 21. 7. 1808, 30. 3. 1809; Annie Hethroe, Ellington, Wis., an Charlena Van Vleck [Anderson], Appleton, Wis., 23. 4. 1865; Frances Parke Lewis, Woodlawn, Va., an Elizabeth Bordley [Gibson], Philadelphia, 20. 12. 1820; Fanny Ferris an Debby Ferris, West Town School, Chester County, Pa., 29. 5. 1826. Ein ausgezeichnetes Beispiel dafür, mit welcher Wärme Frauen über andere Frauen sprachen und mit welcher Reserviertheit sie Männer erwähnten, geben zwei Tagebucheinträge Sarah Ripley Stearns. Am 8. 1. 1811 bemerkt sie über eine junge

Freundin: „Die liebenswerte Mrs. White aus Princeton, [...] eines der lieblichsten und interessantesten Wesen, die ich je kennengelernt habe, jung, blond und blühend, [...] von allen geliebt, [...] dazu geschaffen zu gefallen und zu bezaubern." Den Mann, den sie schließlich heiratete, erwähnt sie immer nur als „mein Freund" oder „ein Freund" (2. 2. oder auch 23. 4. 1810).

57 Jeannie Field, New York, an Sarah Butler Wister, Germantown, Brief vom 6. 4. 1862.

58 Elizabeth Bordley Gibson, Einleitung zu den Eleanor Parke Custis Lewis Letters [1850 ff.], Historical Society of Pennsylvania.

59 Sarah Foulke [Emlen], Tagebuch, 30. 3. 1809.

60 Harriet Manigault, Tagebuch, 26. 5. 1815.

61 Sarah Ripley [Stearns], Tagebuch, 17. 5. und 2. 10. 1812; Eleanor Parke Custis Lewis an Elizabeth Bordley Gibson, 23. 4. 1826; Rebecca Ralston, Philadelphia, an Victorine DuPont [Bauday], Brandywine, 27. 9. 1813.

62 Anne Jefferis an Martha Jefferis, 22. und 27. 11. 1840, 13. 1. und 17. 3. 1841; Edith Jefferis, Greenwich, N.J., an Anne Jefferis, Philadelphia, 31. 1., 6. 2. und Februar 1841.

63 Edith Jefferis an Anne Jefferis, 31. 1. 1841.

64 Eleanor Parke Custis Lewis an Elizabeth Bordley, 4. 11. 1799. Eleanor und ihre Tochter Parke empfanden ähnliche Sorge und Angst, als Parke heiratete und nach Cincinnati zog (Eleanor Parke Custis Lewis an Elizabeth Bordley Gibson, 23. 4. 1826). Helena DeKay besuchte Mary Hallock in den Monaten vor ihrer Hochzeit; Mary Hallock war Brautjungfer bei dieser Hochzeit. Ungefähr drei Wochen nach ihrer Hochzeit besuchte Helena Molly wieder; dann kam Molly mit Helena und verbrachte eine Woche mit dieser und Richard in deren neuer Wohnung (Mary Hallock [Foots] an Helena DeKay Gilder [Frühjahr 1874] [Nr. 61], 10. 5. 1874 [Mai 1874], 14. 6. 1874 [Sommer 1874]). Siehe auch Anne Biddle, Philadelphia, an Clement Biddle [Bruder], Wilmington, 12. 3. und 27. 5. 1827; Eunice Callender, Boston, an Sarah Ripley [Stearns], Greenfield, Mass., 3. 8. 1807, 26. 1. 1808; Victorine DuPont Bauday, Philadelphia, an Evelina DuPont [Biderman], Brandywine, 25. und 26. 11., 1. 12. 1813; Peggy Emlen an Sally Logan, undatiert [1769-70?]; Jeannie Field, New York, an Sarah Butler Wister, Germantown, 3. 7. 1861.

65 Mary Hallock an Helena DeKay Gilder [1876] (Nr. 81); undatiert (Nr. 83), 3. 3. 1884; Mary Ashew, Tagebuch, Bd. 2, September-Januar 1860; Louisa Van Vleck an Charlena Van Vleck Anderson, undatiert [1875]; Sophie DuPont an Henry DuPont, 24. 7. 1827; Benjamin Ferris an William Canby, 13. 2. 1805; Benjamin Ferris an Mary Canby Biddle, 20. 12. 1825; Anne Jefferis Sheppard an Martha Jefferis, 15. 9. 1884; Martha Jefferis an Anne Jefferis Sheppard, 4. 7. 1843, 5. 5. 1844, 3. 5. 1847, 17. 7. 1849; Jeannie McCall an Peter McCall, 26. 11. 1847, undatiert [späte vierziger Jahre]. Eine anschauliche Beschreibung des eine Erstgeburt begleitenden Rituals findet sich in Abigail Lymans Brief an ihren Gatten Erastus Lyman vom 18. 10. 1810.

66 Fanny Ferris an Anne Biddle, 19. 11. 1811; Eleanor Parke Custis Lewis an Elizabeth Bordley Gibson, 4. 11. 1799, 27. 4. 1827; Martha Jefferis an Anne Jefferis Sheppard, 31. 1. 1843, 4. 4. 1844; Martha Jefferis an Phoebe Sharpless Middleton, 4. 6. 1846; Anne Jefferis Sheppard an Martha Jefferis, 20. 8. 1843, 12. 2. 1844; Maria Inskeep, New Orleans, an Mrs. Fanny G. Hampton, Bridgeton, N.J., 22. 9. 1848; Benjamin Ferris an

Mary Canby, 14. 2. 1805; Fanny Ferris an Mary Canby [Biddle], 2. 12. 1816.

67 Eleanor Parke Custis Lewis an Elizabeth Bordley Gibson, Oktober-November 1820, passim.

68 Emily Howland an Hannah, 30. 9. 1866; Emily Howland, Tagebuch, 8., 11., 27. 2. 1880; Phoebe Bradford, Tagebuch, 12. und 13. 4. und 4. 8. 1833; Eunice Callender, Boston, an Sarah Ripley [Stearns], Greenwich, Mass., 11. 9. 1802, 26. 8. 1810; Mrs. H. Middleton, Charleston, an Mrs. Gabrielle Manigault, Philadelphia, undatiert [etwa 1805]; Mrs. H. C. Paul an Mrs. Jeannie McCall, Philadelphia, undatiert [vierziger Jahre]; Sarah Butler Wister, Germantown, an Jeannie Field [Musgrove], New York, 22. 4. 1864; Jeannie Field [Musgrove] an Sarah Butler Wister, 25. 8. 1861, 6. 7. 1862; S. B. Raudolph an Elizabeth Bordley [Gibson], undatiert [Ende des 18. Jh.]. Beispiele ähnlicher Briefe zwischen Männern: Henry Wright an Peter McCall, 10. 12. 1852; Charles McCall an Peter McCall, 4. 1. 1860, 22. 3. 1864; R. Mercer an Peter McCall, 29. 11. 1872.

69 Mary Black [Couper] an Sophie Madeleine Dupont, Februar 1827 [1. 11. 1834], 12. 11. 1834, zwei Briefe [Ende November 1834]; Eliza Schlatter an Sophie Madeleine DuPont, 2. 11. 1834.

70 Für einige Hinweise auf die Todesfeierlichkeiten in den Jefferis-Dokumenten siehe Martha Jefferis an Anne Jefferis Sheppard, 28. 9. 1843, 21. 8. und 25. 9. 1844, 11. 1. 1846, Sommer 1848, passim; Anne Jefferis Sheppard an Martha Jefferis, 20. 8. 1843; Anne Jefferis Sheppard an Rachel Jefferis, 17. 3. 1863, 9. 2. 1868. Für andere Quäkerfamilien siehe Rachel Biddle an Anne Biddle, 23. 7. 1854; Sarah Foulke Farquhar [Emlen], Tagebuch, 30. 4. 1811, 14. 2. 1812; Fanny Ferris an Mary Canby, 31. 8. 1810. Das soll nicht heißen, daß Frauen und Männer nicht zusammen um einen Toten klagten. Dennoch unterstützten und trösteten in vielen Familien die Frauen Frauen und die Männer Männer. Sterbefeierlichkeiten, bei denen nur Personen eines Geschlechts anwesend sind, waren eine emotionale Möglichkeit für die Amerikaner des 19. Jahrhunderts.

71 Sarah Foulke [Emlen], Tagebuch, 29. 12. 1808.

72 Eunice Callender, Boston, an Sarah Ripley [Stearns], Greenfield, Mass., 24. 5. 1803.

73 Katherine Johnstone Brinley [Wharton], Tagebuch, 26. 4., 30. 5. und 29. 5. 1856, Historical Society of Pennsylvania.

74 In der Wells Morris Collection ist eine Folge von etwa vierzehn Briefen Peggy Emlens an Sally Logan (1768-71) erhalten (Box 1, Historical Society of Pennsylvania, siehe bes. 3. 5. und 4. 7. 1769, 8. 1. 1768).

75 Die Sarah Alden Ripley Collection der Arthur M. Schlesinger, Sr., Library, Radcliffe College, enthält eine Reihe von Sarah Alden Ripleys Briefen an Mary Emerson. Die meisten sind undatiert, aber sie umfassen etliche Jahre, und es gibt darunter Briefe, die sowohl vor Sarahs Hochzeit wie danach geschrieben wurden. Die überschwengliche Kurzbiographie erschien in: Wister und Irwin, a.a.O. Es sollte festgehalten werden, daß Sarah Butler Wister eine der Herausgeberinnen war, die so einfühlsam die Auswahl unter Sarahs Briefen trafen.

76 Siehe Sarah Alden Ripley an Mary Emerson, 19. 11. 1823. Sarah Alden Ripley las ihrer kleinen Tochter Mary immer die Briefe Mary Emersons vor – wahrscheinlich eine feierliche Handlung. Eleanor Parke Custis Lewis berichtet, daß sie dasselbe mit Elizabeth Bordley Gibsons Briefen tat. Eunice Callender, Boston, an Sarah Ripley [Stearns], 19. 10. 1808.

[Stearns], 19. 10. 1808.

77 Mary Black Couper an Sophie M. DuPont, 5. 4. 1832. Die Korrespondenz zwischen Clementine Smith und Sophie DuPont (1678 Briefe) befindet sich in der Sophie DuPont Correspondence. Das Zitat stammt aus Eliza Schlatter, Mount Holly, N.J., an Sophie DuPont, Brandywine, 24. 8. 1834. Ich bin Anthony Wallace dafür zu Dank verpflichtet, daß er mich von dieser Kollektion unterrichtet hat.

78 Mary Grew, Providence, R.I., an Isabel Howland, Sherwood, N.Y., 27. 4. 1892, Howland Correspondence, Sophia Smith Collection, Smith College.

79 Helena Deutsch, *Psychologie der Frau,* Bern 1948; Clara Thompson, *On Women,* New York 1971.

Félix Vallotton, Klatschende Frauen in einem Interieur 1899. Samlung Arthur G. Altschul, New York. Aus: A. Friedrich (Hrsg.), *Félix Valloton*, Zürich 1979 (Diogenes Verlag).

Mary P. Ryan

Mief und Stärke. Ein frühes Lehrstück über die Ambivalenzen weiblicher Moralisierungskampagnen

Als die feministischen Historikerinnen in den frühen siebziger Jahren die Geschichte der Frauen zu erforschen begannen, sahen sie ihre Hauptaufgabe darin, die Entwicklung der Geschlechterungleichheit und der Unterdrückung der Frauen nachzuzeichnen. Die Einsichten, die seither gewonnen wurden, haben komplexere Probleme sichtbar gemacht. Heute wenden sich Historikerinnen der Vergangenheit zu, um anstelle der Unterdrückung den Spuren weiblicher Macht und Autonomie nachzugehen. Innerhalb der abgesonderten Welt der Frauen und ihrer Beziehungsnetze entdecken sie Zeichen ihrer Fähigkeit, sich Freiräume und beachtlichen sozialen Einfluß zu verschaffen. Diese Richtung der Frauenforschung hat der These, die von Mary Beard in den vierziger Jahren zum ersten Mal vertreten wurde, neue Aktualität verliehen – der These, daß Frauen nicht immer unterdrückte und passive Opfer gewesen seien, sondern im Gegenteil während der amerikanischen Vergangenheit das Geschehen aktiv mitgeprägt und damit Geschichte gemacht hätten. Diese Perspektive hat uns ein umfassenderes, mehrdimensionales Bild der Geschichte der Frauen eröffnet. Der Betonung weiblicher Kultur und Macht wohnen aber gleichzeitig einige Risiken inne. Indem wir Frauen davon freisprechen, in der Vergangenheit stets Opfer und passive Objekte der Geschichte gewesen zu sein, geraten wir erstens in Gefahr, die gesellschaftliche Ungleichheit, die die Lage der Frau immer bestimmt hat und eine zentrale Komponente nahezu jedes Geschlechtersystems ist, aus dem Blick zu verlieren. Zweitens gehen wir das Risiko ein, den historischen Prozeß allzusehr zu vereinfachen. Wenn Frauen wirklich eine Kraft in der Geschichte sind, wenn sie ihre eigene Geschichte machen, dann müssen wir uns mit der Möglichkeit auseinandersetzen, daß Frauen auch an der Erschaffung und Aufrechterhaltung der weniger erfreulichen Aspekte des Geschlechtersystems mitwirkten. Wir sind jetzt, nach kaum einem Jahrzehnt intensiver Forschung, in der Lage, Frauen als eigenständige historische Subjekte zu begreifen, die trotz all ihrer Stärke und Freiheit in die Zwänge, Ironien und Widersprüche eingebunden waren, mit denen die Menschen in der Vergangenheit lebten und wohl auch zukünftig leben werden.[1]

Der vorliegende Aufsatz untersucht diesen komplexen geschichtlichen Zusammenhang anhand eines Beispiels aus der Geschichte der amerikanischen Reformbewegungen vor der Bürgerkriegszeit. In der *American Female Moral Reform Society* (Amerikanischer Frauenverein zur Moralreform) manifestiert sich der kraftvolle, kämpferische und, wie einige meinen, feministische Eintritt der Frauen in die Geschichte. In Neuengland und den Mittelatlantikstaaten entstanden in den dreißiger und vierziger Jahren mehr als 4 000 Untergruppen des nationalen Vereins. Sie setzten sich in ihren Gemeinden für eine Reform der Sexualnormen und für eine Kontrolle des Sexualverhaltens ein. Sie bekämpften die Doppelmoral, prangerten liederliche und ausschweifende Männer an und boten verführten Frauen und reumütigen Prostituierten Hilfe und Schutz. Für Carroll Smith-Rosenberg war die Moralreformbewegung ein Forum, in dem Frauen ihre Unzufriedenheit mit ihrer traditionellen Rolle äußern, ihre Verachtung gegenüber despotischen Männern artikulieren und für die Verteidigung ihrer Geschlechtsgenossinnen kämpfen konnten. Hauptsächlich anhand von Dokumenten der *American Female Moral Reform Society* hat Barbara Berg nachzuweisen versucht, daß der Ursprung des amerikanischen Feminismus nicht in der Abolitionistenbewegung lag, sondern in den zahlreichen Wohltätigkeitsvereinen, die, teilweise früher entstanden, sich in den Städten des 19. Jahrhunderts rasch ausbreiteten.[2] Gleichzeitig wird jeder, der einen Blick in die Zeitschrift der Organisation, *The Advocate of Moral Reform*, wirft, auch eine gegenläufige Tendenz feststellen können. Der *Advocate* schwelgte in Schilderungen der angeborenen Reinheit, der häuslichen Tugenden und mütterlichen Verpflichtungen des weiblichen Geschlechts. Tatsächlich gehörten diese Frauen zu den ersten und eifrigsten Verfechterinnen des viktorianischen „Kults wahren Frauentums" *(„cult of true womanhood")*. In der Moralreformbewegung liefen zwei scheinbar widersprüchliche Formen weiblichen Machtgebrauchs zusammen – zum einen der Kampf gegen die Doppelmoral, zum andern die Glorifizierung des femininen Häuslichkeitsideals. Die Moralreformbewegung ist ein ausgezeichnetes Beispiel, um die Beziehung zwischen der Macht von Frauen und der Geschichte des Geschlechtersystems zu untersuchen. Sie wirft ein Licht auf das Wesen und die Ursachen weiblicher Macht, aber auch auf die zwiespältigen Auswirkungen, die das Bemühen der Frauen, Einfluß auf die Gesellschaft auszuüben, hatte.

Ich meine, daß eine differenzierte Analyse eines lokalen Reformvereins der geeignetste Weg ist, dieses Ziel zu erreichen. Dieses zwar eng begrenzte, aber präzise Forschungsfeld erlaubt es, die Machtquellen der Moralreformerinnen genau zu lokalisieren. Im Mittelpunkt dieser Untersuchung steht eine Ortsgruppe der *American Female*

Moral Reform Society, die 1837 in Utica im Staat New York gegründet wurde. Die Gruppe in Utica wurde auch von Vereinigungen unterstützt, die sich in ländlichen oder Industrievororten wie Whitesboro, Clinton, New York Mills und Westmoreland gebildet hatten. In den dreißiger und vierziger Jahren des 19. Jahrhunderts schlossen sich in Utica und den umliegenden Städten des Oneida County sehr viele Frauen der Moralreformbewegung an, daher findet sich hier eine Flut von Dokumenten für die Frauenforschung.

Die Entstehung der *Female-Moral-Reform*-Bewegung war eng verknüpft mit der Expansion einer für den Markt produzierenden Landwirtschaft, deren Zentrum Utica war. Noch im Jahr 1800 bestand Utica lediglich aus einigen Pioniergehöften, die im Umkreis einer Furt und eines Trading Post lagen. Die Stadt erhielt ihre wirtschaftliche Bedeutung, als sie in den zwanziger Jahren des 19. Jahrhunderts zu einer Hafenstadt am Eriekanal wurde, wodurch der Handel florierte und die Bevölkerung sprunghaft auf 8 000 Einwohner anstieg. Mitte der dreißiger Jahre war der durch den Kanal hervorgerufene Wirtschaftsboom abgeflaut, und die Einwohnerzahl pendelte sich auf etwa 12 000 Menschen ein. Die meisten männlichen Beschäftigten der zur Stadt ernannten Gemeinde verdienten ihren Lebensunterhalt als kleine Handel- und Gewerbetreibende, Ladenbesitzer und Handwerker, deren Kunden die Farmer aus der Umgebung waren. Außerdem konnte sich Utica einer Anzahl Banken und Versicherungsgesellschaften rühmen, vieler Teilhaber an den benachbarten Eisenbahnlinien und Textilunternehmen sowie einer Schar ehrgeiziger Klein- und Großunternehmer, die sich stolz als Kapitalisten bezeichneten. Direkt am Stadtrand lag die Industriesiedlung New York Mills, einer der größten Textilproduzenten außerhalb Neuenglands. Doch wurde das lokale Wirtschaftsleben weder von Manufaktur im großen Stil noch von Lohnarbeit dominiert. Die regionale Ökonomie wurde eher von selbständigen Kleinproduzenten, Farmern oder Handwerkern geprägt, die Utica zu einem geschäftigen, offenen Marktplatz machten.[3]

Zu diesem historischen Zeitpunkt – noch als kleiner, vorindustrieller, aber lebhafter Marktflecken – verdiente sich die Stadt Utica einen, wenn auch bescheidenen Platz in der amerikanischen Sozialgeschichte. Jene Fülle religiöser Erweckungsbewegungen und Reformaktivitäten, die Whitney Cross in seiner klassischen Studie *The Burned-Over District* beschrieben hat, entstanden in Oneida County und in unmittelbarer Umgebung. Seit im späten 18. Jahrhundert die ersten Siedler aus Neuengland gekommen waren, wurde die Region von evangelistischen Bewegungen überschwemmt. Die erste christliche Wohltätigkeitsorganisation, eine Missionsgesellschaft, wurde

1806 in Utica gegründet, und kurze Zeit später setzte ein lebhafter Zyklus von Erweckungsbewegungen ein: Er nahm 1814 seinen Anfang, erreichte 1826 den Höhepunkt und ging in den späten dreißiger Jahren zu Ende. In den dreißiger und vierziger Jahren brachte der ‚Burned-Over District' die Art von Reformorganisation hervor, zu der auch die *Female-Moral-Reform*-Bewegung gerechnet werden muß. Im Stadtadreßbuch von 1832 waren nicht weniger als 41 Freiwilligenorganisationen aufgeführt. Diese Gruppen erfüllten eine Vielzahl von Gemeindefunktionen; sie dienten der Armenfürsorge, Kindererziehung und -unterrichtung, der Selbstreform junger Männer oder einfach der Geselligkeit ihrer Mitglieder.[4]

Die ersten Vereinigungen, die um die Jahrhundertwende gegründet wurden, führten im allgemeinen Männer oder Frauen der gesellschaftlichen Elite zusammen, die in gönnerhafter Manier Gemeindefunktionen übernahmen wie etwa die Armenfürsorge. Die Freiwilligenvereine der dreißiger Jahre verfolgten ein anderes Ziel – die sittliche Verbesserung von Individuen und Institutionen – und waren auch anders organisiert. Meist handelte es sich um Zusammenschlüsse von Angehörigen ähnlicher Alters-, Berufs- oder ethnischer Gruppen. Von der Mehrzahl wurden starre organisatorische Hierarchien und elitäre Verhaltensweisen abgelehnt. Die *Washingtonian Temperance Union*, die sogar allseits bekannte Trunkenbolde mit offenen Armen willkommen hieß, ist das extremste Beispiel dieser Tendenz. All diese Vereinigungen nahmen einen besonderen Raum im sozialen Gefüge der Gemeinde ein; sie lagen im Grenzbereich zwischen Privatsphäre und Öffentlichkeit. Diese ‚Vereine', ‚Vereinigungen' oder ‚Gesellschaften' stellten ganz sicher keinen abgegrenzten Privatbereich dar. Allerdings waren sie auch nicht wirklich öffentlich, zumindest nicht in dem Sinne, in dem die neuenglischen Begründer Uticas diesen Begriff benutzten: zur Bezeichnung der formalen Institutionen von Gemeinde und Kirche, in denen sich die männlichen Haushaltsvorstände zusammenfanden, um von Amts wegen Entscheidungen zu treffen. Vielmehr basierte der Verein als Organisation und Mittel politischer Einflußnahme auf informellen, jedoch weitreichenden sozialen Bindungen und stützte sich auf ein freiwillig zustande gekommenes Netz gleichgesinnter Einzelpersonen. Zusammen bildeten diese Vereine in den dreißiger und vierziger Jahren eine der wichtigsten Strukturen sozialer Organisation im Dienste der Stadt. Gleichgültig, um welches kommunale Bedürfnis es ging – ob Polizei oder Feuerwehr, eine neue Produktionsstätte, Armenhilfe, Bildungswesen oder ein Waisenhaus –, irgendeine ‚Assoziation' fand sich immer, um diese Aufgabe zu übernehmen.

Derartige soziale Organisationen sind für weibliche Beteiligung besonders offen. Zunächst war Geschlechtszugehörigkeit ein legitimes gemeinsames Charakteristikum, aufgrund dessen sich eine Gruppe zusammenschließen konnte. Die fließende Grenze zwischen öffentlicher und privater Sphäre, die einen Verein charakterisierte, räumte überdies ein Hindernis, das Frauen allzu häufig ihrer häuslichen Gefangenschaft auslieferte, erfolgreich aus dem Weg. Und schließlich beruhte die Arbeit der Organisationen der 1830er und 1840er Jahre auf informellen persönlichen Bindungen, den stabilen Alltagskontakten zwischen Nachbarn und Verwandten, also sozialen Beziehungsnetzen, die insbesondere Frauen eng vertraut waren und innerhalb derer sie sich wohl fühlten. Deshalb überrascht es nicht, daß jede dritte Vereinigung in Utica ein Frauenverein war. Frauenorganisationen wurden schon seit dem ersten Jahrzehnt des 19. Jahrhunderts zu verschiedenen Zwecken gegründet: um die Geistlichen in neuen Siedlungsgebieten zu unterstützen, um die Kinder der Armen zu erziehen, um religiöse Schriften zu verbreiten. Bald organisierten sich Frauen auf demokratischere Weise: Der Geist gegenseitiger Hilfeleistung ersetzte gönnerhafte Wohltätigkeit. Gruppen wie die *Maternal Association*, die *Daughters of Temperence* und die *Female Moral Reform Society* dienten der wechselseitigen Hilfeleistung unter den Mitgliedern, vor allem bei der Kindererziehung und der Bekämpfung des Lasters in den eigenen Familien. All diese Gruppen gingen davon aus, daß Geber und Empfänger von Hilfeleistungen grundsätzlich gleich seien. Die Opfer von Alkohol oder Wollust wurden als verirrte Kinder derselben protestantischen, einheimischen, fleißigen und ehrbaren Kultur angesehen. Frauen gehörten zu den aktivsten Teilnehmern an dem regen sozialen Leben, das sich in den Freiwilligenvereinigungen abspielte – jener typisch amerikanischen Form sozialer Organisation in der Zeit vor dem Bürgerkrieg, die Tocqueville so sehr faszinierte. Wahrscheinlich spielten Frauen, zumindest in Utica, auch bei der Begründung dieses Systems sozialer Organisation eine wesentliche Rolle. Die *Female Charitable Society* war die erste auf freiwilliger Basis zustande gekommene Wohltätigkeitsorganisation in der Region. Der Prototyp der demokratischeren Vereinigungen war die *Maternal Association*, die über ein Jahrzehnt früher gegründet wurde als ihr männliches Gegenstück, die *Washingtonian Temperance Union*. Die *Female Moral Reform Society* war jedenfalls nur eine unter sehr vielen Frauenvereinigungen, die es in Utica und Umgebung in der Zeit vor dem Bürgerkrieg gab.

Der unmittelbare Beginn der weiblichen Moralreformbewegung kündigte sich in Oneida County in den frühen dreißiger Jahren an, als John McDowell aus New York City die örtliche Bevölkerung auf die Notwendigkeit aufmerksam machte, Verführung, Prostitution und Unzucht unter Kontrolle zu bringen. Bereits die erste Ausgabe von *McDowell's Journal*, die 1833 erschien, rief eine Woge der Unterstützung von seiten der Stadt Utica hervor. Das *Journal* berichtete sowohl über Spenden von einzelnen Bürgern der Stadt als auch über Beiträge von Frauenvereinigungen wie der *Female Benevolent Society of Utica*. Moralische und finanzielle Unterstützung setzte wenig später ein. Mrs. Abigail Whitellsey, die Herausgeberin des *Mother's Magazine*, einem anderen Organ der Frauenvereine von Utica, äußerte ebenfalls ihre Zustimmung und sicherte ihre Unterstützung zu. Auch von unbekannten Frauen trafen Zeichen der Anerkennung ein, wie beispielsweise „zwei Ringe und eine Anstecknadel", die von einer „Lady aus Utica" zur Finanzierung der guten Sache geopfert wurden. Die Kleinstädte außerhalb Uticas setzten sich als erste für die Moralreform ein. In Whitesboro gab es schon seit 1835 einen Ortsverein der *American Female Moral Reform Society*, der ungefähr 40 Mitglieder zählte. Als 1837 die Gesellschaft von Utica formal gegründet wurde, hatten die Ortsgruppen von Clinton und Westmoreland bereits 84 bzw. 181 Mitglieder. Die 100 Mitglieder zählende Vereinigung von Utica gelobte, einen Kreuzzug christlicher Frauen zu führen. Der erste Jahresbericht der *Utica Female Moral Reform Society* kündigte folgendes Programm an:

„Wir glauben, liebe Schwestern, daß wir uns einem lebenslangen Kampf verschrieben haben und daß wir nicht die Freiheit haben werden, die Waffen niederzulegen, es sei denn der Tod ruft uns zu neuen Aufgaben."[5]

In erhalten gebliebenen Rundschreiben und Zeitungsberichten sind lediglich die Namen einiger weniger Reformerinnen von Utica überliefert worden. Diese wenigen identifizierbaren Mitglieder repräsentieren jedoch ein relativ breites Spektrum der Mittel- und Oberschichten. Ehefrauen von Handwerkern hatten sich mit Frauen von Kaufleuten oder prominenten Rechtsanwälten zusammengeschlossen, zwei Näherinnen brachten die Interessen lohnarbeitender Frauen in den Verein ein. Obwohl Veteraninnen der evangelistischen Reform, deren Basis die *First Presbyterian Church* von Utica war, den Kern der *Female Moral Reform Society* bildeten, reihten sich auch Frauen, die zur baptistischen Kirche gehörten, in die Organisation ein. Überdies verbündeten sich Alleinstehende und Witwen mit Ehefrauen mittleren Alters und Müttern, um gemeinsam den moralischen Kreuzzug zu führen.[6] Die ländlichen Gebiete von Oneida County, Farmer- ebenso wie Industriegemeinden, bezeugten die gleiche, wenn nicht eine größere Begeisterung für die Sittenreformbewegung.
Was aber begründete das Interesse der Frauen eines solch breiten Bevölkerungsspektrums an der Moralreform? Es ließe sich erwarten,

daß diese Frauen einfach auf einen plötzlichen Anstieg der Fälle von „Ehebruch und Verführung" reagierten, jenen Lastern, die sie am entschiedensten bekämpfen wollten. Eine Erhebung der *Society* von Utica im Jahr 1843 weist jedoch nur eine geringe Zahl sexueller Vergehen nach: neun uneheliche Kinder und zwei Verhaftungen wegen Prostitution. Obwohl keine genauere Schätzung der Häufigkeit von außerehelichen sexuellen Beziehungen in Oneida County verfügbar ist, gibt es einige Anzeichen dafür, daß das Ausmaß sexueller Freizügigkeit in den nordöstlichen Vereinigten Staaten sich tatsächlich verringerte. Eine Analyse der Gemeinde- und Kirchenregister ergibt, daß voreheliche Empfängnis im späten 18. Jahrhundert am häufigsten war und ihren tiefsten Stand tatsächlich in der Zeit der Moralreform erreichte.[7] Diese Daten deuten jedoch auf komplexe Veränderungen des Sexualverhaltens hin, die sich nicht auf ein bloßes Zurückgehen vorehelicher sexueller Beziehungen reduzieren lassen. Diese Fälle von vorehelichem Geschlechtsverkehr wurden anhand von Genealogien ermittelt, indem man bei jedem Paar den Zeitraum, der zwischen Hochzeitstag und Geburt des ersten Kindes lag, feststellte. Vorehelicher Geschlechtsverkehr, der nicht mit einer Eheschließung besiegelt wurde, wird von diesen Statistiken folglich nicht erfaßt. Daher wäre es möglich, daß die jungen Frauen und Männer von Oneida County und den nordöstlichen Vereinigten Staaten außerehelichem Verkehr im selben oder sogar in größerem Maße nachgingen als in früheren Jahrzehnten, doch daß sie jetzt nicht unbedingt mit ihren Sexualpartnern eine Ehe eingingen. Wäre dies richtig, könnte der Rückgang der ‚Frühgeburten' weniger ein selteneres Vorkommen vorehelichen Sexualverkehrs anzeigen, als vielmehr den Zusammenbruch jener Methoden sozialer Kontrolle, die einst dafür sorgten, daß unerlaubter Geschlechtsverkehr und voreheliche Empfängnis gewöhnlich in eine Ehe mündeten.

Diese zweite Interpretation, also daß sich das Sexualverhalten in der Zeit vor dem amerikanischen Bürgerkrieg veränderte, ist durch Belege aus Oneida County zu erhärten. Obgleich das tatsächliche Ausmaß vorehelicher Sexualität nicht präzise festgestellt werden kann, ist es ziemlich klar, daß es der Gemeinde weitgehend unmöglich geworden war, solches Verhalten zu überwachen und zu regeln. Nach 1830 vermochte weder die Kirche noch die Familie ihre frühere Kontrolle über Sexualität aufrechtzuerhalten. Bis dahin riefen die lokalen Kirchen, Baptisten wie Methodisten und Presbyterianer, ihre Mitglieder regelmäßig dazu auf, über begangene Unzucht oder Ehebruch Rechenschaft abzulegen. Verführer und Ehebrecher wurden vor die Ältesten der Kirchengemeinde gebracht, um ihre Sünden zu bekennen, Besserung zu geloben oder exkommuniziert zu werden. In den frühen

dreißiger Jahren des 19. Jahrhunderts gaben die lokalen Kirchen nach hitzigen innerkirchlichen Debatten (die zu kompliziert waren, um hier behandelt zu werden) diese Methode zur Aufrechterhaltung der sexuellen Moral auf.[8] Die rapide Bevölkerungszunahme Uticas und seine zunehmende religiöse Vielfalt machten es unmöglich, daß eine einzige Kirche (die ehemals führenden Presbyterianer eingeschlossen) das Sexualverhalten einer ganzen Stadt hätte überwachen können.
Durch die extreme geographische Mobilität, die der Aufschwung des Handels mit sich brachte, wurde es gleichzeitig für die Eltern immer schwieriger, die Sexualität ihrer Töchter und Söhne zu überwachen. Der Zuzug junger Männer und Frauen, die ohne ihre Eltern in die Stadt kamen, war weitgehend dafür verantwortlich, daß sich die Bevölkerung Uticas zwischen 1820 und 1840 vervierfachte. Jeder vierte Stadtbewohner war zwischen fünfzehn und dreißig Jahre alt; an die 30 % der im Stadtadreßbuch aufgeführten Personen bezeichneten sich als Kostgänger, die meisten von ihnen waren junge Männer, die getrennt von ihren Familien lebten. Viele dieser jungen Städter kamen aus den ländlichen Gebieten von Oneida County, wo nach der Erschöpfung nutzbaren Bodens in den zwanziger Jahren Eltern nicht mehr imstande waren, alle ihre Kinder auf benachbarten Farmen unterzubringen. Daher war Utica voller junger unbeaufsichtigter Männer und Frauen, die Arbeit als Verkäufer, Büroangestellte, Kanaljungen, Dienstboten und Näherinnen suchten. Auch in die Industriesiedlung New York Mills strömten alleinstehende junge Fabrikmädchen ähnlicher Herkunft. Eltern oder Kirchendiakone waren nicht zur Stelle, um diese jungen Zuwanderer beaufsichtigen und beschützen zu können.
Dieser entwurzelten Generation kam die *Female Moral Reform Society* zu Hilfe. Obwohl der Kampf gegen Verführung und Ehebruch das erklärte Ziel der Organisation war, widmete sich die Gruppe von Utica hauptsächlich dem erstgenannten sexuellen Vergehen, einer Gefahr, der speziell Jugendliche und Unverheiratete zum Opfer fielen. Mindestens zwei der als Mitglieder der Ortsgruppe von Utica eingetragenen Näherinnen gehörten zu einer Gruppe von Frauen, die selten in lokale Reformorganisationen eintrat. Diese jungen Arbeiterinnen waren ganz besonders der Gefahr ausgesetzt, verführt zu werden und die verhängnisvollen Folgen lediger Mutterschaft tragen zu müssen, so daß es gut möglich ist, daß sie der Organisation zum eigenen Schutz beitraten. Der größte Teil der Mitglieder der Gruppe von Utica waren jedoch verheiratete Frauen, die eher aus Sorge um ihre Kinder als zur eigenen unmittelbaren Selbstverteidigung zu handeln schienen. Nach den Worten der Reformerinnen waren die Bordelle der Stadt „eine bekannte Ursache für den Ruin weiter Teile

der jungen Generation" und schuld daran, „daß die Herzen von Vätern und Müttern gebrochen würden". In einem Brief an den *Advocate of Moral Reform* beschrieb eine Mutter aus Clinton das auslösende Moment für ihr Interesse an Sexualkontrolle:

„Eine Tochter und ein Sohn, sind aus fernen Städten zu ihrer verwitweten Mutter zurückgekehrt und als Opfer dieser Sünde [sexueller Ausschweifung] dahingesiecht."

Die Sekretärin der Gruppe von New York Mills erklärte die Ursachen mütterlicher Besorgnis in dieser Region folgendermaßen:

„Die hiesigen gesellschaftlichen Zustände sind typisch für Fabriksiedlungen. Massen von Jugendlichen sind hier versammelt, die über dieses Thema aufgeklärt und belehrt werden müssen."

Die schriftlichen Aufzeichnungen der weiblichen Reformorganisationen von Oneida County zeugen vor allem von mütterlichen Ängsten:

„Sogar unsere Kinder sind verseucht", schrieben die alarmierten Matronen. „Welche von uns ist nicht von der Obszönität kleiner Kinder zutiefst im Herzen getroffen worden? Welche macht sich nicht zumindest Sorgen, daß einige, die wir lieben, von den tausend Schlangen des Teufels vom rechten Weg abgebracht werden könnten?"

Sie fürchteten um ihre Söhne und Töchter und stellten sich vor, wie diese, kaum hatten sie ihr Zuhause verlassen, in Bordelle gelockt und dann immer tiefer sinken würden, um im Armenhaus, im Gefängnis oder am Galgen zu enden. Die Sittenreformerinnen antizipierten also die Gefahren ungezügelter Sexualität unter den sich rasch verändernden Bedingungen des Handels- und frühen Industriekapitalismus, und sie schlossen sich zusammen in der Absicht, ein derart bedrohliches Verhalten zu regulieren und zu kontrollieren.[9]

Die Moralreformbewegung stellte also einen konkreten, spezifischen Versuch dar, weibliche Macht auszuüben. Von Frauen geführt und initiiert, kämpfte sie in direkter, kollektiver und organisierter Form für eine Kontrolle des Verhaltens und eine Veränderung der Werte in der Gesellschaft. Da die *Female-Moral-Reform*-Bewegung ausdrücklich gesellschaftliches Handeln beinhaltete, ist es möglich, ihren Ursprung, ihre Auswirkungen und Begrenzungen als ein Beispiel weiblicher Machtausübung zu untersuchen. Verschiedene Manifestationen dieser Macht sollen dabei deutlich gemacht werden. Das Beispiel der Moralreform zeigt erstens, wie Frauen ihre soziale Stellung unter bestimmten zeitlichen und örtlichen Bedingungen als Machthebel benutzen konnten, um andere, auch Männer, zu beeinflussen. Zweitens kann an der *Female Moral Reform Society* gesehen werden, wie Frauen die Zukunft ihres Geschlechts prägten. Das heißt konkreter: daß die Mitglieder der *Female Moral Reform Society* dazu beitrugen, das Fundament der viktorianischen Sexualmoral mit ihrer besonderen Betonung weiblicher Reinheit zu legen. Und schließlich wird das Beispiel der Reformbewegung die Annahme illustrieren, daß verbündete Frauen auch sonst in der Geschichte eine Kraft darstellten. In diesem Fall spielten Frauen eine entscheidende Rolle bei der Entwicklung der Ideologie der sexuellen Kontrolle, welche für die städtischen Mittelschichten des 19. Jahrhunderts charakteristisch war. Die Moralreformerinnen haben eindeutig Geschichte gemacht und bestimmte Aspekte des amerikanischen Geschlechtersystems verändert. Allerdings war ihr Einfluß auf die Stellung der Frau äußerst zwiespältig. Letztendlich gebrauchten sie ihre gesellschaftliche Macht, um einen Moralkodex zu erschaffen, der dem eigenen Geschlecht besonders strenge sexuelle Repression abverlangte.

Welche Möglichkeiten boten sich nun den Frauen der *Female Moral Reform Society*, um zu Macht zu gelangen und ihr Säuberungsprogramm in die Tat umzusetzen? Sie begannen ganz einfach damit, die Reformmaschinerie, die in Oneida County schon seit fast einer Generation existierte, zu aktivieren. Eine der ersten Stellungnahmen für die Frauenmoralreform wurde von einer Mutter, die seit vierzig Jahren in Utica lebte und sich selbst als „Fürsprecherin des weiblichen Geschlechts" bezeichnete, an *McDowell's Journal* geschickt. Zur Information der Leser beschrieb McDowell die Autorin als eine „Dame aus den besten Kreisen der Gesellschaft, Mutter, Philanthropin und Christin".[10] Die für den Historiker anonyme Schreiberin war ihren Zeitgenossen in Utica zweifellos wohlbekannt. Es könnte sich um Sophia Clark handeln, die Begründerin des örtlichen Müttervereins und der weiblichen Missionsgesellschaft von Utica, aktive Abolitionistin und prominentes Mitglied der presbyterianischen Kirche. Möglicherweise war es auch Mrs. Clarkes Kollegin Sophia Bagg, die Leiterin von Bagg's Hotel, die im Mittelpunkt der lokalen Gesellschaft stand und die renommierteste Wohlfahrtsinstitution der Stadt, das Waisenhaus von Utica, gegründet hatte. Oder die „Fürsprecherin des weiblichen Geschlechts" war jene Unbekannte, die einige Jahre zuvor beinahe die *First Presbyterian Church* gespalten hätte, weil sie eines der führenden Gemeindemitglieder „wegen seiner politischen Meinungen" scharf angegriffen hatte. Doch abgesehen von ihrer individuellen Identität, repräsentierte diese „Dame aus den besten Kreisen der Gesellschaft" ein ganzes Netz von Frauenvereinen, das sich seit dem ersten Jahrzehnt des 19. Jahrhunderts entwickelt und gefestigt hatte.

Der älteste und stärkste Strang in diesem Netz verband die Mitglieder der presbyterianischen Kirche. Vor versammelter Gemeinde verkündete 1834 der Pastor und ehemalige Erweckungsprediger Samuel Aiken von der Kanzel der *First Presbyterian Church* herunter, daß bald „eine ganze Horde liederlicher Menschen" in Utica einfallen würde. An die Frauen der Gemeinde gewandt, sagte Aiken: „Töchter Amerikas! Warum schließt Ihr Euch nicht zusammen und macht den Übeltätern den Garaus."[11] Erst drei Jahre später setzten die Frauen von Utica diesen Vorschlag in die Tat um, indem sie eine eigene Untergruppe der *American Female Moral Reform Society* gründeten. Fanny Skinner und Paulina Wright, zwei Gemeindemitglieder, spielten die führende Rolle in dieser Gruppe. Mrs. Skinners Bindung an das Netz der örtlichen Frauenvereine reichte bis ins Jahr 1806 und bis zur Gründung der *Female Charitable Society* in Whitestown zurück. In den 1830ern engagierte sie sich in der Antisklaverei- wie in der Moralreformbewegung, wobei sie ihre persönlichen Kontakte ausnutzte, um Angelina Grimké Weld für einen Vortrag in Utica zu gewinnen. Paulina Wright war eher ein Neuling in Uticas Reformerkreisen, doch fand sie schnell Zugang zum Beziehungsnetz der Frauen, als sie mit Schriften und Petitionen sowohl für die *Martha Washington Temperance Union* wie auch für die *Female Moral Reform Society* warb. Ihre persönlichen Beziehungen zur weiblichen Sittenreform sollten sie sogar beinahe zum Feminismus führen. 1836 ließ sie zusammen mit Elizabeth Cady Stanton Petitionen für die Reform der Eigentumsrechte verheirateter Frauen zirkulieren.[12] Wieder führte der Weg der Frauenbündnisse entlang tiefgefurchter Pfade durch Nachbarschaften, Kirchen und Reformerkreise.

Es war dasselbe soziale Umfeld, durch das die Moralreformerinnen Zugang zu öffentlicher Verantwortung und Macht fanden. 1833 beschrieb Mrs. Whitellsey in einem Brief an John McDowell eine Praxis der Moralreformbewegung, die jeder formalen Organisation vorausging. Sooft Mrs. Whitellsey schutzlosen jungen Frauen begegnete, wandte sie folgende Strategie an:

> „Ich schickte sie mit einer Notiz oder begleitet von einem Boten zu einer meiner Freundinnen, die entweder selbst in der Lage war, sie zu beschäftigen, oder sie an andere weitervermitteln konnte. Würde dieser oder ein ähnlicher Weg häufiger eingeschlagen, ließe sich die Zahl der unglücklichen Opfer von Laster und Elend [...] erheblich verringern."

Mrs. Whitellsey schlug vor, daß Frauen für die Moralreform auf die Freundschaftsbeziehungen, die die örtlichen Haushalte verbanden, also auf das bestehende weibliche Beziehungsnetz, zurückgreifen sollten. Dasselbe Mittel ließe sich auch anwenden, um für Reformaktivitäten finanzielle Unterstützung zu bekommen, wie dies von einem Herausgeber einer lokalen evangelistischen Zeitschrift unabsichtlich enthüllt wurde. Charles Hastings schrieb an den *Advocate of Moral Religion* (die Zeitschrift der nationalen Organisation) und entschuldigte sich dafür, daß er keine Zeit für den guten Zweck habe. Doch verkündete er glücklich, daß „eines meiner weiblichen Familienmitglieder sagt, sie wolle andere Haushalte besuchen und sehen, ob sie etwas zu Ihrer Unterstützung bekommen kann". Dieser Kontakt von Tür zu Tür und von Frau zu Frau diente auch dazu, den Kreis der Reformer zu vergrößern und die öffentliche Meinung zu beeinflussen. Die Verbreitung von Schriften und Petitionen war Routine aller in Wohlfahrts-, Antialkohol- und Bibelvereinen organisierten Frauen. Die weibliche Moralreformbewegung sandte also mit anderen Worten lediglich eine neue Botschaft aus, stellte einen neuen Forderungskatalog auf, benutzte aber ein vertrautes, persönliches Kommunikationsnetz.[13]

Wenig später kamen die Moralreformerinnen jedoch angesichts der ihrer Meinung nach epidemischen Verbreitung des Lasters zu der Auffassung, daß schärfere Maßnahmen notwendig seien; und so traten sie aus dem ihnen vertrauten sozialen Umfeld heraus. 1841 gründeten sie ein Besuchskomitee, das sich in die heruntergekommenen Winkel der Stadt wagte. In einigen Behausungen der Armen stießen sie auf freundliche Reaktionen von Müttern und Ehefrauen. Arme Witwen nahmen unter Tränen ihre Schriften entgegen und boten ihnen als Gegenleistung persönliche Berichte über sexuelle Vergehen und häusliche Verbrechen an. Diese frommen Reformerinnen stießen in Utica auf Geschichten schlimmer als in Groschenromanen, als sie alltäglichen Fällen von Verführung und Betrug, von versoffenen und tyrannischen Ehemännern und mißhandelten und geschlagenen Frauen begegneten. Eine Informantin des Besuchskomitees erzählte die gräßliche Geschichte ihrer kranken Nachbarin, deren Ehemann Nacht für Nacht die Krankenschwester seiner invaliden Frau mit ins Bett nahm. Wie vielen anderen Berichten wurde auch diesem ein Kommentar beigefügt, der den Täter für seine Nachbarn identifizierbar machte.

„Dieser Mann", schrieb die Reformerin, „trägt Verantwortung für eine Zeitung, deren Zweck die Aufrechterhaltung der öffentlichen Moral ist. Müssen wir nicht fragen, wie lange noch Männer wie dieser verantwortungsvolle Ämter bekleiden und unter Christen geduldet werden sollen?"

Durch die Tätigkeit und die Vermittlung der *Female Morale Reform Society* wurde Klatsch in ein Instrument öffentlichen Protests verwandelt.[14]

Die Berichte des Besuchskomitees vermitteln auch ein Bild von dem Kampfgeist, mit dem die Frauen ihren Kreuzzug gegen das Laster führten. Eine Mutter wurde nach ihrem Angriff auf ein örtliches Bordell zur Heldin der Moralreform Uticas. Sie erzählte folgende Geschichte: Ihr Sohn war Nacht für Nacht lange ausgeblieben, während sie ruhelos auf und ab ging und für seine Seele betete und weinte. Schließlich ertrug sie es nicht länger, seinem Niedergang tatenlos zuzusehen. Sie marschierte geradewegs zum nahegelegenen Bordell, rannte die Treppe hinauf, trommelte an die Tür des Zimmers, in dem sich ihr Sohn befand, und schrie, daß gleich die Polizei käme. Der Bordellbesitzer warf die erzürnte Frau die Treppe hinunter, doch als sie nach Hause kam, fand sie dort ihren reumütigen Sohn vor. Die Frauen der *Female Moral Reform Society* dachten an solche Geschichten, wenn sie berichteten, daß ihr monatliches Treffen „höchst nützlich und interessant war, da wir in den Berichten des Besuchskomitees von wahren Erlebnissen und Hilfeschreien hörten, die unser Herz zutiefst bewegten".[15]

Ermutigt und angespornt durch solche Treffen, machten sich die Reformerinnen noch eifriger und wagemutiger an ihre Arbeit.

Ein achtköpfiges Komitee sammelte 1841 zwei- bis dreitausend Unterschriften für eine Petition gegen die Prostitution. Eine andere Frau machte während eines Monats Besuche bei 22 Familien. Schließlich begannen die Mitglieder der *Female Moral Reform Society* von Utica, die Zentren männlicher Macht anzugreifen. Eine Abordnung der Bewegung marschierte zum Rathaus und forderte Statistiken über Sexualverbrecher. Andere Frauen sprachen auf offener Straße Männer zweifelhaften Charakters an und drangen in Gasthäuser ein, um die Wirte zu verhören. Die *Female Moral Reform Society* ging sogar vor Gericht. Als eine junge Hausangestellte sich mit einer Klage über die sexuelle Ausbeutung durch ihren Arbeitgeber an die Gesellschaft wandte, handelten die Mitglieder unverzüglich und beschlossen, sie zu verteidigen. Sie brachten den Schuldigen vor Gericht, gaben dem Opfer juristischen Beistand und persönliche Unterstützung und vermittelten dem Mädchen einen neuen Arbeitsplatz in einem angesehenen Haushalt. In diesem Falle übernahm der Verein die Aufgaben einer polizeilichen Spezialeinheit und eines Staatsanwalts, in dessen Zuständigkeitsbereich Sexualdelikte gegen Frauen fielen. Sie hatten ihre Kräfte mobilisiert, um eine Gemeindefunktion zu übernehmen, die ehedem männlichen Geistlichen und Gemeindeältesten vorbehalten war. Darüber hinaus hatten sie ihre moralische Mission aus ihren Versammlungen hinaus auf die Straßen und Plätze Uticas getragen.[16]

Im Laufe der Zeit veränderten die neuen Hüterinnen der Sexualmoral auch die Anstandsnormen. Kirchenprozesse beschäftigten sich vornehmlich mit Fällen von Ehebruch, also mit der Untreue verheirateter Männer und insbesondere verheirateter Frauen. Die Mitglieder der *Female Moral Reform Society* befaßten sich jedoch vor allem mit dem Sexualverhalten von Jugendlichen und Unverheirateten und forderten von ihren Söhnen und Töchtern striktere Keuschheit. Moralreformerinnen beklagten sich wiederholt über die lockeren Sitten in der jüngsten Vergangenheit. Eine Reformerin stellte zum Beispiel fest, daß noch vor kurzem ein „halbwüchsiger Junge, der sich nicht schämte, mit den reifsten Mädchen anzubändeln, für älter gehalten und schon fast zum Mann erklärt wurde". Die Moralreformerinnen wollten eine so permissive Einstellung nicht tolerieren und versuchten, die lokale Kultur von allen Spuren einer noch so zufälligen und versteckten Sexualität zu säubern. Nach den Worten eines Pfarrers einer überwiegend weiblichen Gemeinde war es das Ziel der Moralreform, alle „unkeuschen Gefühle und liederlichen Sitten" auszumerzen, nicht bloß außerehelichen Geschlechtsverkehr zu verurteilen und zu bestrafen. Aus diesem Grunde wies die *Female Moral Reform Society* Frauen an, „durch Gebet und Beispiel, einfache Kleidung und Nahrung, ihre Kinder so zu beeinflussen, daß keine unsichtbaren Fallen gelegt werden, die zu den Lastern führen könnten, die wir mit aller Macht bekämpfen wollen".[17] Sie sahen, mit anderen Worten, einen Zusammenhang zwischen der Kleidung und Nahrung eines Kindes und seiner Veranlagung zu späterer sexueller Ausschweifung. Die *Female Moral Reform Society* und die lokalen Müttervereine, die teilweise dieselben Mitglieder hatten, vertraten Erziehungsmethoden, welche die Sexualkontrolle direkt in der Persönlichkeitsstruktur der heranwachsenden Generation verankern sollten. Von der äußeren Kontrolle des Sexualverhaltens wandten sie sich hin zu internalisierter Repression physischer Triebe.

Die Frauen von Uticas *Female Moral Reform Society* hatten innerhalb weniger Jahre eine beachtliche ideologische und soziale Strecke hinter sich gebracht. Anfangs nutzten sie einfach ein Vakuum moralischer Autorität in der Handelsstadt aus, während sie später dazu übergingen, traditionelle und bislang männlich bestimmte Methoden moralischer Kontrolle einer neuen Umgebung und ihren eigenen Interessen (vornehmlich als Mütter) anzupassen. Zu Beginn der 1840er Jahre hatten sie die Regeln der Sexualmoral revidiert und neue wirkungsvolle Methoden geschaffen, um diese revidierten Standards zu verbreiten. Gleichzeitig hatten sie einen neuen sozialen Bereich geschaffen, der es ihrem Geschlecht ermöglichte, in der Gemeinde zu Macht zu gelangen.

Ein heftiger Gemeindekonflikt, den die Moralreformerinnen von Utica 1836/37 entfachten, gibt Aufschluß über das Wesen ihrer Macht. Dieser Konfliktfall war nur eine der Auseinandersetzungen in einem langen Kampf zwischen der *Female Moral Reform Society* und den männlichen Angestellten der Stadt. Die Moralreformerinnen beschuldigten nämlich die jungen Verkäufer und Büroangestellten, die Hauptverantwortung für die Verführungen in der Stadt zu tragen. Wenn beispielsweise einige Mitglieder der *Society* die vermeintlichen Täter irgendeiner nicht benannten nächtlichen infamen Handlung auf der Straße identifizierten, sprangen sie aus ihrer Kutsche und gaben den Missetätern eine Schrift mit dem passenden Titel: „Run Speak to that Young Man!" 1836 beauftragte der Verein von Utica einen Reverend Dodge, eine öffentliche Predigt zu halten, in der er genau diese Schicht junger Männer der Zügellosigkeit beschuldigen sollte. Die Frauen des Vereins waren mit Dodges Predigt dermaßen zufrieden, daß sie eine Würdigung seiner Worte in der lokalen Zeitung veröffentlichten. Plötzlich fanden sie sich im Mittelpunkt einer hitzigen lokalen Kontroverse. Zunächst hielt eine Delegation von Angestellten ein öffentliches Treffen ab und setzte eine Anzeige in die Zeitung, die ihren guten Ruf verteidigen sollte. Dann fand sich eine andere Gruppe von Bürgern, die ebenfalls vorgab, die Angestellten der Stadt zu vertreten, die jedoch im Gegensatz zur ersten Gruppe Dodges Meinung befürwortete.[18]

Diese beiden gegnerischen Lager machen die zunehmende Polarisierung der Sexualideologie in der Zeit vor dem Bürgerkrieg deutlich. Die Anhänger der Frauenmoralreform schlugen eine recht altmodische Lösung des Problems der sexuellen Freizügigkeit im Handelssektor der lokalen Wirtschaft vor. Sie empfahlen nämlich, die Arbeitgeber sollten die Verantwortung für die Überwachung des privaten Benehmens ihrer Angestellten übernehmen. Und sie schlugen vor, diese Verpflichtung in einem formalen Vertrag zwischen dem Kaufmann und seinen jungen Angestellten schriftlich festzuhalten – den einstigen Gepflogenheiten im Verhältnis zwischen Meister und Lehrling entsprechend und gemäß demselben Prinzip väterlicher Autorität, das vormals in stabilen Farmerhaushalten üblich gewesen war. Die Verfechter der Frauenmoralreform schienen sich also auf traditionelle Methoden der Sexualkontrolle zurückzubesinnen. Allerdings waren sie durch die Aktivitäten einer neuen Organisation, einer Gruppe weiblicher Reformer, deren Interpretation sexueller Fragen weitaus differenzierter war, dazu gezwungen worden, explizit Stellung zu beziehen. Die Angestelltenfraktion dagegen wies väterliche Kontrolle ebenso zurück wie weiblichen Reformeifer. Ihrer Meinung nach war es „eine der ersten Lehren für jeden jungen Mann, sein Leben selbst zu bestimmen und Verhaltensregeln in der eigenen Brust zu tragen" – unabhängig von den Geboten der Vorgesetzten oder dem moralischen Druck evangelisierender Frauen. Indem sie das Recht auf ein persönliches Gewissen verfochten, vertraten sie eine ausgesprochen individualistische und liberale Position.

Eine Analyse der beiden Unterschriftenlisten zeigt, daß diese unterschiedlichen Standpunkte zur Sexualität den unterschiedlichen Sozialstatus der beiden Parteien widerspiegeln. Die Angestellten, die über Dodges Predigt verärgert waren, holten sich bei ihren Arbeitgebern, einigen der bedeutendsten und einflußreichsten Kaufleute am Ort, Unterstützung. Der Großteil der Unterzeichner der zweiten Resolution, die für die Frauenmoralreform eintrat, waren weder Angestellte noch Kaufleute, sondern mehrheitlich Handwerker. Befürworter und Widersacher der Moralreform unterschieden sich außerdem erheblich in ihrem Familienstatus. Die Gegner waren nicht nur Angestellte, sondern auch Pensionsbewohner und Kostgänger und wohnten sehr oft in den größten und unpersönlichsten Pensionen und Hotels von Utica. Die Verbündeten der *Female Moral Reform Society* hingegen lebten zumeist in einem Haushalt mit ihren eigenen Familien. Auch unter der Minderheit, die sich als Kostgänger bezeichnete, gab es einen beträchtlichen Anteil, der entweder im Haushalt der Eltern oder der Arbeitgeber wohnte. Die *Utica Female Moral Reform Society* hatte Probleme zur Sprache gebracht, die die Einwohner der Stadt sowohl nach Berufsgruppen als auch nach Wohn- und Lebensgewohnheiten spalteten. Sie brachte Handwerker, die eine traditionellere Haushaltsstruktur vorzogen, gegen Kaufleute und Angestellte auf, die mit der Untermiete eine Wohnform gewählt hatten, die einer aufstrebenden Handelsstadt entsprach.[19]

Festzuhalten ist die Tatsache, daß die gegnerischen Parteien und ein guter Teil der Führungselite der Stadt gezwungen wurden, auf Probleme zu reagieren, die von einer organisierten Frauenvereinigung öffentlich zur Diskussion gestellt worden waren. Die Angestellten fühlten sich sogar verpflichtet, viele der Wertvorstellungen der *Female Moral Reform Society* gutzuheißen. Sie brüsteten sich ihrer Keuschheit und erklärten sie zum „höchsten Gut“ und „wertvollsten Kapital“ eines jungen Mannes. Das finanzielle Establishment Uticas ließ wenig später ähnliche Forderungen nach sexueller Selbstkontrolle laut werden. In den 1840er Jahren verdammte die *Mercantile Agency* (Vorläufer von Dun & Bradstreet) viele junge Männer zum geschäftlichen Ruin, indem sie ihnen wegen „schlechten Rufs“ oder „weil sie Frauen nachstellten“ Kredit verwehrte. Bei den riskanten Geschäften in Utica, das sich in einer Phase aggressiver kapitalistischer Entwicklung befand, galt Selbstkontrolle als Zeichen finanzieller Bedachtheit und wurde bald zum Maßstab sozialen Ansehens in der Mittelschicht. Dies sollte im Lauf der Industrialisierung nach 1845 noch wichtiger werden, als nämlich immer mehr junge Männer und Frauen auf Dauer Farmen und Werkstätten verlassen mußten, wo bis dahin die Väter direkte Sanktionen gegen sexuelle Übertretungen ihrer Kinder verhängt hatten. Die Nachkommen von in Amerika geborenen Handwerkern und Farmern sollten sich mehr und mehr in jenen isolierteren und unsichereren Verhältnissen wiederfinden, in denen die städtischen Angestellten bereits in den dreißiger Jahren des 19. Jahrhunderts gelebt hatten. Die Ideologie der individuellen, der verinnerlichten Sexualkontrolle, die von den Moralreformerinnen zum ersten Mal formuliert und äußerst aggressiv in der Öffentlichkeit vertreten worden war, half jungen Frauen und Männern beim Übergang von der Farm in die Stadt, von der Familienökonomie zu individualisierten Tätigkeiten. Letzten Endes legt die Geschichte der *Female Moral Reform Society* von Utica den Schluß nahe, daß Frauen eine zentrale und initiierende Rolle im Veränderungsprozeß von Klassen und Ideologien spielen können. Sie gestalteten und verfochten sexuelle Normen und Verhaltensstandards, die die städtische Mittelschicht von den früheren Generationen von Handwerkern und Farmern unterscheiden sollten.

Im ganzen gesehen, veranschaulichen die Ereignisse des Jahres 1837, wie es einigen wenigen aktiven, verbündeten und gutsituierten Frauen gelingen konnte, in der Geschichte Macht auszuüben. Sie hatten direkt auf die Meinung der Männer eingewirkt und sich einen Einflußbereich erobert, der weit über die Grenzen des eigenen Haushalts, die weiblichen Beziehungsnetze sowie soziale und ökonomische Barrieren hinausreichte. Bei der Verwirklichung ihrer Ziele führten die Moralreformerinnen eine besondere Variante weiblicher Macht vor. Ihre Macht hatte nichts mit der indirekten und privatisierten Form zu tun, die von den Autoren des 19. Jahrhunderts als „weiblicher Einfluß" gepriesen wurde. Vielmehr schufen die Frauen der *Moral Reform Society* neue soziale Normen, forderten öffentliche Anteilnahme und verursachten größte Unruhe mitten im lokalen Sozialgefüge.

Ihre Macht ist nicht allein der Energie und Intelligenz der beteiligten Frauen zuzuschreiben, sondern auch dem vorteilhaften Klima in einer kleinen Handelsstadt vor dem Bürgerkrieg. Diese Frauen standen den Zentren öffentlicher Macht noch relativ nahe. Fanny Skinners Beziehungen zur männlichen Führungsspitze der jungen Stadt erwiesen sich als besonders vorteilhaft. Einer der ersten Männer, die 1837 die Sache der Moralreformerinnen unterstützten, war Cyrus Hawley, ein Angestellter, der in der Pension wohnte, die Fanny Skinner seit mehr als zehn Jahren leitete, und in der vorwiegend junge Rechtsanwälte logierten. Doch beschränkte sich der Einfluß von Frauen nicht auf solche häuslichen Beziehungen. Er stützte sich vor allem auf ein enges soziales Netz, das aus der langen, gewohnheitsmäßigen Zusammenarbeit von Frauen in Kirchen und Reformgruppen entstanden war. Und schließlich entfaltete sich die kollektive Macht dieser Gruppen in unmittelbarer Nähe der Schauplätze, auf denen auch die männlichen Führer der Stadt um Ansehen rangen, denn in den dreißiger und frühen vierziger Jahren des 19. Jahrhunderts bestand die politische Organisation Uticas noch vorwiegend aus unzähligen Männervereinigungen.

Informell organisierte Gruppen, die sich von der *Utica Moral Reform Society* kaum unterschieden, fällten alle Entscheidungen von der Aufstellung politischer Kandidaten bis zur Gründung neuer Fabriken. Dementsprechend hatte ein gut organisierter Frauenverein, der parallel zu den männlichen Gruppen agierte, zumindest potentiell die Chance, auf Gemeindepolitik und öffentliche Meinung Einfluß zu nehmen. Diese historischen Bedingungen wie auch die besondere Organisationsform freiwilliger Zusammenschlüsse verwischten die Grenzen zwischen öffentlicher und privater Sphäre und ermöglichten damit den Frauen, außerhalb des eigenen Heims Interessengruppen zu bilden und ideologischen und moralischen Druck auf die männlichen Machthaber der öffentlichen Sphäre auszuüben. Wie in ähnlichen von Anthropologen beschriebenen Fällen, so scheint auch in Oneida County in den dreißiger und vierziger Jahren des 19. Jahrhunderts diese fließende Grenze zwischen Privatraum und Öffentlichkeit die Macht der Frauen in ihren Gemeinden erhöht zu haben.[20]

Doch sollten weder diese Bedingungen noch die *American Female Moral Reform Society* von langer Dauer sein. Die letzte Nachricht über eine aktive Untergruppe des Vereins von Utica erschien 1845, ungefähr zur gleichen Zeit, als die erste dampfbetriebene Baumwollfabrik der Stadt ihren Betrieb aufnahm und Utica von ungelernten Arbeitern aus Irland, Deutschland und den Britischen Inseln überschwemmt wurde. Mitte des Jahrhunderts hatte sich Utica zu einer Stadt von mehr als 20 000 Einwohnern mit einem beachtlichen Industriegebiet und zunehmend segregierten Wohnvierteln entwickelt. Als die alte Handelsstadt hoffnungslos in ethnische Gruppen und Klassen aufgespalten war, konnte eine Schar protestantischer Frauen nicht länger den Anspruch erheben, moralische Grundsätze für die ganze Stadt zu verkünden. Desgleichen wurden mit der stärkeren Integration Uticas und Oneida Countys in das nationale politische und ökonomische System wichtige Entscheidungen nicht mehr in der eigenen Nachbarschaft, sondern in einem prächtigen Rathaus und dann in Washington und auf der Wallstreet getroffen, die Entscheidungsgewalt wurde in eine weit entfernte, stärker formalisierte öffentliche Sphäre verlagert. Die lokalen Bedingungen, die es der weiblichen

Moralreformbewegung ermöglicht hatten, eine solche gesellschaftliche Machtposition zu erlangen, überdauerten keine zweite Generation.
Damit soll nicht gesagt werden, daß die Bewegung wirkungslos im Brackwasser der Sozialgeschichte versickerte. Eine solche These kann anhand etlicher Argumente widerlegt werden. Erstens waren die Mitglieder der Reformvereine von Oneida County selbst an der Auflösung ihrer Organisation beteiligt. Das Verschwinden der *Society* kann durchaus als Zeichen erfolgreicher Sexualreform interpretiert werden. Die Gruppe von Utica löste sich zu einem Zeitpunkt auf, als gerade eine Auseinandersetzung darüber in vollem Gange war, ob im Nachbarort Clinton eine Tagung abgehalten werden solle oder nicht. Einige Mitglieder hielten es nämlich für unangebracht, über Fragen der Sexualität eine öffentliche Diskussion in einer Stadt voll von jungen Akademie- und Collegestudenten abzuhalten.[21] Es scheint, als hätte sich die *Female Moral Reform Society* in der eigenen Propaganda verstrickt, bekehrt von den eigenen immer strengeren Verhaltens- und Anstandsregeln, die letztlich fast totales Stillschweigen zum Thema Sexualität vorschrieben. Des weiteren endete die Sexualreformbewegung keineswegs mit der Auflösung der *Society*. Die Banner der Tugend, die deren Mitglieder einst durch die Straßen getragen hatten, hielten Einzug in die Volkskultur. In den fünfziger Jahren des 19. Jahrhunderts wurden die jungen Männer und Frauen auf Schritt und Tritt zu sexueller Zurückhaltung aufgefordert und ermahnt. Der *Advocate of Moral Reform* überlebte den Zusammenbruch der lokalen Vereine der *American Female Moral Reform Society* und propagierte weiterhin die Ideologie der Sexualkontrolle.
Diese Ideologie war in zunehmendem Maße von organisierten Frauenvereinigungen unabhängig geworden. Der *Advocate of Moral Reform* entdeckte schon bald einen anderen sozialen Kanal, mit dessen Hilfe Frauen sexuelles Verhalten kontrollieren konnten, nämlich durch ihre privaten Beziehungen als Ehefrauen und insbesondere als Mütter. Der *Advocate* verkündete hocherfreut, daß Moralreform jetzt dort stattfände, „wo sie beginnen sollte, bei der richtigen Kindererziehung". Die Herausgeber der Zeitschrift fühlten sich derselben Doktrin vom häuslichen Einfluß der Frauen verpflichtet, der auch in den Damenmagazinen der Zeit gehuldigt wurde: „Mutterliebe kann – außer dem Allmächtigen – mehr erreichen als irgend etwas sonst."[22] Von Anfang an hatten die Moralreformerinnen der Mutterschaft besondere Bedeutung zugemessen. Ja, sie gehörten zu den ersten und energischsten Verfechtern der glorifizierten Rolle der Frau als Erzieherin der Kinder. Nach der Auflösung der lokalen Vereine 1845 blieben die Frauen in jener Privatsphäre, zu deren Kultivierung die Reformerinnen selbst so viel beigetragen hatten, isoliert und einsam zurück. In

letzter Konsequenz wurden viktorianische Frauen vom eigenen Geschlecht in die häusliche Isolation verbannt – ein zwiespältiges und ironisches Resultat weiblicher Macht.

Diese historische Entwicklung kann für heutige Feministinnen lehrreich sein. Zuerst einmal legt sie nahe, daß Frauen die Basis organisatorischer Stärke auf lokaler Ebene finden können. Formale und nationale Organisationsstrukturen, die den Moralreformerinnen nicht zur Verfügung standen und die in der Frauenbewegung auch heute noch wenig ausgeprägt sind, können durch die Verbindung zu alltäglichen Kommunikationsstrukturen und informellen sozialen Beziehungsnetzen unter benachbarten Frauen und auf weiterer lokaler Ebene gestärkt und unterstützt werden. Eine solche Verbindung zwischen lokalen Beziehungsnetzen und nationaler Organisation verfügt in der Tat noch heute über grundlegende gesellschaftliche Macht. Allerdings ist es die Neue Rechte, die sich als besonders erfolgreich bei der Nutzung solcher Macht erwiesen hat, jedoch für antifeministische Zwecke. In Nachbarschaftsorganisationen und in Zusammenarbeit mit lokalen und nationalen Kirchen führen diese Frauen der siebziger Jahre des 20. Jahrhunderts wieder einmal eine Kampagne zur Kontrolle sexueller Sitten durch: Sie kämpfen gegen Homosexualität, Abtreibung und das *Equal Rights Amendment* und verehren die heterosexuelle Kernfamilie. Gleich den Moralreformerinnen der dreißiger und vierziger Jahre des 19. Jahrhunderts sind auch die Frauen der Neuen Rechten zu einer Zeit einschneidender Veränderungen auf sozialem und sexuellem Gebiet ins öffentliche Rampenlicht gerückt, zu einer Zeit, in der die wachsende Scheidungsrate die Ehe fast im gleichen Ausmaß zu zerstören droht wie im letzten Jahrhundert die rasante geographische Mobilität Eltern und Kinder voneinander trennte. Heute wie damals reagiert ein Teil der Frauen auf diese Krise mit einer Verteidigung der häuslichen Institutionen, die ihnen zwar Ungleichheit, aber angeblich Sicherheit bieten. Wie die Macht der weiblichen Moralreform könnte auch das Erstarken der Neuen Rechten ein erstes Anzeichen für eine Wiederherstellung des traditionellen Geschlechtersystems sein – mit mehr als zweifelhaften Folgen für die Frauen. Skepsis ist in der Tat angebracht im Hinblick auf die Frage, ob Frauenkultur und weibliche Beziehungsnetze, die immer noch weitgehend in den Beziehungen zwischen Ehefrauen und Müttern verwurzelt sind, wirklich mehr als rückschrittliche und defensive Antworten auf gesellschaftlichen und familialen Wandel hervorbringen können.[23]

Dieses frühe Lehrstück über die Ambivalenzen weiblicher Moralisierungskampagnen sollte jedenfalls gezeigt haben, daß nicht jede Art und jede Form gesellschaftlicher und historischer Macht von Frauen unseren Beifall verdient. Zu welchem Zweck diese Macht gebraucht wird, sollte Feministinnen interessieren. Das lobenswerte Geschick der Moralreformerinnen, gesellschaftliche Machtpositionen zu ergattern, machte vor dem feministischen Ziel halt, die Einschränkungen und Ungleichheiten zu hintertreiben, die das amerikanische Geschlechtersystem den Frauen auferlegt hatte. Die Macht weiblicher Beziehungsnetze, sei es in der Frauenmoralreformbewegung oder in der Neuen Rechten, verdient mehr als nur begrüßt oder verdammt zu werden. Ihre verschiedenen historischen Erscheinungsformen und ungenutzten feministischen Potentiale fordern unsere ernsthafte und kritische Aufmerksamkeit.

Aus dem Amerikanischen übersetzt von Barbara Becker und Iris Klose.

Anmerkungen

1 Das Konzept des Geschlechtersystems stammt von Gayle Rubin, „The Traffic in Women: Notes on the ‚Political Economy' of Sex", in: Rayna Reiter (Hrsg.), *Toward an Anthropology of Women*, New York 1975, S. 175-211.

2 Vgl. Carroll Smith-Rosenberg, „Beauty, the Beast and the Militant Woman: A Case Study in Sex Roles and Social Stress in Jacksonian America", in: *American Quarterly*, 23, 1971, S. 562-584; Barbara J. Berg, *The Remembered Gate: Origins of American Feminism*, New York 1978.

3 Die genauen Einwohnerzahlen Uticas lauten wie folgt: 1820: 2 972; 1830: 8 323; 1840: 12 782; 1850: 17 565; 1860: 22 529. Die Veränderungen der Erwerbstätigkeit zeigt folgende Tabelle:

	Kaufleute/ Fabrikanten	Freie Berufe	Ladenbesitzer	Büroangestellte	Handwerker	Ungelernte/ Fabrikarbeiter
1828	11,1 %	4,8 %	12,5 %	4,8 %	46,1 %	14,1 %
1845	2,7 %	10,2 %	11,9 %	10,2 %	45,4 %	20,2 %
1855	2,9 %	8,6 %	6,6 %	8,6 %	40,9 %	24,1 %

4 Whitney Cross, *The Burned-Over District: The Social and Intellectual History of Enthusiastic Religion in Western New York*, Ithaca 1950.

5 Vgl. *McDowell's Journal*, Januar, März, Mai, Juli und November 1833 für Zuschriften aus Utica.

6 Nur 34 Moralreformerinnen wurden namentlich genannt, und von diesen konnten lediglich 19 im Stadtadreßbuch gefunden werden. Von diesen waren sechs mit Kaufleuten oder Ladenbesitzern verheiratet, fünf mit Akademikern, zwei mit Handwerkern, zwei waren Näherinnen, und vier hatten weder eine Beschäftigung noch einen festangestellten Ehemann. Zu dieser Gruppe gehörten auch sieben alleinstehende Frauen, Ehefrauen und Witwen. Von allen untersuchten Reformgruppen war dies die sozial heterogenste.

7 Vgl. Daniel Scott Smith und Michael Hindus, „Premarital Pregnancy in America, 1640-1971: An Overview and Interpretation", in: *Journal of Interdisciplinary History*, 5, 1974-1975, S. 537-570.

8 Vgl. „The Session Records of the First Presbyterian Church", First Presbyterian Church Utica, New York, Bd. 3, 3. Dezember 1834; 17. Dezember 1834; 2. Januar 1835; 2. Juli 1835.

9 *Advocate of Moral Reform*, 15. Juni 1843; 1. Februar 1838; 15. September 1837.

10 *McDowell's Journal*, November 1833.

11 Samuel C. Aiken, „Moral Reform", Utica, R. R. Shepard, 1834, S. 8-9.

12 Die Angaben über Fanny Skinner stammen aus diversen Hinweisen in lokalhistorischen Studien, Kirchendokumenten und Publikationen der Reformorganisationen; zu Paulina Wrights Biographie siehe Alice Felt Tyler, „Paulina Wright Davis", in: *Notable American Women 1607-1950: A Biographical Dictionary*, 3 Bde., Cambridge, Mass., 1974, Bd. 1, S. 444-445.

13 *McDowell's Journal*, Juni 1834; *Advocate of Moral Reform*, 7. Februar 1836; 22. Februar 1836.

14 *Advocate of Moral Reform*, 15. September 1842.

15 Ebd., 1. Juli 1842.

16 Ebd., 15. Dezember 1841; 1. April 1844.

17 *McDowell's Journal*, Juni 1834; *Advocate of Moral Reform*, 15. Februar 1840; 30. Juli 1840.

18 Vgl. *Oneida Whig*, 27. Dezember 1836; 27. Januar 1837; 14. Februar 1837.

19 Beruf und Wohnform der gegnerischen Gruppen in der Moralreformkontroverse von 1836/1837 sind in folgender Tabelle zusammengefaßt:

	Pro Frauen-moral-reform	Contra Frauen-moral-reform
Namentlich Genannte, insgesamt	118	50
Erwerbstätigkeit		
Kaufleute/Fabrikanten	22,9 %	2 %
Ladenbesitzer/Farmer	13,6 %	4 %
Freie Berufe	17,8 %	12 %
Angestellte	9,3 %	72 %
Handwerker	36,4 %	10 %
Wohnform		
eigenes Haus/Wohnung	78,3 %	11,8 %
Untermieter bei Verwandten oder Arbeitgebern	3,3 %	9,8 %
Untermieter/Kostgänger	18,6 %	78,4 %

20 Vgl. Rayna Reiter, „Men and Women in the South of France. Public and Private Domains", in: dies. (Hrsg.), *Toward an Anthropology of Women*, a.a.O., S. 252-282; Michelle Zimbalist Rosaldo, „Woman, Culture and Society: A Theoretical Overview", in: Michelle Zimbalist Rosaldo und Louise Lamphere (Hrsg.), *Woman, Culture and Society*, Stanford 1974, S. 17-42.

21 *Advocate of Moral Reform*, 15. September 1845.
22 Ebd., August 1838; August 1835.
23 Auf die Parallelen zwischen der weiblichen Moralreformbewegung und der Neuen Rechten wurde ich während der Diskussion dieses Referates auf der *Women and Power Conference* aufmerksam gemacht.

Nancy Schrom Dye
Gleichheit, Freiheit, Schwesterlichkeit? Der Versuch eines klassenübergreifenden Bündnisses in einer New Yorker Frauengewerkschaft

Ende des Jahres 1903 gründete „eine kleine Gruppe von begeisterten Frauen, die glaubten, die nicht in der Industrie beschäftigte Frau könnte ihrer Schwester in der Fabrik bei ihrem Weg durch das Chaos der Industrie behilflich sein", die *Women's Trade Union League (WTUL* – Frauen-Gewerkschaftsliga) von New York.[1] Das erklärte Ziel der Organisation – ein ungewöhnlicher Zusammenschluß von Arbeiterinnen und wohlhabenden Frauen, die von der herkömmlichen philanthropischen und sozialreformerischen Betätigung enttäuscht waren – war es, die Arbeitsbedingungen von Frauen sowie deren Stellung innerhalb der Arbeiterbewegung zu verbessern.

Den harten Kern der New Yorker *WTUL* bildeten Frauen, die beides waren, Gewerkschafterinnen und Feministinnen. Als Gewerkschafterinnen setzten sie sich dafür ein, die Frauen voll in die Gewerkschaften zu integrieren. Als Feministinnen bemühten sie sich darum, daß die Frauenbewegung des frühen 20. Jahrhunderts auch für die arbeitenden Frauen Bedeutung bekam. Zu diesem Zweck versuchte die *WTUL*, zwischen Arbeiterinnen und Arbeiterbewegung zu vermitteln und gleichzeitig den unorganisierten Frauen, die sich für das Gewerkschaftswesen interessierten, eine Anlaufstelle zu bieten. Die *WTUL* agitierte die unorganisierten Arbeiterinnen; ihr Bestreben war es, diese über die Wichtigkeit gewerkschaftlicher Organisierung aufzuklären. Außerdem bemühte sie sich in konkreten Fällen, die negative Einstellung männlicher Gewerkschafter gegenüber Frauen zu verändern. Die *WTUL* gewährte städtischen Arbeiterorganisationen ihre Unterstützung und half bei Streiks oft den gewerkschaftlichen Betriebsgruppen. Die Mitglieder der *League* arbeiteten auch als Organisatorinnen für Gewerkschaften und beteiligten sich an der Gründung von mehreren Dutzend Gewerkschaften, deren Mitglieder vorwiegend ungelernte und angelernte Arbeiterinnen aus New York City waren. Am bemerkenswertesten war der Einsatz der New Yorker *WTUL* beim Aufbau der Blusennäherinnen-Gewerkschaft *(International Ladies Garment Workers Union,* Ortsgruppe 25) und der Weißnäherinnen-Gewerkschaft *(International Ladies Garment Workers Union,* Ortsgruppe 62). Später in der Geschichte der Organisation, vor allem in den zehner und zwanziger Jahren, rückte die New Yorker WTUL von der gewerkschaftlichen Organisationsarbeit ab, um ihre Kräfte vorwiegend auf die Kampagnen für das Frauenwahlrecht und die Arbeitsschutzgesetze für Frauen zu konzentrieren.

Frauen verschiedenster Herkunft traten in die *WTUL* ein. Viele Mitglieder waren junge Arbeiterinnen, die durch ihre Gewerkschaften oder durch die Öffentlichkeitsarbeit der *WTUL* von dieser gehört hatten. Weiter gehörten wohlhabende Frauen der Organisation an. Häufig auf dem College erzogen, verfügten diese „Sympathisantinnen", wie die Mitglieder aus der Oberschicht genannt wurden, oft über Erfahrungen in Wohlfahrtsorganisationen, sozialreformerischen Vereinen und städtischen Sozialstationen. Die Gruppen, die sich der Verbesserung der Lage weiblicher Arbeitskräfte widmeten, waren unter anderem die *New York City Consumers' League* (New Yorker Verbraucherbund), die *Working-women's Society* (Arbeiterinnenverein) und der Club für junge Arbeiterinnen. Organisationen wie die *Municipal League* (Städtische Liga) und die *Young Women's Christian Association* (Verein christlicher junger Frauen) führten gelegentlich wissenschaftliche Untersuchungen der Arbeits- und Lebensbedingungen von Frauen durch. Die in den städtischen Sozialstationen wohnenden Angestellten waren häufig an der Lage der Arbeiterinnen und der sich rasch ausbreitenden Gewerkschaftsbewegung interessiert.

Von diesen Organisationen unterschied sich die *WTUL*[2] jedoch in zwei wesentlichen Punkten. Erstens schien ihr die gewerkschaftliche Organisationsarbeit wichtiger zu sein als so herkömmliche reformerische Aktivitäten wie die Sozialenqueten. Viele Frauen traten gerade deswegen in die *WTUL* ein, weil das langsame Vorgehen sozialreformerischer Organisationen oder das elitäre Denken, das in der traditionellen Wohltätigkeitsarbeit herrschte, sie enttäuscht hatten. Wie Gertrude Barnum, ein führendes Oberschichtsmitglied, in der Anfangszeit der *WTUL* erklärte:

„Ich selbst bin Stück für Stück von der Arbeit in den Sozialstationen zur Arbeit in der Gewerkschaft gekommen. Indem mir die in meiner Umgebung herrschenden Lebensbedingungen vertrauter wurden, hatte ich langsam das Gefühl, daß die Arbeit in den Sozialstationen nichts Grundlegendes ändert, obwohl sie zweifellos in hohem Maß dazu beigetragen hat, das Leben der arbeitenden Bevölkerung zu erleichtern und sie zu entlasten. Durch die Sozialstationen kamen Bücher und Musik und Blumen in das Leben dieser Menschen, und sie gaben ihnen einen Ort, an dem sie sich versammeln, ihre Freunde treffen oder ihre Kinder lassen können, wenn sie zur Arbeit gehen; aber es brachte ihnen weder eine Lohnerhöhung noch eine Verkürzung der Arbeitszeit. Deswegen kam ich langsam zu der Überzeugung, daß es von praktischerem Wert wäre, unsere Energie darauf zu verwenden, daß sie höhere Löhne und eine Arbeitszeitverkürzung bekommen."[3]

Zweitens betonte die *WTUL* die Wichtigkeit einer klassenübergreifenden Zusammenarbeit zwischen Frauen aus der Oberschicht und der Arbeiterklasse. Sie war die einzige Frauenorganisation des 20. Jahrhunderts, die versuchte, ein derartiges egalitäres, klassenübergreifendes Bündnis in ihre Organisationsstruktur einzubauen. Jede Frau, die sich zu der *American Federation of Labor* bekannte und willens war, bei der gewerkschaftlichen Organisation der New Yorker Arbeiterinnen mitzuarbeiten, konnte Mitglied werden. Die Mitglieder betonten, auch Sympathisantinnen könnten – genau wie Arbeiterinnen – überzeugte Gewerkschafterinnen und erfolgreiche Organisatorinnen sein.
Untersuchen wir die Alltagsbeziehungen zwischen *WTUL*-Mitgliedern und sehen wir uns genauer an, welche Gruppierungen sich anläßlich politischer Fragen bildeten, so bekommen wir einen Eindruck davon, was es hieß, klassenübergreifend zusammenzuarbeiten und sich miteinander auseinanderzusetzen. Zwei Fragen sind dabei von besonderer Bedeutung: Wie erfolgreich war die *WTUL* beim Aufbau eines egalitären, klassenübergreifenden Bündnisses, und welches waren die internen Konfliktquellen, die das Bündnis unterminierten?
Der Erfolg der *WTUL* hing davon ab, daß die Harmonie und das Gefühl, etwas Sinnvolles zu tun, innerhalb des Bündnisses von Arbeiterinnen und Sympathisantinnen aufrechterhalten blieb. Die Gründungsmitglieder rechneten nicht damit, daß die Aufrechterhaltung dieses Bündnisses selbst zum Problem werden würde. Die ersten Mitglieder der *WTUL* – die meisten von ihnen arbeiteten in einer Sozialstation oder beteiligten sich an sozialen Reformmaßnahmen – rechneten offenbar kaum damit, daß sich die Beziehungen untereinander schwierig gestalten könnten: Frauen, so glaubten sie, könnten soziale und ethnische Unterschiede überwinden und sich auf der Basis ihrer gemeinsamen Weiblichkeit zusammenschließen. In dieser Hinsicht war die *WTUL* typisch für die Frauenbewegung des frühen 20. Jahrhunderts. Die Überzeugung, daß Frauen sich mit schwesterlichen Gefühlen über die Klassengrenzen hinweg aufeinander beziehen könnten, und die Vorstellung, daß es besondere, allen Frauen gemeinsame Eigenschaften gäbe, verband viele Mitglieder der *WTUL* mit der weiteren feministischen Bewegung. Einer der wichtigsten ideologischen Argumentationsstränge des amerikanischen Feminismus um 1900 bezog sich auf die Feststellung, Frauen besäßen eine andere Gefühlswelt und Kultur als Männer. Anders als die Feministinnen des 19. Jahrhunderts, die gegen Vorstellungen von einer abgesonderten Frauensphäre gewettert und angeführt hatten, beide Geschlechter hätten

allen Menschen gemeinsame Eigenschaften, betonten jetzt die Feministinnen, die Kämpferinnen für das Frauenwahlrecht und die Sozialreformerinnen die Bedeutung der Geschlechtsunterschiede. Rheta Childe Dorr, Mitglied der *WTUL*, brachte diese Einstellung folgendermaßen zum Ausdruck:

„Die Frauen bilden jetzt eine neue gesellschaftliche Gruppe, die eigenständig und einigermaßen homogen ist. Sie haben als Gruppe bereits eigene Anschauungen und Ideale entwickelt. [...] Die Gesellschaft wird nicht umhinkönnen, sich mit den Meinungen und Idealen der Frauen ernsthaft zu beschäftigen. Soweit diese ihren kollektiven Ausdruck gefunden haben, wird deutlich, daß sie sich ganz radikal von den herrschenden Meinungen und Idealen der Männer unterscheiden. [...] Das muß ja auch so sein."[4]

Die Mitglieder der *WTUL* blieben wie andere Feministinnen Anfang des 20. Jahrhunderts oft vage, wenn sie die Gemeinsamkeit von Frauen – die Schwesterlichkeit – zu definieren versuchten. Gewöhnlich benutzten sie den Begriff in dem Sinn, daß für das Verständnis des Status einer Frau das Geschlecht bedeutsamer sei als die Klassenzugehörigkeit. Der primäre gesellschaftliche Gegensatz sei der zwischen den Geschlechtern, der auf den Unterschieden zwischen Frauen und Männern beruhe, und nicht der zwischen verschiedenen Klassen. Frauen, so argumentierten einige Mitglieder, verfügten über allen gemeinsame, klar abzugrenzende emotionale Eigenschaften: sie seien freundlicher und moralischer als Männer, könnten menschliche Bedürfnisse eher spüren und besser darauf eingehen. Die Mitglieder der *WTUL* erklärten auch, daß Frauen – unabhängig von ihrer Klassenzugehörigkeit – sich ineinander einfühlen könnten, da sie alle einer unterdrückten Gruppe angehörten.[5] Dieser feste Glaube an die Schwesterlichkeit zwischen Frauen war der Antrieb für die Gründung der *WTUL* und erklärt mit die Anziehungskraft, die sie auf viele Frauen ausübte.

Grundsätzlich hielten die Mitglieder der *WTUL* ihr Ideal von Schwesterlichkeit für realisierbar. Als eine Organisation, in der sowohl Frauen aus der Oberschicht als auch aus der Arbeiterklasse eine wichtige Rolle spielten und in der Frauen aus beiden Klassen voneinander lernen und einander vertrauen konnten, blieb die *WTUL* mehrere Jahrzehnte lang lebensfähig. Es lassen sich viele Beispiele von Freundschaften und engen Arbeitsbeziehungen in der Organisation anführen, die die Klassengrenzen überschritten.

In anderer Hinsicht jedoch mußten die Mitglieder der *WTUL* feststellen, daß es erheblich einfacher war, sich verbal der Gemeinsamkeiten von Frauen zu versichern, als das Ideal in die Praxis umzusetzen. Entgegen der öffentlichen Versicherung der *WTUL*, alle Frauen seien Schwestern, ging es innerhalb der Organisation selten harmonisch zu.

Außer auf die grundlegende Verpflichtung, die Arbeiterinnen gewerkschaftlich zu organisieren, und die Bindung an die *American Federation of Labor* konnten sich die Mitglieder kaum auf etwas einigen. Weit davon entfernt, sich in den Alltagsgeschäften schwesterlich zueinander zu verhalten, waren sich die Mitglieder häufig über Ziele und Vorgehensweisen uneins: Wer sollte in die Organisation eintreten dürfen? Wieviel Geld und Energie sollten auf die Organisierung der Arbeiterinnen verwendet werden? Wieviel auf Bildungsangebote? Wieviel auf die Kampagnen für das Frauenwahlrecht? Sollte die *WTUL* Arbeitsschutzgesetze für Frauen unterstützen? Die Diskussionen über diese Fragen und über die Prioritätensetzung waren begleitet von persönlicher Abneigung und Erbitterung. Häufig reichten Führungsmitglieder ihren Rücktritt ein oder drohten mit demselben. Sie schrieben wütende Briefe, in denen sie sich gegenseitig beschuldigten oder sich gegen Angriffe verteidigten. Kurz, die Frauen der *WTUL* waren ein zänkischer Haufen.

„Wenn wir dort versagt haben, wo wir vielleicht den Arbeiterinnen am nützlichsten hätten sein können", schloß Leonora O'Reilly, ein führendes Mitglied aus der Arbeiterklasse, voll Überdruß im Jahr 1914, „dann ist das in dem Maß geschehen, wie wir die Energie unserer Freunde und unsere eigene erschöpft haben [...] in regelmäßig wiederkehrenden Streitereien und Wortgeplänkeln [sic!]."[6]

Was war die Ursache dieser häufig auftauchenden persönlichen Abneigungen innerhalb der New Yorker *WTUL?* Es ist verführerisch, einfach die Fraktionskämpfe, die Diskussionen über Vorgehensweisen und die schwierigen persönlichen Beziehungen mit widerstreitenden Klasseninteressen zu erklären. Zweifellos gab es die, und sie waren ein Faktor, der den Versuchen der Mitglieder, ein egalitäres Bündnis zu schaffen, entgegenwirkte. Sympathisantinnen und Arbeiterinnen kamen mit unterschiedlichen Vorstellungen von gesellschaftlichen Klassen, mit unterschiedlichen Einstellungen zur Arbeit und natürlich mit einem völlig unterschiedlichen sozialen, bildungsmäßigen und kulturellen Hintergrund in die Organisation. Ungeachtet des Ideals von Schwesterlichkeit waren Schwierigkeiten und Mißverständnisse zwischen Frauen unterschiedlicher sozialer Herkunft unvermeidlich. Doch mit Klassenkonflikten allein lassen sich die Auseinandersetzungen nicht erklären, die die Organisation regelmäßig erschütterten. Tatsächlich führten persönliche Beziehungen zwischen den Mitgliedern oft dazu, daß ernsthafte Konflikte dieser Art abgeschwächt wurden. Und was noch wichtiger ist, es gab bei den Problemen, mit denen die *WTUL* sich befaßte, keine eindeutige Ausrichtung nach Klassenzugehörigkeit. Neben konfligierenden Klasseninteressen spielten eindeutig auch andere Faktoren eine Rolle.

Die Frauen, aus denen die Organisation bestand, konnten zweierlei nie in Einklang bringen: daß sie sich den Frauen als einer unterdrückten Minderheit auf dem Arbeitsmarkt widmeten und daß sie sich gleichzeitig der Arbeiterbewegung als ganzer verpflichtet fühlten. Der Glaube an Schwesterlichkeit, so mußten sie feststellen, war nicht immer mit dem festen Glauben an Klassensolidarität zu vereinbaren. In anderen Worten, die Mitglieder fanden keine zufriedenstellende Lösung für das Problem der doppelten Ausbeutung von Frauen: Waren Arbeiterinnen nun unterdrückt, weil sie Arbeiterinnen oder weil sie Frauen waren? In der Tat waren viele Kontroversen, die die Organisation erschütterten, sowohl ein Abbild ihrer Kampfgeschichte als auch Folge ideologischer Querelen zwischen einzelnen Mitgliedern.[7]
Obwohl nicht alle Konflikte innerhalb der *League* der unterschiedlichen sozialen Herkunft der Mitglieder zuzuschreiben sind, trug dieser Faktor doch entscheidend dazu bei. In den ersten Jahren der *WTUL*, von Ende 1903 bis 1906, waren mehr sogenannte Sympathisantinnen zum Eintritt bereit als Arbeiterinnen. Während dieser Jahre – selten gab es mehr als fünfzig Mitglieder – waren die Frauen aus der Oberschicht zahlenmäßig überlegen. Die erste Präsidentin, Margaret Daly, Organisatorin der *United Ladies Garment Workers Union*, war zwar Arbeiterin, doch sie blieb nur kurz in der *WTUL*. Ihre Nachfolgerin war Margaret Dryer, eine Sympathisantin. Mit Ausnahme von Daly waren alle Funktionärinnen der *WTUL* und eine geringe Mehrheit des Exekutivausschusses Sympathisantinnen. Es deutet einiges darauf hin, daß zwischen 1903 und 1907 auch junge Arbeiterinnen in die Organisation eintraten, aber sie spielten dort kaum eine Rolle, und wenige blieben länger als ein Jahr Mitglied oder meldeten sich bei den Geschäften der Organisation zu Wort.[8]
Um den Zustrom von jungen College-Abgängerinnen und Sozialarbeiterinnen aus den Sozialstationen einzudämmen, die in den ersten Jahren in die *WTUL* kamen, schlug Gertrude Barnum, selbst eine Sympathisantin, ein die Zahl von Oberschichtsmitgliedern beschränkendes Quotensystem vor. Außerdem sollte von interessierten Sympathisantinnen verlangt werden, daß sie das Prinzip des *Closed shop** billigten; das sollte als Zeichen für ihre Bindung an die Arbeiterbewegung dienen. Die *WTUL* setzte keinen dieser Vorschläge in die Tat um. Ihre Satzung enthielt eine wichtige Vorsichtsmaßnahme gegen die Vorherrschaft der Oberschicht, nämlich eine Klausel, die festlegte, daß der Exekutivausschuß mehrheitlich von Arbeiterinnen besetzt sein sollte. Zusätzlich waren manche Führungspositionen in

---

* *Closed shop* heißt, daß nur Gewerkschaftsmitglieder eingestellt werden dürfen. (Anm. d. Übers.)

den Organisationskomitees für Arbeiterinnen reserviert. Diese Vorsichtsmaßnahmen konnten jedoch an dem Trend jener ersten Jahre, als die Sympathisantinnen zahlenmäßig in der Mehrheit waren, nichts ändern. Es war zwar fraglos wünschenswert, recht viele Anhängerinnen aus der Arbeiterklasse zu haben, doch die ersten Mitglieder hatten Schwierigkeiten, sie zu rekrutieren.

Um 1907 war die *WTUL* fest etabliert, und langsam erregte sie mittels organisatorischer Anstrengungen und durch ihre Unterstützung der Arbeiterbewegung die Aufmerksamkeit junger Arbeiterinnen. Jetzt traten mehr Arbeiterinnen in die Organisation ein. 1907 stellten Arbeiterinnen drei ihrer fünf Funktionärinnen wie auch eine deutliche Mehrheit des Exekutivausschusses. Nach dem Generalstreik der Blusennäherinnen von 1909, in dem die *WTUL* eine zentrale Rolle spielte, traten mehr Arbeiterinnen ein als je zuvor. Im Jahr nach dem Streik waren acht der zehn Mitglieder des Exekutivausschusses Arbeiterinnen. Während der übrigen hier besprochenen Zeit gab es insgesamt einige hundert aktive Mitglieder, das Verhältnis von Arbeiterinnen und Sympathisantinnen war ziemlich ausgeglichen.[9]

Zahlenmäßige Gleichheit löste aber noch nicht das ernsthaftere Problem der kulturellen Vorherrschaft der Oberschicht – ein ständig aktuelles Dilemma. Den meisten Oberschichtsmitgliedern war es offenbar gar nicht bewußt, daß die *WTUL* – trotz anspruchsloser Geschäftsstellen in schäbigen Wohnungen in der Lower East Side – etwas Vornehmes an sich hatte. Offensichtlich fanden die Sympathisantinnen nichts dabei, neben geschäftlichen Besprechungen auch „Tanzdarbietungen" zu veranstalten oder die Frauen nachmittags zum „Tee mit Diskussion des Gewerkschaftswesens" einzuladen. Auf die Arbeiterinnen jedoch wirkte die *WTUL* vornehm. Rose Schneiderman, eine junge jüdische Mützennäherin, die von der Lower East Side stammte, erinnerte sich, daß sie bei ihrem ersten Besuch einer *WTUL*-Versammlung mit Erstaunen zusah, wie die Anwesenden den *„Virginia reel"* tanzten. Wie viele Arbeiterinnen mußte sie ein anfängliches Unbehagen überwinden, in eine Organisation mit so vielen wohlhabenden, auf dem College erzogenen Mitgliedern einzutreten. Persönlich gesehen, untergrub der feine Umgangston in der *WTUL* das Selbstvertrauen der Frauen aus der Arbeiterklasse und brachte sie in Verlegenheit; theoretisch gesehen, wirkte die Vornehmheit der Organisation fremd und oft suspekt.

„Langfristig gesehen, schadet der Konakt mit den Damen", erklärte Leonora O'Reilly einmal. „Er setzt falsche Maßstäbe."[10]

Idealerweise sollten die Sympathisantinnen jede Spur von der „Dame, die ihren Schwestern etwas zu geben hat", unterdrücken.[11] Sie sollten den werktätigen Mitgliedern in Arbeitsangelegenheiten die Initiative überlassen. Kurz, sie sollten von den Frauen, die in diesen Dingen über Erfahrungen aus erster Hand verfügten, etwas über das Gewerkschaftswesen, die Organisierung der Arbeiterschaft und die Arbeitsbedingungen lernen. Trotz des Nachdrucks, der auf gleichberechtigte Beziehungen zwischen den Mitgliedern aus der Arbeiterklasse und der Oberschicht gelegt wurde, führten die Sympathisantinnen dennoch häufig die laufenden Geschäfte, und das teilweise deswegen, weil sie den anderen an Bildung und Finanzkraft überlegen waren. Dann waren die Sympathisantinnen auch noch durchschnittlich zehn Jahre älter als die Mitglieder aus der Arbeiterklasse, und ihr Alter hat ihnen möglicherweise zusätzlich Selbstvertrauen und Autorität verliehen.[12].

Die gönnerhafte Einstellung gewisser Sympathisantinnen gegenüber Mitgliedern aus der Arbeiterschaft kam besonders in der Bildungsarbeit zum Ausdruck. Gelegentlich sahen es Oberschichtsmitglieder als ihre Aufgabe an, unter den Arbeiterinnen von New York Führernaturen zu entdecken und aufzubauen. Wie die Historikerin Mary Beard einem anderen Mitglied anvertraute:

„Es ist immer schon mein Traum gewesen, junge Frauen so auszubilden, daß sie am Erwachen ihrer Klasse mitwirken können."[13]

Eine junge Organisatorin verzeichnete in ihrem monatlichen Arbeitsbericht auch Unterrichtsstunden im Schreiben:

„Miss Scott meinte, ich solle Schreiben üben, da ich in Zukunft ziemlich viel damit zu tun hätte. Mehrere Tage lang habe ich nur geschrieben. Mr. Charles Beard hat mir zwei Stunden gegeben."[14]

Statt daß die Mitglieder aus der Arbeiterklasse den Sympathisantinnen beibrachten, wie man Beziehungen zu Arbeiterinnen herstellt und diese effektiv organisiert, war es manchmal gerade umgekehrt.

Das blieb nicht unbeachtet und unkritisiert. Leonora O'Reilly, eine Arbeiterin mit langjähriger Erfahrung als Organisatorin in der Bekleidungsindustrie und Gewerkschaftssprecherin, eines der ersten Mitglieder der *WTUL,* äußerte sich besonders ablehnend gegenüber College-Frauen, die mit hehren Idealen in die Arbeiterbewegung kamen, aber keine Ahnung hatten, was es heißt, Arbeiter zu organisieren oder für seinen eigenen Lebensunterhalt aufzukommen. Die Mitglieder aus der Arbeiterklasse sollten sich auf keinen Fall von der akademischen und finanziellen Überlegenheit der Oberschichtsfrauen einschüchtern lassen. Besonders gegen Laura Elliot, eine alte Sympathisantin, die 1910 in die *WTUL* eintrat, zog sie laufend zu Felde. Elliot bot den Mitgliedern Gesangsunterricht, Vortragsübungen und Kurse in Kunstgeschichte an; sie baute einen Chor auf und führte junge Arbeiterinnen in Museen und Konzerte. Die meisten Mitglieder fanden sie anscheinend exzentrisch, aber harmlos, und schenkten ihr wenig Beachtung. O'Reilly jedoch erschienen Elliots Vorstellungen schädlich genug, um dagegen vorzugehen. Sie beschuldigte Elliot eines herablassenden Verhaltens; ihre Versuche, den Arbeiterinnen zu helfen, bestünden nur darin, diese mit unnützen und anmaßenden Ansichten von Kultur vollzustopfen. Elliot fühlte sich durch diese Kritik verletzt und war darüber bestürzt, bestand aber darauf, daß auch sie einen Beitrag zur Arbeit der *WTUL* zu leisten habe:

„Du kannst mich nicht hinauswerfen, und Du kannst mir nicht vor meinen Schwestern, den Arbeiterinnen, bange machen oder mich vor ihnen in Verlegenheit bringen. Ich werde mich auch weiterhin trauen, sie in das Metropolitan Museum mitzunehmen und ihnen etwas beizubringen und ihnen zu helfen. [...] Ich fürchte mich nicht, einer Arbeiterin von mir aus diesen Vorschlag zu unterbreiten. Ich habe keine Angst, daß sie mich mißverstehen wird oder das, was ich sage, ablehnt. Sie braucht jetzt meine Hilfe, und zwar so nötig, wie die ganze Menschheit es nötig hat, daß die Arbeiterin sich erhebt."[15]

Manchmal erklärten die Arbeiterinnen, die Sympathisantinnen wüßten trotz ihrer guten Absichten nicht, wie man Arbeiterinnen anspricht: ihre Erfahrungen und ihre Herkunft seien einfach zu verschieden. Pauline Newman, eine junge jüdische Immigrantin, die 1909 während des Streiks der Blusennäherinnen in die *WTUL* eintrat, faßte ihren Eindruck von den Schranken der Oberschichtsmitglieder in der *WTUL* und auch in ihrem Kampf für das Frauenwahlrecht in der Bemerkung zusammen:

„Die ‚gebildeten' Damen haben wahrscheinlich sehr lautere Absichten. [...] Ich bezweifle nicht, daß sie es aufrichtig meinen [sic!], aber da sie nur einen beschränkten Überblick haben und nur wenig über die gesellschaftlichen Bedingungen wissen, können sie nicht so viel ausrichten wie einige von uns."[16]

Die Enttäuschung der Arbeiterinnen über die gutgemeinten, aber manchmal unzureichenden Bemühungen ihrer reichen Mitstreiterinnen war verständlich. Die Sympathisantinnen konnten einem schon, wie der Exekutivausschuß einmal zugab, „auf die Nerven gehen".[17] Manchmal zeichneten sie für Entscheidungen verantwortlich, die die Arbeiterinnen erbitterten. So legten etwa Funktionärinnen der *WTUL* eine Konferenz trotz des Protestes der jüdischen Mitglieder auf den Jom Kippur. Im Englischbuch der *WTUL, New World's Lessons for Old World People*, entging die Erwähnung jüdischer Arbeiterinnen, die in die Kirche gingen, unkorrigiert der Aufmerksamkeit. Nur von einer einzigen Sympathisantin ist bekannt, daß sie sich eingehend mit Jiddisch befaßt hat, und einige von ihnen hatten stereotype Ansichten über die Immigrantinnen. In den Publikationen der *WTUL* sind Jüdinnen oft „dunkeläugig", „lernbegierig" und „revolutionär gesinnt", Italienerinnen gewöhnlich „gehorsam", „vergnügungssüchtig", „unterwürfig" und „abergläubisch".[18]

Die offenen Klassenauseinandersetzungen und ethnischen Konflikte in der *WTUL* erreichten während des Jahres 1914, als Rose Schneiderman und Melinda Scott sich beide um das Amt der Präsidentin bewarben, ihren Höhepunkt. Zur Zeit der Wahl war Schneiderman die East-Side- bzw. jüdische Organisatorin der *WTUL.* Scott, gelernte Hutmacherin und Präsidentin einer unabhängigen Gewerkschaft in diesem Berufszweig, war *WTUL*-Organisatorin für die in Amerika gebürtigen Frauen in der Kragen- und Kleiderfabrikation. Beide Kandidatinnen waren zwar Arbeiterinnen, repräsentierten jedoch sehr unterschiedliche Einstellungen in bezug auf die Organisierung von Frauen. Schneiderman hatte immer betont, daß es wichtig sei, die Immigrantinnen zu erreichen. Scott war pessimistisch, was das Organisieren der Neuankömmlinge anging, und trat dafür ein, sich auf die im Land geborenen Frauen zu konzentrieren. Das Wahlverhalten wurde daher davon beeinflußt, wie die Mitglieder zu dem Immigrantinnenproblem standen. Dennoch gaben sie den beiden Kandidatinnen je nach Klassenzugehörigkeit ihre Unterstützung; die Sympathisantinnen waren für Scott, die Arbeiterinnen dagegen wählten Schneiderman.[19]
Als Scott mit einer Mehrheit von vier Stimmen siegte, berichtete Pauline Newman Schneiderman die Details.

„Die Stimmen für Dich waren bis auf drei oder vier lauter Gewerkschaftsstimmen. Die Stimmen für Linda dagegen stammten eindeutig nur von den Sozialarbeiterinnen. Leute, die vier oder fünf Jahre lang nichts mehr mit der *League* zu tun hattten, kamen zur Wahl [...], aber sie konnten die Gewerkschaftsfrauen nicht dazu bringen, gegen Dich zu stimmen. [...] Du siehst also, sie haben nichts unversucht gelassen, um die Abstimmung – weil Du eine Sozialistin, eine Jüdin [sic!] und am Frauenwahlrecht interessiert seist – zu Lindas Gunsten zu beeinflussen."[20]

Die Schwierigkeiten, die den heftigen Auseinandersetzungen zwischen Sympathisantinnen und Arbeiterinnen zugrunde lagen, waren teilweise Resultat einer unterschiedlichen Gewichtung von Klassenzugehörigkeit – wobei den Arbeiterinnen gewöhnlich weit klarer war, wie bedeutend diese Unterschiede waren. Die Oberschichtsmitglieder waren sich des Klassenantagonismus innerhalb der *WTUL* nicht so deutlich bewußt und spielten den Einfluß des sozialen Hintergrundes häufig herunter. Viele verwirrte, mit welchem Nachdruck die Arbeiterinnen auf den Klassenunterschieden bestanden. Wie Laura Elliot an Leonora O'Reilly schrieb:

„Bislang wußte ich nichts von dieser Klasse und jener Klasse, von diesem dummen Unterschied und jenem dummen Unterschied. Für mich waren Frauen einfach Frauen; jetzt setzt Ihr mir alle möglichen Ideen in den Kopf, und das hemmt mich und macht mich unsicher."[21]

Viele Sympathisantinnen glaubten, die Klassenzugehörigkeit sei etwas Wandelbares, nicht ein für allemal festgelegt. Mit viel Anstrengung könne ein Mensch seine soziale Herkunft überwinden. Sicher, wenn die Sympathisantinnen von derlei Anstrengungen redeten, meinten sie junge Frauen aus wohlhabenden Familien, die sich selbständig machten und sich ohne Unsicherheiten auf Arbeiterinnen beziehen konnten. Helen Marot, eine Sympathisantin, die aus einer wohlhabenden Familie aus Philadelphia stammte, betrachtete sich als Arbeiterin, weil sie als Sekretärin für die *League* arbeitete und sich selbst ernährte. Ähnlich wurde auch Violet Pike, eine junge Frau, die kurz nach ihrem Abschluß am Vassar-College in die *WTUL* eingetreten war, zu den Arbeiterinnen im Exekutivausschuß gezählt, da sie Schreibarbeiten verrichtete und der Gewerkschaft der Buchhalter, Stenographen und Rechnungsführer angehörte.[22] Maud Younger, eine reiche Sympathisantin, wurde bei der *WTUL* als Repräsentantin der Kellnerinnen-Gewerkschaft geführt, da sie eine Untersuchung über die Arbeitsbedingungen von Kellnerinnen durchführte und Gewerkschaftsversammlungen besuchte. In gewissem Sinn waren diese Frauen Arbeiterinnen und stolz darauf, daß sie selbst für ihren Unterhalt aufkamen, und sie wehrten sich dagegen, der Klasse ihrer Väter zugerechnet zu werden.

Sympathisantinnen und Arbeiterinnen kamen auch mit einer unterschiedlichen Einstellung zur Arbeit in die *League*. Die Oberschichtsfrauen hatten oft romantisch verklärte Vorstellungen von Arbeit und betrachteten finanzielle Unabhängigkeit häufig als eine Art Luxus. Arbeit hieß für sie die Befreiung aus den Fesseln eines wohlanständigen weiblichen Verhaltens. Diese Einstellung trug ihren Teil zu der Naivität bei, mit der Sympathisantinnen die Rolle der Arbeit im Leben weiblicher Lohnarbeiter beurteilten. Weil sie die Arbeit idealisierten und sie mit ökonomischer und emotionaler Unabhängigkeit gleichsetzten, schienen viele Sympathisantinnen nie zu merken, daß die meisten Frauen keine unabhängigen Arbeiter waren, sondern Teil einer familialen ökonomischen Einheit, in der Arbeit nicht gleichzeitig finanzielle Unabhängigkeit bedeutete.[23]

‚Gott sei Dank haben die arbeitenden Frauen eine Chance, sie selbst zu sein, denn sie verdienen ihr eigenes Geld, und niemand besitzt sie", so begann ein für die *WTUL* typischer Artikel. „Ich bin ganz sicher, daß du *wer* bist, denn du bist finanziell unabhängig."[24]

Zweifellos waren persönliche, kulturelle und politische Auseinandersetzungen ein Charakteristikum der New Yorker *WTUL*. Doch daß

Pauline Newman 1914 das Bild einer Organisation zeichnete, die in zwei Lager – die „Sozialarbeiterinnen“ und die „Gewerkschafterinnen“ – gespalten sei, war übertrieben und zu stark vereinfacht. Auch wenn konfligierende Klasseninteressen leicht nachweisbar sind, so ist es doch auch möglich, Erfahrungen zu belegen, die ernste und anhaltende Zusammenstöße zwischen den Frauen aus der Oberschicht und der Arbeiterklasse mäßigten. Ebenso wie spalterische Tendenzen wirkten innerhalb der *WTUL* auch bindende Faktoren, und das ermöglichte das Funktionieren der Organisation.

Die persönlichen Beziehungen zwischen einzelnen Mitgliedern der Organisation waren ein wesentlicher Faktor, der dem dort herrschenden Klassenkonflikt entgegenwirkte. Das Ideal der Schwesterlichkeit wurde in Freundschaften manchmal zur greifbaren Realität. Mary Dreier, Präsidentin der *WTUL* von 1907 bis 1914, und Leonora O'Reilly unterhielten viele Jahre lang eine warme freundschaftliche Beziehung, die auch zahllose politische und kulturelle Meinungsverschiedenheiten zwischen den beiden Frauen überstand.

„Du sagst, Du fragst Dich, ob ich Dir immer vertrauen werde“, schrieb Dreier nach einer Auseinandersetzung über die politische Linie. „Offenbar braucht es zwischen Dir und mir nicht einmal das Wort Vertrauen [...] Vielleicht verstehe ich Dich nicht immer, so wie vielleicht auch Du nicht immer mein Handeln begreifst – aber was den Zweifel an der Integrität Deiner Seele angeht oder an dem Gefühl von Sicherheit, auf dem Vertrauen beruht, der scheint mir genauso unmöglich, wie es für einen Menschen unmöglich ist, auf einem Sonnenstrahl mitten hinein in die Sonne zu fliegen. Meine Beziehung zu Dir ist eine seltsame und wunderbare Mischung von Persönlichem und Unpersönlichem, und ich mag Dich sehr.“[25]

Unter den Frauen der *WTUL* waren solche Beziehungen nichts Ungewöhnliches. Einige, wie die von Dreier und O'Reilly, überschritten die Klassenschranken; andere enge Freundschaften entwickelten sich zwischen Frauen gleicher sozialer Herkunft.

Es überrascht nicht, daß derartige Beziehungen häufig vorkamen. Für viele Frauen besaß die Bindung an die *WTUL* Ausschließlichkeit; sie war eine Lebensform. Auch ist es im Licht der gesellschaftlichen Konventionen, die die persönlichen Beziehungen in der vorfreudianischen Kultur um 1900 regelten, nicht verwunderlich, daß die emotionalen Bindungen, die einige Mitglieder zueinander hatten, zu den engsten ihres Lebens gehörten. Gleichgeschlechtliche Neigungen wurden nicht mit demselben Mißtrauen betrachtet, wie es für eine spätere Zeit bezeichnend werden sollte. Intensive Beziehungen, in denen es auch zu offenen Bezeugungen von Zärtlichkeit und Zuneigung kam, wurden als natürlich angesehen.[26]

Je länger eine Arbeiterin in der Organisation war, um so mehr Gemeinsamkeiten hatte sie mit der Sympathisantin. Beide Gruppen von

Frauen waren atypisch für die amerikanische Gesellschaft Anfang des 20. Jahrhunderts: In der Mehrzahl waren sie in einem Alter alleinstehend, in dem die meisten anderen Frauen verheiratet waren; sie waren stolz darauf, frei und unabhängig zu sein; und sie lebten in einer Frauenwelt, in der andere Frauen ihre engsten Freundinnen waren, ihre Arbeitskolleginnen und die Quelle ihrer emotionalen Unterstützung. Nur eine extrem mechanistische Definition von Klassenzugehörigkeit könnte die vielen wichtigen Erfahrungen unberücksichtigt lassen, die diese Frauen in ihrem Leben miteinander teilten.

Schließlich sind die konfligierenden Klasseninteressen aus einem ganz einfachen Grund keine adäquate Erklärung für die Unstimmigkeiten innerhalb der Organisation: Die soziale Herkunft eines Mitglieds diktierte nämlich noch lange nicht dessen Einstellung zur Politik der *WTUL*. Bei jeder wichtigen Frage war es unklar, wer mit wem zusammengehen würde. Das Frauenwahlrecht, das herkömmlicherweise als Anliegen der Mittelschicht angesehen wird, war für viele Mitglieder aus der Arbeiterklasse von vorrangiger Bedeutung. Rose Schneiderman und Pauline Newman waren die ersten Mitglieder, die sich ganz der Kampagne für das Frauenwahlrecht widmeten. Dagegen widersetzte sich die Sympathisantin Helen Marot der Tatsache, daß die Wahlrechtsfrage für die *WTUL* zunehmend wichtiger wurde. Die Arbeitsschutzbestimmungen, ein Anliegen, dem die *WTUL* in den zehner und zwanziger Jahren eine enorme Bedeutung beimaß, waren umstrittener als das Frauenwahlrecht, aber auch in dieser Angelegenheit gab es keine klaren Gruppierungen nach Klassenzugehörigkeit. Auf beiden Seiten fanden sich Arbeiterinnen und Sympathisantinnen. Kurz, es läßt sich nicht behaupten, daß Reformfragen wie die Arbeitsschutzgesetze nur von Oberschichtsmitgliedern unterstützt wurden, während die Arbeiterinnen nur für Anliegen der Arbeiterbewegung – wie das Organisieren direkt am Arbeitsplatz – eintraten. Es gibt keinen Beweis dafür, daß die Arbeiterinnen die *WTUL* als Gewerkschaft betrachteten und die Sympathisantinnen sie als sozialreformerische Organisation ansahen. Vielmehr müssen neben Klassenkonflikten noch andere Faktoren zu den Kontroversen zwischen den Mitgliedern beigetragen haben.[27]

Unabhängig von ihrer Klassenzugehörigkeit betrachteten die Mitglieder die *WTUL* als Arbeiter- *und* als Frauenorganisation. Das war die zweite und vielleicht tiefere Ursache für Uneinigkeiten. Die Mitglieder hatten Schwierigkeiten, ihre Bindung an die organisierte Arbeiterschaft mit ihrer Bindung an die Frauenbewegung in Einklang zu bringen. Sie konnten sich weder auf eine Lösung des Problems der doppelten Ausbeutung von Arbeiterinnen einigen noch einen Weg finden, ihren Glauben an Schwesterlichkeit mit dem Glauben an die Wichtigkeit von Arbeitersolidarität zu vereinbaren. Setzten sie sich für die Arbeiterschutzgesetze oder das Frauenwahlrecht ein, oder befürworteten sie eigene Gewerkschaften für weibliche Arbeiter, dann konnten sie leicht der Spaltung der Arbeiterklasse beschuldigt werden. Aber vernachlässigten sie die Frauenfragen, konnte das leicht zu der Anklage führen, sie würden die besonderen Probleme der Frauen auf dem Arbeitsmarkt ignorieren. Dies war ein objektives Dilemma, und weder die *WTUL* noch ihre einzelnen Mitglieder konnten diese Frage jemals vollkommen lösen.

Einige Mitglieder waren der entschiedenen Ansicht, die Bindung an die Arbeiterbewegung solle Vorrang vor feministischen Zielsetzungen haben. Ihrer Einschätzung nach waren die Probleme von Arbeiterinnen und Arbeitern untrennbar miteinander verknüpft. Das wichtigste sei die Klassen-, nicht die Geschlechtszugehörigkeit. Jawohl, so sagten sie, in der Arbeiterbewegung werden die Frauen diskriminiert, aber diese Opposition gegen Frauen ist nicht unüberwindbar.

Andere Mitglieder orientierten sich primär an der Frauenbewegung. Oder, was häufiger vorkam, die Frauen versuchten erst einmal, mit der organisierten Arbeiterschaft zusammenzuarbeiten, aber gaben es schließlich auf, die Einstellung der männlichen Gewerkschafter ändern zu wollen. Sie wandten sich dann von der Arbeiterbewegung dem Frauenwahlrecht und der Arbeitsschutzgesetzgebung zu, zwei Reformmaßnahmen, die die Lebensbedingungen der Arbeiterinnen verbessern würden.

Helen Marot, Sekretärin der *WTUL* und Organisatorin, repräsentierte die erste Position – die der ‚Frau als Arbeiter'. Obwohl sie nie in der Industrie gearbeitet hatte, war sie felsenfest davon überzeugt, daß die *WTUL* für die organisierte Arbeiterschaft als Ganzes eintreten solle und nicht für die Frauen als gesonderte Gruppe. Die weiblichen Arbeiter, so betonte sie, seien nicht von ihren männlichen Kollegen getrennt zu betrachten: Wer anders denke, verhindere die Klassensolidarität und verunglimpfe die Frauen als unfähig. Während ihrer Zeit in der *WTUL* und in ihrem Buch *American Labor Unions* bekämpfte Marot nachdrücklich jede Politik, die auch nur einen Anflug von Kastendenken zeigte. Sie betonte, Frauen seien schwer zu organisieren, weil sie ohne Berufsausbildung, nicht weil sie weiblichen Geschlechts seien. Sie war vehement gegen eine nur für Frauen geltende Mindestlohnregelung, obwohl diese Maßnahme schließlich den Beifall vieler Mitglieder aus der Arbeiterklasse fand.

„Wenn Frauen deswegen staatlichen Schutz brauchen, weil sie sich nicht so organisieren wie die Männer", so sagte sie vor der *New York State Factory Investigation Commission* [Untersuchungskommission des Staates New York für das Fabrikwesen], „dann braucht den auch die Masse der ungelernten, unorganisierten Männer, die von einer Organisierung nichts halten oder nicht davon profitieren. [...] Die Gründe, die die Gewerkschaften gegen die staatliche Einmischung bei der Festsetzung von Löhnen anführen, gelten für weibliche Arbeiter genauso wie für männliche."[28]

Harriet Stanton Blatch, eine bekannte Kämpferin für das Frauenwahlrecht, repräsentierte die andere Richtung in der *WTUL*. Ihr Interesse an den Arbeiterinnen war durch ihre Tätigkeit in der Frauenbewegung geweckt worden, nicht durch eine Beschäftigung mit industriellen Problemen wie bei Marot. Frauengewerkschaften waren nur ein Aspekt der vielseitigen Kampagne für die Rechte der Frauen, nicht ein Ziel an sich. Für Blatch waren alle klassenbezogenen Fragen im Vergleich zum Wahlrecht von zweitrangiger Bedeutung. Teils waren Nützlichkeitserwägungen das Motiv ihrer Mitarbeit in der *WTUL*: Für den letztendlichen Erfolg der Frauenwahlrechtsbewegung war die Unterstützung durch die Arbeiterinnen von lebensnotwendiger Bedeutung, das war ihr klar, und durch die *WTUL* würde es möglich sein, dies zu erreichen. Andererseits war Blatch jedoch davon überzeugt, daß die politische Gleichberechtigung die Voraussetzung für jede Besserstellung der Frauen sei. Nur wenn die Frauen auch wählen könnten, würde die Arbeiterbewegung ihnen Achtung entgegenbringen. Und nur mit dem Wahlrecht würden die Frauen genügend Selbstvertrauen entwickeln, um für die Gleichberechtigung bei der Arbeit zu kämpfen.

„Ich habe [...] mit der *Women's Trade Union League* zusammengearbeitet und an den Versammlungen der Frauenbetriebsgruppen an der East Side teilgenommen", schrieb Blatch 1905 an den Präsidenten der *American Federation of Labor*, Samuel Gompers. „Diese jungen Frauen müssen aufgerüttelt werden, sie brauchen die Unabhängigkeit, und es muß ihnen ein gewisser Kampfgeist eingeflößt werden [...] Ich begreife jetzt, was das Wahlrecht für sie bedeuten würde – [es] würde der Arbeit der Gewerkschaften weiterhelfen wie nichts sonst."[29]

Marot und Blatch waren sich ihrer jeweiligen Ziele und ideologischen Orientierung sicher. Aber für die meisten anderen Mitglieder war die Frage des Doppelstatus von Frauen nicht so eindeutig beantwortbar. Besonders die Mitglieder aus der Arbeiterklasse quälten die Probleme, die die zweifache Verpflichtung der *WTUL* für ihre Mitglieder als Frauen und als Arbeiterinnen aufwarf. Für sie war es nicht nur eine theoretische oder politische Frage, sondern häufig auch ein persönliches Dilemma. Einerseits identifizierten die Arbeiterinnen sich mit ihrer Klasse. Sie kamen zur *WTUL* mit Organisationserfahrungen und fühlten sich dem Gewerkschaftswesen verbunden. Andererseits waren sie Feministinnen wie die Sympathisantinnen. Obwohl die Arbeiterinnen seltener als die Sympathisantinnen aus Interesse an der Frauenbewegung in die *WTUL* kamen und wahrscheinlich erst durch Beziehungen zu Sympathisantinnen mit den Vorstellungen eines organisierten Feminismus und mit den Zielen der Frauenbewegung vertraut wurden, entwickelten sich die meisten zu erklärten Feministinnen. Und was noch wichtiger ist: Verglichen sie ihre Erfahrungen in der *WTUL* mit ihrer Rolle in den Gewerkschaften, so kamen sie häufig zu dem Schluß, daß die *WTUL* Frauen mehr Möglichkeiten bot, eine unabhängige, verantwortungsvolle Position zu bekleiden, als die von Männern dominierten Gewerkschaften.

Leonora O'Reillys Laufbahn in der *WTUL* ist ein gutes Beispiel für die Schwierigkeiten der Arbeiterinnen. Ihre Bindung an die *WTUL* war immer ambivalent. So wie sie es selbst einschätzte, bestand für sie ein Konflikt zwischen ihrer Klassenzugehörigkeit und ihrer Arbeit in einer Frauenorganisation. Erschwerend kam hinzu, daß sie überzeugt davon war, jeder ernsthafte Versuch, die Arbeiterinnen zu organisieren, müsse gleichzeitig von der Arbeiterbewegung und von den Feministinnen angestrengt werden. Selbst erklärte Feministin und überzeugte Kämpferin für das Frauenwahlrecht, erkannte sie, daß es für eine Organisation wie die *WTUL* unbedingt nötig war, den Frauen besondere Aufmerksamkeit zu schenken. Aus eigener Erfahrung als Organisatorin für die *United Ladies Garment Workers Union* wußte sie, daß Frauen kaum mit der Unterstützung der männlichen Gewerkschafter rechnen konnten. Trotz alledem kam O'Reilly nie mit ihren ambivalenten Gefühlen ins reine. Sie schwankte dazwischen, der *WTUL* dringend abzuraten, sich in Gewerkschaftsangelegenheiten einzumischen, und zu betonen, die *WTUL* solle ihre Ziele selbständig durchsetzen.[30] Manchmal verherrlichte sie die Fähigkeit der Frauen, sich allein, ohne die Männer, auf dem Arbeitsmarkt durchzuschlagen.

„Und meinen Schwestern möchte ich zurufen", so erklärte sie einmal bei einer Versammlung der *WTUL*, „laßt uns doch um Himmels willen froh darüber sein, daß die Männer uns nicht helfen!"[31]

Seit sie in den neunziger Jahren in der *Workingwomen's Society* war, hatte O'Reilly betont, wie wichtig Schwesterlichkeit sei. Bei verschiedenen Gelegenheiten redete sie von „dem wirklichen Miteinander von Frauen". Sie schrieb:

„Persönlich leide ich darunter, daß die Frauenbewegung in die Gruppe der Industriearbeiterinnen und all die anderen Gruppen aufgeteilt wird. Was wir unterstützen und in Ehren halten müssen, sind die Frauen, einzig die Frauen, überall und allenthalben."[32]

Dann jedoch verurteilte sie die *WTUL* wieder als elitäre Organisation, die kein wirkliches Interesse an den Leuten aus der Arbeiterklasse habe.

„Die *League* soll doch eingehen", soll sie einmal gesagt haben, „je eher, desto besser."[33]

Ihr zweimaliger Rücktritt – 1905 und 1914 – weist darauf hin, welche andauernden Schwierigkeiten sie hatte, diesen Konflikt zu lösen. Beide Male betonte sie, die Arbeiterinnen müßten sich organisieren.[34]
Rose Schneiderman und Pauline Newman zeigten eine ähnliche Verwirrung und Ambivalenz bezüglich ihrer Rolle als Arbeiterinnen in der *WTUL*. Einerseits identifizierten sie sich mit dem Gemeinwesen von Immigranten und Arbeitern auf der East Side, aus dem sie stammten; andererseits betrachteten sie sich als Feministinnen, die sich Frauenfragen widmeten. Wie O'Reilly machten sie oft genug so widersprüchliche Erfahrungen, daß sie an Rücktritt dachten.[35]
Beide Frauen wurden hin und her gerissen zwischen ihrer Arbeit in der *WTUL* und dem ausschließlichen Einsatz für die jüdische Arbeiterbewegung der East Side. Die Arbeit als Organisatorin für eine jüdische Gewerkschaft oder für die *International Ladies Garment Workers Union (ILG)* war jedoch, wie beide Frauen feststellen mußten, oft eine isolierte und einsame Sache. Die *WTUL* brachte nicht genügend Interesse für den Fortschritt der Arbeiterklasse auf und schenkte den Anstrengungen und der Fähigkeit, die Immigrantinnen anzusprechen, nicht genügend Anerkennung, während die jüdischen Arbeiterorganisationen die besonderen Probleme von Frauen völlig ignorierten und die wenigen weiblichen Organisatorinnen diskriminierten. Nach mehreren Jahren unerfreulicher und undankbarer Arbeit als Organisatorin der *ILG* kam Newman zu dem Schluß, die Arbeit bei der *WTUL* sei reizvoller, als sie anfänglich gedacht hatte:

„Denke daran, Rose, die Leute bei der *League* sind Dir immer näher, ganz egal, wie nahe Dir die Juden stehen, und das ist ein Trost [sic!]."[36]

Verglichen die Arbeiterinnen die *WTUL* mit den Gewerkschaften, so schnitt jene besser dabei ab: Sie bot den Organisatorinnen beträchtlich mehr Selbständigkeit und Verantwortung als die Gewerkschaften, und – was viel wichtiger war – sie bot das Zusammensein mit Frauen, die die gleichen Interessen und Erfahrungen hatten.
Gleichwohl hatten Schneiderman und Newman ständig Schwierigkeiten, die Frauenbewegung und die Arbeiterbewegung miteinander in Einklang zu bringen. Gelegentlich verurteilten beide Frauen die künstlichen Anstrengungen von Philanthropen und Reformern aus der Oberschicht, die industriellen Lebensbedingungen zu verbessern. Trotzdem waren sie die ersten in der *WTUL*, die ausschließlich für das Frauenwahlrecht arbeiten sollten. Später in der Geschichte der *WTUL* unterstützten beide die Anstrengungen für Arbeitsschutzbestimmun-

gen für Frauen, besonders die Festlegung eines Mindestlohnes und den Mutterschutz, obwohl die Arbeiterbewegung die Schutzbestimmungen im allgemeinen und den Mindestlohn im besonderen prinzipiell mißbilligte. Während der zwanziger Jahre, als Rose Schneiderman Präsidentin war, widmete sich die *WTUL* fast nur Gesetzgebungsangelegenheiten.

Die Schwierigkeiten, mit denen diese Frauen zu kämpfen hatten, waren nicht ungewöhnlich. Die meisten Mitglieder machten irgendwann einmal die Erfahrung von Konflikten zwischen Feminismus und Gewerkschaftswesen. Dieser Widerspruch läßt sich auch an der Politik der *WTUL* während des ersten Jahrzehnts ihres Bestehens ablesen. Von 1903 bis 1914 spielte die *WTUL* die Bedeutung der besonderen Probleme von Frauen auf dem Arbeitsmarkt herunter und konzentrierte sich darauf, sie als Arbeiterinnen in die Arbeiterbewegung zu integrieren; später bemühten sich die Mitglieder um die Erfüllung von Forderungen, die nur für Arbeiterinnen (nicht für Arbeiter) relevant waren: das Frauenwahlrecht und die Arbeitsschutzbestimmungen. Die Mitglieder der *WTUL* faßten die Erklärungen für die Unterdrückung der arbeitenden Frauen immer in ein Entweder-Oder: entweder die arbeitende Frau wurde als Angehörige der Arbeiterklasse ausgebeutet, oder sie litt als Frau. Was die *WTUL* brauchte, war eine Politik, die beide Seiten der Situation, mit der die Arbeiterinnen konfrontiert waren, auf einen Nenner brachte. Eine solche Politik wurde nie realisiert, und die *WTUL* blieb gespalten. Die Mitglieder, die sich zwischen den beiden Alternativen nicht entscheiden konnten, waren häufig unfähig, ihr Ziel oder ihre Rolle zu definieren.

Kurz, die *WTUL* war bei der Erreichung ihres Zieles – einen egalitären, klassenübergreifenden Zusammenschluß von Frauen zu verwirklichen – nur begrenzt erfolgreich. Obgleich es ihr besser als allen anderen Frauenorganisationen gelang, dauerhafte Beziehungen zu Arbeiterinnen aufzubauen und die Probleme einer feministischen Allianz anzugehen, ging es intern selten harmonisch zu. Zum Teil lassen sich diese Schwierigkeiten der *WTUL* den Konflikten zwischen Sympathisantinnen und Arbeiterinnen zuschreiben. Weder die eine noch die andere Gruppe konnte die zweiseitige Verpflichtung gegenüber der Arbeiterbewegung und gegenüber der Frauenbewegung zufriedenstellend einlösen, und dieses Unvermögen verstärkte die Schwierigkeiten beim Aufbau eines klassenübergreifenden Bündnisses.

Aus dem Amerikanischen übersetzt von Sibylle Koch-Grünberg.

1 Mary Dreier, „Expansion Through Agitation and Education", in: *Life and Labor,* 11. 6. 1921, S. 1.

2 Die *New York Women's Trade Union League* war eine autonome Organisation; sie hatte jedoch enge Verbindungen zu einer umfassenderen Körperschaft, der *National Women's Trade Union League of America.* Dieselben Personen gründeten Ende des Jahres 1903 beide Organisationen.

3 *Weekly Bulletin of the Clothing Trades,* 24. 3. 1905, S. 2.

4 Rheta Childe Dorr, *What Eight Million Women Want,* Boston 1910, S. 5. Eine gute Diskussion des Wandels in der amerikanischen feministischen Theorie von Mitte des 19. bis ins frühe 20. Jahrhundert bei: Aileen Kraditor, *The Ideas of the Woman Suffrage Movement,* New York 1965, Kap. 3.

5 Siehe z. B. Gertrude Barnum, „The Modern Society Woman", in: *Ladies Garment Worker,* 2, 1911, S. 8. „Alle Frauen haben vor den Gesetzen des Landes [...] die gleiche gesellschaftliche Stellung bzw. haben überhaupt keine; ausnahmslos werden sie mit Kindern, Schwachsinnigen und Kriminellen auf eine Stufe gestellt. Die weiblichen Nachkommen von Patrick Henry, Tom Paine und Thomas Jefferson, denen ihr gesunder Menschenverstand sagt, daß das eine Ungerechtigkeit sei, lassen die sozialen Unterschiede beiseite und ziehen Schulter an Schulter für ihre ‚unveräußerlichen Rechte' zu Felde – für die größtmögliche gesellschaftliche Gleichstellung mit dem Mann."

6 Leonora O'Reilly an das Exekutivkomitee der *Women's Trade Union League of New York,* 14. 1. 1914. Women's Trade Union League of New York Papers, New York State Labor Library, New York (im folgenden zitiert als WTULNY Papers).

7 Einige Historiker, die sich kurz mit der *WTUL* befaßt haben, erklären die Uneinigkeit innerhalb der Organisation und die Verlagerung von der Organisierung der Arbeiterschaft hin zum Versuch der Einflußnahme auf die Gesetzgebung als das Resultat von Klassenkonflikten zwischen den Sympathisantinnen (und/oder Sozialarbeiterinnen) und den Arbeiterinnen. William Chafe z. B. führt aus: „Die Reformerinnen sahen in erster Linie die Bildungsfunktion der *WTUL* und glaubten, den Interessen der Arbeiterinnen sei am besten gedient mit der Erforschung der industriellen Lebensbedingungen, mit der Gewährleistung von Einflußnahme auf die gesetzgebenden Organe und mit dem Ausbau der öffentlichen Unterstützung für die Idee des Gewerkschaftswesens. Die Gewerkschafterinnen dagegen bestanden darauf, der Hauptzweck der *WTUL* sei es, Frauen zu organisieren und bereits bestehende Gewerkschaften zu stärken. Die eine Gruppe sah die *WTUL* vorrangig als Instrument zur gesellschaftlichen Aufbauarbeit, die anderen sahen sie als Organ zur Organisierung der Arbeiterschaft." Chafe, *The American Woman, Her Changing Social, Economic, and Political Roles, 1920-1970,* New York 1972, S. 71.

8 Die New Yorker *WTUL* war nie eine große Organisation. Obwohl es in den Jahren nach 1907 unter den Beitrag zahlenden Mitgliedern einige hundert Frauen gab, waren nur wenige in der tagtäglichen Arbeit aktiv. In den Jahren 1903-1914 bildeten ungefähr 20 weibliche Mitglieder einen harten Kern in der *WTUL.* Diese Frauen bestimmten die politischen Richtlinien, stellten die Sekretäre *(officers),* Organisatorinnen und Redner und setzten die Prioritäten. Die Zusammensetzung dieser Kerngruppe änderte sich zwar von Jahr zu Jahr, jedoch widmeten sich die meisten von ihnen einige Jahre

lang der Organisationsarbeit. Aus den noch vorhandenen Listen von Mitgliedern des Exekutivausschusses, von Sekretären und Mitgliedern von Komitees lassen sich einige Schlüsse darüber ziehen, wie sich die klassenmäßige Zusammensetzung des harten Kerns von Mitgliedern gewandelt hat. Zum Thema Mitgliedschaft in der *WTUL* siehe N. Schrom Dye, *The Women's Trade Union League of New York, 1903-1920* (Dissertation), Madison, Wisconsin, 1974.

9 *Women's Trade Union League of New York, Annual Reports,* 1909-1910 bis 1913-1914. Eine detailliertere Diskussion der Mitgliedschaft bei: Dye, *The Women's Trade Union League of New York, 1903-1920,* a.a.O.

10 Brief an Leonora O'Reilly, 1908 (Reillys Bemerkung liegt in Form einer Notiz auf der Rückseite des Briefes vor), Leonora O'Reilly Papers, Schlesinger Library, Cambridge, Mass. (im folgenden zitiert als Leonora O'Reilly Papers).

11 William English Walling an Leonora O'Reilly, Dezember 1903 (O'Reillys handgeschriebene Notiz auf der Rückseite des Briefes), Leonora O'Reilly Papers.

12 Diese Angaben beruhen auf der Zusammenstellung biographischer Informationen über den harten Kern der *WTUL.* Für umfassendere Informationen siehe Dye, *The Women's Trade Union League of New York, 1903 bis 1920,* a.a.O.

13 Mary Beard an Leonora O'Reilly, 21. 7. 1912, Leonora O'Reilly Papers.

14 Report of the Organizer, *Women's Trade Union League of New York,* Oktober 1915, WTULNY Papers.

15 Laura Elliot an Leonora O'Reilly, März 1911, Leonora O'Reilly Papers.

16 Pauline Newman an Rose Schneiderman, 16. 6. 1912, Rose Schneiderman Papers, Tamiment Library, New York University, New York, N.Y. (im folgenden zitiert als Rose Schneiderman Papers).

17 Minutes, Executive Board, *Women's Trade Union League of New York,* 25. 1. 1906, WTULNY Papers.

18 Siehe z. B. Violet Pike, *New World Lessons for Old World People,* New York 1912; Gertrude Barnum, „A Story with a Moral", in: *Weekly Bulletin of the Clothing Trades,* 20. 11. 1908, S. 6; Gertrude Barnum, „At the Shirtwaist Factory. A Story", in: *Ladies Garment Workers,* 1, 1910, S. 4.

19 Pauline Newman hielt ihren Eindruck von der Wahl in drei Briefen an Rose Schneiderman fest. Pauline Newman an Rose Schneiderman, 1914, Rose Schneiderman Papers.

20 Ebd.

21 Laura Elliot an Leonora O'Reilly, März 1811, Leonora O'Reilly Papers.

22 *Women's Trade Union League of New York, Annual Reports,* 1910-1911, 1911-1912. In beiden Jahren ist Pike als Vertreterin der Gewerkschaft für Buchhalter, Stenographen und Rechnungsführer aufgeführt.

23 U.S. Congress, Senate, *Report on Condition of Woman and Child Wage-Earners in the United States,* „Wage-Earning Women in Stores and Factories", S. Doc. 645, 61st. Cong., 2d sess., 1910, Bd. 5, S. 18, 25, 144. Die Untersuchungsbeamten des Senats hoben hervor, daß es von allen untersuchten Großstädten in New York anteilmäßig die wenigsten sich selbst versorgenden Frauen gab.

24 Gertrude Barnum, „Women Workers", in: *Weekly Bulletin of the Clothing Trades,* 13. 7. 1906, S. 8.

25 Mary Dreier an Leonora O'Reilly, 19. 6. 1908, Leonora O'Reilly Papers.

26 Auch in anderen historischen Studien wird dieses Phänomen kurz ange-

sprochen. Siehe z. B. Christopher Lasch und William Taylor, „Two Kindred Spirits", in: *New England Quarterly*, 36, 1963, S. 23-41.

27 Diese Interpretation unterscheidet sich von kurzen Berichten über die *WTUL* in anderen Werken. Siehe z. B. Kraditor, *The Ideas of the Woman Suffrage Movement*, a.a.O., Kap. 6; und Chafe, *American Woman*, a.a.O., Kap. 3.

28 New York State, Factory Investigating Commission, *Fourth Report of the New York State Factory Investigating Commission, 1915*, Bd. 1, S. 774; Helen Marot, *American Labor Unions. By a Member*, New York 1915, Kap. 5.

29 Harriet Stanton Blatch an Samuel Gompers, 30. 12. 1905, American Federation of Labor Papers, Wisconsin State Historical Society, Madison, Wisconsin; Harriet Stanton Blatch, *Challenging Years*, New York 1940.

30 Siehe z. B. Leonora O'Reilly an den Exekutivausschuß der *Women's Trade Union League of New York*, 14. 1. 1914, WTULNY Papers.

31 *National Women's Trade Union League, Proceedings of the Second Biennial Convention*, 1909, S. 26.

32 Leonora O'Reilly an Mary Hay, 29. 12. 1917, Leonora O'Reilly Papers.

33 Diese Bemerkung Leonora O'Reillys ist ein Zitat aus einem Brief von Pauline Newman an Rose Schneiderman, 1914, Rose Schneiderman Papers. Newman schrieb: „Mrs. Robins wollte Noras [Leonora O'Reilly] Meinung über die Kandidatinnen [sic!] wissen, aber Nora sagte: ‚Die werde ich dir nicht sagen, aber ich kann dir sagen, was ich über die *League* denke: sie sollte eingehen, je eher, desto besser.' "

34 Minutes, Special Meeting, Executive Board, *Women's Trade Union League of New York*, 19. 11. 1915, WTULNY Papers.

35 Siehe z. B. Pauline Newman an Rose Schneiderman, 22. 2. 1912, Rose Schneiderman Papers.

36 Pauline Newman an Rose Schneiderman, 17. 4. 1911. Rose Schneiderman Papers.

Bibliographie

Albistur, Maïté, und Daniel Armogathe, *Histoire du féminisme français du Moyen Age à nos jours*, Paris 1977.

Alexander, Sally, „Women's Work in Nineteenth-Century London. A Study of the Years 1820-1850", in: J. Mitchell und A. Oakley (Hrsg.), *The Rights and Wrongs of Women*, Harmondsworth 1976.

Amsden, Alice H. (Hrsg.), *The Economics of Women and Work*, Harmondsworth 1980.

Anders, Ann, *Das Frauenbild in der Populärliteratur des Spätviktorianismus in England 1850-1890*, Darmstadt 1979.

Anderson, Michael, *Family Structure in Nineteenth-Century Lancashire*, Cambridge 1971.

Ankarloo, Bengt, „Agriculture and Women's Work: Directions of Change in the West, 1700-1900", in: *Journal of Family History*, 4, 1979, 111-120.

Arendt, Hannah, *Rahel Varnhagen. Lebensgeschichte einer deutschen Jüdin aus der Romantik* Frankfurt – Berlin – Wien 1975.

Ariès, Philippe, *Geschichte der Kindheit* München – Wien 1975.

Aron, J.-P., und R. Kempf, *Le pénis et la démoralisation de l'Occident*, Paris 1979.

Aron, J.-P. (Hrsg.), *Misérable et glorieuse. La femme au XIXe siècle*, Paris 1980.

Auerbach, E., *Communities of Women*, Cambridge 1978.

Autorinnenkollektiv: „Geschichte der Frauenerwerbstätigkeit in der Herstellung von Textilien und Bekleidung", in: *Frauen als bezahlte und unbezahlte Arbeitskräfte. Beiträge zur 2. Berliner Sommeruniversität Oktober 1977*, Berlin 1978, 422-438.

Bajöhr, S., *Die Hälfte der Fabrik. Geschichte der Frauenarbeit in Deutschland, 1914-1945*, Marburg 1979.

Banks, I. A., und O. Banks, *Feminism and Family Planning in Victorian England*, Liverpool 1965.

Barker, D. L., und S. Allen (Hrsg.), *Dependance and Exploitation in Work and Marriage*, London 1976.

Barker-Benfield, Ben, „The Spermatic Economy: A Nineteenth-Century View of Sexuality", in: *Feminist Studies*, 1, 1972, 45-74.

Barker-Benfield, G. I., *The Horrors of the Half-Known Life: Male Attitudes toward Women and Sexuality in 19th-Century America*, New York 1976.

Basch, Françoise, *Relative Creatures. Victorian Women in Society and the Novel, 1837-1867*, London 1974.

Baxandall, R., L. Gordon und S. Reverby (Hrsg.), *America's Working Women: A Documentary History, 1600 – Present*, New York 1976.

Baxandall, R., „Women in American Trade Unions: A Historical Analysis", in: J. Mitchell und A. Oakley (Hrsg.), *The Rights and Wrongs of Women*, Harmondsworth 1976.

Beattie, J. M., „The Criminality of Women in Eighteenth-Century England", in: *Journal of Social History* 8, 1975, 80-116.

Bennett, S. K., und G. H. Elder, Jr., „Women's Work in the Family Economy: A Study of Depression Hardship in Women's Lives", in: *Journal of Family History*, 4, 1979, 153-176.

Benson, Susan Porter, „Business Heads and Sympathizing Hearts: The Women of the Providence Employment Society, 1837-1858", in: *Journal of Social History* 12, 1978.

Bercé, Y.-M., *Fête et révolte. Des mentalités populaires du XVIe au XVIIIe siècle*, Paris 1976.

Berg, Barbara I., *The Remembered Gate: Origins of American Feminism, 1800-1860*, New York 1978.

Bergmann, A., „Geburtenrückgang – Gebärstreik", in: *Archiv für die Geschichte des Widerstandes und der Arbeit*, 4,7-55.

Berkner, L. K., „Recent Research on the History of the Family in Western Europe", in: *Journal of Marriage and the Family*, 35, 1973, 395-405.

Bickel, W., *Bevölkerungsgeschichte und Bevölkerungspolitik in der Schweiz*, Zürich 1947.

Blank, R. (Hrsg.), *Das häusliche Glück, vollständiger Haushaltsunterricht nebst Anleitung zum Kochen für Arbeiterfrauen*, [1882], München 1975.

Blasius, D., *Kriminalität und Alltag. Zur Konfliktgeschichte des Alltagslebens im 19. Jahrhundert*, Göttingen 1978.

Bloch, Ruth H., „American Feminine Ideals in Transition: The Rise of the Moral Mother, 1785-1815", in: *Feminist Studies*, 4, 1978, 101-126.

Bock, Gisela, und Barbara Duden, „Arbeit aus Liebe – Liebe als Arbeit. Zur Entstehung der Hausarbeit im Kapitalismus", in: *Frauen und Wissenschaft. Beiträge zur Berliner Sommeruniversität für Frauen Juli 1976*, Berlin 1977, 118 ff.

Bock, Gisela, „Frauenarbeit und Frauenbewegung in den USA", Einleitung zu: Eleanor Flexner, *Hundert Jahre Kampf. Geschichte der Frauenrechtsbewegung in den Vereinigten Staaten*, Frankfurt 1978.

Boesch, Ina, und Carlotta von Waldkirch, *„Arme Weiber sind wir, aber schlauer, als ihr denkt." Die Bäuerin im Emmental*, Ms., Zürich 1979.

Booth, Alan, „Food Riots in the North-West of England, 1790-1801", in: *Past and Present*, 77, 1977, 84-107.

Boserup, Ester, *Woman's Role in Economic Development*, London 1970.

Bovenschen, Silvia, *Die imaginierte Weiblichkeit. Exemplarische Untersuchungen zu kulturgeschichtlichen und literarischen Repräsentationsformen des Weiblichen*, Frankfurt 1979.

Boxer, Marilyn I., und Jean H. Quataert (Hrsg.), *Socialist Women. European Socialist Feminism in the Nineteenth and Early Twentieth Centuries*, New York 1978.

Branca, Patricia, „Image and Reality: The Myth of the Idle Victorian Woman", in: M. Hartmann und L. W. Banner (Hrsg.), *Clio's Consciousness Raised*, New York 1974, 179-191.

Branca, Patricia, *Silent Sisterhood*, London 1975.

Branca, Patricia, „A New Perspective on Women's Work: A Comparative Typology", in: *Journal of Social History*, 9, 1975, 129-133.

Branca, Patricia, *Women in Europe since 1750*, London 1978.

Braun, Lily, *Frauenarbeit und Hauswirtschaft*, Berlin 1901.

Braun, Lily, *Die Frauenfrage, ihre geschichtliche Entwicklung und ihre wirtschaftliche Seite*, Leipzig 1901.

Braun, Rudolf, *Industrialisierung und Volksleben. Die Veränderung der Lebensform in einem ländlichen Industriegebiet vor 1800*, Erlenbach u. a. 1960.

Braun, Rudolf, *Sozialer und kultureller Wandel in einem ländlichen Industriegebiet (Zürcher Oberland) unter Einwirkung des Maschinen- und Fabrikwesens im 19. und 20. Jahrhundert*, Erlenbach–Zürich und Stuttgart 1965.

Braun, Rudolf (Hrsg.), *Gesellschaft in der industriellen Revolution*, Köln 1973.

Brick, Barbara, und Christine Woesler, *Maschinerie und Mütterlichkeit*, Ms., Frankfurt 1980.

Bridenthal, Renate, und Claudia Koonz (Hrsg.), *Becoming Visible: Women in European History*, Boston 1977.

Bristow, Edward S., *Vice and Vigilance. Purity Movements in Britain since 1700*, New York 1977.

Brownlee, W. Eliot und Mary H. Brownlee (Hrsg.), *Women in the American Economy: A Documentary History, 1675-1927*, New Haven 1976.

Brunner, Otto, „Das ‚ganze Haus' und die alteuropäische Ökonomik", in: ders., *Neue Wege der Sozialgeschichte*, Göttingen 1956.

Burr-Witchfield, Richard, „The Family and the Mill: Cotton Mill Work, Family Work Patterns and Fertility in Mid-Victorian Stockpot", in: A. S. Wohl (Hrsg.), *The Victorian Family*, London 1978.

Calder, Jenny, *Women and Marriage in Victorian Fiction*, London 1976.

Cantor, Milton, und Bruce Laurie (Hrsg.), *Class, Sex, and the Woman Worker*, London 1977.

Caplan, Patricia, und Janet M. Bujra (Hrsg.), *Women united, Women divided. Cross-cultural Perspectives on Female Solidarity*, London 1978.

Carroll, Berenice A., „Peace Research: The Cult of Power", in: *Journal of Conflict Resolution*, 16, 1972, 585-616.

Carroll, Berenice A. (Hrsg.), *Liberating Women's History*, Urbana 1976.

Castan, Nicole, „La criminalité familiale dans le ressort du Parlement de Toulouse, 1600-1703", in: A. Abbiateci (Hrsg.), *Crimes et criminalités en France, XVIIe - XVIIIe siécles*, (Cahiers des Annales 33) Paris 1971.

Castan, Nicole, *Honnêteté et relations sociales en Languedoc (1715-1780)*, Paris 1974.

Chafe, William, *The American Women*, Oxford 1972.

Chafe, William, *Women and Equality: Changing Patterns in American Culture*, New York 1977.

Chevalier, Louis, *Classes laborieuses et classes dangereuses à Paris pendant la première moitié du XIXe siècle*, Paris 1958.

Christ, Carol, „Victorian Masculinity and the Angel in the House", in: M. Vicinus (Hrsg.), *A Widening Sphere. Changing Roles of Victorian Women*, Bloomington und London 1977.

Clark, Alice, *Working Life of Women in the Seventeenth-Century*, London 1968.

Cloward, Richard A., und Frances Fox Piven, „Hidden Protest: The Channeling of Female Innovation and Resistance", in: *Signs*, 4, 1979, 651-669.

Cominos, Peter T., „Innocent Femina Sensualis in Unconscious Conflict", in: M. Vicinus (Hrsg.), *Suffer and Be Still*, Bloomington und London 1973.

Conrad, P., und J. W. Schneider, *Deviance and Medicalization. From Badness to Sickness*, St. Louis 1980.

Conrad, Susan, *Perish the Thought: Intellectual Women in Romantic America, 1830-1860*, New York 1976.

Conze, Werner (Hrsg.), *Sozialgeschichte der Familie in der Neuzeit Europas*, Stuttgart 1976.

Conze, Werner (Hrsg.), *Die Familie im Übergang von der entfalteten Agrargesellschaft zum Industriesystem*, Stuttgart 1976.

Corbin, Alain, *Les filles de noce. Misère sexuelle et prostitution aux XIXe et XXe siècles*, Paris 1978.

Cott, Nancy F. (Hrsg.), *Roots of Bitterness*, New York 1972.

Cott, Nancy F., *The Bonds of Womanhood: ,Woman's Sphere' in New England, 1780-1835*, New Haven 1977.

Cott, Nancy F., „Passionlessness. An Interpretation of Victorian Sexual Ideology, 1790-1850", in: *Signs*, 4, 1978, 219-236.

Cowan, Ruth Schwartz, „A Case Study of Technological and Social Change: The Washing Machine and the Working Life", in: M. Hartmann und L. W. Banner (Hrsg.), *Clio's Consciousness Raised*, New York 1974, 245-253.

Daumard, Adeline, *Les Bourgeois de Paris au XIXe siècle*, Paris 1970.

Davidoff, Leonore, *The Best Circles: Women and Society in Victorian England*, New York 1973.

Davidoff, Leonore, L Espérance, Jean, und Howard Newby, „Landscape with Figures: Home and Community in English Society", in: J. Mitchell und A. Oakley (Hrsg.), *The Rights and Wrongs of Women*, Harmondsworth 1976, 139-175.

Davidoff, Leonore, , The Rationalization of Housework", in: D. L. Barker und Sheila Allen (Hrsg.), *Dependance and Exploitation in Work and Marriage*, London 1976, 121-151.

Davidoff, Leonore, „The Rationalization of Housework", in: D. L. Barker und Sheila Allen (Hrsg.), *Dependance and Exploitation in Work and Marriage*, London 1976, 121-151.

Davidoff, Leonore, „Sex and Class in Victorian England", in: *Feminist Studies*, 5, 1979.

Davies, Margaret Llewelyn (Hrsg.), *Maternity. Letters from Working Women*, London 1979.

Davis, Natalie Zemon, „Women on Top", in: dies., *Society and Culture in Early Modern France*, Stanford 1975.

Davis, Natalie Zemon, „La storia delle donne in transizione: il caso europeo", in: *Donnawomanfemme* 3, 1977, 7-33 (auch in: *Feminist Studies*, 3, 1976, 83-103).

Degler, Carl N., „What ought to be and what was: Women's Sexuality in the Nineteenth Century", in: *The American Historical Review*, 79, 1974, 1467-1490.

Dischner, Gisela, *Bettina von Arnim. Eine weibliche Sozialbiographie aus dem 19. Jahrhundert*, Berlin 1978.

Donzelot, Jacques, *Die Ordnung der Familie*, Frankfurt 1980.

Douglas, Ann, *The Feminization of American Culture*, New York 1977.

Douglas, Ann Wood, „,The Fashionable Diseases': Women's Complaints and Their Treatment in Nineteenth-Century America", in: M. Hartman und L. W. Banner (Hrsg.), *Clio's Consciousness Raised*, New York 1974, 1-22.

Dublin, Thomas, „Women, Work and Protest in Early Lowell Mills", in: M. Cantor und B. Laurie (Hrsg.), *Class, Sex, and the Woman Worker*, London 1977.

Dublin, Thomas, *Women at Work. The Transformation of Work and Community in Lowell, Mass. 1826-1860*, New York 1979.

Dubnoff, Steven, „Gender, the Family, and the Problem of Work Motivation in a Transition to Industrial Capitalism", in: *Journal of Family History*, 4, 1979, 121-136.

Duden, Barbara, „Das schöne Eigentum. Zur Herausbildung des bürgerlichen Frauenbildes an der Wende vom 18. zum 19. Jahrhundert", in: *Kursbuch*, 47, 1977, S. 125 ff.
Duden, Barbara, und Karin Hausen, „Gesellschaftliche Arbeit – geschlechtsspezifische Arbeitsteilung", in: A. Kuhn und G. Schneider (Hrsg.), *Frauen in der Geschichte*, Düsseldorf 1979, 11-33.
Dufrancatel, Christiane, u. a., *L'histoire sans qualités*, Paris 1979.
Duhet, Paule-Maire, *Les femmes et la Révolution, 1789-1794*, Paris 1971.
Dye, Nancy Schrom, *As Equals and As Sisters. Feminism, the Labor Movement and the Women's Trade Union League of New York*, Columbia, Missouri 1980.

Egner, Erich, *Entwicklungsphasen der Hauswirtschaft*, Göttingen 1964.
Ehrenreich, Barbara, und Deirdre English, *For Her Own Good. 150 Years of the Experts' Advice to Women*, London 1977.
Ehrenreich, Barbara, und Deirdre English, „The Sick Women of the Upper Classes", in: J. Ehrenreich (Hrsg.), *The Cultural Crisis of Modern Medicine*, New York 1978, 123-143.
Eisler, Benita (Hrsg.), *The Lowell Offering. Writings by New England Mill Women (1840-1845)*, New York 1980.
Elias, Norbert, *Über den Prozeß der Zivilisation: Soziogenetische und psychogenetische Untersuchungen*, 2 Bde., Frankfurt 1977.
Engelsing, Rolf, *Zur Sozialgeschichte deutscher Mittel- und Unterschichten*, Göttingen 1973.
Evans, Richard I., *The Feminist Movement in Germany, 1894-1933*, London 1976.
Evans, Richard I., *The Feminists. Women's Emanzipation Movement in Europe, America and Australia, 1840-1920*, London 1977.
Evans, Richard I., *Sozialdemokratie und Frauenemanzipation im deutschen Kaiserreich*, Berlin/Bonn 1979.

Fairchilds, Cissie, „Female Sexual Attitudes and the Rise of Illegitimacy: A Case Study", in: *Journal of Interdisciplinary History*, 7, 1978, 627-667.
Farge, Arlette, *Le vol d'aliments à Paris au XVIIIe siècle*, Paris 1974.
Faure, Alain, „Classe malpropre, classe dangereuse?", in: *Recherches*, 29, 79-102.
Finnigan, Frances, *Poverty and Prostitution. A Study of Victorian Prostitutes in York*, London 1979.
Fischer-Homberger, Esther, *Krankheit Frau und andere Arbeiten zur Medizingeschichte der Frau*, Bern 1979 (Neuausgabe: Darmstadt und Neuwied 1984).
Flandrin, Jean-Louis, *Les amours paysannes (XVIe-XIXe siècles)*, Paris 1975.
Flandrin, Jean-Louis, *Familles. Parenté, maison, sexualité dans l'ancienne société*, Paris 1976.
Flandrin, Jean-Louis, „Späte Heirat und Sexualleben", in: C. Honegger (Hrsg.), *Schrift und Materie der Geschichte*, Frankfurt 1977, 272-310.
Flexner, Eleanor, *Hundert Jahre Kampf. Die Geschichte der Frauenrechtsbewegung in den Vereinigten Staaten*, Frankfurt 1978.
Foucault, Michel, *Sexualität und Wahrheit*, Frankfurt 1977.
Franzen-Hellersberg, Lisbeth, *Die jugendliche Arbeiterin. Ihre Arbeitsweise und Lebensform*, Tübingen 1932.
Frederick, Christine, *Die rationelle Haushaltsführung*, Berlin 1922.
Freud, Sigmund, *Brautbriefe*, Frankfurt 1968.

Freudenthal, Margarete, *Gestaltwandel der städtischen, bürgerlichen und proletarischen Hauswirtschaft*, Würzburg 1934.
Fürth, Henriette, *Die Fabrikarbeit verheirateter Frauen*, Frankfurt 1902.
Fürth, Henriette, *Die Hausfrau*, München 1914.

George, Carol V. R. (Hrsg.), *„Remember the Ladies". New Perspectives on Women in American History*, New York 1975.
George, Margaret, „From ‚Goodwife' to ‚Mistress': The Transformation of the Female in Bourgeois Culture", in: *Science and Society*, 37, 1973, 152-177.
Gerhard, Ute, *Verhältnisse und Verhinderungen. Frauenarbeit, Familie und Rechte der Frauen im 19. Jahrhundert*, Frankfurt 1978.
Gerhard, Ute, u. a. (Hrsg.), *„Dem Reich der Freiheit werb' ich Bürgerinnen". Die Frauen-Zeitung von Louise Otto*, Frankfurt 1979.
Giele, Janet Zollinger, „Centuries of Womenhood: An Evolutionary Perspective on the Feminine Role", in: *Women's Studies*, 1, 1972, 97-110.
Gillis, John R., „Servants, Sexual Relations, and the Risks of Illegitimacy in London, 1801-1900", in: *Feminist Studies*, 5, 1979, 142-173.
Gleichmann, Peter, u. a. (Hrsg.), *Materialien zu Norbert Elias' Zivilisationstheorie*, Frankfurt 1979.
Gordon, Linda, „Voluntary Motherhood: The Beginnings of Feminist Birth Control Ideas in the United States", in: M. Hartmann und L. W. Banner (Hrsg.), *Clio's Consciousness Raised*, New York 1974, 54-71.
Gordon, Linda, *Woman's Body, Woman's Right: A Social History of Birth Control in America*, New York 1976.
Gordon, Michael, „From an Unfortunate Necessity to a Cult of Mutual Orgasm: Sex in Education Literature, 1830-1940", in: *Studies in the Sociology of Sex* (hrsg. von James Henslin), New York 1971.
Gordon, Michael (Hrsg.), *The American Family in Social-Historical Perspective*, New York 1973.
Gotthelf, Jeremias, *Die Käserei in der Vehfreude. Eine Geschichte aus der Schweiz*, Basel 1978.
Gottschalch, Wilfried, *Vatermutterkind. Deutsches Familienleben zwischen Kulturromantik und sozialer Revolution*, Berlin 1979.
Goudsblom, Johan, „Zivilisation, Ansteckungsangst und Hygiene", in: Gleichmann u. a. (Hrsg.), *Materialien zu Norbert Elias' Zivilisationstheorie*, Frankfurt 1979.
Grimes, Alan P., *The Puritan Ethic and Women Suffrage*, New York 1967.
Grubitzsch, H., und L. Lagpacan, *„Freiheit für die Frauen – Freiheit für das Volk!" Sozialistische Frauen in Frankreich 1830-1848*, Frankfurt 1980.

Haller, John S., und Robin M. Haller, *The Physician and Sexuality in Victorian America*, Urbana 1974.
Hardach-Pinke, Irene, und Gerd Hardach (Hrsg.), *Deutsche Kindheiten, Autobiographische Zeugnisse, 1700-1900*, Kronberg/Ts. 1978.
Hareven, Tamara K. (Hrsg.), *Transitions: The Family and the Life Course in Historical Perspective*, New York/London 1978.
Harrison, B., „Die Auswirkungen der Industrialisierung auf die Rolle der Frau in der Gesellschaft", in: *Concilium*, 12, 1976, 44-51.
Harrison, Frazer, *The Dark Angel. Aspects of Victorian Sexuality*, London 1977.
Hartman, Mary, *Victorian Murderesses*, New York 1977.
Hartman, M., und L. W. Banner (Hrsg.), *Clio's Consciousness Raised: New Perspectives on the History of Women*, New York 1974.

Hartmann, Heidi, „Capitalism, Patriarchy, and Job Segregation by Sex", in: M. Blaxall und B. B. Reagan (Hrsg.), *Women and the Workplace*, Chicago 1976, 137-170.

Hausen, Karin, „Die Polarisierung der ‚Geschlechtscharaktere'. Eine Spiegelung der Dissoziation von Erwerbs- und Familienleben", in: W. Conze (Hrsg.), *Sozialgeschichte der Familie in der Neuzeit Europas*, Stuttgart 1976, 363-393.

Hausen, Karin, „Technischer Fortschritt und Frauenarbeit im 19. Jahrhundert. Sozialgeschichte der Nähmaschine", in: *Geschichte und Gesellschaft*, 2, 1978, 148-170.

Hausen, Karin (Hrsg.), *Frauen suchen ihre Geschichte*, München 1982.

Heintz, Bettina, *Erstes Gespräch mit Erna*, Ms., Zürich 1979.

Heintz, Bettina, *Off-Interview mit Erna Brunner* (zum Film „Ich fühle mich mindestens soviel wie er", Fernsehen DRS 1980).

Heintz, Bettina, und Werner Obrecht, „Die sanfte Gewalt der Familie", in: G. Hischier u. a., *Sozialstruktur und Weltgesellschaft*, Diessenhofen 1980.

Heintz, Bettina, *Grenzen der Familie – Begrenztheit der Wahrnehmung*, Ms., Zürich 1981.

Held, Thomas, *Soziologie der ehelichen Machtverhältnisse*, Darmstadt und Neuwied 1978.

Hewitt, M., *Wives and Mothers in Victorian Industry*, London 1958.

Himes, Norman, *Medical History of Contraception*, New York 1963.

Hohmann, Joachim S., *Schon auf den ersten Blick. Lesebuch zur Geschichte unserer Feindbilder*, Darmstadt und Neuwied 1981.

Hollis, Patricia, *Women in Public: The Women's Movement 1850-1900*, London 1979.

Honegger, Claudia, „Die Hexen der Neuzeit", in: dies. (Hrsg.), *Die Hexen der Neuzeit*, Frankfurt 1978, 21-150.

Honegger, Claudia, „Überlegungen zu Michel Foucaults Entwurf einer Geschichte der Sexualität", Ms., Paris 1980.

Horn, Pamela, *The Rise and Fall of the Victorian Servant*, New York 1975.

Hufton, Olwen, „Women and the Family Economy in Eighteenth-Century France", in: *French Historical Studies*, 9, 1975.

Hufton, Olwen, *Europe: Privilege and Protest 1730-1789*, London 1980.

Huggett, Frank E., *Life below Stairs. Domestic Servants in England from Victorian Times*, London 1977.

Humphries, Jane, „Class Struggle and the Persistence of the Working-Class Family", in: A. Amsden (Hrsg.), *The Economics of Women and Work*, Harmondsworth 1980, 140-168.

Hüttenberger, Peter, „Vorüberlegungen zum Widerstandsbegriff", in: *Geschichte und Gesellschaft*, Sonderheft 3, Theorien in der Praxis des Historikers, 117-139.

Hymowitz, Carol, und Michaele Weissman, *A History of Women in America*, New York 1978.

Ideler, Karl Wilhelm, Vorwort zu: E. Fr. Dubois, *Über das Wesen und die Heilung der Hypochondrie und Hysterie*, Berlin 1840.

Imhof, Arthur E. (Hrsg.), *Biologie des Menschen in der Geschichte*, Stuttgart-Bad Cannstatt 1978.

Innes, John W., *Class Fertility in England and Wales 1876-1934*, Princeton 1938.

Jacoby, Robin Miller, „The Women's Trade Union League and American Feminism", in: M. Cantor und B. Laurie (Hrsg.), *Class, Sex, and the Woman Worker*, London 1977, 203-224.

Jakob, Ursina, und Edith Zumbühl, „Selbstbeherrschung ist die junge Schwester der Selbstverleugnung", Ms., Zürich 1979.

Janssen-Jurreit, Marielouise, „Sexualreform und Geburtenrückgang – Über die Zusammenhänge zwischen Bevölkerungspolitik und Frauenbewegung um die Jahrhundertwende", in: A. Kuhn und G. Schneider (Hrsg.), *Frauen in der Geschichte*, Düsseldorf 1979, 56-81.

Jones, Gareth Stedman, „Kultur und Politik der Arbeiterklasse in London 1870 bis 1900", in: D. Puls (Hrsg.), *Wahrnehmungsformen und Protestverhalten. Studien zur Lage der Unterschichten im 18. und 19. Jahrhundert*, Frankfurt 1979, 317-368.

Kaufmann, O., „Frauenarbeit im 19. Jahrhundert im Homburger Land", in: *Rheinisch-Westfälische Zeitschrift für Volkskunde*, 19, 1972, 76-102.

Kempf, Rosa, *Das Leben der jungen Fabrikmädchen in München*, Leipzig 1911.

Kennedy, Susan Estabrook, *If all we did was to weep at home: A History of Working-Class-Women in America*, Bloomington und London 1979.

Kerber, Linda, „The Republican Mother: Women and the Enlightenment – An American Perspective", in: *American Quarterly*, 28, 1976, 187-205.

Kittringham, John, „Country Work Girls in Nineteenth-Century England", in: R. Samuel (Hrsg.), *Village Life and Labour*, London 1975, 73-138.

Kluscartis, R. (Hrsg.), *Arbeiterinnen kämpfen um ihr Recht – Autobiographische Dokumente zur Emanzipation rechtloser und entrechteter „Frauenspersonen" in Deutschland und Österreich des 19. und 20. Jahrhunderts*, Wuppertal o. J.

Kniebiehler, Yvonne, „Les médicins et la ‚nature féminine' au temps du Code civil", in: *Annales E.S.C.*, 31, 1976, 824-845.

Knodel, John, *The Decline of Fertility in Germany, 1871-1939*, Princeton 1974.

Könnecker, Marie-Louise (Hrsg.), *Kinderschaukel*, 2 Bde., Darmstadt und Neuwied 1976.

Koessler, Gottfried, *Mädchenkindheiten im 19. Jahrhundert*, Gießen 1979.

Kraepelin, Emil, *Psychiatrie. Ein kurzes Lehrbuch für Studirende und Ärzte*, Leipzig 1889.

Krafft-Ebing, R. von, *Lehrbuch der Psychiatrie*, Stuttgart 1883.

Kriedte, P., u. a., *Industrialisierung vor der Industrialisierung: Gewerbliche Warenproduktion auf dem Land in der Formationsperiode des Kapitalismus*, Göttingen 1977.

Kuczynski, Jürgen, *Die Geschichte der Lage der Arbeiter unter dem Kapitalismus*, Bd. 18: *Studien zur Geschichte der Lage der Arbeiterinnen in Deutschland von 1700 bis zur Gegenwart*, Berlin (Ost) 1965.

Kuhn, Annette, u. a. (Hrsg.), *Frauen in der Geschichte*, Bd. I-V, Düsseldorf 1979, ff.

Lange, Helene, *Die Frauenbewegung in ihren modernen Problemen*, Berlin 1907.

Langer, W. L., „The Origins of the Birth Control Movement in England in the Early Nineteenth-Century", in: *Journal of Interdisciplinary History*, 5, 1975, 669-686.

Léonard, Jacques, *La France médicale au XIXe siècle*, Paris 1978.

Lerner, Gerda (Hrsg.), *The Female Experience: An American Documentary*, Indianapolis 1977.

Lerner, Gerda, *The Majority Finds its Past*, New York 1979.

Leroy-Beaulieu, Paul, *Le travail des femmes au XIXe siècle*, Paris 1873.

Lewenhag, Sheila, *Women and Trade Unions. An Outline History of Women in the British Trade Union Movement*, London 1977.

Loux, Françoise, und Jean-Pierre Peter (Hrsg.), *Langages et images du corps*, Sonderheft von *Ethnologie française*, 6, 1976, 215-394.

Lüscher, Rudolf, „Sabotage und Surrealismus", in: *Konkursbuch*, 2, 1978, 225-246.

Lüscher, Rudolf, „Widerstand, Entzug, Versinken", Ms., Zürich 1978.

Macfarlane, Alan, *The Origins of English Individualism. The Family, Property and Social Transition*, Oxford 1978.

Marcus, Steven, *Umkehrung der Moral. Sexualität und Pornographie im viktorianischen England*, Frankfurt 1979.

McBride, Theresa, *The Domestic Revolution. The Modernization of Household Services in England and France, 1820-1920*, London 1976.

McBride, Theresa, „The Long Road Home: Work and Industrialization", in: R. Bridenthal und C. Koonz (Hrsg.), *Becoming Visible*, Boston 1977, 280-295.

McDougall, Mary Lynn, „Working-Class Women During the Industrial Revolution, 1780-1914", in: R. Bridenthal und C. Koonz (Hrsg.), *Becoming Visible*, Boston 1977, 255-279.

McKendrick, Neil, „Home Demands and Economic Growth: A New View of Women and Children in the Industrial Revolution", in: *Studies in English Thought and Society* (in Honour of J. H. Plumb), London 1974.

McLaren, Angus, „Contraception and the Working Classes. The Social Ideology of the English Birth Control Movement in its Early Years", in: *Comparative Studies in Society and History*, 18, 1976, 236-257.

McLaren, Angus, „Women's Work and Regulation of Family Size: The Question of Abortion in the Nineteenth Century", in: *History Workshop*, 4, 1977, 70-81.

McLaren, Angus, *Birth Control in Nineteenth-Century England*, London 1978.

Medick, Hans, „Zur strukturellen Funktion von Haushalt und Familie im Übergang von der traditionellen Agrargesellschaft zum industriellen Kapitalismus – die protoindustrielle Familie", in: W. Conze (Hrsg.), *Sozialgeschichte der Familie in der Neuzeit Europas*, Stuttgart 1976, 254-282.

Metz-Göckel, Sigrid, „Frauenarbeit und weibliche Produktivität (I)", in: *Beiträge zur Feministischen Theorie und Praxis*, 1, 1978, 81 ff.

Meyer, P., *Das Kind und die Staatsraison*, Reinbek b. Hamburg 1981.

Michels, Robert, *Die Grenzen der Geschlechtsmoral*, München/Leipzig 1911.

Middleton, Lucy (Hrsg.), *Women in the Labour Movement. The British Experience*, London 1979.

Mitchell, Juliet, und Ann Oakley (Hrsg.), *The Rights and Wrongs of Women*, Harmondsworth 1976.

Mitterauer, Michael, „Vorindustrielle Familienformen. Zur Entstehung des ‚ganzen Hauses' im 17. und 18. Jahrhundert", in: Engel-Janosi u. a. (Hrsg.), *Fürst, Bürger, Mensch*, Wien 1975, 123 ff.

Mitterauer, Michael, und Reinhard Sieder, *Vom Patriarchat zur Partnerschaft. Zum Strukturwandel der Familie*, München 1977.

Möbius, P. J., *Über den physiologischen Schwachsinn des Weibes*, Halle 1905.

Möhrmann, R., *Die andere Frau. Emanzipationsansätze deutscher Schriftstellerinnen im Vorfeld der Achtundvierziger Revolution*, Stuttgart 1977.

Möhrmann, R., *Frauenemanzipation im deutschen Vormärz*, Stuttgart 1978.

Mohr, James C., *Abortion in America: The Origins and Evolution of National Policy, 1800-1900*, New York 1978.

Momberg, Paul, *Studien zur Bevölkerungsbewegung in Deutschland*, Karlsruhe 1907.

Moore, R. Lawrence, „The Spiritualist Medium: A Study of Female Professionalization in Victorian America", in: *American Quarterly*, 27, 1975, 200-221.

Morantz, Regina, „The Lady and Her Physician", in: M. Hartman und L. Banner (Hrsg.), *Clio's Consciousness Raised*, New York 1974, 38-53.

Morantz, Regina, „Making Women Modern: Middle Class Women and Health Reform in 19th-Century America", in: *Journal of Social History*, 10, 1976.

Neale, R. S., *Working-Class Women and Woman's Suffrage in Class Ideology*, London 1972.

Neff, Wanda F., *Victorian Working Women*, New York 1929.

Nitsche, R., *Liebesverhältnisse: Untersuchungen zur literarischen Präsentation von Sexualität, Frau, Familie und Gesellschaft in Deutschland im 19. Jahrhundert*, Diss., Berlin 1975.

Oakley, Ann, *Soziologie der Hausarbeit*, Frankfurt 1977.

Oakley, Ann, *Housewife*, London 1974.

Oeter, F. (Hrsg.), *Familie und Gesellschaft*, Tübingen 1966.

Okin, Susan Moeller, *Women and Citizens: Women in Western Political Thought*, Princeton 1979.

O'Neill, William, *Everyone Was Brave: The Rise and Fall of Feminism*, Chicago 1969.

Oren, Laura, „The Welfare of Women in Laboring Families: England, 1860-1950", in: *Feminist Studies*, I, 1973, 107-125.

Ottmüller, Uta, *Die Dienstbotenfrage. Zur Sozialgeschichte der doppelten Ausnutzung von Dienstmädchen im deutschen Kaiserreich*, Münster 1978.

Otto, Rose, *Über Fabrikarbeit verheirateter Frauen*, Stuttgart/Berlin 1910.

Perrot, Michelle, *Les ouvriers en grève*, 2 Bde., Paris 1974.

Peter, Jean-Pierre, „Entre femmes et médicins. Violence et singularités dans les discours du corps et sur le corps d'après les manuscrits médicaux de la fin du XVIIIe siècle", in: *Ethnologie française*, 6, 1976, 341-348.
Perrot, Michelle, *Les ouvriers en grève*, 2 Bde., Paris 1974.

Peter, Jean-Pierre, „Entre femmes et médicins. Violence et singularités dans les discours du corps et sur le corps d'après les manuscrits médicaux de la fin du XVIIIe siècle", in: *Ethnologie française*, 6, 1976, 341-348.
Peter, Jean-Pierre, „Les médicins et les femmes", in: J.-P. Aron (Hrsg.), *Misérable et glorieuse. La femme du XIXe siècle*, Paris 1980, 79-96.

Phayer, Michael J., „Lower-Class Morality: The Case of Bavaria", in: *Journal of Social History*, 8, 1974, 79-95.

Phayer, J. Michael, *Sexual Liberation and Religion in Nineteenth-Century Europe*, London 1977.

Pierstorff, Julius, *Frauenarbeit und Frauenfrage*, Jena 1900.

Pilheam, P., „Popular Violence in Provincial France after the 1830-Revolution", in: *The English Historical Review*, 359, 1976, 283 ff.

Pinchbeck, Ivy, *Women Workers and the Industrial Revolution, 1750-1850*, London 1930, ^{2}1969.

Pinchbeck, Ivy, und Margaret Hewitt, *Children in English Society*, London 1969.

Piven, Frances Fox, und Richard A. Cloward, *Aufstand der Armen*, Frankfurt 1981.
Placzek, S., *Freundschaft und Sexualität*, Bonn 1916.
Placzek, S., *Das Geschlechtsleben der Hysterischen. Eine medizinische, soziologische und forensische Studie*, Bonn 1919.
Pope, Barbara Corrodo, „Angels in the Devil's Workshop: Leisured and Charitable Women in 19th-Century England and France", in: R. Bridenthal und C. Koonz (Hrsg.), *Becoming Visible*, Boston 1977, 296-324.

Reiter, Rayna (Hrsg.), *Toward an Anthropology of Women*, New York 1975.
Riesmann, David, *Die einsame Masse*, Reinbek bei Hamburg 1958.
Rogers, Susan Carol, „Female Forms of Power and the Myth of Male Dominance: A Model of Female/Male Interaction in Peasant Society", in: *American Ethnologist*, 2, 1975, 727-757.
Rosaldo, Michelle Zimbalist, und Louise Lamphere (Hrsg.), *Woman, Culture and Society*, Stanford 1974.
Rosenbaum, Heidi (Hrsg.), *Familie and Gesellschaftsstruktur*, Frankfurt 1978.
Rosenberg, Charles E., „Sexuality, Class, and Role in 19th-Century America", in: *American Quarterly*, 25, 1973, 131-153.
Rossanda, Rossana, *Einmischung*, Frankfurt 1980.
Rossi, Alice S. (Hrsg.), *The Feminist Papers*, New York 1974.
Roubin, Lucienne, „Espace masculin, espace féminin en communautés provençales", in: *Annales E.S.C.*, 25, 1970, 537-560.
Rover, Constance, *Love, Morals, and the Feminists*, London 1970.
Rowbotham, Sheila, *Woman's Resistance, Rebellion, and Revolution*, Harmondsworth 1972.
Rowbotham, Sheila, *Im Dunkel der Geschichte. Frauenbewegung in England vom 17. bis 20. Jahrhundert*, Frankfurt 1980.
Rudé, George, *Die Volksmassen in der Geschichte*, Frankfurt 1977.
Ruhin, Lillian, *Worlds of Pain: Life in the Working Class Family*, New York 1977.
Rutschky, Katharina (Hrsg.), *Schwarze Pädagogik*, Berlin 1977.
Ryan, Mary P., *Womanhood in America. From Colonial Times to the Present*, New York 1975.
Ryan, Mary P., „Women's Awakening: Evangelical Religion and the Families of Utica, New York, 1800-1840", in: *American Quarterly*, 30, 1978, 602-624.

Sabean, David, „The Communal Basis of Pre-1800 Peasants Uprisings in Western Europe", in: *Comparative Politics*, 8, 1976, 355-364.
Schenk, Herrad, *Die feministische Herausforderung. 150 Jahre Frauenbewegung in Deutschland*, München 1980.
Schlesier, Renate, *Konstruktionen der Weiblichkeit bei Sigmund Freud*, Frankfurt 1981.
Schneider, Lothar, *Der Arbeiterhaushalt im 18. und 19. Jahrhundert*, Berlin 1967.
Schulte, Regina, *Sperrbezirke. Tugendhaftigkeit und Prostitution in der bürgerlichen Welt*, Frankfurt 1979.
Scott-Smith, Daniel, „The Dating of the American Sexual Revolution: Evidence and Interpretation", in: M. Gordon (Hrsg.), *The American Family in Social-Historical Perspective*, New York 1974.

Segalen, Martine (Hrsg.), *Mari et femme dans la France rurale traditionelle*, Paris 1973.
Shanley, Mary Lyndon, „The History of the Family in Modern England", in: *Signs*, 4, 1979, 740-750.
Shorter, Edward, „Illegitimacy, Sexual Revolution and Social Change in Europe, 1750-1900", in: *Journal of Social History*, 5, 1971, 231-272.
Shorter, Edward, „Female Emancipation, Birth-Control and Fertility in European History" in: *American Historical Review*, 78, 1973, 605-640.
Shorter, Edward, „Der Wandel der Mutter-Kind-Beziehungen zu Beginn der Moderne", in: *Geschichte und Gesellschaft*, 1, 1975, 256-287.
Shorter, Edward, „Women's Work: What Difference Did Capitalism Make?", in: *Theory and Society*, 3, 1976, 513-527.
Shorter, Edward, *Die Geburt der modernen Familie*, München 1977.
Shorter, Edward, *A History of Women's Bodies*, New York 1982.
Showalter, Elaine, und English Showalter, „Victorian Women and Menstruation", in: M. Vicinus (Hrsg.), *Suffer and Be Still*, Bloomington/London 1973, 38-44.
Showalter, Elaine, *A Literature of Their Own. British Women Novelists from Brontë to Lessing*, London 1977.
Sigsworth, E. M., und T. J. Wyke, „A Study of Victorian Prostitution and Veneral Disease", in: M. Vicinus (Hrsg.), *Suffer and Be Still*, Bloomington und London 1973, 77-99.
Simmel, Marion, *Erziehung zum Weibe*, Frankfurt 1980.
Sklar, Kathryn Kish, *Catherine Beecher: A Study in American Domesticity*, New Haven 1973.
Skultans, Vieda (Hrsg.), *Madness and Morals. Ideas on Insanity in the 19th-Century*, London 1975.
Smith, F. Barry, „Sexuality in Britain, 1800-1900", in: M. Vicinus (Hrsg.), *A Widening Sphere*, Bloomington und London 1977, 182-198.
Smith-Rosenberg, Carroll, „Beauty, the Beast and the Militant Woman", in: *American Quarterly*, 23, 1971, 562-584.
Smith-Rosenberg, Carroll, *Religion and the Rise of the American City*, Ithaca, N.Y. 1971.
Smith-Rosenberg, Carroll, „Puberty to Menopause: The Cycle of Femininity in Nineteenth-Century America", in: *Feminist Studies*, 1, 1973, 59-72.
Smith-Rosenberg, Carroll, und Charles E. Rosenberg, „The Female Animal: Medical and Biological Views of Woman and Her Role in Nineteenth-Century America", in: *Journal of American History*, 60, 1973, 332-356.
Solé, Jacques, *L'amour en Occident à l'époque moderne*, Paris 1976.
Sontag, Susan, *Krankheit als Metapher*, München 1978.
Sperr, Monika (Hrsg.), *Liebe Mutter, liebe Tochter. Frauenbriefe aus drei Jahrhunderten*, München 1980.
Stearns, Peter N., und Daniel J. Walkowitz (Hrsg.), *Workers in the Industrial Revolution*, New Jersey 1974.
Stearns, Peter N., *Arbeiterleben. Industriearbeit und Alltag in Europa 1890-1914*, Frankfurt und New York 1980.
Stone, Lawrence, *The Family, Sex and Marriage in England, 1500-1800*, London 1977.
Strumingher, Laura, *Women and the Making of the Working Class, Lyon 1830-1870*, Vermont 1979.
Sullerot, Evelyne, *Histoire et sociologie du travail féminin*, Paris 1968.

Tenfelde, Klaus, *Sozialgeschichte der Bergarbeiterschaft an der Ruhr im 19. Jahrhundert*, Bonn-Bad Godesberg 1977.

Tentler, Leslie Woodcock, *Wage-earning Women: Industrial Work and Family Life in the United States*, New York 1980.

Thompson, Dorothy, *The Early Chartists*, London 1972.

Thompson, Edward P., *Whigs and Hunters. The Origin of the Black Act*, London 1975.

Thompson, Edward P., „Die ‚sittliche Ökonomie' der englischen Unterschichten im 18. Jahrhundert", in: D. Puls (Hrsg.), *Wahrnehmungsformen und Protestverhalten. Studien zur Lage der Unterschichten im 18. und 19. Jahrhundert*, Frankfurt 1979, 13-80.

Thompson, Edward P., *Die Entstehung der englischen Arbeiterklasse*, Bd. 1, Frankfurt 1981, Bd. 2, Frankfurt 1982.

Thompson, Roger, *Women in Stuart England and America*, London 1976.

Thönnessen, Werner, *Frauenemanzipation. Politik und Literatur der deutschen Sozialdemokratie zur Frauenbewegung 1863-1933*, Frankfurt 1976.

Tilly, Charles, Louise und Richard, *The Rebellious Century, 1830-1930*, New York 1975.

Tilly, Charles, „Hauptformen kollektiver Aktion in Westeuropa 1500-1975", in: *Geschichte und Gesellschaft*, 3, 1977, 153-163.

Tilly, Louise A., „The Food Riots as a Form of Political Conflict in France", in: *Journal of Interdisciplinary History*, 2, 1971, 23-57.

Tilly, Louise A., „The Family and Change", in: *Theory and Society*, 5, 1978, 421-434.

Tilly, Louise A., und Joan W. Scott, *Women, Work & Family*, New York 1978.

Tilly, Louise A., „Individual Lives and Family Strategies in the French Proletariat", in: *Journal of Family History*, 4, 1979, 137-152.

Tomes, Nancy, „A ‚Torrent of Abuse': Crimes of Violence between Working-Class Men and Women in London, 1840-1875", in: *Journal of Social History*, 12, 1978, 328-345.

Tranter, N., *Population since the Industrial Revolution – the Case of England and Wales*, London 1973.

Trumbach, Randolph, *The Rise of the Egalitarian Family. Aristocratic Kinship and Domestic Relations in Eighteenth-Century England*, London 1978.

Tschajanoff, Alexander I., *Die Lehre von der bäuerlichen Wirtschaft*, Berlin 1923.

Tschajanow, Alexander I., *Reise meines Bruders Alexej ins Land der bäuerlichen Utopie*, Frankfurt 1980.

Vanek, Joann, „Time Spent in Housework", in: Alice H. Amsden (Hrsg.), *The Economics of Women and Work*, Harmondsworth 1980, 82-90.

Vann, Richard T., „Toward a New Lifestyle: Women in Preindustrial Capitalism", in: R. Bridenthal und C. Koonz (Hrsg.), *Becoming Visible*, Boston 1977, 192-216.

Veblen, Thorstein, *Theorie der feinen Leute*, Köln und Bonn 1958.

Veith, Ilza, *Hysteria. The History of a Disease*, Chicago 1965.

Verbruggen, M. H., „Women and Medicine in Nineteenth-Century America", in: *Signs*, 1, 1976, 957-972.

Verdier, Yvonne, *Façons de dire, façons de faire*, Paris 1979.

Vicinus, Martha (Hrsg.), *Suffer and Be Still. Women in the Victorian Age*, Bloomington und London 1973.

Vicinus, Martha (Hrsg.), *A Widening Sphere. Changing Roles of Victorian Women*, Bloomington und London 1977.

Vigarello, Georges, *Le corps redressé*, Paris 1978.

Volkmann, Heinrich, „Kategorien des sozialen Protests im Vormärz“, in: *Geschichte und Gesellschaft*, 3, 1977, 164-189.

Walkowitz, David J., „Working-Class Women in the Guilded Age: Factory, Community, and Family Life among Cohoes, New York, Cotton Workers“, in: P. N. Stearns und D. J. Walkowitz (Hrsg.), *Workers in the Industrial Revolution*, New Jersey 1974, 255-277.

Walkowitz, Judith R., und David J. Walkowitz, „‚We are not Beasts of the Field‘: Prostitution and the Poor in Plymouth and Southhampton under the Contagious Diseases Act“, in: M. Hartman und L. Banner (Hrsg.), *Clio's Consciousness Raised*, New York 1974, 192-225.

Walkowitz, Judith R., „The Making of an Outcast Group“, in: M. Vicinus (Hrsg.), *A Widening Sphere*, Bloomington und London 1977, 72-93.

Walkowitz, Judith R., *Prostitution and Victorian Society. Women, Class, and the State*, Cambridge 1980.

Walters, Ronald G., „The Erotic South: Civilization and Sexuality in American Abolitionism“, in: *American Quarterly*, 25, 1973, 177-201.

Walters, Ronald G. (Hrsg.), *Primers for Prudery. Sexual Advice to Victorian America*, Englewood Cliffs 1974.

Weber, Eugene, *Peasants into Frenchmen*, Stanford 1976.

Weber, Marianne, *Ehefrau und Mutter in der Rechtsentwicklung*, Tübingen 1907.

Weber, Max, *Die Protestantische Ethik*, München und Hamburg 1965.

Weber-Kellermann, Ingeborg, *Die deutsche Familie. Versuch einer Sozialgeschichte*, Frankfurt 1974.

Wehler, H.-U. (Hrsg.), *Historische Familienforschung und Demographie*, Göttingen 1975.

Wehler, H.-U. (Hrsg.), *Frauen in der Geschichte des 19. und 20. Jahrhunderts*, Heft 3/4 von *Geschichte und Gesellschaft*, 7, 1981.

Welter, Barbara, „The Cult of True Womanhood“, in: *American Quarterly*, 18, 1966, 151-174.

Welter, Barbara, *Dimity Convictions: The American Woman in the Nineteenth-Century*, Athens 1976.

Welter, Barbara, „She hath done what she could: Protestant Women's Missionary Careers in Nineteenth-Century America“, in: *American Quarterly*, 30, 1978, 625-638.

Werlhof, Claudia von, „Frauenarbeit. Der blinde Fleck in der Kritik der politischen Ökonomie“, in: *Beiträge zur feministischen Theorie und Praxis*, 1, 1978, 18-32.

Wertheimer, Barbara M., *We Were There: The Story of Working Women in America*, New York 1977.

Whyle, M. K., *The Status of Women in Preindustrial Society*, Princeton 1978.

Wiener, Carol Z., „Sex Roles and Crime in Late Elizabethan Hertfordshire“, in: *Journal of Social History*, 9, 1975, 38-60.

Wilbrandt, Robert, *Die Frauenarbeit. Ein Problem des Kapitalismus*, Leipzig 1906.

Winter, Gustav, *Der Taylorismus*, Leipzig 1920.

Wohl, Anthony S. (Hrsg.), *The Victorian Family*, London 1978.

Wolf, Christa, Einleitung zu: Karoline von Günderode, *Der Schatten eines Traumes*, Darmstadt und Neuwied 1981.

Wrigley, E. A., „The Process of Modernization and the Industrial Revolution in England", in: *Journal of Interdisciplinary History*, 3, 1972, 225-259.

Zinnecker, Jürgen, *Sozialgeschichte der Mädchenbildung*, Weinheim 1973.

Drucknachweise

Michelle Perrot, „La femme populaire rebelle", in: Christiane Dufrancatel u. a., *L'histoire sans qualités,* Paris 1979, 123-156; ©Editions Galilée, Paris 1979.

Joan W. Scott und Louise A. Tilly, „Women's Work and the Family in Nineteenth-Century Europe", in: *Comparative Studies in Society and History,* 17, 1975, 36-64; ©Cambridge University Press, London 1975.

Olwen Hufton, „Women in Revolution, 1789-1796", in: *Past and Present,* 53, 1971, 90-108; ©Past & Present Society, Oxford 1971.

Dorothy Thompson, „Women and Nineteenth-Century Radical Politics: A Lost Dimension", in: Juliet Mitchell und Ann Oakley (Hrsg.), *The Rights and Wrongs of Women,* Harmondsworth 1976, 112-138; ©Dorothy Thompson, 1976.

Carroll Smith-Rosenberg, „The Hysterical Woman: Sex Roles and Role Conflict in 19th-Century America", in: *Social Research,* 39, 1972, 652-678; © New School for Social Research, New York 1972.

Daniel Scott Smith, „Family Limitation, Sexual Control, and Domestic Feminism in Victorian America", in: Mary Hartmann und Lois W. Banner (Hrsg.), *Clio's Consciousness Raised. New Perspectives on the History of Women,* New York, Hagerstown, San Francisco, London 1974, 119-135; ©Feminist Studies Inc., New York 1974.

Carroll Smith-Rosenberg, „The Female World of Love and Ritual: Relations between Women in Nineteenth-Century America", in: *Signs. Journal of Women in Culture and Society,* 1, 1975, 1-29; © The University of Chicago Press, Chicago 1975.

Mary P. Ryan, „The Power of Women's Networks: A Case Study of Female Moral Reform in Antebellum America", in: *Feminist Studies,* 5, 1979, 66-85; © Feminist Studies Inc., New York 1979.

Nancy Schrom Dye, „Creating a Feminist Alliance: Sisterhood and Class Conflict in the New York Women's Trade Union League, 1903-1914", in: Milton Cantor und Bruce Laurie (Hrsg.), *Class, Sex, and the Woman Worker,* Westport und London 1977, 225-245; ©Greenwood Press, Westport und London 1977.

Taschenbücher Syndikat / EVA

Band 2 Arthur Rosenberg: **Entstehung und Geschichte der Weimarer Republik.** ISBN 3-434-46002-0

Band 3 Hans Peter Duerr: **Traumzeit** – Über die Grenze zwischen Wildnis und Zivilisation. ISBN 3-434-46003-9

Band 4 Giovanni Jervis: **Kritisches Handbuch der Psychiatrie.** Aus dem Italienischen von Maja Pflug und Traudi Pulz. ISBN 3-434-46004-7

Band 5 Peter Gorsen: **Salvator Dali, der »kritische Paranoiker«.** ISBN 3-434-46005-5

Band 6 **Gesellschaften ohne Staat.** Gleichheit und Gegenseitigkeit. Herausgegeben von Fritz Kramer und Christian Sigrist. ISBN 3-434-46006-3

Band 8 Maud Mannoni: **Der Psychiater, sein Patient und die Psychoanalyse.** Aus dem Französischen von Katharina Bischoff und Hans-Jürgen Grune. ISBN 3-434-46008-X

Band 9 Paul Parin: **Der Widerspruch im Subjekt.** Ethnopsychoanalytische Studien. ISBN 3-434-46011-X

Band 10 Carlo Ginzburg: **Der Käse und die Würmer.** Die Welt eines Müllers um 1600. ISBN 3-434-46010-1

Band 12 Bronislaw Malinowski: **Das Geschlechtsleben der Wilden in Nordwest-Melanesien.** ISBN 3-434-46012-8

Band 13 Nahum Goldmann: **Das Jüdische Paradox.** Zionismus und Judentum nach Hitler. ISBN 3-434-46013-6

Band 14 **Soziologische Exkurse.** Nach Vorträgen und Diskussionen. Frankfurter Beiträge zu Soziologie. Im Auftrag des Instituts für Sozialforschung, herausgegeben von Theodor W. Adorno und Walter Dirks. ISBN 3-434-46014-4

Band 15 Wolfgang Neuss: **Wir Kellerkinder.** Serenade für Angsthasen. Genosse Münchhausen. ISBN 3-434-46015-2

Taschenbücher Syndikat / EVA

Band 16 Hermann K. A. Döll: **Philosoph in Haar.** Tagebuch über mein Vierteljahr in einer Irrenanstalt. ISBN 3-434-46016-0

Band 17 Giorgio Colli: **Nach Nietzsche.** Aus dem Italienischen von Reimar Klein. ISBN 3-434-46017-9

Band 18 **Die neuen Narzißmustheorien: zurück ins Paradies?** Herausgegeben vom Psychoanalytischen Seminar Zürich. ISBN 3-434-46018-7

Band 19 Erich Fried: **Höre, Israel!** Gedichte und Fußnoten. ISBN 3-434-46018-7

Band 20 **Gesellschaften ohne Staat II.** Genealogie und Solidarität. Herausgegeben von Fritz Kramer und Christian Sigrist. ISBN 3-434-46020-9

Band 26 Bronislaw Malinowski: **Argonauten des westlichen Pazifik.** ISBN 3-434-46026-8

Band 27 Klaus Dörner: **Bürger und Irre.** Zur Sozialgeschichte und Wissenschaftssoziologie der Psychiatrie. ISBN 3-434-46027-6

Band 28 Ernesto Grassi: **Die Macht der Phantasie.** Zur Geschichte abendländischen Denkens. ISBN 3-434-46028-4

Band 29 A. Mitscherlich / T. Brocher / D. von Mering / U. Horn (Hrsg.): **Der Kranke in der modernen Gesellschaft.** ISBN 3-434-46029-2

Band 30 H. G. Adler / Hermann Langbein / Ella Lingens-Reiner (Hrsg.): **Auschwitz.** Zeugnisse und Berichte. ISBN 3-434-46030-6

Band 31 Raymond Roussel: **In Havanna.** Ein Romanfragment. ISBN 3-434-46031-4

Band 32 Michael Müller: **Architektur und Avantgarde.** Ein vergessenes Projekt der Moderne? ISBN 3-434-46032-2

Band 33 Rudolf zur Lippe: **Autonomie als Selbstzerstörung.** Zur bürgerlichen Subjektivität. ISBN 3-434-46033-0

Band 34 Thomas Ziehe: **Pubertät und Narzißmus.** ISBN 3-434-46034-9

Taschenbücher Syndikat / EVA

Band 35 Ulrich Sonnemann: **Die Einübung des Ungehorsams in Deutschland.** ISBN 3-434-46035-7

Band 36 Hans Ebeling (Hrsg.): **Der Tod in der Moderne.** ISBN 3-434-46036-5

Band 37 Alexander W. Tschajanow: **Reise ins Land der Utopie.** Maxim Gorki: **Vom russischen Bauern.** Herausgegeben von Krisztina Mänicke-Gyöngyösi. Aus dem Russischen von Christiane Schulte. ISBN 3-434-46037-3

Band 38 Claudia Honneger /Bettina Heintz (Hrsg.): **Listen der Ohnmacht.** Zur Sozialgeschichte weiblicher Widerstandsformen. ISBN 3-434-46038-1

Band 39 Hans Bosse: **Diebe, Lügner, Faulenzer.** Zur Ethno-Hermeneutik von Abhängigkeit in der Dritten Welt. Mit einem Geleitwort von Paul Parin. ISBN 3-434-46039-X

Band 40 Stephan Oettermann: **Läufer und Vorläufer.** Originalausgabe. ISBN 3-434-46040-3

Band 41 Max Horkheimer / Theodor W. Adorno: **Sociologica.** Reden und Vorträge. ISBN 3-434-46041-1

Band 42 Sweezy / Dobb / Takahashi / Hilton / Hill / Lefebvre / Procacci / Hobsbawn / Merrington: **Der Übergang vom Feudalismus zum Kapitalismus.** Aus dem Englischen von Hans-Günther Holl und Hans Medick. ISBN 3-434-46042-X

Band 43 Tom Wolfe: **Mit dem Bauhaus leben.** »From Bauhaus to our house.« Aus dem Amerikanischen von Harry Rowohlt. ISBN 3-434-46043-8

Band 44 Jean Piaget: **Probleme der Entwicklungspsychologie.** Kleine Schriften. Aus dem Französischen von Georgia d'Inlau-Merkens. ISBN 3-434-46044-6

Band 45 Regina Schulte: **Sperrbezirke.** Tugendhaftigkeit und Prostitution in der bürgerlichen Welt. ISBN 3-434-46045-4